大／学／公／共／课／系／列／教／材
四川省“十四五”普通高等教育本科省级规划教材

大学语文

第3版

DAXUE YUWEN

主　编◎杨胜宽　陈晓春
副主编◎熊泽文　陈　俐
编　者◎（按姓氏笔画排序）
于立得　邓　芳　何晓苇
宋　亮　杨　宏　周洪林

北京师范大学出版集团
BEIJING NORMAL UNIVERSITY PUBLISHING GROUP
北京师范大学出版社

图书在版编目（CIP）数据

大学语文/杨胜宽，陈晓春主编．—3 版．—北京：北京师范大学出版社，2024.1（2026.1 重印）

（大学公共课系列教材）

ISBN 978-7-303-28607-2

Ⅰ．①大…　Ⅱ．①杨…　②陈…　Ⅲ．①大学语文课-高等学校-教材　Ⅳ．①H19

中国版本图书馆 CIP 数据核字（2022）第 258672 号

DAXUE YUWEN

出版发行：北京师范大学出版社 https：//www.bnupg.com

北京市西城区新街口外大街 12-3 号

邮政编码：100088

印　　刷：北京天泽润科贸有限公司

经　　销：全国新华书店

开　　本：787 mm×1092 mm　1/16

印　　张：23.75

字　　数：520 千字

版　　次：2024 年 1 月第 3 版

印　　次：2026 年 1 月第 5 次印刷

定　　价：49.80 元

策划编辑：周劲含　　　　责任编辑：周劲含

美术编辑：李向昕　　　　装帧设计：李向昕

责任校对：陈　民　　　　责任印制：马　洁

再版编写说明

“大学语文”作为非中文专业学生必修的一门公共课，经过30多年的教学实践，已发展成一门成熟的课程，为提高大学生的文化修养和塑造高尚的人文精神做出了很大的贡献。

“大学语文”课程是在中学教育的基础上，进一步提高大学生文化修养的主要课程之一。很多高校根据学生的实际情况，编写了体例各异、特色鲜明的各种《大学语文》教材。随着时代的发展，对大学生人文素养的要求在不断提升，特别是近年来“大学语文”课程观念和方法的革新，使“大学语文”教材的编写面临着新的挑战和要求。

本教材编写至今，已经十余年的教学实践，无论其教育理念、指导思想，还是编写体例，都得到了使用者的认可。然而时代在发展，社会在进步，《大学语文》教材也应适时修订，使之更加完善，以满足当下大学生对《大学语文》课程的期待。新修订的教材秉承第一版的理念，着力体现以下编写原则。

一、思想性。当代大学生被称为“互联网原住民”，他们深受互联网快餐文化和消费文化影响，其阅读模式越来越倾向于“碎片化”，这不仅会导致大学生认知能力、分析能力下降，而且也会影响其人生观、价值观的建构。根据习近平新时代中国特色社会主义思想和党的二十大精神进课程教材的要求，我们对部分选文进行了替换，同时增补弘扬民族精神、激发爱国情怀的经典作品，以提升大学生建设社会主义现代化强国和实现中华民族伟大复兴中国梦的使命感。

二、人文性。人文性是我们选文的视角，更是全书的重点和指导方向。人文性主要体现在人文情感、人文素养、人文理想三个方面。选文上，我们特别关注当代大学生健康人格与心理养成和塑造，将求真、求实、求善、求美的人文意识贯穿全书。

三、经典性。经典性是《大学语文》选文的重要标准之一。我们认为，那些历经千百年磨洗、积淀的古典文学作品固然具有经典性，但是能够陶冶我们心灵、彰显时代文化精神的今人作品也具有经典性品质。在经典性的把握上，我们考虑三方面因素：1. 作家作品的代表性；2. 要求文质兼美；3. 凡入选中学教材的经典篇目，本教材基本不再选录。

四、应用性。我们强调学生语文的阅读和运用能力的提升，强调学生对一些非文学文本的认知，强调学生在学术性写作能力方面的训练，强调学生对应用性文体的把握与写作。在教材中，我们设计了有针对性的训练内容，突出其应用性特色。

在体例上，我们仍然采用传统的文体分组排列的方式。除选文外，在每一章前有简单的文体介绍，每一选篇有作家作品简介、注释、作品提示。这样可以帮助学生加深对课文内容的理解，培养学生自主学习和独立思考的能力。

要编好《大学语文》教材是一件非常困难的事，主要涉及以下几个方面的问题：第一，“大学语文”课程的定位；第二，“大学语文”课程教学的特点；第三，选文标准的准确把握；第四，教材编写中的多元互补问题。

我们在尝试和探索的过程中，尽管做了种种努力，但肯定还有很多不足之处，竭诚希望在教材使用中能够得到使用者和专家学者的批评指正，以便不断加以完善。

编　者

2015 年 10 月于乐山

2023 年 7 月修改于乐山

目　录

上编　文学作品

下编 应用文体写作

附　录

上编　文学作品

第一章　诗　词

一、什么是诗词

诗歌是一种主情的文学体裁，它以抒情的方式，高度凝练、集中地反映社会生活，用丰富的想象，富有节奏感、韵律美的语言和分行排列的形式抒发思想情感。诗歌是有节奏、有韵律并富有感情色彩的一种语言艺术形式，也是世界上最古老、最基本的文学形式。诗歌起源于上古的社会生活，是因劳动生产、两性相恋、原始宗教等而产生的一种有韵律、富有感情色彩的语言形式。《尚书·虞书》："诗言志，歌咏言，声依永，律和声。"《礼记·乐记》："诗，言其志也；歌，咏其声也；舞，动其容也；三者本于心，然后乐器从之。"早期，诗、歌与乐、舞是合为一体的。诗即歌词，在实际表演中总是配合音乐、舞蹈而歌唱，后来诗、歌、乐、舞各自发展，独立成体，诗与歌统称诗歌。

词是一种押韵的可以配乐歌唱的文体。词是唐代兴起的一种新的文学样式，到了宋代，经过长期不断的发展，进入了全盛时期。词又称曲子词、长短句、诗余，是配合宴乐乐曲而填写的歌词。诗和词都属于韵文，但诗只供吟咏，词则入乐而歌唱。

二、中国诗词发展概述

中国的诗歌产生于文字发明之前，它是在人们的劳动、歌舞中渐渐形成和发展起来的。

《诗经》是公元前11世纪至公元前6世纪的诗歌总集，也是中国第一部诗歌总集，共305篇，按音乐的不同，分为"风""雅""颂"三类。"颂"诗是统治者祭祀的乐歌，有祭祖先的，有祭天地山川的，也有祭农神的。"雅"分大雅和小雅，用于宴会典礼，内容主要是对英雄的歌颂和对现实政治的讽刺。"风"是《诗经》中的精华，内容包括15个地方的民歌。

公元前4世纪，战国时期的楚国以其自身独特的文化基础，加上北方文化的影响，孕育出了伟大的诗人屈原。屈原以及深受他影响的宋玉等人创造了一种新的诗体——楚辞。屈原的《离骚》是楚辞杰出的代表作。

楚辞发展了诗歌的形式。它打破了《诗经》的四言形式，从三、四言发展到五、七言。在创作方法上，楚辞吸收了神话的浪漫主义精神，开辟了中国文学浪漫主义的创作道路。

诗歌在汉代又出现了一种新的形式，即汉乐府民歌。汉乐府民歌流传到现在的共有100多首，其中很多是用五言形式写成，后来经文人的有意模仿，在魏晋时代成为主要的诗歌形式。汉乐府中著名的篇章有揭露战争灾难的《十五从军征》，有表现女性不慕富贵的《陌上桑》《羽林郎》，当然最为著名的还是长篇叙事诗《孔雀东南飞》。

五言诗是中国古典诗歌的主要形式，它从民间歌谣到文人写作，经过了很长的时间，到东汉末年，文人五言诗日趋成熟。五言诗达到成熟阶段的标志是《古诗十九首》的出现。《古诗十九首》不是一时一人的作品，诗的内容多叙离别、相思以及对人生短促的感触。长于抒情、善用比兴手法是《古诗十九首》最大的艺术特色。刘勰称其为“五言之冠冕”。

汉末建安时期，“三曹”(曹操、曹丕、曹植)、“七子”(孔融、陈琳、王粲、徐干、阮籍、应玚、刘桢)继承汉乐府民歌的现实主义传统，第一次掀起了文人诗歌的高潮。他们的诗作表现了时代精神，具有慷慨悲凉的特点，形成被后世称作“建安风骨”的独特风格。建安时代的诗，是从汉乐府发展到五言诗的转变关键，曹植是当时的代表诗人。他的诗受汉乐府的影响，但却比汉乐府有更多的抒情成分。

正始时期的代表诗人有“竹林七贤”，代表人物是阮籍、嵇康。阮籍的《咏怀诗》进一步为抒情的五言诗打下基础，他常用曲折的诗句表达忧国、惧祸、避世之意。嵇康的诗愤世嫉俗，锋芒直指黑暗的现实。他们的诗风基本继承了“建安风骨”的传统。

两晋时期的诗歌创作逐渐走上形式主义道路，诗歌内容空泛。继承和发扬“建安风骨”传统，作品内容充实的诗人是左思。他的《咏史诗》八首，借古事讽喻时事，思想性很强，但这类诗作在当时不是主流，而且越来越少，直到东晋末年的陶渊明才给诗坛带来接近现实的作品。

陶渊明把田园生活作为重要的创作题材，因此历来人们将他称作“田园诗人”。在当时崇尚骈俪、重形式而轻内容的时代气氛中，陶渊明继承乐府的现实主义传统，形成了他单纯自然的田园一体，为古典诗歌开创了新的境界，五言诗在他的手中得到高度的发展。

与陶渊明同时的谢灵运开创了山水诗派。其山水诗的特点是，能把自己的感情贯注其中，但有些诗字句过于雕琢，描写冗长，用典、排偶不够自然。

南北朝时期是中国诗歌史上的又一发展时期，这表现在又一批乐府民歌集中地涌现出来。它们不仅反映了新的社会现实，而且创造了新的艺术形式和风格。这一时期民歌总的特点是篇幅短小，抒情多于叙事。南朝乐府保存下来的有480多首，一般为五言四句小诗，几乎都是情歌。北朝乐府数量远不及南朝乐府，但内容之丰富、语言之质朴、风格之刚健则是南朝乐府远不能及的。如果说南朝乐府是谈情说爱的“艳曲”，那么，北朝乐府则是名副其实的“军乐”“战歌”。在体裁上，北朝乐府除以五言四句为主外，还创造了七言四句的七绝体，并发展了七言古诗和杂言体。北朝乐府最有名的是长篇叙事诗《木兰诗》，它与《孔雀东南飞》并称为中国乐府诗的“双璧”。

南北朝时最杰出的诗人是鲍照。鲍照继承和发扬了汉魏乐府的传统，创作了大量优秀的五言和七言乐府诗。《拟行路难》18首是他杰出的代表作。他成熟地运用七言句法，表现了个人的不幸和对社会不平的抗议。

南齐永明年间，“声律说”盛行，诗歌创作都注意音调和谐。由此，“永明体”这一新诗体逐渐形成。这种新诗体是格律诗产生的开端。这时期比较著名的诗人是谢朓。谢朓以山水诗著称，诗风清新流丽。他的新体诗对唐代律诗、绝句的形成有一定影响。

诗歌发展到唐代，迎来了高度成熟的黄金时代。在唐代近300年的时间里，留下了近50000首诗，独具风格的著名诗人约有56个。

初唐四杰是唐诗开创时期的主要诗人。这四杰分别是王勃、杨炯、卢照邻、骆宾王。他们的诗虽然因袭了齐梁风气，但诗歌题材在他们手中得以扩大，五言八句的律诗形式也由他们开始初步定型。

“四杰”之后，陈子昂明确提出反对齐梁诗风，提倡“汉魏风骨”。《感遇诗》38首，是他具有鲜明革新精神的代表之作。

盛唐时期是诗歌繁荣的顶峰。这个时期除出现了李白、杜甫两位伟大诗人外，还有很多成就显著的诗人。他们大致可分为两类：一类是以孟浩然和王维为代表的山水田园诗人；另一类是边塞诗人，他们中的高适和岑参取得成就最高，王昌龄、李颀、王之涣也是边塞诗人中的佼佼者。王昌龄的边塞诗大部分用乐府旧题抒写战士思念家乡、立功求胜的心情，他的《从军行》《出塞》历来被推为边塞诗的名作。李颀的边塞诗数量不多，成就却很突出，《古意》《古从军行》是他的代表作。王之涣是年辈较长的边塞诗人，一首《凉州词》写尽了远征人思家的哀怨；另一首《登鹳雀楼》诗意高远，富于启示性。

中唐诗歌是盛唐诗歌的延续，这时期的作品以表现社会动荡、人民痛苦为主。白居易是中唐时期最杰出的现实主义诗人。他继承并发展了《诗经》和汉乐府的现实主义传统，从文学理论上和创作上掀起了一个现实主义诗歌的高潮，即新乐府运动。元稹、张籍、王建都是这一运动中的重要诗人。元稹的主要作品是乐府古题19首和新乐府12首。无论从内容还是从形式来说，元诗都非常接近白居易的诗，语言通俗易懂是他们共同的特色，这是源于他们文学观点的一致。张籍和王建虽无明确的文学主张，但他们以丰富的创作成为新乐府运动的中坚。

除新乐府运动之外，这一时期还另有一派诗人，这就是韩愈、孟郊、李贺等人。他们的诗歌艺术比之白居易另有创造，自成一家。韩愈是著名的散文家，他善以文入诗，把新的语言风格、章法技巧带入了诗坛，扩大了诗的表现领域，但同时也带来以文为诗、讲才学、追求险怪的风气。孟郊以“苦吟”而著名，追求奇险，苦思锤炼是他们的共同特点。刘禹锡是一位有意创作民歌的诗人，他的《竹枝词》描写真实，很受人们喜爱。此外，他的律诗和绝句也很有名。柳宗元的诗如他的散文一样，多抒发个人的悲愤和抑郁。他的山水诗情致婉转，描绘简洁，处处显示出他清峻高洁的个性，如《江雪》就历来为人们所传诵。李贺在诗歌的形象、意境、比喻上不走前人之路，拥有中唐独树一帜之风格，开辟了奇崛幽峭、浓丽凄清的浪漫主义新天地。《苏小小墓》等都是充分体现他独特风格之作。

晚唐时期的诗歌感伤气氛浓厚，代表诗人是杜牧、李商隐。杜牧的诗以七言绝句见长，被称为“二十八字史”，其诗与杜甫风格相近，人称“小杜”。《江南春》《山行》《泊秦淮》《过华清宫》等是他的代表作。这些诗于清丽的辞采、鲜明的画面中见俊朗的才思。李商隐以爱情诗见长。他的七律学杜甫，用典精巧，对偶工整，如《马嵬》就很有代表性；他的七言绝句也十分有功力，《夜雨寄北》《嫦娥》等是其中的名作。

晚唐后期，出现了一批继承中唐新乐府精神的现实主义诗人，代表人物是皮日休、聂夷中、杜荀鹤。他们的诗锋芒毕露，直指时弊。

晚唐同时又出现了词这一特别的文学样式。唐末的温庭筠第一个专力作词。他的词辞藻华丽，多写妇女的离别相思之情，被后人称为“花间派”。南唐后主李煜在词的发展史上占有较高的历史地位。他后期的词艺术成就很高，《虞美人》《浪淘沙》等用贴切的比喻将感情形象化，语言接近口语，却运用得珠圆玉润。

中国诗歌在唐朝达到了一个不可再现的高峰。诗发展到宋代已不似唐代那般辉煌灿烂，但却自有它独特的风格，即抒情成分减少，叙述、议论的成分增多，重视描摹刻画，大量采用散文句法，使诗同音乐关系疏远。

最能体现宋诗特色的是苏轼和黄庭坚的诗。黄庭坚诗风奇特拗崛，在当时影响广于苏轼，他与陈师道一起开创了宋代影响最大的“江西诗派”。宋初的苏舜钦、梅尧臣并称“苏梅”，为奠定宋诗基础之人。欧阳修、王安石的诗对扫荡西昆体的浮艳之风起过很大作用。国难深重的南宋时期，诗作常充满忧郁、激愤之情。陆游是这个时代的代表人物。与他同时的还有以“田园杂兴”诗而出名的范成大和以写景说理而自具面目的杨万里。文天祥是南宋最后一个大诗人，高扬着宁死不屈精神的《过零丁洋》是他的代表作。

源于唐代的词，鼎盛于宋代。宋初的词人如晏殊、欧阳修都有出色的作品，但依然没有脱离“花间派”的影响。到了柳永，开始创作长调的慢词，自此，词的规模发生了显著变化。到了苏轼，词的题材又得以进一步发展，怀古伤今的内容进入了他的词作之中。与苏轼同时代的秦观和周邦彦也是非常出色的词人。秦观善作小令，通过抒情写景传达伤感情绪的《浣溪沙》《踏莎行》《鹊桥仙》等是他的代表作。周邦彦不仅写词且善作曲，他创造了不少新调，对词的发展贡献很大。他的词深受柳永影响，声律严整、适于歌唱、字句精巧、刻画细致，代表作有《过秦楼》《满庭芳》《兰陵王》《六丑》等。在两宋词坛上，女词人李清照以其独树一帜的风格，占有相当重要的一席之地。

南宋初年，面临国破家亡的危局，诗词作品多表现作家们的爱国之情，辛弃疾被誉为爱国词人，他是这一时期的代表人物。受辛词影响，陈亮、刘过、刘克庄、刘辰翁等人形成了南宋中叶以后声势最大的爱国词派。

南宋后期的词人以姜夔最为著名。姜词绝大多数是记游咏物之作。他的词作，更多的是慨叹身世的飘零和情场的失意，他沿袭了周邦彦的道路，注意修辞和声律，但内容欠充实。

词在南宋已达高峰，元代散曲流行，诗词乃退居其后。

明代诗歌是在拟古与反拟古的反反复复中前行的，没有杰出的作品和诗人出现。

清代诗词流派众多，但大多数作家均未摆脱拟古主义和形式主义的套子，难有超出前人之处。清末龚自珍以其先进的思想，打破了清中叶以来诗坛的沉寂，领近代文学风气之先。他的诗常着眼于以社会、历史和政治的观点来揭露现实，使诗成为现实社会的批判工具。后来的黄遵宪、康有为、梁启超等人更是将诗歌直接用作资产阶级改良运动的宣传载体。

20世纪第二个十年，中国的现代文学诞生了。1917年胡适首先在《新青年》上发表了白话诗8首，并提出"诗体大解放"的主张，倡导不拘格律、不拘平仄、不拘长短的"胡适之体"诗。在新诗诞生过程中，刘半农、刘大白、康白情、俞平伯是创作主力。经过他们的努力，新诗形成了没有一定格律，不拘泥于音韵，不讲雕琢，不尚典雅，只求质朴，以白话入行的基本共性。最早出版的新诗集有：胡适的《尝试集》、俞平伯的《冬夜》、康白情的《草儿》和郭沫若的《女神》。

郭沫若的《女神》带着狂飙突进的五四时代精神，带着不同于其他白话诗的鲜明艺术性，为新诗奠定了浪漫主义的基础。《女神》也是新诗真正取代旧诗的标志。它成功地创造、运用了自由体形式，将新诗推向新的水平。

经过开辟阶段，新诗形成了以自由体为主，同时兼有新格律诗、象征派诗的较为完善的形态。

文学研究会的作家们创作了大量的自由体诗，他们的诗多以抒情为主，表现了觉醒后的小资产阶级知识分子的追求与苦闷。其中朱自清的成就较为突出。他的诗突出地表现了积极进取的精神，如《光明》一诗表达了作者不靠施舍、踏实求索的愿望。还有《匆匆》《自从》《毁灭》等诗都表现了历经坎坷与幻灭，追求理想之心不渝的坚韧。文学研究会中自成一家的冰心，受泰戈尔《飞鸟集》的影响，创作出版了《繁星》《春水》两部诗集。她的这些诗都被称作"繁星体"。她的"繁星体"诗多表现母爱、童真和自然之情，满蕴温柔、忧愁之风。

在新诗创作中，爱情诗这一领域当属"湖畔诗社"的诗最为引人注目，汪静之、应修人、潘漠华和冯雪峰是其中的主力。他们的诗中所描写的爱情大胆而袒露，其间所显现出的质朴、单纯的美是最打动人的地方。

写自由体诗的冯至也是比较有成就的诗人。他的诗既写爱情，也写亲情和友情，出版有《昨日之歌》《北游及其他》等诗集。

提倡格律诗的是新月派。闻一多为格律诗理论做出了很大贡献。为建设新格律诗，闻一多提出建设诗歌的音乐美、绘画美、建筑美，并为此进行了艰苦的创作实践。闻一多的诗集《红烛》和《死水》具有浓郁的爱国主义情感，同时表现了五四时期积极向上、进取追求的精神风貌。他常选择某一形象来托物寄情，在形式上具有他所提出的音乐美、绘画美、建筑美，这一特点对整个格律派产生过重大影响。徐志摩是新月社的另一重要诗人。他的诗主要表达对光明的追求、对理想的希冀、对现实的不满。表现个性解放、追求爱情的诗在徐志摩的创作中占有重要地位。他的诗风婉约，文字清爽、明净，感情渲染浓烈、真挚，气氛柔婉、轻盈，表现手法讲究而多变。他的诗多收于《志摩的诗》《翡冷翠的一夜》《猛虎集》《云游》等诗集中。

几乎在新月派活跃的同时，以象征派为首的现代诗派也出现在中国的诗坛。象征派的诗既不真实描写，也不直抒胸臆，而是常采用不同于常态的联想、隐喻、幻觉、暗示等手段制造朦胧、神秘的色彩。李金发是象征派初期的代表人物，著有《微雨》

《为幸福而歌》等诗集。其后戴望舒因1928年发表的《雨巷》在诗坛产生较大影响，而获“雨巷诗人”的美名，曾出版过《我的记忆》《望舒草》等诗集。他的诗富于节奏感，大量采用象征意象，常用的譬喻也新鲜而贴切。其他成绩较为突出的象征派诗人还有王独清、穆木天和冯乃超。其后，20世纪30年代以冯至为首的十四行诗及40年代的“九叶诗派”更多地将中西诗歌的要素和风格进行融合，在诗歌的复杂情感的表达和现代技巧的探索上，迈出了有益的步伐。

20世纪二三十年代，随着无产阶级革命运动的兴起，无产阶级诗歌也由幼稚逐步走向成熟，在其发展过程中，蒋光赤、殷夫、蒲风的诗最有代表性。他们的诗多为政治抒情诗，具有鲜明的社会主义色彩、阶级立场和战斗激情，充满了阳刚之音，艺术风格朴实、粗犷。他们主张诗歌大众化，倡导诗歌面向下层人民。

抗战后诗坛上最重要的诗派是七月派。七月派的重要诗人是胡风、艾青、田间、亦门、鲁藜、邹荻帆等。在他们的创作中，政治抒情诗占有很大比重，内容多充满爱国主义激情，呼唤人们的抗敌斗志。七月派在艺术上注重以炽烈的激情去撞击人们的心灵，而不讲究文学的雕琢、修辞。质朴、粗犷、奔放是七月诗人共有的艺术特色。

20世纪40年代后半期，被后来称为民歌体的新诗在解放区农村成熟了。民歌体新诗的突出成就表现在李季与阮章竞的叙事诗中。

1949年新中国成立后，诗歌进入新的发展阶段，新题材、新主题伴随着新生活应运而生。诗人们满怀激情抒写了一首首新时代的颂歌。同时，新的社会也造就出一批诗坛新人和崭新的作品。他们是：邵燕祥和他的《歌唱北京城》《到远方去》，森林诗人傅仇和他的《伐木者》，严阵的《老张的手》，未央的《祖国，我回来了》，李瑛的《军帽下的眼睛》，公刘的《边城短歌》《黎明的城》，顾工的《喜马拉雅山下》等。此外，诗歌形式有所创新，吸取民歌营养的信天游、接受外来影响的阶梯式、新格律诗等形式相继出现。

20世纪50年代末至60年代初，诗坛兴起了新民歌运动，发展了传统民歌。政治抒情诗以独立的艺术形式在60年代出现，郭小川、贺敬之是当时两位优秀的政治抒情诗人。这一时期诗歌创作的另一突出成就是长篇叙事诗的丰收。郭小川的《深深的山谷》《将军三部曲》以新颖的形式和深邃的思想享誉诗坛，李季的《杨高传》、闻捷的《复仇的火焰》、韩起祥的《翻身记》、王致远的《胡桃坡》、臧克家的《李大钊》、田间的《赶车传》等也都别具特色。

取得成绩的同时，这一时期的诗歌创作也存在着题材、主题、形式、风格不够丰富的缺点。

新时期以来，诗坛呈现出百花齐放的新景象。诗歌在表现手法上，得以古今中外广泛借鉴，形式则更趋于松散的自由体，风格千姿百态。新时期初期，欢呼胜利、反思历史的诗歌继承了现实主义的传统，并使之继续发展。与此同时，一批青年诗人，如北岛、舒婷、顾城、江河等在20世纪70年代末和80年代初快速成长起来。他们的诗通常表现出一种晦涩的、不同于寻常的复杂情绪，人们谓之“朦胧诗”。

20世纪80年代中后期，诗坛又出现了自称为“第三代诗人”的现代派潮流。

三、诗词的特点

诗歌是高度集中地概括反映社会生活的一种文学体裁，它饱含着作者的思想感情与丰富的想象，语言凝练而形象性强，具有鲜明的节奏、和谐的音韵，富于音乐美，语句一般分行排列，注重结构形式的美。概括起来诗歌有以下几个基本特点。

第一，高度集中、概括地反映生活；

第二，抒情言志，饱含丰富的思想感情；

第三，丰富的想象、联想和幻想；

第四，语言具有音乐美。

词除了具备诗歌的基本特点外，在形式上还有以下特点。

第一，每首词都有一个表示音乐性的词调(词牌)。一般来说，词调并不是词的题目，只能把它当作词谱看待。到了宋代，有些词人为了表明词意，常在词调下面另加题目，或者写上一段小序。

第二，词一般都分两段(叫作上下片或上下阕)，不分段或分段较多的是极少数。

第三，一般词调的字数和句子的长短都是固定的，有一定的格式。

第四，词的句式参差不齐，基本上是长短句。

第五，词中声韵的规定特别严格，用字要分平仄，每个词调的平仄都有所规定，各不相同。

桃 夭①

《诗经·周南》

桃之夭夭，灼灼其华。②之子于归③，宜其室家④。

桃之夭夭，有蕡⑤其实。之子于归，宜其家室。

桃之夭夭，其叶蓁蓁⑥。之子于归，宜其家人。

【注释】

①选自《诗经·周南》。《诗经》是中国最早的诗歌总集，收集了从西周初期至春秋中叶的诗歌305篇。该诗集先秦称为《诗》，或取其整数称《诗三百》，西汉时被尊为儒家经典，始称《诗经》，并沿用至今。

②夭夭：少壮的样子。灼灼：鲜明貌。华：同“花”。

③之子：这个女子，指新娘。于归：出嫁。

④宜：善，和顺。室家：家庭。下文的“家室”“家人”同义。

⑤有蕡(fén)：果实繁盛的样子。一说，形容果实色彩斑驳。有，语助词，多用于形容词前。

⑥蓁蓁：树叶茂盛的样子。

【作品提示】

这是一首结婚的祝福诗，表达了人们对新婚女子的美好祝愿，千百年来影响巨大。即使没有读过《诗经》的人，一般也都知道“桃之夭夭，灼灼其华”。这是为什么呢？可以从以下几方面进行理解。

第一，诗中塑造的形象十分生动。拿鲜艳的桃花，比喻新娘的美丽，读到“桃之夭夭，灼灼其华”，眼前就会浮现出像桃花一样艳丽的新娘，让人看到的是“人面桃花相映红”，特别是“灼灼”二字，真给人以照眼欲明的感觉。

第二，传达出一种喜气洋洋的气氛。品味全诗，一种喜气洋洋、让人快乐的气氛充溢字里行间。

第三，这首诗反映了这样一种思想，一个姑娘不仅要有艳如桃花的外貌，还要有“宜室”“宜家”的内在美。

全诗表现了人们对生活的热爱，对幸福、和美的家庭的追求。

思考练习

1. 请你说说此诗采用了什么表现手法。
2.《桃夭》表达了先秦人怎样的美的观念？
3. 找出中国诗歌中的婚嫁诗，谈谈这些婚嫁诗的特色。

伯　兮

《诗经·卫风》

伯兮朅兮①，邦之桀②兮。伯也执殳③，为王前驱。
自伯之东，首如飞蓬④。岂无膏沐⑤？谁适为容⑥！
其雨其雨！杲⑦杲出日。愿言⑧思伯，甘心首疾⑨。
焉得谖草⑩？言树之背。⑪愿言思伯，使我心痗⑫。

【注释】

①伯：兄弟姐妹中，年长者称伯，其次者称仲称叔，最幼者称季。此是妻子对丈夫的称呼。朅(qiè)：威武貌。

②桀：同“杰”，杰出的人。

③殳(shū)：梃棍之类的兵器名，长一丈二尺，略同后代的槊。

④蓬：草名。蓬草，秋天干枯，往往在近根处折断，遇风就被卷起飞旋，所以叫“飞蓬”。这句是以飞蓬比头发散乱。

⑤膏沐：指面膏、发油之类。

⑥适(dí)：悦也。“谁适为容”言修饰容貌为了取悦谁呢？

⑦杲(gǎo)：日出明亮貌。

⑧愿言：思念深切貌。言，读作“焉”，语助词，无意义。

⑨疾：犹痛。“甘心首疾”言虽头痛也是心甘情愿。

⑩谖(xuān)草：即萱草。古代以为此草可以使人忘忧，便称萱草为忘忧草。

⑪树：动词，种植也。背：古文和“北”同。这里“背”指北堂，或称后庭。以上二句是说世上哪有谖草让我种在北堂呢?

⑫痗(mèi)：病也。心痗，心痛而病。

【作品提示】

战争题材的诗在《诗经》中占了十分之一的篇幅，是《诗经》的重要组成部分。这些诗有的表现了征战得胜的喜悦，有的表现了军士们共同对敌的壮志，有的表现了劳动人民深受战争折磨的悲苦。诗中既有民族精神的弘扬，有战争观念的流露，又有复杂心灵的展现。

这是一首写妇人对征夫的思念，感情深厚、描写细腻的诗。这首诗是以女子口吻写的。她既为丈夫感到骄傲，因为他是“邦之桀(杰)”，能“为王前驱”，但她又因丈夫的远出、家庭生活的破坏而痛苦不堪。诗人所抒发的情感，既是克制的，又是真实的。诗歌语直情浓，辞浅意美，可以说是我国思妇诗之发端。这首诗撼人的艺术力量来源于深刻而逼真地刻画出了思妇细腻而微妙的内心世界，表现了其对丈夫深厚而忠贞的感情。

思考练习

1. 分析这首诗女主人公的心理变化过程。

2. 结合作品理解《诗经》“温柔敦厚”的风格。

3. 将此诗与李清照的《凤凰台上忆吹箫》进行比较，看看两首诗在语言和抒情上有何特色。

山 鬼[①]

屈原[②]

若有人兮山之阿，被薜荔兮带女萝。既含睇兮又宜笑[③]，子慕予兮善窈窕[④]。
乘赤豹兮从文狸[⑤]，辛夷车兮结桂旗。被石兰兮带杜衡，折芳馨兮遗[⑥]所思。
余处幽篁兮终不见天，路险难兮独后来。表独立兮山之上，云容容兮而在下。
杳冥冥[⑦]兮羌昼晦，东风飘兮神灵雨。留灵修兮憺忘归，岁既晏兮孰华予[⑧]。
采三秀[⑨]兮于山间，石磊磊兮葛蔓蔓。怨公子兮怅忘归。君思我兮不得闲[⑩]。
山中人兮芳杜若，饮石泉兮荫松柏。君思我兮然疑作[⑪]。
雷填填兮雨冥冥，猨啾啾兮狖夜鸣。风飒飒兮木萧萧，思公子兮徒离忧[⑫]。

【注释】

①《山鬼》出自《九歌》的第九首。《九歌》是一组祀神的乐歌，据说是屈原在民间祀神乐歌的基础上加工修改而成的。“山鬼”即一般所说的山神。

②屈原(约前339—约前278)，战国时期的楚国诗人、政治家，“楚辞”的创立者和代表作者。屈原的作品，根据刘向、刘歆父子的校定和王逸的注本有25篇。

③含睇(dì)：含情微视。宜笑：言口齿美好，适宜于笑。

④子：指山鬼所爱慕的对方。予：指山鬼。

⑤赤豹：毛赤而纹黑的豹。文狸：毛色有花纹的狸。

⑥遗(wèi)：馈赠，给予。

⑦冥冥：昏暗貌。

⑧岁既晏兮孰华予：年岁晚暮，将欲罢老，谁复当令我荣华也。

⑨三秀：芝草，芝一年三次开花，故称三秀。

⑩君思我兮不得闲：这句话设想对方思念我而不得空闲前来。

⑪君思我兮然疑作：这句话设想对方思念自己而又信疑交加。

⑫离忧：遭忧。

【作品提示】

《山鬼》采用山鬼内心独白的方式，塑造了一个美丽、率真、痴情的少女形象。全诗情节简单：女主人公跟她的情人约定某天在一个地方相会，尽管道路艰难，她还是满怀喜悦地赶到了，可是她的情人却没有如约前来；风雨来了，她痴心地等待着情人，忘记了回家，但情人终究没有来；天色晚了，风雨交加，猿狖齐鸣，她倍感伤心、哀怨。

思考练习

1. 浅谈山鬼这一艺术形象。
2. 诗中的环境描写有什么作用?
3. 通过《山鬼》一诗，谈谈楚辞的特色。

乞 食

陶渊明[①]

饥来驱我去，不知竟何之。行行至斯里，叩门拙言辞。
主人解余意，遗赠岂虚来[②]。谈谐终日夕，觞至辄倾杯。
情欣新知[③]欢，言咏遂赋诗；感子漂母惠，愧我非韩才。[④]
衔戢知何谢，冥报以相贻。[⑤]

【注释】

①陶渊明(约 365—427)，字元亮，晚年更名潜。一说名潜，字渊明，自号五柳先生，卒后亲友私谥靖节，世称靖节先生。浔阳柴桑(今江西九江)人，东晋末期至南朝宋初期诗人、辞赋家、散文家。

②岂虚来：谓称心愿。

③新知：新结交的知己。

④“感子”二句：漂母，在水边漂洗东西的老妇。韩，指韩信。韩信贫贱时，尝钓于城下，有一漂母见韩信饥，给他饭吃。后韩信封楚王，以千金酬漂母。

⑤衔戢：藏敛，这里指藏在心中，表示感激之深。冥报：死后于幽冥之中还要报答。

【作品提示】

陶渊明辞官归里，过着“躬耕自资”的生活。晚年生活越来越贫困，有的朋友主动送钱周济他。有时，他也不免上门请求借贷。本篇可能作于诗人晚年困厄之时，这首诗就是他生活最艰难时的真实写照。清人方东树说陶诗“一味本色真味，直书胸臆”，即使是一般士大夫讳莫如深的事，他也总是如实写出。这首诗正是如此。诗人在其中写出了自己叩门乞食、羞愧踌躇的窘态，具有一种少见的真率之美。

思考练习

1. 诗人是如何抒写乞食的情感心态的？
2. 谈谈你对此诗旨趣的理解。
3. 结合《五柳先生传》，详细解读陶渊明其人。

山中与幽人对酌

李白[①]

两人对酌山花开，一杯一杯复一杯[②]。
我醉欲眠卿且去，明朝有意抱琴来。[③]

【注释】

①李白(701—762)，字太白，号青莲居士，又号“谪仙”，有“诗仙”之称。生于安西都护府碎叶城，幼年迁居四川绵州昌隆县(今四川江油)。唐代伟大的浪漫主义诗人，其诗风格豪放飘逸，想象丰富，语言自然流转，音律和谐多变。

②“一杯”句：接连重复三次“一杯”，不但极写饮酒之多，而且极写快意之至。

③“我醉”二句：《宋书·隐逸传》载：“(陶)潜不解音声，而畜素琴一张，无弦，每有酒适，辄抚弄以寄其意。贵贱造之者，有酒辄设。潜若先醉，便语客：‘我醉欲眠，卿可去’，其真率如此。”此诗第三句几乎用陶潜的原话，正表现出一种真率脱略的风度。

【作品提示】

李白饮酒诗多兴会淋漓之作。此诗直在全写眼前景、口头语，曲在内含的情意和心思，既有信口而出、率然天真的妙处，又不一泻无余，故能令人玩味，使人神远。此诗表现了一种超凡脱俗的狂士与“幽人”间的感情，诗中那种随心所欲、恣情纵饮的神情，不拘礼节、自由随便的态度，在读者面前展现出一个高度个性化的艺术形象。

思考练习

1. 结合此诗，仔细体会李白“清水出芙蓉，天然去雕饰”的语言特色。
2. 通过这首诗，谈谈李白的个性特征。

登　高①

杜甫②

风急天高猿啸哀③，渚清沙白鸟飞回④。
无边落木萧萧下⑤，不尽长江滚滚来。
万里悲秋常作客，百年多病独登台。⑥
艰难苦恨繁霜鬓⑦，潦倒新停浊酒杯。⑧

【注释】

①此诗约作于大历二年(767)，作者时在夔州。登高：指重九登高，古时农历九月九日有登高的习俗。

②杜甫(712—770)，字子美，祖籍襄阳(今属湖北)，世称杜工部、杜拾遗，自号少陵野老，是唐代伟大的现实主义诗人。杜甫生活在唐朝由盛转衰的历史时期，其诗多涉及社会动荡、政治黑暗、人民疾苦，被誉为“诗史”。杜甫忧国忧民，人格高尚，诗艺精湛，被后世尊为“诗圣”。其诗总体风格沉郁顿挫，对后世影响深远。

③猿啸哀：《水经注·江水》引民谣云“巴东三峡巫峡长，猿鸣三声泪沾裳”。本诗即指三峡中猿猴凄厉的叫声。

④渚：水中小洲。回：回旋。

⑤落木：落叶。萧萧：象声词，指风吹落叶之声。

⑥万里：指离家万里。百年：犹言一生、终身。宋罗大经《鹤林玉露》称此两句“十四字之间，含有八意”：“万里，地之远也；秋，时之惨也；作客，羁旅也；常作客，久旅也；百年，暮齿也；多病，衰疾也；台，高迥处也；独登台，无亲朋也。”

⑦苦恨：极恨。苦，非常，表示程度之深。繁霜鬓：白发增多。

⑧新停：最近停止。重阳登高本应饮酒，此时诗人因病而停饮。

【作品提示】

此诗写诗人重九登高的见闻感受，抒发穷愁潦倒、流离他乡之悲。全诗以“万里悲秋常作客，百年多病独登台”为中心。前四句写登高所见之景，首两句为局部近景，第三、第四句为整体远景；后四句写登高感触。

思考练习

1. 这首诗在形式上的显著特点是什么？
2. “万里悲秋常作客，百年多病独登台”两句，主要表现了诗人怎样的感情？
3. 谈谈杜甫诗与李白诗不同的思想艺术特色。

山园小梅

林逋①

众芳摇落独暄妍，占尽风情向小园。②
疏影横斜水清浅，暗香③浮动月黄昏。
霜禽欲下先偷眼，粉蝶如知合断魂。④
幸有微吟可相狎，不须檀板共金樽。⑤

【注释】

①林逋(967—1028)，字君复，钱塘(今浙江杭州)人。他一生过的是隐逸生活，死后赐谥和靖先生，后世称他为林和靖。他一生从未做官，过着清净淡泊的生活。他特别喜爱梅花，几十年在孤山种梅养鹤，有“梅妻鹤子”之称。写出这样美的梅花诗，是有他的生活基础的。

②暄妍：鲜丽。占尽风情：犹言独占春光。

③暗香：幽香。

④霜禽：寒鸟。断魂：形容神往。

⑤“幸有”二句：谓梅品幽逸，只合诗人作伴，低声吟咏；用不着俗人唱歌、喝酒来凑趣。

【作品提示】

北宋诗人林逋为时人所知、为后人仰慕，源于他的这首咏梅绝唱《山园小梅》。在此诗中，他将梅花写得超凡脱俗、俏丽可人。该诗写照传神、言近旨远，尤其篇末的“以身相许”式的表白，提升了梅的品格，丰实了作品的境界，读来口齿噙香，令人赞叹。

思考练习

1. 颔联乃化用五代南唐江为残句“竹影横斜水清浅，桂香浮动月黄昏”，说说为什么改得好？

2. 此诗通篇咏梅而不着一“梅”字，对此你有何认识？
3. 作者借梅花以寓意，表达了什么样的思想感情？
4. 找出几首描写梅花的诗词，看看诗人是如何写梅花特质的。

定风波

苏轼[①]

三月七日，沙湖道中遇雨。雨具先去，同行皆狼狈[②]，余独不觉。已而遂晴，故作此词。

莫听穿林打叶声，何妨吟啸[③]且徐行。竹杖芒鞋轻胜马，谁怕？一蓑烟雨任平生。[④]

料峭[⑤]春风吹酒醒，微冷，山头斜照却相迎。回首向来萧瑟处，归去。也无风雨也无晴。[⑥]

【注释】

①苏轼(1037—1101)，字子瞻，号东坡居士，眉州(今四川眉山)人。北宋著名文学家、书画家、豪放派词人代表。与其父苏洵、其弟苏辙合称“三苏”，嘉祐二年(1057)与弟苏辙同登进士。元丰二年(1079)，罹“乌台诗案”，责授黄州(今湖北黄冈)团练副使。元祐八年(1093)哲宗亲政，被远贬惠州(在今广东)，再贬儋州(在今海南)。徽宗即位，遇赦北归，建中靖国元年(1101)卒于常州(在今江苏)。

②狼狈：进退都感觉困难。

③吟啸：吟诗、长啸，表示意态闲适。

④“一蓑”句：谓自己对披蓑衣、冒风雨的生活，向来处之泰然。

⑤料峭：形容风寒。

⑥“回首”三句：表示心境平淡、闲适。

【作品提示】

本篇是苏轼谪居黄州时期所作。元丰五年(1082)春天，他到黄冈东南三十里的沙湖，路上遇雨，因为没有雨具，同行的人都狼狈不堪，独有苏轼从容不迫。事后，他写词记述这次经历，题下有小序说：“三月七日，沙湖道中遇雨，雨具先去，同行皆狼狈，余独不觉。已而遂晴，故作此。”此时苏轼被贬黄州，处境险恶，生活穷困，但他仍很坦然乐观，不为外界的风云变幻所干扰，总以“一蓑烟雨任平生”的态度来对待坎坷不平的遭遇。不管是风吹雨打，还是阳光普照，一旦过去，都成了虚无。这首词表现了他旷达的胸怀、开朗的性格以及超脱的人生观。

思考练习

1. “也无风雨也无晴”蕴含了什么哲理？

2. 分析此词的写作手法。

3. 结合苏轼诗文，体会苏轼旷达的情怀。

水龙吟·登建康赏心亭

辛弃疾[①]

楚天千里清秋，水随天去秋无际。遥岑远目，献愁供恨，玉簪螺髻。[②]落日楼头，断鸿[③]声里，江南游子。把吴钩[④]看了，栏杆拍遍，无人会、登临意。

休说鲈鱼堪脍，尽西风、季鹰[⑤]归未？求田问舍，怕应羞见，刘郎才气。[⑥]可惜流年，忧愁风雨，树犹如此！[⑦]倩何人，唤取红巾翠袖，揾[⑧]英雄泪？

【注释】

①辛弃疾(1140—1207)，字幼安，号稼轩，历城(今山东济南)人。一生以恢复中原为志。工于词，为豪放派词人代表，风格沉郁顿挫，悲壮激烈，人称“词中之龙”，与苏轼并称“苏辛”。著有《稼轩长短句》，今人辑有《辛稼轩诗文抄存》。《全宋词》存其词620余首。

②“遥岑”三句：远望遥山，像美人头上的碧玉簪、青螺发髻一样，似都在发愁，像有无限怨恨。

③断鸿：失群孤雁。

④吴钩：兵器，形似剑而曲。

⑤季鹰：据《晋书·张翰传》载，张翰(字季鹰)在洛阳做官，见秋风起，因想到家乡吴中的鲈鱼等美味，遂弃官而归。

⑥“求田”三句：据《三国志·魏书·陈登传》载，许汜曾向刘备抱怨陈登看不起他，“久不相语，自上大床卧，使客卧下床”。刘备批评许汜在国家危难之际只知置地买房，“如小人(刘备自称)欲卧百尺楼上，卧君于地，何但上下床之间邪”。求田问舍，置地买房。刘郎，刘备。

⑦“可惜”三句：自惜年华在无所作为中逝去，为国运感到忧愁，人比树老得还快。

⑧揾(wèn)：擦拭。

【作品提示】

这首词作于乾道四年至六年(1168—1170)辛弃疾在建康通判任上。这时作者南归已八九年了，却投闲置散，做一个建康通判，不得一遂报国之愿。偶有登临周览之际，他便一抒郁结心头的悲愤之情。

这首词，是辛词名作之一，它不仅对辛弃疾生活着的那个时代的矛盾有充分反映，有比较真实的现实内容，而且，作者运用圆熟精到的艺术手法把内容完美地表达出来，直到今天仍然具有极其强烈的感染力，使人百读不厌。

思考练习

1. 结合辛弃疾词，谈谈其报国情怀。

2. 下片叠用三个典故，分析它们在表达主题上的作用。

3. 辛词与苏词在思想艺术上有何异同?

【双调】夜行船[1] · 秋思

马致远

[夜行船]百岁光阴一梦蝶[2]，重回首往事堪嗟。今日春来，明朝花谢，急罚盏夜阑灯灭[3]。

[乔木查]想秦宫汉阙[4]，都做了衰草牛羊野。不恁么[5]渔樵没话说。纵荒坟横断碑，不辨龙蛇[6]。

[庆宣和]投至[7]狐踪与兔穴，多少豪杰。鼎足虽坚半腰里折，魏耶？晋耶？[8]

[落梅风]天教你富，莫太奢[9]，没多时好天良夜[10]。富家儿更做道你心似铁[11]，争辜负了锦堂风月[12]。

[风入松]眼前红日又西斜，疾似下坡车。不争镜里添白雪[13]，上床与鞋履相别[14]。休笑巢鸠计拙[15]，葫芦提[16]一向装呆。

[拨不断]名利竭，是非绝。[17]红尘[18]不向门前惹，绿树偏宜屋角遮. 青山正补墙头缺；更那堪竹篱茅舍。[19]

[离亭宴煞]蛩[20]吟罢一觉才宁贴[21]，鸡鸣时万事无休歇[22]。争名利何年是彻[23]！看密匝匝[24]蚁排兵，乱纷纷蜂酿蜜，急攘攘[25]蝇争血。裴公绿野堂[26]，陶令白莲社[27]。爱秋来时那些：和露摘黄花，带霜烹紫蟹，煮酒烧红叶。[28]想人生有限杯，浑几个重阳节。嘱咐你个顽童记者[29]："便北海[30]探吾来，道东篱[31]醉了也!"

【说明】

此曲写人生如梦，世情险恶，当及时行乐。[夜行船]是总纲，以下分写帝王、英雄、富人皆辜负了风月。后三曲写争名夺利的丑恶社会和他旷达的处世态度。此曲放眼今古，感慨人生，气势恢宏。王世贞《曲藻》云："马致远'百岁光阴'，放逸宏丽，而不离本色。押韵尤妙。长句如'红尘不向门前惹，绿树偏宜屋角遮，青山正补墙头缺'，又如'和露摘黄花，带霜烹紫蟹，煮酒烧红叶'，俱入妙境。小语如'上床与鞋履相别'，大是名言。结尤疏俊可咏。元人称为第一，真不虚也。"至于韵律，周德清《中原音韵》云："此方是乐府。不重韵，无衬字，韵险语俊。谚曰：'百中无一。'余曰：'万中无一。'看他用蝶穴杰别竭绝字，是入声作平声；阙说铁雪拙缺贴歇彻血节字，是入声作上声；灭月叶，是入声作去声。无一字不妥，后辈学去。"此曲《词林摘艳》、《北宫词纪》题作"秋兴"。

【注释】

①夜行船：属[双调]，可做散套首牌，句式为：七三四、四四三四。[幺]同始调，用否均可。

②见王和卿[仙吕·醉中天]《咏大蝴蝶》注。

③急罚盏夜阑灯灭：罚盏，罚酒。古人喝酒行令，不如令者罚酒。夜阑，夜深。

④秦宫汉阙：秦宫，指阿房宫。汉阙，指风阙，《汉书·东方朔传》："起建章，左风阙，右神明，号称千门万户。"

⑤恁么：这样。

⑥不辨龙蛇：看不清碑上的文字。龙蛇，指文字。李白《草书歌行》："时时只见龙蛇走，左盘右蹙如惊电。"

⑦投至：等到、乃至。无名氏《陈州粜米》四："投至的分尸在市街，我看你一灵儿先飞在青霄外。"

⑧"鼎足"句：此句谓鼎分三国虽然貌似坚固，实则仍被魏所代，魏又被晋所代，到底谁是胜利者呢？

⑨莫太奢：不要太不知足。

⑩好天良夜：好光景。

⑪心似铁：顽固，固执。

⑫锦堂风月：指富贵的生活。锦堂，北宋宰相韩琦在故乡安阳建了一座华美的建筑名昼锦堂。

⑬白雪：此处指白发。

⑭上床与鞋履相别：指一病不起。

⑮巢鸠计拙：《方言》："鸠，蜀谓之拙鸟，不善营巢，取他鸟巢居之。"《禽经》："鸠拙而安。"

⑯葫芦提：又作葫芦蹄，元时俗语，糊糊涂涂的意思。李屏山《水龙吟》："但尊中有酒，心中无事，葫芦提过。"

⑰竭、绝：摒弃。

⑱红尘：世俗杂务。

⑲更那堪：哪里还受得了。以上四句王世贞《曲藻》称之为"景中雅语也"。

⑳蛩(qióng)：蟋蟀。

㉑宁贴：舒适。

㉒鸡鸣时万事无休歇：意即一觉醒来就又要争名夺利，闹个不停了。

㉓彻：了结，结束。杜甫《茅屋为秋风所破歌》："长夜沾湿何由彻。"

㉔密匝匝：密集的样子。

㉕急攘攘：着急的样子。

㉖裴公绿野堂：裴度，字中立，唐河东闻喜(今山西闻喜)人，宪宗、穆宗时名相。后见官场黑暗，乃于午桥作别墅，具燠馆凉台，号绿野堂，常与白居易、刘禹锡于此饮酒，不问俗事。

㉗陶令白莲社：陶令，指陶潜，因其做过彭泽令，故云。白莲社，东晋时高僧慧远结社于东林寺，寺中多植白莲，故称白莲社。曾请陶潜参加，陶潜没有去。

㉘"和露"三句：此为秋季乐事。紫蟹用红叶煮酒而食，异常肥美。

㉙者：同"着"。

㉚北海：孔融，曾为北海相，世称孔北海。

㉛东篱：马致远之号。

【作品提示】

此曲是诗人晚年退出官场归隐田园时所作，写其处于人生晚景，回首往事，对历史与现实、社会与人生的思考，表明了自己的人生态度和道路选择，典型地反映了元代知识分子的某些精神状态。此曲艺术成就很高，感情色彩浓烈，语言清俊，对偶工整，节奏明快，音调和谐，比喻贴切生动，显示出豪放而兼清丽的风格。元人周德清誉为“万中无一”，明人王世贞说它“元人称为第一，真不虚也”。

思考练习

1. 概括此曲的思想内容。
2. 说明此曲语言上的特点。
3. 结合这套散曲，谈谈曲不同于诗词的风格特点。

【双调】水仙子·寻梅

乔吉[①]

冬前冬后几村庄，溪北溪南两履霜。树头树底孤山[②]上。冷风来何处香？忽相逢缟袂绡裳[③]。酒醒寒惊梦，笛凄春断肠。淡月昏黄[④]。

【注释】

①乔吉(1280？—1345)，元代杂剧家、散曲作家。一称乔吉甫，字孟符，号笙鹤翁，又号惺惺道人。太原人，流寓杭州。钟嗣成在《录鬼簿》中说他“美姿容，善辞章，以威严自饬，人敬畏之”。又作吊词云：“平生湖海少知音，几曲宫商大用心。百年光景还争甚？空赢得，雪鬓侵，跨仙禽，路绕云深。”从中大略可见他的为人。剧作存目十一，有《杜牧之诗酒扬州梦》《李太白匹配金钱记》《玉箫女两世姻缘》3种传世。

②孤山：指杭州西湖之孤山，位处里外二湖之间。北宋著名诗人林逋曾隐居于此山北麓，旧时多梅花。

③缟：白色的绢。绡：生丝织成的薄绸。

④淡月昏黄：月色朦胧(空气中浮动着梅花的幽香)。这是对宋代诗人林逋《山园小梅》诗句“疏影横斜水清浅，暗香浮动月黄昏”的化用。

【作品提示】

《寻梅》头三句写寻觅梅花的过程，事实上这是作者对理想的执着追求过程。“冷风来何处香？忽相逢缟袂绡裳”两句，给人一种“众里寻他千百度”、终达彼岸的愉悦。出人意料的是，作者的情绪却陡然倒转：冷风彻骨，骤然酒醒，凄婉的笛声令人断肠；而朦胧的月色，正把梅花消融。结尾连用三个典故，进一步描写梅花的神韵，自然带出诗人因理想难以实现而生出的感叹和忧伤。本篇情感起伏回环，情节一波三折，真实地记录了作者复杂的心曲，折射着当时复杂的社会现实。

思考练习

1. 此曲妙在一个“寻”字，诗人是如何表现的？
2. 同是咏梅，谈谈这支散曲与林逋的咏梅诗在思想情感和表现手法上有何不同。

教我如何不想她

刘半农[①]

天上飘着些白云，
地上吹着些微风。
啊！
微风吹动了我头发，
教我如何不想她？

月光恋爱着海洋，
海洋恋爱着月光。
啊！
这般蜜也似的银夜，
教我如何不想她？

水面落花慢慢流，
水底鱼儿慢慢游。
啊！
燕子你说些什么话？
教我如何不想她？

枯树在冷风里摇，
野火在暮色里烧。
啊！
西天还有些儿残霞，
教我如何不想她？

【注释】

①刘半农(1891—1934)，原名刘寿彭，改名刘复，字伴侬、瓣秾、半农，号曲庵。江苏江阴人，是新文化运动的先驱之一。著名的文学家、语言学家、教育家。同时，他又是我国语言及摄影理论的奠基人。刘半农病逝后，鲁迅曾在《青年界》上发表《忆刘半农君》一文表示悼念。

【作品提示】

这首诗作于1920年诗人留学欧洲期间，表达的缠绵悱恻的相思之痛，至今依然感人肺腑。“她”，也许是诗人心中的美丽恋人，也许是自己遥远的祖国，也许是梦魂牵挂的故乡。

云儿飘飞，风儿轻吹，美丽明净的天空下，微风撩起了诗人的头发，更吹拂着诗人心中对故土和亲人的思恋之情。诗人一声感叹与反问“教我如何不想她”，情感和思念的程度何等强烈！在银色月夜宽阔的海面上，月光和海洋相互依恋，月色溶溶，海天一色，诗人触景生情，再次感叹“教我如何不想她”。接着，诗人通过落花、流水、燕子、游鱼、枯树、冷风、野火、残霞等意象组合，抒发了诗人游子飘零、远离故国的失落和一年四季内都热切地眷恋着亲人与故土之情。全诗感情浓烈，睹物思人，意境优美。

这首诗歌将传统的古典美、民歌美与现代美结合起来，其情感的抒发，对亲人与故乡的思恋及景色意象的塑造都具有古典浪漫的韵味；而每句开头由景色兴起，引入情致，具有民歌“比兴”的感觉；诗人还采用了西方抒情诗反复吟唱、用白话来抒发心中强烈感情的方法。这首诗无论是在意境的营造上，还是在抒情方式的表现技巧上，都是后来中国白话新诗的楷模，对中国的新诗产生了启发式的影响。

思考练习

谈谈现代白话诗与古典诗的区别。

天　狗

郭沫若[①]

我是一条天狗呀！
我把月来吞了，
我把日来吞了，
我把一切的星球来吞了，
我把全宇宙来吞了。
我便是我了！

我是月底光，我是日底光，
我是一切星球底光，
我是X光线底光，
我是全宇宙底Energy(能量)底总量！

我飞奔，我狂叫，我燃烧。
我如烈火一样地燃烧！
我如大海一样地狂叫！
我如电气一样地飞跑！
我飞跑，/我飞跑，/我飞跑，
我剥我的皮，/我食我的肉，
我吸我的血，/我啮我的心肝，
我在我神经上飞跑，/我在我脊髓上飞跑，
我在我脑筋上飞跑。

我便是我呀！我的我要爆了！

【注释】

①郭沫若(1892—1978)，中国现代著名文学家、学者、社会活动家。原名郭开贞，四川乐山人。早年赴日本留学，后接受斯宾诺莎、泰戈尔、惠特曼等人思想，决心弃医从文。与成仿吾、郁达夫等组织“创造社”，积极投身新文学运动。这一时期的代表诗集《女神》摆脱了中国传统诗歌的束缚，充分反映了五四时代的精神，在中国文学史上开一代诗风，是中国新诗发展史上的第一座丰碑。

【作品提示】

《天狗》是郭沫若非常著名的一首诗，作品借民间传说中的天狗形象表现了一种彻底破坏和否定的时代精神，这种彻底破坏与否定的精神关联着怎样的心理动机呢？这需要联系中国传统文化和西方文化对诗人所形成的复杂交织的影响来分析。

此诗有三个特点：首先是作品的自由无羁的想象力；其次是作品的形象特征，借助“天狗吞日”的民间传说，寄托和抒发作者的思想感情；最后是作品创造性的自由诗的形式。

思考练习

联系中西交汇的文化背景，理解《天狗》中蕴含的复杂的思想情感。

我是一条小河[1]

冯至[2]

我是一条小河
我无心从你身边流过，

你无心把你彩霞般的影儿
投入了河水的柔波。

我流过一座森林，
柔波便荡荡地
把那些碧绿的叶影儿
裁剪成你的衣裳。

我流过一片花丛，柔波便粼粼地
把那些彩色的花影儿
编织成你的花冠。

最后我终于
流入无情的大海，
海上的风又厉，浪又狂，
吹折了花冠，击碎了衣裳！

我也随着海潮漂漾，
漂漾到无边的地方，
你那彩霞般的影儿
也和幻散了的彩霞一样！

1925年

【注释】

①《我是一条小河》选自《昨日之歌》。

②冯至(1905—1993)，原名冯承植。冯至的诗歌创作有两个高潮，一是20世纪20年代的爱情诗，有《昨日之歌》《北游及其他》；二是20世纪40年代在西南联大时期的十四行体及现代派诗，有《十四行集》。冯至20世纪20年代的爱情诗主要表现对爱情的追求与爱情的孤独，情感热烈，笔致冷隽，思绪幽婉，意象新奇独到，构思巧妙，具有独特美感。他被鲁迅认为是“中国最为杰出的抒情诗人”。

【作品提示】

此诗是爱情诗，也是哲理诗，诗中存在几个境界。一是对爱的过程的体验，二是对爱的变化的审视，三是上升至哲学境界的思考。冯至的爱情诗质朴、真实、自然，出自诗人的生命体验，深刻地展现了诗人的心灵世界，具有动人的艺术魅力，同时具有令人深思的哲学意味。

冯至的诗歌虽是“自由体诗”，却具有节制的含蓄美感。一方面，他将情感纯化为明净的意象；另一方面，他追求“更复杂的不着痕迹的音乐性”，诗行大致整齐，大致押韵，使诗歌整饬，读起来舒展自然，亲切柔和。《我是一条小河》体现了冯至对诗歌艺术的追求。

思考练习

比较郭沫若和冯至的诗歌特点，谈谈自己喜欢的诗风。

我不知道风是在哪一个方向吹

徐志摩①

我不知道风
是在哪一个方向吹——
我是在梦中，
在梦的轻波里依洄。

我不知道风
是在哪一个方向吹——
我是在梦中，
她的温存，我的迷醉。

我不知道风
是在哪一个方向吹——
我是在梦中，
甜美是梦里的光辉。

我不知道风
是在哪一个方向吹——
我是在梦中，
她的负心，我的伤悲。

我不知道风
是在哪一个方向吹——
我是在梦中，
在梦的悲哀里心碎！

我不知道风
是在哪一个方向吹——
我是在梦中，
黯淡是梦里的光辉。

【注释】

①徐志摩(1897—1931)，现代诗人、散文家。浙江海宁人。名章垿，字志摩。徐志摩是新月派

代表诗人。1918年赴美国学习银行学。1921年赴英国入剑桥大学，研究政治经济学。在剑桥两年他深受西方教育的熏陶及欧美浪漫主义和唯美派诗人的影响，回国后与闻一多、朱湘等人开展新诗格律化运动，影响了新诗的发展。1931年因飞机失事遇难。

【作品提示】

徐志摩最高的诗歌理想，就是“回到生命本体中去”。他短暂的一生一直在追寻人生与宇宙的真理，因此从象征层面去理解他的爱情诗，会发现他所追求的爱情，常常就是理想或真理的代名词。这首诗，抒发的是诗人的苦恋，其实并不一定是儿女私情，“她”象征了诗人的心灵渴望，表达了对现实和梦想双重的无奈感。

早期新诗以白话口语入诗和散文化的倾向，使艺术性大打折扣。徐志摩却十分注重新诗的形式格律，讲求整齐匀称、音韵节律，自觉地回归传统诗艺的美学情韵，刷新了新诗的面貌。

思考练习

理解《我不知道风是在哪一个方向吹》的意境。

迷　途

北岛[①]

沿着鸽子的哨音
我寻找着你
高高的森林挡住了天空
小路上
一颗迷途的蒲公英
把我引向蓝灰色的湖泊
在微微摇晃的倒影中
我找到了你
那深不可测的眼睛

【注释】

①北岛(1949—　)，生于北京，祖籍浙江湖州，本名赵振开，曾用笔名北岛、石默。我国当代著名诗人，朦胧诗派的代表。1978年同诗人芒克创办民间诗歌刊物《今天》。1990年旅居美国，曾获诺贝尔文学奖提名。北岛的作品已被译成20多种文字出版，代表作《回答》中的“卑鄙是卑鄙者的通行证，高尚是高尚者的墓志铭”已经成为中国新诗名句。

【作品提示】

《迷途》是朦胧诗派最具代表性的诗歌。在诗歌内容方面，北岛将诗人的内心世界作为表现对象。要读懂北岛那一代人的情感和精神特征，必须解读此诗的主题意象和主题意象统摄下的一系列意象。在诗歌的艺术形式方面，北岛一反“太明白”的直抒胸臆的简单方式，用繁复而多义的意象，象征、暗示等现代诗歌技巧，使诗意趋向含蓄、朦胧。

思考练习

阅读北岛的《一切》和《回答》，谈谈北岛作为朦胧诗派代表，其诗在形式上和情感内涵上的特点。

你的名字

纪弦[①]

用了世界上最轻最轻的声音，
轻轻地唤你的名字每夜每夜。

写你的名字，
画你的名字，
而梦见的是你发光的名字：

如日，如星，你的名字。
如灯，如钻石，你的名字。
如缤纷的火花，如闪电，你的名字。
如原始森林的燃烧，你的名字。

刻你的名字！
刻你的名字在树上。
刻你的名字在不凋的生命树上。
当这植物长成了参天古木时，
呵呵，多好，多好，
你的名字也大起来。

大起来了，你的名字。
亮起来了，你的名字。
于是，轻轻轻轻轻轻轻地呼唤你的名字。

【注释】

①纪弦(1913—2013),中国台湾知名作家,现代诗诗人。原名路逾,曾用笔名路易斯、青空律等。生于河北清苑,祖籍陕西。1933年毕业于苏州美专。1936年留学日本,回国后从事教育工作。16岁开始诗歌创作,作品有《摘星的少年》、《饮者诗钞》、《槟榔树》(5册)、《在飞扬的时代》、《无人岛》、《纪弦诗选》、《五八诗草》等诗集,以及诗论《纪弦诗论》,诗评集《新诗论集》《纪弦论现代诗》等。他于1953年创办《现代诗》季刊,提倡新现实主义。其诗不讲究押韵、平仄,语随其意,以自然为美,不拘形式。他被誉为台湾现代派诗的创始人,对台湾诗坛的新诗运动有着重要影响。

【作品提示】

《你的名字》不断地重复"你的名字",强化抒情性,增强情感的程度。"你的名字"的喻体新颖多变,一方面让诗歌语言美轮美奂,另一方面使已经浓烈的情意更趋浪漫。总之,这首诗感情真实而强烈,表达清晰而特别,非常具有艺术感染力。如何理解诗中的"你",就决定着如何理解诗歌的情感内涵。这是一首爱情诗吗?也可以不是。

思考练习

从多角度理解《你的名字》的情感内涵。

小小的岛

郑愁予①

你住的小小的岛我正思念
那儿属于热带,属于青青的国度
浅沙上,老是栖息着五色的鱼群
小鸟跳响在枝上,如琴键的起落

那儿的山崖都爱凝望,披垂着长藤如发
那儿的草地都善等待,铺缀着野花如果盘
那儿浴你的阳光是蓝的,海风是绿的
则你的健康是郁郁的,爱情是徐徐的

云的幽默与隐隐的雷笑
林丛的舞乐与冷冷的流歌
你住的那小小的岛我难描绘
难绘那儿的午寐有轻轻的地震

如果，我去了，将带着我的笛杖
那时我是牧童而你是小羊
要不，我去了，我便化作萤火虫
以我的一生为你点盏灯

【注释】

①郑愁予，本名郑文韬，1933年出生于山东济南。幼年时随在军中的父亲辗转大江南北，见识祖国美好山河。抗战期间，随母亲转徙于各地。15岁开始创作新诗。1949年随父至中国台湾，毕业于中国台湾中兴大学。20世纪50年代初期加入“现代派”，后又为“创世纪”骨干。在西风泛滥的台湾诗坛中，他婉约柔美的抒情和善以传统意象来拨动现代情思的敏感，颇受20世纪40年代辛笛的影响，被认为是台湾诗坛最富传统精神的现代诗人。1958年赴美入爱荷华大学国际写作班，获艺术硕士学位。诗集《郑愁予诗集Ⅰ》被列为“影响台湾三十年的三十本书”之一。诗人在20世纪80年代曾多次被选为台湾各文类“最受欢迎作家”，被称为“浪子诗人”“中国的中国诗人”。

【作品提示】

这是一首浪漫、热烈、深情又美丽的情诗。用深情描绘思念的人所住的美丽小岛，将美丽的人与美丽的岛融为一体；最动人的莫过于诗歌最后一节的期许与承诺，如果“牧童”与“小羊”的传统关系让女性主义反感的话，那么“要不，我去了，我便化作萤火虫/以我的一生为你点盏灯”的诗句足以感动读者。此外，郑愁予采用了他惯用的打破语法秩序的方法，制造文字密度很大的意象，创造了诗味浓郁、语感优美的奇特效果。

思考练习

阅读《郑愁予诗集Ⅰ》，谈谈你是如何理解郑愁予是“中国的中国诗人”这个观点的。

我孤独地漫游，像一朵云

华兹华斯①

我孤独地漫游，如一朵云，
在谷地和群山上高高飘荡，
这时我蓦然看见一大丛，
一大片水仙花闪着金光，
沿着湖边，于树林下面，
在微风中摇曳，舞姿翩翩。

那么多花朵连绵不止，
如同银河里闪耀的群星，
密密匝匝，望不到边际，
铺展在一个水湾之滨。
我一眼就看到了一万朵，
活泼地摆着头，舞姿婆娑。

它们旁边的水波也舞动，
但它们比潋滟的水波更欣喜；
一个诗人怎能不感到高兴，
当他身边有这样欢乐的伴侣。
我凝视，凝视，但不曾想到，
这情景带给我多少珍宝。

因为常常当我躺在床榻上，
心境空茫，或者沉郁，
它们在我的灵魂之眼前闪光，
那眼睛是独处的至高幸福。
然后，我的心充满了欢乐，
与那些水仙一起舞姿婆娑。

(一八一五年修改版，收入《诗集》)

【注释】

①华兹华斯(1770—1850)，英国浪漫主义诗人。他年轻的时候思想进步，曾旅居法国一年多，因深受法国大革命的鼓舞，一度向往崭新的民主社会。后来，随着对未来憧憬的幻灭，他把精力全部投注到英格兰北部风光秀丽的湖区，在天光云影下静静地观察与思考，留下了许多吟咏大自然美景和人的心灵的优美诗篇，1843年被封为英国桂冠诗人。18世纪末19世纪初英国西北部的湖畔有一些诗人聚集，华兹华斯与骚塞、柯勒律治也居住在同一地域，其诗作多描写湖区，故称他们为“湖畔派”。他的早期诗歌一反18世纪的诗风，将一种崭新的风格带到诗歌创作中，开创了英国文学史上浪漫主义诗歌的新时代。他为《抒情歌谣集》再版所写的序言被认为是浪漫主义文学的宣言。在诗歌艺术上，华兹华斯对雪莱、拜伦和济慈都有影响。

【作品提示】

华兹华斯是湖畔诗社的代表诗人。对大自然的醉心热爱，使他的灵魂找到了归宿。这首诗清新自然，情景交融，天然成趣，是华兹华斯意象诗的代表作。

这首诗在艺术上达到了出神入化的境界，体现了人的内心情绪与大自然活动的对比。诗人亲历的美感与回忆起来的美感的对比，突出了金色水仙花带给自己的愉悦。诗人通过自然景物的意象，生动准确地表达了自己情感的变化，借景抒情，揭示出自然美景对人的灵魂的抚慰与丰富，展现了积极的自然生命意识。

思考练习

阅读并思考华兹华斯《永生的信息》中对童年的回忆及理解：“尽管那一度荧煌耀眼的明辉/已经永远从我的视野消退，/尽管谁也休想再觅回/鲜花往日的荣光，绿草昔年的明媚；/我们却无需悲痛，往昔的影响/仍有留存，要从中汲取力量：/留存于早岁萌生的同情心——/它既已萌生，便永难消泯；/留存于抚慰心灵的思想——/它源于人类的苦难创伤；/留存于洞察死生的信念——/它来自富于哲理启示的童年。”

当你老了

叶芝①

当你年老头白，又昏昏欲眠，
炉边打盹的时候，请取下这书卷
慢慢来读，并回想你的双眼
也曾目光温柔，却已窝影深陷；

多少人爱过你片刻的亮丽芳华，
爱过你的美貌，不论假意或真情，
但只有一个人爱你那追寻的心，
更爱那愁苦刻在你憔悴的脸颊；

然后你会俯身靠近通红的炉挡，
有点难过地抱怨，爱情已溜走，
它徘徊到了远远的高山之上，
在熙攘的星群里把面目隐藏。

【注释】

①叶芝(1865—1939)，亦译叶慈、耶茨，爱尔兰著名诗人、剧作家，20世纪最伟大的英语诗人之一，被称为“爱尔兰的灵魂”。1887年开始专门从事诗歌创作，早期作品带有唯美主义倾向和浪漫主义色彩，被诗人艾略特誉为“当代最伟大的诗人”。1889年，叶芝出版了第一本诗集《奥辛的漫游及其他》，这部诗集的题材和语言都带有爱尔兰的地方色彩，引起了读者强烈的兴趣。叶芝先后写过26部剧本，1923年获得了诺贝尔文学奖，获奖的理由是“以其高度艺术化且洋溢着灵感的诗作表达了整个民族的灵魂”。

【作品提示】

生命、尊严、青春、爱情——是叶芝笔下常常表达的主题，也是人类永恒的主题。《当你老了》这首爱情诗写于1893年，叶芝当时28岁。五年前，诗人遇见了爱尔兰民族自治运动的领导人之一、著名的女演员茉德·冈，从此叶芝对她怀有深深的爱慕之情，却一直遭到拒绝。茉德·冈嫁给了与她并肩战斗的麦克布莱德少校。1916

年麦克布莱德少校在斗争中献身，叶芝再次向茉德·冈求婚，仍旧遭到拒绝。《当你老了》这首诗是献给叶芝心中的情人茉德·冈的诗篇。叶芝的爱是痛苦的，但他的爱是圣洁而执着的。

全诗开头以一种虚拟的语气，犹如一个沧桑的老人在沉郁而忧伤地叙说，在回忆与想象那曾经的恋人年暮的情景。想象中，此时的对方是白发苍苍，睡思昏沉，在炉火旁打盹，取下诗集慢慢读，一边读一边回忆过去，并在昏睡的梦幻中回到了年轻美丽的青春时代，她那深邃的眸子里蕴含着多少深情、爱恋与人生的寄托。虽然无数的人追求过她，为她的美貌而迷离，情感上真真假假，但唯有诗人把她当作女神，以一颗朝圣者的赤诚之心去爱她，崇拜她，追求她，不会因为无情岁月对她侵蚀而留下的皱纹、苍老与枯萎的容颜而退缩，诗人是她无限忠诚的追随者。叶芝的爱情观是多么深刻脱俗，撼人魂魄。诗的结尾特别让人感到一种圣洁的悲剧美，犹如那种经过了岁月沧桑洗礼、过滤了的情感向着纯净的、隐隐泛着幻梦般紫光的崇高境界、升华……仿佛把短暂的人生升华成永恒的艺术。

本诗语言极其朴素、自然和含蓄，没有热烈宣泄的激动，只有平静真挚的倾诉；诗的调子优雅而舒缓，在流动和飘逸的画面中透出一抹淡淡的哀伤，却不乏亲切与温馨。全诗让人不由产生一种久远、空阔的时空苍旷感，在这久远、空阔的时空里，叶芝在孜孜不倦地构建着自己的，也是人类永恒的命题，抒写着他对人类无限的爱。

致凯恩

普希金[①]

我记得那美妙的一瞬：
在我的面前出现了你，
有如昙花一现的幻影，
有如纯洁之美的天仙。

在那无望的忧愁的折磨中，
在那喧闹的浮华生活的困扰中，
我的耳边长久地响着你温柔的声音，
我还在睡梦中见到你可爱的倩影。

许多年代过去了。暴风骤雨般的激变
驱散了往日的梦想，
于是我忘却了你温柔的声音，
还有你那天仙似的倩影。

在穷乡僻壤，在囚禁的阴暗生活中，
我的日子就那样静静地消逝，

没有倾心的人，没有诗的灵感，
没有眼泪，没有生命，也没有爱情。

如今心灵已开始苏醒，
这时在我的面前又重新出现了你，
有如昙花一现的幻影，
有如纯洁之美的天仙。

我的心在狂喜中跳跃，
心中的一切又重新苏醒，
有了倾心的人，有了诗的灵感，
有了生命，有了眼泪，也有了爱情。

【注释】

①普希金(1799—1837)，俄罗斯著名文学家，被称为俄罗斯诗歌的太阳，俄罗斯现代文学之父，俄罗斯现代语言奠基人，19世纪俄国浪漫主义文学的主要代表，代表作有诗歌《自由颂》《致大海》《致恰达耶夫》等，诗体小说《叶甫盖尼·奥涅金》，中篇小说《上尉的女儿》等。

【作品提示】

此诗写于1825年，普希金在圣彼得堡的时候与凯恩相识。后来普希金被流放到米海依洛夫村时，凯恩又来到该村附近的三山村做客，和他时常来往。凯恩离开时，普希金将这首诗送给了她。

思考练习

奥地利诗人里尔克曾经说过：“只有那种终极的爱才能使人达到在无限中去爱一个人。”通过叶芝和普希金的诗，你怎样理解这句话？

第一次的茉莉

泰戈尔①

呵，这些茉莉花，这些白的茉莉花！
我仿佛记得我第一次双手满捧着这些茉莉花，这些白的茉莉花的时候。
我喜爱那日光，那天空，那绿色的大地；
我听见那河水淙淙的流声，在黑漆的午夜里传过来；
秋天的夕阳，在荒原上大路转角处迎我，如新妇揭起她的面纱迎接她的爱人。
但我想起孩提时第一次捧在手里的白茉莉，心里充满着甜蜜的回忆。

我生平有过许多快活的日子，在节日宴会的晚上，我曾跟着说笑话的人大笑。
在灰暗的雨天的早晨，我吟哦过许多飘逸的诗篇。
我颈上戴过爱人手织的醉花的花圈，作为晚装。
但我想起孩提时第一次捧在手里的白茉莉，心里充满着甜蜜的回忆。

【注释】

①泰戈尔(1861—1941)，印度著名诗人、作家、艺术家和社会活动家，创作了《吉檀迦利》等50多部诗集，被称为"诗圣"。他不仅是著名的小说家、剧作家、作曲家和画家，还是一位哲学家、教育家。1913年，泰戈尔以诗歌集《吉檀迦利》荣获诺贝尔文学奖。他作品中表现了"信爱、童心、母爱"的思想、博大仁慈的胸怀和独具魅力的人格，赢得了世界读者的敬仰。

【作品提示】

《第一次的茉莉》一诗，描述主人公喜爱着大自然，生活过得很惬意，而每次一想起孩提时代曾经捧起的白色茉莉花就充满了甜蜜的回忆。

我们逐渐长大时，也得到了生活中的欢乐，但这些欢乐与人生最初接触的欢乐是完全无法相比的。因为最初体验的感觉永远只有一次。诗人劝勉大家应该感谢自己曾经得到的欢乐，并珍惜现在拥有的一切。

泰戈尔的诗歌具有质朴而高尚的艺术趣味，遣词造句十分质朴，带着童声童味。在精神上，诗人灵魂纯粹平静，心灵清澈透明，同大自然水乳交融，对净化心灵具有深刻的启迪作用。儿童的心灵世界是独特的，诗人并不局限于描绘这诗意的理想国，而是敦促人们从怀疑、贪婪的功利桎梏中解放出来，返璞归真。

思考练习

谈谈你从泰戈尔作品中读到了什么人生启示。

第二章 散 文

一、什么是散文

散文是与小说、诗歌、戏剧并列的一种文学体裁，对它的理解分为广义和狭义两种。

广义的散文，指诗歌、小说、戏剧以外的所有具有文学性的散行文章。除以议论抒情为主的散文外，还包括通讯、报告文学、随笔杂文、回忆录、传记等文体。

狭义的散文，指文艺性散文，它是一种以记叙或抒情为主，取材广泛、笔法灵活、篇幅短小、情文并茂的文学样式。

散文是一种非常灵活的文体，往往借助想象与联想，在物与我、情与景的统一中表现作者的生活感受，展现出对生活和人生的洞见。散文素有“美文”之称，它除了表达富含哲理的深刻见解、渲染优美的意境外，还有清新隽永、风格多样的文采和语言。

二、中国散文发展概述

我国古代散文的发端，可以追溯到殷商时代，商朝的甲骨卜辞中，已经出现不少完整的句子。西周青铜器上的铭文，有的长达四五百字，记录贵族事功、诉讼原委或赏赐情由等，记叙的内容已经相当丰富。《尚书》记载了商周君王对臣民发布的各种政令，文辞简练。《春秋》是鲁国的编年史，记事严谨，语言精练。这些可以看作古代散文的雏形。

春秋战国时期，是我国古代散文蓬勃发展的阶段，出现了许多优秀的散文著作，这就是文学史上的先秦散文。先秦散文分为两种：历史散文和诸子散文。前者包括《左传》《国语》《战国策》等历史著作；后者是儒、墨、道、法等学派的文章，其中如《论语》《墨子》《孟子》等，是孔丘、墨翟、孟轲的弟子对其师言行的记录，《庄子》《荀子》《韩非子》等则为本人的著作。先秦诸子的说理散文无论在思想上，还是在艺术风格上，都对后世散文的发展产生了重要的影响。

秦在文学发展中产生过一定影响的是完成于秦统一前秦王政八年(前 239)的《吕氏春秋》和李斯作于秦王政十年的《谏逐客书》。前者由秦丞相吕不韦主持，由其门客集体编著，它同先秦其他诸子散文一样，有不少地方借寓言故事说理，富于文学意味。书中还保存了大量先秦时代的文献和佚文遗闻，是后世研究先秦历史文化的重要资料。后者是李斯为谏阻秦王拟驱逐六国来客而作。文章揆之以事理，说之以利害，排比铺张，有战国纵横家说辞的气势；在文辞的修饰整齐、音节的和谐流畅等方面，又是汉代政论文和辞赋的先声。

两汉散文中最先发展起来的是政论文。西汉初年，战国时代诸子百家争鸣的余风犹存。一些作家继承先秦诸子的优良传统，关心国家和社会的发展，面对现实，分析形势，勇于表达自己的政治见解和主张，使汉初政论文具有鲜明的时代色彩。贾谊和晁错是这一时期政论文的代表作家。他们的政论文作品或针砭时弊，分析社会实际存在的矛盾；或总结秦王朝短期覆亡的原因，借古喻今，都写得深切著明，有很强的说服力和感染力。

东汉政论文较著名的有王符的《潜夫论》、崔寔的《政论》和仲长统的《昌言》。它们对东汉中叶以后的社会有不少深刻的揭露和尖锐的批评，文章结构严密，语言质朴，并常以历史故实和生动的比喻增强其论点的说服力。但就文章气势和文采而言，一般不如西汉的政论文。

汉代散文中的史传文成就突出，《史记》《汉书》在整个封建时代，都被史学家及文学家奉为典范。《史记》的人物传记，由于作者的匠心独运，使之成为中国古代历史传记文学的开山之作，后代的文学家从中受到的影响是多方面的。《汉书》是中国第一部断代史，是继《史记》之后又一创造和发展，对后代史学和文学都产生了重大影响。长期以来，史学界均以“班马”“史汉”并称。

魏晋南北朝时期的散文在继承先秦两汉传统的基础上，更加重视情感的抒写、思理的辨析、语言的华丽和声韵的和谐。汉末、三国时期，散文创作以三曹、建安七子、诸葛亮、阮籍、嵇康等人为代表。在“七子”中，孔融的散文成就较高，他的《论盛孝章书》，从友道和好士两方面请求曹操救助沦落在吴国的友人，情辞恳切。陈琳以章表书记见称；王粲长于辞赋，被刘勰称为“七子之冠冕”；徐干擅长辞赋创作；阮瑀以章表书记之作与陈琳齐名。

曹魏后期的散文可以分为两派，一是以王弼、何晏等人为代表的哲理散文，在中国思想史上占有重要地位；二是以阮籍、嵇康等“竹林七贤”为代表，他们的散文虽阐发道家思想，但更具纵横家辩难气派，在文学史上有很大影响。阮籍的《大人先生传》塑造了“大人先生”这一德行高尚、志趣高远的理想人物，语言华丽，音调铿锵。嵇康的《与山巨源绝交书》反复陈述自己不堪礼法的约束，大胆表白“非汤武而薄周孔”的政治态度，是一篇惊世骇俗之文。向秀的《思旧赋》因悼念亡友嵇康而作，在当时的高压政治下，文章欲言又止，含有不尽哀思。刘伶的《酒德颂》引申庄子哲学，表现了放逸的襟怀。

西晋时期的散文总体上渐趋藻饰，讲究语言的绮丽，代表作家有傅玄、陈寿、张载、陆机、潘岳、左思、刘琨、木华等人。史学家陈寿的《三国志》，文风朴实简明，塑造了诸多三国英雄人物，有“良史”之称，被后世列为“前四史”之一。陆机的散文成就较高，代表作有《文赋》《叹逝赋》《吊魏武帝文》等。《文赋》是我国文学批评史上较早的论述文学创作构思和灵感的文章。潘岳文章辞藻艳丽，特别擅长哀诔文的创作，对后世悼亡之作有深远影响。他的文章与陆机齐名，世称“潘陆”。左思的代表作《三都赋》构思十年，文章写成后，豪贵之家竞相传写，洛阳为之纸贵。

东晋时期代表作家只有王羲之、孙绰、陶渊明等人。陶渊明的散文与他的诗歌一样，感情真挚、语言质朴自然，代表作品有《五柳先生传》《归去来兮辞》《闲情赋》《桃花源记》《自祭文》等。

南朝包括宋、齐、梁、陈四代，当时文坛上有所谓“文”“笔”之分，文人重“文”轻“笔”，文章更趋骈俪。史家范晔的《后汉书》是一部体大思精的历史散文。鲍照的《登大雷岸与妹书》是一篇色彩瑰丽、写景如绘的骈文家书。他的《芜城赋》通过昔盛今衰的对比透出浓烈的悲剧色彩。孔稚圭的《北山移文》是一篇谐谑文，文章假山灵口吻，对那些伪装隐居以求利禄的文人予以辛辣的嘲讽。

北朝散文兴起较晚，却独具特色。北朝散文以刚健质朴为特征，主要以“北朝三书”和王褒、庾信等人的文章为代表。“北朝三书”是指北魏郦道元的《水经注》，杨衒之的《洛阳伽蓝记》和北齐颜之推的《颜氏家训》。王褒、庾信都是由南朝梁入北周的文学家，到了北方后，他们的文风转向刚健。他们都是著名的骈文家。王褒的《与周弘让书》是一篇骈体书信，文中表现了对南国生活的企羡。庾信的《哀江南赋》代表了他骈文创作的最高成就，文中蕴含了深切的身世之感和故国之思。他的《小园赋》以乡关之思发哀怨之辞，表现身陷异国欲隐退而不得的苦闷，是一篇沉郁悲凉的抒情小赋。

散文在唐代获得了丰富的发展，涌现了众多优秀的作家，骈文与古文都取得了很高的成就，中唐古文运动，作为一场目的明确、参与者众多、成果卓著的文体变革，深刻地塑造了中唐以后散文创作的整体面貌，对后世散文的发展也有深远影响。

唐代的骈文取得了突出的成绩，在长期发展中，逐渐形成以四六句式为主，工于对仗的体式，由这一体式构成的文体，又称四六文。四六文在唐代是文坛上重要的文体，被广泛地运用于抒情、叙事、议论等各种题材的表现，涌现出众多优秀的作者。初唐骈文以“四杰”王勃、杨炯、骆宾王、卢照邻的成就为最著。

唐代贞元、元和年间，以韩愈、柳宗元为代表的一大批作家，大力提倡并创作古文，掀起了一次影响深远的文体革新活动，在文学史上，这次活动被称为“古文运动”。古文运动是中国散文史上的重大事件，其影响延及宋、元、明、清，对中国封建社会后半期的散文创作产生了深远的影响。

韩愈和柳宗元的古文创作取得了高度的艺术成就，为散体文的创作打开了全新的局面，使之呈现出旺盛的艺术生命力。总的来讲，他们对散体文艺术的巨大贡献主要表现在两个方面，一是极大地增强了散体文的抒情特色，使之具有鲜明的审美品格；二是对散体文的语言艺术、表现技巧进行了深入的开拓。

中唐时期还有一大批作家参与古文的写作，与韩、柳年辈相近或略早的，有权德舆、刘禹锡、欧阳詹、李观、张籍、吕温、白居易、元稹等人，他们共同参与古文写作，造就了古文写作的繁荣局面。

晚唐时期，小品文异军突起，大放光彩。小品文是对韩、柳古文中的杂文的继承，篇幅短小，讽时刺世，感情激愤，代表作家是皮日休、陆龟蒙和罗隐。

宋代是中国古代散文的鼎盛时期，作品数量繁多，佳作纷呈，风格流派众多，同时在散文理论和体式上也多有开拓，是“散文”概念提出并渐趋成熟的时期。300余年间，出现了众多的散文作家和散文作品。在“唐宋八大家”中，宋代人就占了六位，即欧阳修、苏洵、苏轼、苏辙、曾巩、王安石。

宋代散文大体上经历了五个发展阶段：北宋前期、北宋中期、南渡前后、南宋中兴和南宋末年。

北宋前期，散文创作出现了一些崇尚淳古、思欲革新文风的散文作家，以柳开、王禹偁为代表。他们都推崇韩愈，以散体古文为尚，倡导平易自然、朴实流畅的文风。宋真宗、仁宗时代，文坛上出现了盛极一时的西昆体。与此同时，穆修、石介、尹洙等人大力提倡散体古文，对西昆体进行了猛烈抨击。苏舜钦是这一时期在散文创作上有成就的作家，所作《沧浪亭记》笔法上似柳宗元的山水游记，字句凝练简洁，风格劲峭拗折。穆修等人的古文理论和苏舜钦等人的创作实绩，为古文进一步发展做了充分准备。

北宋中期，欧阳修、苏轼次第主持文坛，将宋代散文推向顶峰，同时也将中国古代散文推向最辉煌的时代。这一时期的散文流派众多，而皆以古文相称，呈现出多元分化而又整体统一的特点。其中著名的有文章派、道学派和议论派。文章派以欧阳修、曾巩为代表。议论派散文以苏洵、苏轼、苏辙为代表。三苏文章最突出的特征就是长于议论，诵说古今，考论是非，明理以达用。苏轼的散文视野开阔，哲理深刻，议论纵横驰骋。苏轼是欧阳修之后又一位杰出的文坛领袖，他的散文行云流水、自然成文，代表着宋代散文的最高成就。

值得注意的是，北宋中期还出现了一个道学派散文作家群体，以周敦颐、张载、程颢、程颐为代表。周敦颐的《太极图》、张载的《西铭》、程颐的《易传序》《春秋传序》被道学家称为宋朝的“四篇好文字”。道学派在理论上强调“文以载道”，在创作上表现出较高的艺术功力。他们的散文思想博大精深，文辞古朴简洁，逻辑严密，自成一派。

自苏轼去世之后，宋代散文进入了第三个时期，至李清照去世为止，历时55年。这一时期，出现了文采派和抗战派两大散文流派。文采派的代表作家有汪藻和李清照。该派散文创作继承了欧阳修、苏轼改造骈文的成就，骈散结合、属对精工、文采斐然、自然流畅。“博极群书”的汪藻融六经诸史于骈文创作之中，宏丽精深而又文从字顺。其代表作品《隆太后告天下手书》明白洞达、曲当情事，一时为天下传诵。李清照不仅以词擅名，她的散文也有精深的造诣，惜乎她的散文散佚太多，流传最广、影响最大的是《金石录后序》。该文表达了她对丈夫赵明诚的深切怀念之情以及国破家亡的悲愤沉痛之感，其中自述流离，极其凄怆。抗战派散文以表达反对与金人妥协、主张坚决抗战为主要内容，情感激越，语词激切。该派散文以宗泽、李纲、胡铨、岳飞等人为代表。宗泽之文，慷慨激昂，表现一片报国忠心。李纲之文雄深雅健，光明磊落。胡铨之文议论宏远，于诸体散文皆有建树。岳飞之文忠愤激切，议论持正，他的《出师奏札》《谢赦表》《五岳祠盟记》皆是豪情激荡、鼓舞人心的佳作。

高宗绍兴末年至理宗端平年间，是南宋散文创作的繁荣期，宋代散文进入了第四个发展时期。散文作家有陆游、范成大、周必大、杨万里、辛弃疾、陈亮等人。辛弃疾是一位抗金英雄，他的散文文意宏伟、气势雄壮。其代表作品《美芹十论》《九议》等审时度势，议论周密，具有强烈的针对性和现实性。以朱熹、吕祖谦、张栻为代表的散文，均以理学名世，其作品既有哲理的研讨，同时也体现了一种务实精神。理学大师朱熹，于各体散文皆有造诣，其代表作品《庚子应诏封事》《百丈山记》《送郭拱辰序》，或言事推理，或记游写景，或叙事论艺，皆见深厚的功力与艺术涵养。

自理宗端平年间至南宋灭亡，是宋代散文发展的最后一个时期。南宋末年，以文天祥为代表的爱国派将宋代散文推向最后一个高潮，他们以慷慨激昂、悲壮雄劲的旋律结束了宋代散文的发展历程。南宋末年，文人的爱国精神极为昂扬，文天祥、谢枋得、刘辰翁、郑思肖、谢翱等人，一面抗元救国，一面用他们手中的笔，写下大量优秀散文，表现出强烈的爱国精神。文天祥的《指南录后序》、谢枋得的《却聘书》、刘辰翁的《文山先生像赞》、郑思肖的《文丞相序》、谢翱的《登西台恸哭记》等文，皆慷慨悲愤，迸发出强烈的爱国主义光芒。

宋代散文在体裁上多有创新，值得注意的散文新体裁有文赋、诗话、随笔和日记等。文赋是古文向赋渗透过程中产生的一种新体赋，由欧阳修用散体文改造骈赋、律赋而形成，代表作品《秋声赋》是文赋形成的里程碑。其后苏轼的《前赤壁赋》、苏辙的《黄楼赋》、黄庭坚的《刘明仲墨竹赋》、张耒的《斋居赋》、王十朋的《双瀑赋》、张孝祥的《金沙堆赋》、范成大的《望海亭赋》、杨万里的《浯溪赋》等都是宋代文赋的名作，其中以欧阳修、苏轼对文赋的贡献最大。诗话、随笔、日记也是宋代文人创造的新体散文，其共同特征是用散体文字记人记事，论文论艺，自由灵活，内容广博。欧阳修的《六一诗话》是最早用“诗话”命名的著作，其后作者影从，蔚成大观。文赋、诗话、随笔、日记这些新体散文的出现，是宋代文人学养深厚、博雅精通的表现，同时也是宋代散文繁荣的重要标志。

元代散文和宋代相比，远为逊色，总体说来，其文大都是经世致用、歌功颂德的论说文字，缺乏自由抒发个人思想感情的作品。

明代散文的取材较为广泛，后期散文的表现手法也较为多样，不少篇章在不同程度上受到了小说、寓言、笑话、八股文的影响。尤其是晚明小品，是中国散文发展史上的一项重大突破，从散文观念到创作实践都有显著的变化。

明初，由于政治环境的骤然变化，元末文人那种洒脱的情怀和隐逸的心理受到了巨大的打击，文人们不得不依附于政权，以求安生。受到这种影响，代表官方意志的强调“道统”的文学观念就成为明初文学思潮的主流。以宋濂、王慎中、唐顺之、归有光为代表的明散文就是明代“道统”散文的一面镜子。明代中期以后注重个性和情感的社会思潮逐渐上扬，主情主文一派的主导地位逐渐得到确立。公安派提出“独抒性灵，不拘格套”的口号，在晚明小品散文中得到彻底的贯彻和落实。所谓小品，原为佛教用语，明人采用这一名词，主要是为了和以往那些关乎国家大事、理学精义的“高文大册”区别开来，并非是某种特殊的文体，凡游记、杂记、书信等都可以包括在内。成就最高的作家除了“公安三袁”以外，还有张岱等。

清代的散文和骈文，流派繁多，并存在着明显的阶段性。初期(顺治、康熙、雍正三朝)散文主要是扭转晚明的文风，大体上回到了讲求“载道”的唐宋古文的传统上，骈文则酝酿中兴；中期(乾隆、嘉庆两朝)是桐城派崛起并控制文坛的时期，与官方意识形态适应的古文体式得以确立，骈文则出现中兴的高潮；后期(道光以后)，骈文继续发展，但声势不如以前；桐城派散文也在走下坡路并出现了分化，其间也有短暂的中兴；随着维新运动的兴起和报刊的大量出现，散文文体特征发生了巨大的变化，文坛出现了错综复杂的局面。

在清初文坛上，“清初三大家”的地位和影响最为突出，他们的创作，代表了从明末文风向清初文风的转变。以侯方域、魏禧和汪琬为代表的“清初三大家”用规模宏大、出入唐宋的散文扫清了明末文风的纤佻，影响了清代文风的转变。魏禧的散文以观点卓越、析理透辟见长；汪琬则力主纯正，写人状物笔墨生动。三人中侯方域的影响最大，他继承了韩愈、欧阳修的传统，融入小说笔法，流畅恣肆，委曲详尽，推为第一。其创作活动为桐城派的诞生起了奠基的作用。

桐城派是清中叶古文最著名的一个流派，主要作家方苞、刘大櫆、姚鼐都是安徽桐城人，桐城派因此而得名。方苞继承归有光的传统，提出“义法”主张，并使之成为桐城派古文的基本理论。桐城派古文作品选材用语只重阐明立意，而不期堆砌材料，因而文章一般简洁自然，但缺乏生气，代表作品有方苞的《狱中杂记》《左忠毅公逸事》，姚鼐的《登泰山记》等。

清代后期的散文，主要为两大流派，一是承桐城派余绪的“湘乡派”；二是梁启超所倡导的“新文体”。

梁启超的新文体散文，主要是宣传性而不是文艺性的，但在当时，它完全打破了传统古文的束缚，灌注了思想解放的精神和作者内心的热情，造就了新的文风，在古代散文向现代散文转换的过程中，它的作用极为重要，《少年中国说》即是代表。

伴随着对封建主义文学和文言文的批判，最早的一批现代新文学作品诞生了，议论性散文便是重要组成部分，它是现代散文的源头。

新文学诞生的初期，其领袖人物陈独秀、李大钊、鲁迅、钱玄同、刘半农等在报刊上以“随感录”为主要形式，大量发表文章，担任了反封建的先锋。随感录的重点在思想革命和文学革命上，所议论的对象紧贴生活，具体而且细微；形式自由，可长可短；语言可刚烈悲壮，也可幽默讽喻。鲁迅是其中成就最高的作家。

以议论为主的随感录之后，记叙性散文、小品文也相继问世，现代散文进入蓬勃发展阶段。发展期的散文风格各异、样式不一，呈现一派繁荣景象。就形式而言，有记叙、写景、抒怀、言志、评述；风格上形成了鲁迅的峻冷峭拔，周作人的平和冲淡，朱自清、冰心等的清新雅致，郭沫若、郁达夫等人的豪迈挥洒，叶圣陶、许地山的朴素平直，徐志摩的浓艳绚丽等。

语丝社的周作人是小品文的开拓者之一，代表作《故乡的野菜》《乌篷船》《菱角》《夏之梦》等多以小题材为描述对象，笔调从容、闲逸，于趣味性、知识性中潜移默化地培育着对生活的热爱。他的议论性散文在当时也占有重要地位。与周作人艺术风格相近的是同在语丝社的林语堂。他的代表作《翦拂集》着力讽刺时弊，批判传统的中庸哲学，强调与旧世界的斗争。俞平伯的《杂拌儿》《燕知草》等集子也带有与周作人类似的雅致，但同时又多了些晦涩的味道。

郭沫若与郁达夫同属奔放潇洒的一派。郭沫若的散文诗集《小品六章》文笔精美，语言雕饰，设景味道深长；郁达夫的游记散文中《屐痕处处》和《钓台的春昼》是代表他风格的作品，尤其是后一篇，写出了富春江秀丽的景色，于凭古怀悼之间，抒发了对现实的愤懑之情。

何其芳的抒情散文在20世纪30年代别有风姿，被称为“诗人的散文”。作为现代派诗人，他将现代派的一些方法渗入散文创作，以达抒写情感之目的，代表作为《画梦录》。何其芳散文的语言同他的诗一样，精雕细琢，有很强的可感性。

记叙性散文中，李广田记人的篇章很有代表性。他笔下的人物描写不依托曲折的故事情节，只截取一些生活片段，加以抒情的寥寥几笔，以达传神之效。

抗战爆发，尤其是“皖南事变”之后，富有战斗性的杂文发出时代的最强音。郭沫若的《新缪司九神礼赞》《斥反动文艺》等文成为国统区思想战线、文化战线的重要文献；闻一多的《最后一次的讲演》表现了一个坚定的民主战士的英勇气概；冯雪峰的杂文侧重于人的心灵剖析，表现出较强的理论力量；聂绀弩的杂文在艺术上做出了许多有益的探索，他善用令人兴趣盎然的古代故事巧妙抨击现实。此外，丰子恺、林默涵等许多作家也都写了大量杂文。

记叙与抒情相结合的散文在国统区成绩突出。茅盾的《白杨礼赞》《风景谈》、巴金的《废园外》《灯》《龙》都是名篇，沈从文的《湘西散记》是记叙自然与人文状况的美文。

新中国成立初期，作家们运用散文自觉地高唱反映新时代、新人物、新事物、新风貌的赞歌。因为作者队伍庞大，所以反映的生活面达到了从未有过的宽广程度。这时期散文创作的一大特色是，抗美援朝和社会主义经济建设两项内容交相辉映。形式多样也是本时期散文创作的收获之一。游记、小品、随笔和杂文都不同程度地发挥了它们在新时代的作用，不少作品受到读者的欢迎。虽然本时期散文创作收获丰厚，但从整个文学领域来看，散文相比其他文学体裁受重视不够，尤其杂文显得更为薄弱。

1957年以后，散文创作受到各界重视，作品无论数量还是质量都大大超过了上一时期，名家佳作竞相涌现。老作家叶圣陶发表的《记金华的两个洞》是继《游了三个湖》之后又一篇耐看的游记作品；冰心的《樱花赞》和巴金的《从镰仓带回的照片》是两支国际主义友情的赞歌；吴伯箫的《歌声》《记一辆纺车》，是对延安艰苦岁月的追忆；方纪的《挥手之间》记录了历史的紧要关头，伟人毛泽东从容不迫的风采；陶铸的《松树的风格》咏物抒怀，意味深长；碧野的《雪路云程》《武当山记》在葱山、丽水、雪路、云程之间洋溢着浓情画意。这一时期的散文园地进入成熟的收获期，冰心、巴金、叶圣陶等老作家以孜孜不倦的求索精神达到了炉火纯青的艺术境界。

更为可喜的是，以杨朔、刘白羽和秦牧为代表的中青年散文家日渐成熟，形成了各自的艺术风格。杨朔的散文似轻风拂柳般清新优美、婉转动人，刘白羽散文如同熔岩爆发般恣肆汪洋、炽热如火，秦牧的散文则将知识性、趣味性融合起来，如话家常，娓娓道来。其他的散文家也各具特色，个性鲜明，如碧野的明艳动人，陈残云的轻盈秀丽，邓拓的深刻犀利，吴伯箫的简练真诚，曹靖华的平易朴素，峻青的高远深阔，李若冰的豪迈冷峻，陶铸的坦率峭拔，菡子的温婉细腻，宗璞的娟雅清秀……

进入新时期后，人们的情感喷涌而出，散文创作进一步发展。高亢的旋律、悲壮的色彩、朴素的风格，开拓了一代文风。如何为的《临江楼记》，毛岸青、邵华的《我爱韶山的红杜鹃》，刘白羽的《巍巍太行》，陶斯亮的《一封终于发出的信》等；丁宁的悼念杨朔的《幽燕诗魂》，黄宗英悼念上官云珠的《星》，金山悼念戏剧家孙维世的《莫将血恨付秋风》，丁一岚的《忆邓拓》，荒煤的《忆何其芳》，巴金追念爱妻的《怀念萧珊》等。

新时期的散文，如同一只报春的燕子，灵巧、敏捷地最先带着时代的气息飞进人们的心里。改革开放后，全社会沸腾的生活首先在散文中得以体现。此外，反映生活各方面，如回顾个人经历和情怀、揭示生活哲理的散文亦重展笑颜，绽放光彩。这类作品中的优秀之作有丁玲的《牛棚小品》、严阵的《水仙》、管桦的《竹》、丁宁的《仙女开花》等。

游记散文也日渐繁荣，它们大多继承古典散文中寄情于景的传统手法，于一山一水中寄托自己的情怀。这当中，国际题材的作品风采独具，丁玲的《我看到的美国》、萧乾的《美国之行》、王蒙的《德美两国纪行》、穆青的《在斜塔下》、刘白羽的《一曲清清塞纳河》、韦君宜的《故国情》等都是鼎力之作。

谋攻篇

孙子[①]

孙子曰：凡用兵之法，全国为上，破国次之[②]；全军为上，破军次之；全旅为上，破旅次之；全卒为上，破卒次之；全伍为上，破伍次之。[③]是故百战百胜，非善之善者也；不战而屈人之兵，善之善者也。

故上兵[④]伐谋，其次伐交，其次伐兵，其下攻城。攻城之法，为不得已。修橹轒辒[⑤]，具器械，三月而后成；距闉[⑥]，又三月而后已。将不胜其忿，而蚁附之，杀士三分之一，而城不拔者，此攻之灾也。故善用兵者，屈人之兵而非战也，拔人之城而非攻也，毁人之国而非久也。必以全争于天下，故兵不顿[⑦]而利可全，此谋攻之法也。

故用兵之法，十则围之，五则攻之，倍则分之[⑧]；敌则能战之，少则能逃之，不若则能避之。故小敌之坚，大敌之擒也。[⑨]

夫将者，国之辅也。辅周则国必强，辅隙则国必弱。[⑩]

故君之所以患于军者三：不知军之不可以进，而谓之进；不知军之不可以退，而谓之退，是为縻军[⑪]。不知三军之事，而同三军之政，则军士惑矣。不知三军之权，而同三军之任，则军士疑矣。三军既惑且疑，则诸侯之难至矣，是谓乱军引胜[⑫]。

故知[⑬]胜有五：知可以战与不可以战者胜；识众寡之用者胜；上下同欲者胜；以虞[⑭]待不虞者胜；将能而君不御者胜。此五者，知胜之道也。

故曰：知彼知己，百战不殆[⑮]；不知彼而知己，一胜一负；不知彼，不知己，每战必殆。

【注释】

①孙子，名武，字长卿，后人尊称其为孙子、孙武子，春秋末期齐国乐安(今山东广饶，另一说为山东惠民)人，其生卒年代不详，大约与孔子同时代或略晚。

②全：完全地降服。破：以武力击破或歼灭。

③军、旅、卒、伍：古代军队编制。

④上兵：最高明的用兵之法。

⑤轒辒(fén wēn)：四轮战车，蒙以坚固的皮革，为古代车战时攻城所用。

⑥距闉(yīn)：靠近敌城所筑的土丘，借以观察城内虚实，并可登城。杜牧注："距闉者，积土为之，即今之所谓垒道也。"

⑦顿：有拖延时日、困顿、受挫诸义。

⑧十：十倍。五：五倍。倍：多一倍。

⑨小敌：力量弱小的一方。大敌：力量强大的一方。

⑩周：周详，严密。隙：疏失，有漏洞。

⑪縻军：束缚了军队的手足，使军队不能随形势的变化而进退。

⑫引胜：招致强敌。
⑬知：预料、判知。
⑭虞：料度、准备。
⑮殆：危险、困乏。

【作品提示】

本文围绕“不战而屈人之兵，善之善者也”的中心论点，阐述了进攻敌人的战略和战术。作者认为军事是为政治斗争服务的，要求把政治斗争、外交斗争和武装斗争统一起来。他的用兵之法就是集中兵力，攻敌弱点，打歼灭战。在战略战术上，孙子主张灵活运用，将帅要做好国君的助手，充分发挥作用；国君要了解情况，正确指挥。他的“知彼知己，百战不殆”的著名论断，集中反映了他朴素的唯物辩证法的军事思想。

思考练习

1. 结合现实分析“知彼知己，百战不殆”。
2. 剖析文章严谨的逻辑推理。
3. 谈谈孙子兵法的现代意义。

养生主

庄子[①]

庖丁为文惠君解牛，手之所触，肩之所倚，足之所履，膝之所踦[②]，砉然[③]向然，奏刀騞然[④]，莫不中音：合于《桑林》[⑤]之舞，乃中《经首》[⑥]之会。

文惠君曰：“嘻，善哉！技盖[⑦]至此乎？”

庖丁释刀对曰：“臣之所好者道也，进[⑧]乎技矣。始臣之解牛之时，所见无非牛者；三年之后，未尝见全牛也。方今之时，臣以神遇而不以目视，官知止而神欲行[⑨]。依乎天理[⑩]，批大郤[⑪]，导大窾[⑫]，因其固然[⑬]；枝经肯綮之未尝[⑭]，而况大軱[⑮]轶乎！良庖岁更刀，割[⑯]也；族[⑰]庖月更刀，折也。今臣之刀十九年矣，所解数千牛矣，而刀刃若新发于硎[⑱]。彼节者有间[⑲]，而刀刃者无厚；以无厚入有间，恢恢乎[⑳]其于游刃必有余地矣。是以十九年而刀刃若新发于硎。虽然，每至于族[㉑]，吾见其难为，怵然[㉒]为戒，视为止，行为迟。动刀甚微，謋然[㉓]已解，如土委地。提刀而立，为之四顾，为之踌躇满志，善[㉔]刀而藏之。”

文惠君曰：“善哉，吾闻庖丁之言，得养生[㉕]焉。”

【注释】

①庄子(约前369—前286)，名周，战国时期宋国蒙(今河南商丘东北)人，著名的思想家、哲

学家、文学家，是道家学派的代表人物。后世将他与老子并称为“老庄”，他们的哲学为“老庄哲学”。

②踦(yǐ)：一只脚站立，用膝盖尽力抵住牛。

③砉(xū)然：象声词，形容皮骨相离声。

④騞(huō)然：象声词，形容比砉然更大的进刀解牛声。

⑤《桑林》：传说中商汤的乐曲名。

⑥《经首》：传说中尧乐《咸池》中的一章。

⑦盖：同“盍”，亦即“何”。

⑧进：超过。

⑨官知：这里指视觉。神欲：指精神活动。

⑩天理：指牛体的自然的肌理结构。

⑪批：击，劈开。郤：同“隙”。

⑫窾(kuǎn)：骨节间的窍穴。

⑬因：顺着。固然：指牛体本来的结构。

⑭枝：指支脉。经：经脉。肯：紧附在骨上的肉。綮(qǐng)：筋肉聚结处。

⑮軱(gū)：股部的大骨。

⑯割：这里指生割硬砍。

⑰族：众，指一般的。

⑱硎(xíng)：磨刀石。

⑲间：间隙。

⑳恢恢乎：宽绰的样子。

㉑族：指筋骨交错聚结处。

㉒怵(chù)然：惊惧貌，害怕的样子。

㉓謋(huò)然：牛体骨肉相离的声音。

㉔善：拭。

㉕养生：指养生之道。

【作品提示】

本篇寓言故事选自《庄子·内篇·养生主》。它说明世上事物纷繁复杂，只要反复实践，掌握了它的客观规律，就能得心应手，运用自如，迎刃而解。

文章叙议相间，层次分明。写庖丁宰牛时动作之优美、技术之高超、成功后的志得意满等，绘声绘色，如闻如见，引人入胜。文章语言生动形象，“目无全牛”“游刃有余”“踌躇满志”等成语，即出自本篇。

思考练习

1. 理解文章以事寓理的写法。
2. 试析“庖丁解牛”的寓言在艺术表现上的特色。
3. 庖丁解牛为何能做到游刃有余？从中你得到了什么启示？

送孟东野序

韩愈[①]

大凡物不得其平则鸣。草木之无声，风挠之鸣。水之无声，风荡之鸣。其跃也或激之，其趋也或梗[②]之，其沸也或炙之。金石[③]之无声，或击之鸣，人之于言也亦然，有不得已者而后言，其歌也有思，其哭也有怀。凡出乎口而为声者，其皆有弗平者乎！

乐也者，郁于中而泄于外也，择其善鸣者而假[④]之鸣。金、石、丝、竹、匏、土、革、木[⑤]八者，物之善鸣者也。维天之于时也亦然，择其善鸣者而假之鸣。是故以鸟鸣春，以雷鸣夏，以虫鸣秋，以风鸣冬。四时之相推夺[⑥]，其必有不得其平者乎！

其于人也亦然。人声之精者为言，文辞之于言，又其精也，尤择其善鸣者而假之鸣。其在唐、虞，咎陶、禹[⑦]，其善鸣者也，而假以鸣。夔弗能以文辞鸣，又自假于《韶》以鸣。[⑧]夏之时，五子[⑨]以其歌鸣。伊尹[⑩]鸣殷，周公鸣周。

凡载于《诗》、《书》六艺，皆鸣之善者也。周之衰，孔子之徒鸣之，其声大而远。传曰："天将以夫子为木铎[⑪]。"其弗信矣乎？其末也，庄周以其荒唐之辞鸣。楚，大国也，其亡也，以屈原鸣。臧孙辰[⑫]、孟轲、荀卿，以道鸣者也。杨朱、墨翟、管夷吾、晏婴、老聃、申不害、韩非、慎到、田骈、邹衍、尸佼、孙武、张仪、苏秦之属[⑬]，皆以其术鸣。秦之兴，李斯鸣之。汉之时，司马迁、相如、扬雄，最其善鸣者也。其下魏、晋氏，鸣者不及于古，然亦未尝绝也。就其善者，其声清以浮，其节数[⑭]以急，其辞淫以哀，其志弛以肆[⑮]，其为言也，乱杂而无章。将天丑其德莫之顾邪？何为乎不明其善鸣者也？

唐之有天下，陈子昂、苏源明[⑯]、元结、李白、杜甫、李观，皆以其所能鸣。其存而在下者，孟郊东野始以其诗鸣。其高出魏、晋，不懈而及于古，其他浸淫[⑰]乎汉氏矣。从吾游者，李翱、张籍[⑱]其尤也。三子者之鸣信善矣，抑不知天将和其声而使鸣国家之盛邪？抑将穷饿其身、思愁其心肠而使自鸣其不幸邪？三子者之命，则悬乎[⑲]天矣。其在上也，奚以喜？其在下也，奚以悲？东野之役于江南[⑳]也，有若不释然者，故吾道其命于天者以解之。

【注释】

①韩愈(768—824)，字退之，河南河阳(今河南孟州)人。郡望昌黎，世称韩昌黎。晚年任吏部侍郎，又称韩吏部。谥号文，又称韩文公。韩愈思想上尊儒排佛，以孔孟道统的继承者自居。他反对六朝以来的形式主义的骈偶文风，大力提倡古文，和柳宗元共同领导了中唐古文运动，是唐代著名散文家。

②梗：阻塞。

③金石：钟、磬之类的打击乐器。

④假：借。

⑤金、石、丝、竹、匏(páo)、土、革、木：我国古代用这八种质料制成的各类乐器的总称，也称“八音”。例如，钟属金类，磬属石类，瑟属丝类，箫属竹类，笙属匏类，埙(xūn)属土类，鼓属革类，柷(zhù)属木类。

⑥推夺：推移变化。

⑦唐、虞：尧帝国号为唐，舜帝国号为虞。咎陶：也作咎繇、皋陶，传说为舜帝之臣，主管刑狱之事。禹：夏朝开国君主，传说治洪水有功，舜让位于他。

⑧夔：传说是舜时的乐官。《韶》：舜时乐曲名。

⑨五子：夏王太康的五个弟弟。太康耽于游乐而失国，五子作歌告诫。

⑩伊尹：名挚，殷汤时的宰相，曾佐汤伐桀。

⑪木铎：木舌的铃。古代发布政策教令时，先摇木铎以引起人们注意，后遂以木铎比喻宣扬教化的人。

⑫臧孙辰：即春秋时鲁国大夫臧文仲。

⑬杨朱：字子居，战国时魏人，其说重在为我爱己，拔一毛以利天下不为。管夷吾：字仲，春秋时齐国人，辅佐齐桓公称霸。申不害：战国时郑国人，韩昭侯时为相，主持改革，国治兵强，其说本于黄老而主刑名。

⑭节数(shuò)：节奏繁多而急促。

⑮弛以肆：弛，松弛，引申为颓废。肆，放荡。

⑯苏源明：字弱夫，武功人，天宝进士，不受安禄山伪职。

⑰浸淫：逐渐渗透，在此有接近意。

⑱李翱：字习之，陇西成纪(今甘肃秦安西北)人，他是韩愈的学生和侄女婿。张籍：字文昌，吴郡(今江苏)人，善作乐府诗，有《张司业集》。

⑲悬乎：决定于。

⑳役于江南：指赴溧阳就任县尉。唐代溧阳县属江南道。

【作品提示】

孟郊(751—814)，字东野，湖州武康(今浙江德清)人，中唐著名诗人。他壮年屡试不第，46岁才中进士，50岁时被授为溧阳县尉，怀才不遇，心情抑郁。在他上任之际，韩愈写此文加以赞扬和宽慰，流露出对朝廷用人不当的感慨和不满。文章运用比兴手法，从物不平则鸣，写到人不平则鸣。全序仅篇末少量笔墨直接点到孟郊，其他内容都凭空结撰，出人意料，但又紧紧围绕孟郊其人其事而设，言在彼而意在此，因而并不显得空疏游离，体现了布局谋篇上的独到造诣。历数各个朝代善鸣者时，句式极错综变化之能事，清人刘海峰评为“雄奇创辟，横绝古今”。

思考练习

1. 了解司马迁的“发愤著书”与韩愈的“不平则鸣”，二者所表达的思想和内容分别是什么？

2. 试析本文的谋篇布局。

3. 作者采用了什么手法进行论说？其风格特色与庄子的《养生主》有何异同？

朋党论

欧阳修[①]

臣闻朋党之说，自古有之，惟幸人君辨其君子小人而已。大凡君子与君子，以同道[②]为朋；小人与小人，以同利为朋。此自然之理也。

然臣谓小人无朋，惟君子则有之。其故何哉？小人所好者，利禄也；所贪者，货财也。当其同利之时，暂相党引[③]以为朋者，伪也。及其见利而争先，或利尽而交疏，则反相贼害，虽其兄弟亲戚，不能相保。故臣谓小人无朋，其暂为朋者，伪也。君子则不然。所守者道义，所行者忠信，所惜者名节。以之修身，则同道而相益；以之事国，则同心而共济[④]。终始如一，此君子之朋也。故为人君者，但当退小人之伪朋，用君子之真朋，则天下治矣。

尧之时，小人共工、驩兜等四人[⑤]为一朋，君子八元、八恺[⑥]十六人为一朋。舜佐尧，退四凶小人之朋，而进元、恺君子之朋[⑦]，尧之天下大治。及舜自为天子，而皋、夔、稷、契等[⑧]二十二人并列于朝，更相[⑨]称美，更相推让，凡二十二人为一朋，而舜皆用之，天下亦大治。《书》曰："纣有臣亿万，惟亿万心；周有臣三千，惟一心。"[⑩]纣之时，亿万人各异心，可谓不为朋矣，然纣以亡国。周武王之臣三千人为一大朋，而周用以兴。后汉献帝时，尽取天下名士囚禁之，目[⑪]为党人。及黄巾贼起，汉室大乱，后方悔悟，尽解党人而释之，然已无救矣。唐之晚年，渐起朋党之论。及昭宗时，尽杀朝之名士，或投之黄河，曰："此辈清流，可投浊流。"[⑫]而唐遂亡矣。

夫前世之主，能使人人异心不为朋，莫如纣；能禁绝善人为朋，莫如汉献帝；能诛戮清流之朋，莫如唐昭宗之世。然皆乱亡其国。更相称美、推让而不自疑，莫如舜之二十二臣；舜亦不疑而皆用之。然而后世不诮[⑬]舜为二十二人朋党所欺，而称舜为聪明之圣者，以能辨君子与小人也。周武之世，举其国之臣三千人共为一朋，自古为朋之多且大莫如周。然周用此以兴者，善人虽多而不厌[⑭]也。

嗟呼！治乱兴亡之迹[⑮]，为人君者可以鉴矣！

【注释】

①欧阳修(1007—1072)，字永叔，号醉翁，晚号六一居士，吉州永丰(今属江西)人。欧阳修自称庐陵人，谥号文忠。北宋时期政治家、散文家和诗人，唐宋古文八大家之一，有《欧阳文忠公集》《六一词》。

②同道：志同道合。

③党引：结为私党，互相援引。

④共济：谓共图事功。

⑤共工、驩兜等四人：指共工、驩兜、鲧、三苗，为舜放逐的四凶。

⑥八元：传说中上古高辛氏的八个才子。八恺：传说中上古高阳氏的八个才子。

⑦“舜佐尧”三句：《左传·文公十八年》载，“舜臣尧，举八恺，使主后土”“举八元，使布五教于四方”“流四凶族”。

⑧皋、夔、稷、契等：传说他们都是舜时的贤臣，皋掌管刑法，夔掌管音乐，稷掌管农业，契掌管教育。

⑨更相：互相。

⑩“《书》曰”句：《尚书·周书·泰誓上》：“受有臣亿万，惟亿万心；予有臣三千，惟一心。”

⑪目：看作。

⑫清流：指品行高洁的人。浊流：指品格卑污的人。

⑬诮：责备。

⑭厌：满足。

⑮迹：事迹。

【作品提示】

本文是欧阳修于宋仁宗庆历三年(1043年)任谏官时所作。宋仁宗景祐三年(1036年)，范仲淹因向仁宗献《四论》而得罪仁宗，被贬为饶州知州。欧阳修为此事不平，写信对诬陷范仲淹的高司谏予以斥责，当时还有尹洙、余靖也上书仁宗劝阻，结果都因此而贬官，并被守旧势力诬蔑为“党人”。由此，“朋党之论起”。庆历三年，宋仁宗欲进行改革，又重新重用范仲淹等人，命他任参知政事，命欧阳修为谏官。此时，守旧派大力反对，诬蔑范仲淹、欧阳修等人结为朋党，对革新派恶意中伤，朝廷内“朋党之论”再起。欧阳修担心仁宗轻信谗言改变主张，所以写了《朋党论》一文，希望仁宗明鉴。

思考练习

1. 何为君子之朋？何为小人之朋？两者的根本区别是什么？
2. 简析本文的对比论证法。
3. 此文与韩愈的《送孟东野序》在行文特色上有何不同？

徐文长传

袁宏道[①]

余一夕坐陶太史楼，随意抽架上书，得《阙编》诗一帙，恶楮[②]毛书，烟煤败黑，微有字形，稍就灯间读之。读未数首，不觉惊跃，急呼周望，《阙编》何人作者？今耶？古耶？周望曰：“此余乡先辈徐天池先生书也。”两人跃起，灯影下，读复叫，叫复读，童仆睡者皆惊起。盖不佞[③]生三十年，而始知海内有文长先生。噫，是何相识之晚也。因以所闻于越人士者，略为次第，为徐文长传。

徐渭，字文长，为山阴诸生，声名籍甚。薛公蕙[④]校越时，奇其才，有国士之目。然数奇[5]，屡试辄蹶[6]。中丞胡公宗宪闻之，客诸幕。文长每见，则葛衣乌巾，纵谈天下事，胡公大喜。是时，公督数边兵[7]，威镇东南，介胄之士，膝语蛇行，不敢举头，而文长以部下一诸生傲之，议者方之刘真长、杜少陵云。会得白鹿，属文长作表，表上，永陵[8]喜。公以是益奇之，一切疏记，皆出其手。

文长自负才略，好奇计，谈兵多中，视一世士，无可当意者，然竟不偶。文长既已不得志于有司，遂乃放浪曲蘖[9]，恣情山水，走齐、鲁、燕、赵之地，穷览朔漠。其所见山崩海立，沙起云行，风鸣树偃，幽谷大都，人物鱼鸟，一切可惊可愕之状，一一皆达之于诗。其胸中又有勃然不可磨灭之气，英雄失路，托足无门之悲，故其为诗，如嗔，如笑，如水鸣峡，如种出土，如寡妇之夜哭，羁人之寒起。虽其体格时有卑者，然匠心独出，有王者气，非彼巾帼而事人者所敢望也。文有卓识，气沉而法严，不以模拟损才，不以议论伤格，韩、曾之流亚也[10]。文长既雅不与时调合，当时所谓骚坛[11]主盟者，文长皆叱而奴之，故其名不出于越，悲夫！喜作书，笔意奔放如其诗，苍劲中姿媚跃出，欧阳公所谓“妖韶女老自有馀态”者也[12]。间以其余，旁溢为花鸟，皆超逸有致。卒以疑，杀其继室，下狱论死。张太史元汴力解，乃得出。晚年愤益深，佯狂益甚，显者至门，或拒不纳；时携钱至酒肆，呼下隶与饮；或自持斧击破其头，血流被面，头骨皆折，揉之有声；或以利锥锥其两耳，深入寸余，竟不得死。

周望言：“晚岁诗文益奇，无刻本，集藏于家。”余同年有官越者，托以钞录，今未至。余所见者，《徐文长集》《阙编》二种而已。然文长竟以不得志于时，抱愤而卒。

石公曰：“先生数奇不已，遂为狂疾，狂疾不已，遂为囹圄[13]。古今文人，牢骚困苦未有若先生者也。虽然，胡公间世豪杰，永陵英主：幕中礼数异等[14]，是胡公知有先生矣；表[15]上，人主悦，是人主知有先生矣。独身未贵耳。先生诗文崛起，一扫近代芜秽之习，百世而下，自有定论。胡为不遇哉！梅客生[16]尝寄予书曰：‘文长吾老友，病奇于人，人奇于诗。’余谓文长，无之而不奇[17]者也。无之而不奇，斯无之而不奇也，悲夫！”

【注释】

①袁宏道(1568—1610)，明代文学家，“公安派”主帅，字中郎，又字无学，号石公，又号六休。荆州公安(今属湖北)人。与其兄袁宗道、其弟袁中道都是晚明反复古主义运动的“公安派”的代表人物，时称“三袁”。他们力矫前、后七子所倡导的“文必秦汉，诗必盛唐”的流弊，主张文学作品要“独抒性灵，不拘格套”。其作品语言清新明快。著有《袁中郎全集》。

②恶楮：坏纸。

③不佞：犹不才。

④薛公蕙：薛蕙，字君采，亳州(今安徽亳州)人。

⑤数奇(jī)：命运坎坷，遭遇不顺。

⑥辄蹶(jué)：总是失败。

⑦督数边兵：胡宗宪总督南直隶、浙、闽军务。

⑧永陵：明世宗嘉靖皇帝的陵墓，此用来代指嘉靖皇帝本人。

⑨曲蘖(niè)：酿酒用的发酵剂，这里指酒。

⑩韩、曾：唐代的韩愈、宋代的曾巩。流亚：匹配的人物。

⑪骚坛：文坛。

⑫“欧阳公”句：欧阳修《水谷夜行寄子美圣俞》有句云：“譬如妖韶女，老自有馀态。”妖韶，美艳。

⑬囹圄：牢狱。这里指身陷囹圄。

⑭幕中礼数异等：胡宗宪聘请徐文长时，文长再三推辞，最后提出要保持宾客地位，得到胡宗宪的同意，故此在胡府中，文长始终是受特殊优待的。

⑮表：指前面所说的《献白鹿表》。

⑯梅客生：梅国桢，字客生，万历进士，官兵部右侍郎。

⑰奇：此句与下句之“奇”字皆为奇怪之奇。末句之“奇”为数奇之奇。

【作品提示】

徐文长是明嘉靖至万历年间著名的文学艺术家，幼有文名，但只考上了秀才，此后屡试不就。他好谈兵法，积极参与当时东南沿海的抗倭战争，曾入浙闽军务总督胡宗宪幕中，参预机宜，写过两篇对倭作战的方案，自称：“尝身匿兵中，环舟贼垒，度地形为方略。”后胡宗宪被捕下狱，他也受到牵连，忧愤成狂，抑郁而终。他怀才不遇，在仕途上备受倾踬，在文学上亦不得志。他与“后七子”中的李攀龙、王世贞同时，然却是李、王的反对派。他曾批判复古派效古人某篇某体是人而“学为鸟言者”(《叶子肃诗序》)。当时复古派盛行，王、李之作遍天下，他自然受到冷落。徐文长生前虽有文集刊行，但鲜为人知。在他死后四年，袁宏道始偶然地在陶望龄的家中发现其诗集《阙编》，大为惊异，叹为平生仅见，于是写了这篇传记。

思考练习

1. 徐文长的“奇”表现在哪几个方面？
2. 说说你对“无之而不奇，斯无之而不奇也”一句的理解。
2. 结合此文，体会袁宏道“独抒性灵，不拘格套”的文学主张。

赠与今年的大学毕业生(节选)

胡适[①]

(1932年6月27日)

这一两个星期里，各地的大学都有毕业的班次，都有很多的毕业生离开学校去开始他们的成人事业。学生的生活是一种享有特殊优待的生活，不妨幼稚一点，不妨吵吵闹闹，社会都能纵容他们，不肯严格的要他们负行为的责任。现在他们要撑起自己的肩膀来挑他们自己的担子了。在这个国难最紧急的年头，他们的担子真不轻。我们祝他们成功，同时也不忍不依据我们自己的经验，赠与他们几句送行的赠言，——虽未必是救命毫毛，也许作个防身的锦囊罢？

你们毕业之后，可走的路不出这几条：绝少数的人还可以在国内或国外的研究院继续作学术研究；少数的人可以寻着相当的职业；此外还有做官，办党，革命三条路；此外就是在家享福或者失业闲居了。第一条继续求学之路，我们可以不讨论。走其余几条路的人，都不能没有堕落的危险。堕落的方式很多，总括起来，约有这两大类：

第一是容易抛弃学生时代的求知识的欲望。你们到了实际社会里，往往所用非所学，往往所学全无用处，往往可以完全用不着学问，而一样可以胡乱混饭吃，混官做。在这种环境里，即使向来抱有求知识学问的决心的人，也不免心灰意懒，把求知的欲望渐渐冷淡下去。况且学问是要有相当的设备的，书籍，试验室，师友的切磋指导，闲暇的工夫，都不是一个平常要糊口养家的人所能容易办到的。没有做学问的环境，又谁能怪我们抛弃学问呢？

第二是容易抛弃学生时代的理想的人生的追求。少年人初次与冷酷的社会接触，容易感觉理想与事实相去太远，容易发生悲观和失望。多年怀抱的人生理想，改造的热诚，奋斗的勇气，到此时候，好像全不是那么一回事。渺小的个人在那强烈的社会炉火里，往往经不起长时期的烤炼就熔化了，一点高尚的理想不久就幻灭了。抱着改造社会的梦想而来，往往是弃甲曳兵而走，或者做了恶势力的俘虏。你在那俘虏牢狱里，回想那少年气壮时代的种种理想主义，好像都成了自误误人的迷梦。从此以后，你就甘心放弃理想人生的追求，甘心做现成社会的顺民了。

要防御这两方面的堕落，一面要保持我们求知识的欲望，一面要保持我们对于理想人生的追求，有什么好法子呢？依我个人的观察和经验，有三种防身的药方是值得一试的。

第一个方子只有一句话："总得时时寻一两个值得研究的问题。"问题是知识学问的老祖宗；古今来一切知识的产生与积聚，都是因为要解答问题，——要解答实用上的困难或理论上的疑难。所谓"为知识而求知识"，其实也只是一种好奇心追求某种问题的解答，不过因为那种问题的性质不必是直接应用的，人们就觉得这是"无所为"的求知识了。我们出学校之后，离开了做学问的环境，如果没有一个两个值得解答的疑难问题在脑子里盘旋，就很难继续保持追求学问的热心。可是，如果你有了一个真有趣的问题天天逗你去想他，天天引诱你去解决他，天天对你挑衅笑你无可奈何他，——这时候，你就会同恋爱一个女子发了疯一样，坐也坐不下，睡也睡不安，没工夫也得偷出工夫去陪她，没钱也得撙衣节食去巴结她。没有书，你自会变卖家私去买书；没有仪器，你自会典押衣服去置办仪器；没有师友，你自会不远千里去寻师访友。你只要能时时有疑难问题来逼你用脑子，你自然会保持发展你对学问的兴趣，即使在最贫乏的智识环境中，你也会慢慢地聚起一个小图书馆来，或者设置起一所小试验室来。所以我说：第一要寻问题。脑子里没有问题之日，就是你的智识生活寿终正寝之时，古人说，"待文王而兴者，凡民也。若夫豪杰之士，虽无文王犹兴"。试想葛理略(Galileo)和牛敦(Newton)有多少藏书，有多少仪器？他们不过是有问题而已。有了问题而后，他们自会造出仪器来解答他们的问题。没有问题的人们，关在图书馆里也不会用书，锁在试验室里也不会有什么发现。

第二个方子也只有一句话："总得多发展一点非职业的兴趣。"离开学校之后，大家总得寻个吃饭的职业。可是你寻得的职业未必就是你所学的，或者未必是你所心喜的，或者是你所学而实在和你的性情不相近的。在这种状况之下，工作就往往成了苦工，就不感觉兴趣了。为糊口而作那种非"性之所近而力之所能勉"的工作，就很难保持求知的兴趣和生活的思想主义。最好的救济方法只有多多发展职业以外的正当兴趣与活动。一个人应该有他的职业，又应该有他的非职业的玩艺儿，可以叫做业余活动。凡一个人用他的闲暇来做的事业，都是他的业余活动。往往他的业余活动比他的职业还更重要，因为一个人的前程往往全靠他怎样用他的闲暇时间，他用他的闲暇来打麻将，他就成个赌徒；你用你的闲暇来做社会服务，你也许成个社会改革者；或者你用你的闲暇去研究历史，你也许成个史学家。你的闲暇往往定你的终身。英国十九世纪的两个哲人，弥儿(J. S. Mill)终身做东印度公司的秘书，然而他的业余工作使他在哲学上、经济学上、政治思想史上都占一个很高的位置；斯宾塞(Spencer)是一个测量工程师，然而他的业余工作使他成为前世纪晚期世界思想界的一个重镇。古来成大学问的人，几乎没有一个不是善用他的闲暇时间的。特别在这个组织不健全的中国社会，职业不容易适合我们性情，我们要想生活不苦痛或不堕落，只有多方发展业余的兴趣，使我们的精神有所寄托，使我们的剩余精力有所施展。有了这种心爱的玩艺儿，你就做六个钟头的抹桌子工夫也不会感觉烦闷了，因为你知道，抹了六点钟的桌子之后，你可以回家去做你的化学研究，或画完你的大幅山水，或写你的小说戏曲，或继续你的历史考据，或做你的社会改革事业。你有了这种称心如意的活动，生活就不枯寂了，精神也就不会烦闷了。

第三个方子也只有一句话："你总得有一点信心。"我们生当这个不幸的时代，眼中所见，耳中所闻，无非是叫我们悲观失望的。特别是在这个年头毕业的你们，眼见自己的国家民族沉沦到这步田地，眼看世界只是强权的世界，望极天边好像看不见一线的光明，——在这个年头不发狂自杀，已算是万幸了，怎么还能够希望保持一点内心的镇定和理想的信任呢？我要对你们说：这时候正是我们要培养我们的信心的时候，只要我们有信心，我们还有救。古人说，"信心(Faith)可以移山"，又说，"只要工夫深，生铁磨成绣花针"。你不信吗？当拿破仑的军队征服普鲁士占据柏林的时候，有一位穷教授叫做菲希特(Fichte)的，天天在讲堂上劝他的国人要有信心，要信仰他们的民族是有世界的特殊使命的，是必定要复兴的。菲希特死的时候(1814)，谁也不能预料德意志统一帝国何时可以实现。然而不满五十年，新的统一的德意志帝国居然实现了。

一个国家的强弱盛衰，都不是偶然的，都不能逃出因果的铁律的。我们今日所受的苦痛和耻辱，都只是过去种种恶因种下的恶果。我们要收将来的善果，必须努力种现在的新因。一粒一粒地种，必有满仓满屋的收，这是我们今日应该有的信心。

我们要深信：今日的失败，都由于过去的不努力。

我们要深信：今日的努力，必定有将来的大收成。

……

朋友们，在你最悲观最失望的时候，那正是你必须鼓起坚强的信心的时候。你要深信：天下没有白费的努力。成功不必在我，而功力必不唐捐。

【注释】

①胡适(1891—1962)，安徽绩溪人，原名嗣穈，学名洪骍，字希疆，后改名胡适，字适之，笔名天风、藏晖等，现代著名学者、诗人、思想家、教育家、文学家、哲学家。早年接触新学，信奉进化论，1910年去美国，在康奈尔大学和哥伦比亚大学学习，跟随杜威研究实用主义哲学，主张"大胆假设，小心求证""言必有证"的治学方法。胡适毕生宣扬自由主义，是中国自由主义的先驱，提倡怀疑主义，并以《新青年》月刊为阵地，宣传民主、科学，1917年在《新青年》发表《文学改良刍议》，支持文学革命，反对文言文，提倡白话文，成为五四文学革命与新文化运动的领袖之一。后历任北京大学教授、辅仁大学教授及董事等职。胡适一生兴趣广泛，著述丰富，在文学、哲学、史学、考据学、教育学、伦理学、红学等诸多领域都有深入的研究，著有《中国哲学史大纲》《白话文学史》《胡适文存》等。

【作品提示】

胡适所在的时代，是中国社会政治风云突变的时代，作为一个知识分子与教育家，胡适不仅关心着国家的大事，同时也真诚地关怀着各届毕业的大学生，为他们走上社会而忧虑，于是在1932年写下这篇赠言。他以自己的观察和体验诚恳地告诫大学毕业生，在当时复杂动荡的社会背景下，如何寻找自己的人生之路。他从实用主义与自由主义精神追求的观念出发，首先，分析了当时大学毕业生走上社会可能在人生道路上"堕落"的两种途径，开出了三副方子，其核心思想是劝诫大学生在未来的人生道路上，无论生存多么艰难，依然需要保持自己独立的人格，要善于思考，脑子里要装着"问题"，积极探求；其次，要培养和保持自己的个性和兴趣爱好，特别是对"做学问"与读书的爱好，让自己的生命内涵与人生意义在知识追求中得到价值体现；最后，胡适希望大学生无论在什么环境下，都要保持自己的信心，要深信"今日的努力，必定有将来的大收成"。

虽时过境迁，但胡适的赠文对今天的大学生依然有着较强的借鉴意义。本篇赠语态度平和亲切，语言诚恳，条理清晰，具有很强的说服力。

思考练习

胡适在本文中提出的三个方子在今天是否仍有现实意义？

跑警报

汪曾祺[①]

西南联大[②]有一位历史系的教授，——听说是雷海宗先生，他开的一门课因为讲授多年，已经背得很熟，上课前无需准备；下课了，讲到哪里算哪里，他自己也不记得。每回上课，都要先问学生："我上次讲到哪里了?"然后就滔滔不绝地接着讲下去。班上有个女同学，笔记记得最详细，一句话不落。雷先生有一次问她："我上一课最后说的是什么?"这位女同学打开笔记来，看了看，说："您上次最后说：'现在已经有空袭警报，我们下课。'"

这个故事说明昆明警报之多。我刚到昆明的头二年，一九三九、一九四〇年，三天两头有警报。有时每天都有，甚至一天有两次。昆明那时几乎说不上有空防力量，日本飞机想什么时候来就来。有时竟至在头一天广播：明天将有二十七架飞机来昆明轰炸。日本的空军指挥部还真言而有信，说来准来！

一有警报，别无他法，大家就都往郊外跑，叫做"跑警报"。"跑"和"警报"联在一起，构成一个语词，细想一下，是有些奇特的，因为所跑的并不是警报。这不像"跑马"、"跑生意"那样通顺。但是大家就这么叫了，谁都懂，而且觉得很合适。也有叫"逃警报"或"躲警报"的，都不如"跑警报"准确。"躲"，太消极；"逃"又太狼狈。唯有这个"跑"字于紧张中透出从容，最有风度，也最能表达丰富生动的内容。

有一个姓马的同学最善于跑警报。他早起看天，只要是万里无云，不管有无警报，他就背了一壶水，带点吃的，夹着一卷温飞卿或李商隐的诗，向郊外走去。直到太阳偏西，估计日本飞机不会来了，才慢慢地回来。这样的人不多。

警报有三种。如果在四十多年前向人介绍警报有几种，会被认为有"神经病"，这是谁都知道的。然而对今天的青年，却是一项新的课题。一曰"预行警报"。

联大有一个姓侯的同学，原系航校学生，因为反应迟钝，被淘汰下来，读了联大的哲学心理系。此人对于航空旧情不忘，曾用黄色的"标语纸"贴出巨幅"广告"，举行学术报告，题曰《防空常识》。他不知道为什么对"警报"特别敏感。他正在听课，忽然跑了出去，站在"新校舍"的南北通道上，扯起嗓子大声喊叫："现在有预行警报，五华山挂了三个红球!"可不！抬头往南一看，五华山果然挂起了三个很大的红球。五华山是昆明的制高点，红球挂出，全市皆见。我们一直很奇怪：他在教室里，正在听讲，怎么会"感觉"到五华山挂了红球呢？——教室的门窗并不都正对五华山。

一有预行警报，市里的人就开始向郊外移动。住在翠湖迤北的，多半出北门或大西门，出大西门的似尤多。大西门外，越过联大新校舍门前的公路，有一条由南向北的用浑圆的石块铺成的宽可五六尺的小路。这条路据说是古驿道，一直可以通到滇西。路在山沟里。平常走的人不多。常见的是驮着盐巴、碗糖或其他货物的马帮走过。赶马的马锅头侧身坐在木鞍上，从齿缝里咝咝地吹出口哨(马锅头吹口哨都是这种吹法，没有撮唇而吹的)，或低声唱着呈贡"调子"：

哥那个在至高山那个放呀放放牛，
妹那个在至花园那个梳那个梳梳头。
哥那个在至高山那个招呀招招手，
妹那个在至花园点那个点点头。

这些走长道的马锅头有他们的特殊装束。他们的短褂外部套了一件白色的羊皮背心，脑后挂着漆布的凉帽，脚下是一双厚牛皮底的草鞋状的凉鞋，鞋帮上大都绣了花，还钉着亮晶晶的“鬼眨眼”亮片。——这种鞋似只有马锅头穿，我没见从事别种行业的人穿过。马锅头押着马帮，从这条斜阳古道上走过，马项铃哗棱哗棱地响，很有点浪漫主义的味道，有时会引起远客的游子一点淡淡的乡愁……

有了预行警报，这条古驿道就热闹起来了。从不同方向来的人都涌向这里，形成了一条人河。走出一截，离市较远了，就分散到古道两旁的山野，各自寻找一个合适的地方待下来，心平气和地等着，——等空袭警报。

联大的学生见到预行警报，一般是不跑的，都要等听到空袭警报：汽笛声一短一长，才动身。新校舍北边围墙上有一个后门，出了门，过铁道(这条铁道不知起讫地点，从来也没见有火车通过)，就是山野了。要走，完全来得及。——所以雷先生才会说：“现在已经有空袭警报。”只有预行警报，联大师生一般都是照常上课的。

跑警报大都没有准地点，漫山遍野。但人也有习惯性，跑惯了哪里，愿意上哪里。大多是找一个坟头，这样可以靠靠。昆明的坟多有碑，碑上除了刻下坟主的名讳，还刻出“×山×向”，并开出坟茔的“四至”。这风俗我在别处还未见过。这大概也是一种古风。

说是漫山遍野，但也有几个比较集中的“点”。古驿道的一侧，靠近语言研究所资料馆不远，有一片马尾松林，就是一个点。这地方除了离学校近，有一片碧绿的马尾松，树下一层厚厚的干了的松毛，很软和，空气好，——马尾松挥发出很重的松脂气味，晒着从松枝间漏下的阳光，或仰面看松树上面蓝得要滴下来的天空，都极舒适外，是因为这里还可以买到各种零吃。昆明做小买卖的，有了警报，就把担子挑到郊外来了。五味俱全，什么都有。最常见的是“丁丁糖”。“丁丁糖”即麦芽糖，也就是北京人祭灶用的关东糖，不过做成一个直径一尺多，厚可一寸许的大糖饼，放在四方的木盘上，有人掏钱要买，糖贩即用一个刨刃形的铁片楔入糖边，然后用一个小小铁锤，一击铁片，丁的一声，一块糖就震裂下来了，——所以叫做“丁丁糖”。其次是炒松子。昆明松子极多，个大皮薄仁饱，很香，也很便宜。我们有时能在松树下面捡到一个很大的成熟了的生的松球，就掰开鳞瓣，一颗一颗地吃起来。——那时候，我们的牙都很好，那么硬的松子壳，一嗑就开了！

另一个集中点比较远，得沿古驿道走出四五里，驿道右侧较高的土山上有一横断的山沟(大概是哪一年地震造成的)，沟深约三丈，沟口有二丈多宽，沟底也宽有六七尺。这是一个很好的天然防空沟，日本飞机若是投弹，只要不是直接命中，落在沟里，即便是在沟顶上爆炸，弹片也不易蹦进来。机枪扫射也不要紧，沟的两壁是死角。这道沟可以容数百人。有人常到这里，就利用闲空，在沟壁上修了一些私人专用的防空洞，大小不等，形式不一。这些防空洞不仅表面光洁，有的还用碎石子或碎瓷片嵌出图案，缀成对联。对联大都有新意。我至今记得两副，一副是：

人生几何
恋爱三角

一副是：

见机而作
入土为安

对联的嵌缀者的闲情逸致是很可叫人佩服的。前一副也许是有感而发，后一副却是纪实。

警报有三种。预行警报大概是表示日本飞机已经起飞。拉空袭警报大概是表示日本飞机进入云南省境了，但是进云南省不一定到昆明来。等到汽笛拉了紧急警报：连续短音，这才可以肯定是朝昆明来的。空袭警报到紧急警报之间，有时要间隔很长时间，所以到了这里的人都不忙下沟，——沟里没有太阳，而且过早地像云冈石佛似的坐在洞里也很无聊，大都先在沟上看书、闲聊、打桥牌。很多人听到紧急警报还不动，因为紧急警报后日本飞机也不定准来，常常是折飞到别处去了。要一直等到看见飞机的影子了，这才一骨碌站起来，下沟，进洞。联大的学生，以及住在昆明的人，对跑警报太有经验了，从来不仓皇失措。

上举的前一副对联或许是一种泛泛的感慨，但也是有现实意义的。跑警报是谈恋爱的机会。联大同学跑警报时，成双作对的很多。空袭警报一响，男的就在新校舍的路边等着，有时还提着一袋点心吃食，宝珠梨、花生米……他等的女同学来了，“嗨!”于是欣然并肩走出新校舍的后门。跑警报说不上是同生死，共患难，但隐隐约约有那么一点危险感，和看电影、遛翠湖时不同。这一点危险感使两方的关系更加亲近了。女同学乐于有人伺侯，男同学也正好殷勤照顾，表现一点骑士风度。正如孙悟空在高老庄所说：“一来医得眼好，二来又照顾了郎中，这是凑四合六的买卖。”从这点来说，跑警报是颇为罗曼蒂克的。有恋爱，就有三角，有失恋。跑警报的“对儿”并非总是固定的，有时一方被另一方“甩”了，两人“吹”了，“对儿”就要重新组合。写(姑且叫做“写”吧)那副对联的，大概就是一位被“甩”的男同学。不过，也不一定。

警报时间有时很长，长达两三个小时，也很“腻歪”。紧急警报后，日本飞机轰炸已毕，人们就轻松下来。不一会，“解除警报”响了：汽笛拉长音，大家就起身拍拍尘土，络绎不绝地返回市里。也有时不等解除警报，很多人就往回走：天上起了乌云，要下雨了。一下雨，日本飞机不会来。在野地里被雨淋湿，可不是事！一有雨，我们有一个同学一定是一马当先往回奔，就是前面所说那位报告预行警报的姓侯的。他奔回新校舍，到各个宿舍搜罗了很多雨伞，放在新校舍的后门外，见有女同学来，就递过一把。他怕这些女同学挨淋。这位侯同学长得五大三粗，却有一副贾宝玉的心肠。大概是上了吴雨僧先生的《红楼梦》的课，受了影响。侯兄送伞，已成定例。警报下雨，一次不落。名闻全校，贵在有恒。——这些伞，等雨住后他还会到南院女生宿舍去敛回来，再归还原主的。

跑警报，大都要把一点值钱的东西带在身边。最方便的是金子——金戒指。有一位哲学系的研究生曾经作了这样的逻辑推理：有人带金子，必有人会丢掉金子，有人丢金子，就会有人捡到金子，我是人，故我可以捡到金子。因此，跑警报时，特别是解除警报以后，他每次都很留心地巡视路面。他当真两次捡到过金戒指！逻辑推理有此妙用，大概是教逻辑学的金岳霖先生所未料到的。

联大师生跑警报时没有什么可带，因为身无长物，一般大都是带两本书或一册论文的草稿。有一位研究印度哲学的金先生每次跑警报总要提了一只很小的手提箱。箱子里不是什么别的东西，是一个女朋友写给他的信——情书。他把这些情书视如性命，有时也会拿出一两封来给别人看。没有什么不能看的，因为没有卿卿我我的肉麻的话，只是一个聪明女人对生活的感受，文字很俏皮，充满了英国式的机智，是一些很漂亮的essay，字也很秀气。这些信实在是可以拿来出版的。金先生辛辛苦苦地保存了多年，现在大概也不知去向了，可惜。我看过这个女人的照片，人长得就像她写的那些信。

联大同学也有不跑警报的，据我所知，就有两人。一个是女同学，姓罗，一有警报，她就洗头。别人都走了，锅炉房的热水没人用，她可以敞开来洗，要多少水有多少水！另一个是一位广东同学，姓郑。他爱吃莲子。一有警报，他就用一个大漱口缸到锅炉火口上去煮莲子。警报解除了，他的莲子也烂了。有一次日本飞机炸了联大，昆中北院、南院，都落了炸弹，这位老兄听着炸弹乒乒乓乓在不远的地方爆炸，依然在新校舍大图书馆旁的锅炉上神色不动地搅和他的冰糖莲子。

抗战期间，昆明有过多少次警报，日本飞机来过多少次，无法统计。自然也死了一些人，毁了一些房屋。就我的记忆，大东门外，有一次日本飞机机枪扫射，田地里死的人较多。大西门外小树林里曾炸死了好几匹驮木柴的马。此外似无较大伤亡。

日本人派飞机来轰炸昆明，其实没有什么实际的军事意义，用意不过是吓唬吓唬昆明人，施加威胁，使人产生恐惧。他们不知道中国人的心理是有很大的弹性的，不那么容易被吓得魂不附体。我们这个民族，长期以来，生于忧患，已经很“皮实”了，对于任何猝然而来的灾难，都用一种“儒道互补”的精神对待之。这种“儒道互补”的真髓，即“不在乎”。这种“不在乎”精神，是永远征不服的。

为了反映“不在乎”，作《跑警报》。

一九八四年十二月六日

【注释】

①汪曾祺(1920—1997)，江苏高邮县人，当代作家。抗战期间，汪曾祺在西南联大中文系求学，曾师从沈从文习写作。1940年开始发表小说。辑有《汪曾祺全集》(12卷)，其中以短篇小说和散文成就最高，风格最为独特。代表作有小说《受戒》《大淖记事》《岁寒三友》等，散文《端午的鸭蛋》《草木春秋》《沈从文的寂寞》等。汪曾祺学识渊博，爱好广泛，尤其钟爱传统文化与民间文化。其散文取材广泛，掌故旧闻、风俗人情、花鸟虫鱼、草木瓜果，于细微平淡处散发出浓郁的日常生活审美化品格；在朴实风趣、亦俗亦雅的文字中渗透着汪曾祺对人情世故的达观与超脱，对人间至情至性的挚爱与眷恋。

②西南联大：即国立西南联合大学，是一所抗日战争时期西迁的临时大学。1937年“卢沟桥事变”后，华北沦陷，北方大学纷纷南下。1937年8月，北京大学、清华大学、南开大学三校奉教育

部令在长沙组建国立长沙临时大学。1938年2月，三校西迁至云南昆明，正式更名为国立西南联合大学。1946年7月，三校北返，西南联大停止办学。西南联大在云南坚持办学的八年多时间中，为战时中国培养了大批优秀人才。

【作品提示】

《跑警报》是汪曾祺在新时期回忆西南联大学习生活系列散文中的一篇。文章写战争不见硝烟，写死亡不见恐惧，写跑警报而全无仓皇失措的狼狈，反而能以闲适诙谐的笔调与心态赏玩跑警报的古驿道上马锅头吹口哨的调子、马尾松的松脂味、“丁丁糖”与炒松子的美味、防空洞上石子碎瓷嵌出的戏谑对联。作者之所以能在战火连绵中如此“闲情逸致”，皆得益于传统的儒道文化培养出的淡定超然的文人气度与苦中作乐的坚韧精神。

思考练习

请谈谈你对“儒道互补”与作者人生态度的关系的理解。

《话说长江》[①]解说词(第一回)
源远流长

《话说长江》纪录片组

你可能以为，这是大海，是汪洋吧？不，这是崇明岛岛外的长江！

你可能会联想到，长长的飘带，洁白的哈达。是啊，多美呀，这也是长江！如果说是三级跳远的话，那么，我们刚才从长江入海的地方起跳，中间在三峡落了一脚，现在已跳到了世界屋脊的青藏高原了。长江就是从这儿起步，昂首高歌，飘逸豪放地奔向太平洋。

长江在这个世界上已经生活了千千万万个春秋。但是她依旧是这样年轻，这样清秀！她总是像初生牛犊一样不知疲倦，永远充满着青春的活力！

长江发源于唐古拉山山脉的主峰格拉丹东雪山的西南侧。它从西到东，流淌在中国大地的中部，稍稍偏南一点。在从前的地理教科书里，说长江的长度是5000多公里，近几年来，经过我国科学工作者千辛万苦的实地勘测，获得了比较确切的数据——长江的实际长度是6380多公里。从长度来讲，除南美洲的亚马孙河和非洲的尼罗河以外，长江就是世界上当之无愧的第三大河。

长江的干流从青海出发，流经西藏、四川、云南、湖北、湖南、江西、安徽、江苏、上海一共10个省、市、自治区，最后注入东海。长江的支流洋洋洒洒分布在甘肃、陕西、河南、贵州、广西和浙江。整个长江流域的面积多达180万平方公里，占我国陆地面积的五分之一。

自古以来，人们对长江有许多叫法。起初，就叫江，后来叫大江。如今的规范叫法是这样的：从源头到楚玛尔河口，叫沱沱河；从楚玛尔河口到玉树的巴塘河口，叫通天河；从巴塘河口到四川的宜宾，叫金沙江；从宜宾直到入海口，叫长江：长江的干流又分成上游、中游、下游。从江源到湖北的宜昌，叫做上游；从宜昌到江西的湖口，叫做中游；从湖口到崇明岛东面的入海口，叫做下游。

长江拥有700多条支流，其中岷江、嘉陵江、乌江、沅江、湘江、汉江和赣江等7条主要支流的年流水量都分别超过了黄河。

长江接纳了这么多的支流，还把我国四大淡水湖中的洞庭湖、鄱阳湖、太湖串联了起来。犹如长藤结瓜，形成了庞大的长江水系。长江每年把9 600余亿立方米的水注入浩无边际的大海，这可是相当于20条黄河的水量啊。长江的水能蕴藏量多达2亿6千万千瓦，它占全国水能蕴藏量的40%；在世界上，美国、加拿大和日本的水能蕴藏量的总和刚刚赶上长江。可是现在长江水能的蕴藏量却只利用了3%。如果翻两番，那也只有12%，假如能达到90%，到那个时候，我国电力能源的供应情况将会发生多么巨大的变化呀!

长江江面宽阔，它的水运量占全国内河水运量的80%以上。如果能够充分地利用起来，它可以顶替40条铁路呢。而目前，还只是两条铁路的作用。

长江源远流长，水面辽阔，它是淡水鱼生儿育女、长大成才的好水乡。噢，长江淡水鱼产量可占全国的三分之二呢。

长江的上游和中游流域，尤其是云南北部和四川西部，有着许多森林，是我国第二大林区。如果大家都珍惜大自然的这个布局，而且不断地培育林木，那么，长江之水就会千秋万代地清清地流淌。

长江流域沃野千里，雨水充沛，气候适宜。它拥有4亿多亩耕地，占我国耕地面积的四分之一，是我国重要的粮食和棉花产地。粮食产量占全国的40%以上，棉花产量占全国的33%以上。

长江流域居住着3亿多勤劳勇敢的各族人民。从广义上讲，我国有三分之一的人是“同饮一江水”啊!

长江流域矿藏、物产丰富，交通运输方便，粮食产量又高，所以，使长江流域出现了许许多多工业基础雄厚的大、中城市。哦，您知道吗？长江流域的工农业总产值占全国的40%啊!

长江和黄河一起，共同养育着世世代代的炎黄子孙，共同孕育着中华民族的灿烂文化。长江还将为我们的中华大地的发展贡献无穷无尽的能量。

在人们以往的概念中，长江流域的文明史远比黄河流域年轻，所以都说“黄河是中华民族的摇篮”。但是1965年在云南省金沙江畔元谋县的一次发现，对这个说法提出了异议。专家们鉴定：在那里找到的两颗猿人牙齿化石，比黄河流域发现的猿人化石提前了一百万年。就是说这个鉴定如果是确凿无疑的话，那么，我们应该说黄河与长江同是中华民族的摇篮。

到了战国时期，长江流域的经济和文化都已经相当发达。1978年在湖北随县出土的7000多件文物就是一个很有力的证明。这套编钟是其中的一部分。它们都是青铜铸造的，每个钟上都刻着音乐的铭文，一共 2800 字，可以说是我国现存的最早的一部音乐理论专著。

长期以来，我们祖先在长江广袤而连绵的两岸休养生息、艰难创业，把长江流域变成了肥美富庶的鱼米之乡。是的，长江给我们的中华民族不知带来了多少福利，我们可以借一句老话来评价：长江可真是功德无量啊！

但是，长江也和伟大的历史人物一样，它既有赫赫功绩也存在着缺点以至于错误。从我国唐代到解放前夕的 1300 多年间，长江就曾经 240 多次发难，平均每隔五年就要发一次水灾。不过，长江的差错永远湮没不了长江的功绩。何况，长江的灾害也已经随着东流的江水而成为历史了。

最近 30 多年来，沿着长江的干流和支流，人们已经筑起了 33000 多公里长的防洪大堤坝。最近 30 多年来，人们已经在长江的上游、中游和下游，建造了一座又一座规模宏伟的桥梁。最近 30 多年来，人们还在长江南北兴建了 40000 多个小型水库，500 多个中型、大型水库，蓄水灌溉、养鱼、放流。

在今后的岁月里，经过我们世世代代的不懈努力，长江给我们带来的再也不会是灾难，而永远是温暖，永远是力量！

长江已经奔腾呼啸了几千万年，几千万年是何等漫长而悠久的历史啊！正是这有着悠久而漫长历史的长江，与古老的黄河一起，共同孕育了我们文明的祖国。

长江，从青藏高原的涓涓细流，出千峡、纳万川，汇集成波涛滚滚的大江，横贯中华大地，万千姿态、雄伟壮观。您滔滔东去的江水，浇灌着神州华夏；甘甜纯美的乳汁，养育着炎黄子孙。赫赫功绩，无比辉煌！

在您的两岸，有着数不尽的绮丽风光，江山如画！在您的两岸，有讲不完的历史陈迹，传说神话！

古往今来，有多少著名的诗人，为您的魅力，寻幽探胜、昂首歌唱啊！数千年间，有多少杰出的文豪，为您的风姿，写出了优美的篇章！

长江，您硕大无比，即使是在遥远的太空，也能清晰地见到您雄伟矫健、跳跃奔腾、勇往直前的身影。

啊！长江，您是东方的巨龙，您是中华民族的骄傲，您是中华民族的自豪，您是中华民族的象征！

【注释】

①《话说长江》是中央电视台 20 世纪 80 年代很受欢迎的电视纪录片，也是中国纪录片的高峰之一。该片解说词由柯蓝撰写，由虹云和陈铎两位老艺术家解说。1983 年，《话说长江》在中央电视台的荧屏上正式播出，顿时万人空巷，热谈长江，随着 25 集节目的陆续播出，全国人民饱览了长江两岸祖国风光的壮丽与恢宏，激发了爱国主义的热情。“你从雪山走来，春潮是你的风采；你向东海奔去，惊涛是你的气概……”主题曲《长江之歌》唱遍大江南北。20 多年后，中央电视台又拍摄了长篇纪录片《再说长江》。

【作品提示】

电视解说词是在电视屏幕上运用有声语言对人物、画面、展品或旅游景观进行介绍、讲解和说明，是对视觉的补充，让观众从听觉上得到形象的描述和解释，从而犹如身临其境，达到情感上的共鸣。解说词的文艺性很强，要求生动、流畅、易懂，表达主题，营造氛围，富有感染力。因此，要写好解说词，就要认真观察、研究被解说的事物，准确地把握它们之间的关系。在物与物之间，有并列关系，有先后关系，有总分关系，有主次关系等。这些关系，有分有合，分则相对独立，合则相互联系，在一定的范围组成一个有机的统一体。解说词写作的形式多样，方法灵活，可用平实的语言，也可用文学的语言；可用散文形式，也可用韵文形式。《话说长江》集语言美、情感美和风景美于一体，解说词热情豪迈，情感奔放，诗意盎然，十分富有感染力。从本文选摘的开端篇，我们可以感受到长江的壮阔、美丽、悠久、富饶和变化，激发我们对母亲河的崇敬和热爱之情，体验到长江奔腾的宏伟气势。

思考练习

谈谈解说词的特点。

美是客观存在还是主观感受

(1999年国际大专辩论赛决赛节选)[①]

辩题：(正方)美是客观存在

(反方)美是主观感受

正方：马来亚大学(陈瑞华、郑玉佩、何晓薇)

反方：西安交通大学(胡渐彪、樊登、路一鸣)

主持：张泽群

[陈述理论阶段]

正方一：主席、评委，大家好！到底是客观存在的美决定了人对美的感受呢，还是人的主观感受创造了美？今天我们双方辩论员在此辩论，就是要解决这千古难解的美学难题。如果说美是主观存在的话，那就是说，今天美的存在与否完全由个人主观意念而决定着，但我方今天就是要告诉大家，美的存在有它一定的规律，就因为这不变的规律，因此美的存在不以人，个人主观的意念而改变，这就是我方的观点——美是客观存在的。

美是一个事物或行为的特质，它有着三个特性：也就是，第一，形象性；第二，感染性；第三，功利性。形象性指的是，一个事物如果要发挥它的美，它就必须拥有一个具体的形象或形式；第二，它也必须拥有一个感染性，让人们能够引起本身的欢愉或喜爱的感觉；第三，它也必须拥有一个功利性，能够给予人精神及物质上的好处，例如进化及使用等。由于美的存在必须以这三个特性作为衡量，因此也就产生了一个客观的规律，而由于要用这个客观的规律去衡量，对方又怎么能够说这是主观感受呢？

除此以外，美的三个特性也是独立于人的主观意念之外。人的主观感受不能够改变这三个特性的规律，在欣赏的过程中，主体与客体之间所产生的关系只能是感受与被感受的过程，是客观存在的美引起了人的美感，而不是人的美感创造了客观事物的美。美不以欣赏者的个人主观意念而改变。金字塔的美始终存在于金字塔本身，就算没有人去欣赏金字塔，但是金字塔的美却也是千古地流传下来了呀。

如果取消了，如果说美并没有一个客观的标准，那么就是说，我们以个人的主观喜好来作为标准的话，那么千百个人就有千百个不同的标准，请问，这又和没有标准有什么分别呢？当然，一个事物的美和丑对不同的人来说，可能有不同的美感，但这种种不同的美感起源是由个人不同的背景、不同的审美观念，以及个人不同的修养而决定的。当然，我们可以欣赏美，去发现美，并且可以用美的规律去创造它，但是却不能够轻言地要取消美，或否定美的存在。如果说美是主观感受的话，那我就不明白了，人类一直追求的真、善、美等伟大的目标，不完全没有意义了吗？因为它们因人而异，随时改变哪！法国美学家狄克罗斯就告诉我们，不管有没有人，卢浮宫的美不会因此而荡然无存！谢谢！(时间到)(掌声)

反方一：谢谢主席！各位好！对方同学为什么忘记了罗丹曾经说过，在艺术家的眼里，这个世界没有什么东西是不美的。而且主观的东西就代表了任何人就可以随意地改变它吗？主观难道不具有普遍性，我们就不能倡导和培养吗？其实对方同学今天始终强调的是，美需要有一种客观的物质基础，这一点与我们根本就不矛盾，有哪一种主观感受可以脱离客观的物质基础而存在呢？

我方认为美是情感的想象活动所引起的精神愉悦，它需要感受于存在而会于心灵，如果美是客观存在，像这张桌子一样的话，那么我们根本就不用“感”，也不用“会”，只要“看”就可以了，这样倒也方便！只不过我们看到的将会是千篇一律的美，因为美是客观存在的，那么只要大家的视力差不多，对美的认识就应该是相同的呀！这样一来，就有一些问题不好解释了，为什么我们要不断地交流，对于音乐、绘画、美术，包括辩论的感受？为什么人们对于一些问题总是不能达到一种共同的默契呢？这样一来对方就需要解释的是，为什么蒙娜丽莎的微笑，让我们猜测了几个世纪？为什么宋元的山水画至今我们说不尽，道不完？为什么大家对一块奇石的看法会截然相反？为什么那么多的艺术流派会百花齐放？这么多的“为什么”，对方同学怎么解释？其实哲学家休谟早就解释过了，他说：美从来就不是物质的客观属性，根本没有客观的标准。这一点与中国传统文化也暗暗呼应。从孔子的“智者乐水，仁者乐山”到柳宗元的“夫美不自美，因人而彰”都在说明着这个道理。如果对方同学还不相信的话，那我可以告诉诸位：实验心理学的学者们早就用科学研究的方法证明了，任何线条啊、颜色啊，本身并不具备美的标准，而人类为什么会对这些线条颜色的组合产生感情，觉得它美呢？那是因为我们对它倾注了很多的情感与想象，加上各自不同的文化背景，才构成了我们这个斑斓的美的世界。所以我们才能够见到国旗、国花，觉得它们是最美的；所以我们过三峡时，看到的不是山，而是等待夫婿归来的女子；所以我们见到黄河就能够感受到母亲般的情怀。说到这儿，我感觉到我们的生活是多么的美好！我们可以感受、想象、去听、去看，人类在客观世界就已经受到了太多的约束，如果我们美的这种自由的体现，还要被对方用客观的标准来束缚住的话，那我只能说我感觉到非常的悲哀！谢谢！(掌声)

[自由人发言时间]

反方二：大家好！《聊斋志异》里面的鬼魂有没有形象呢？有。有没有感染力呢？有。有没有功利性呢？有，可以用来吓唬小孩儿。可是鬼魂是客观存在吗？不是。谢谢！(掌声)

正方一：大家好！先针对对方辩友对我们做出的第一个攻击：对方一辩说我方言论是建立在说美是建立在物质基础之上。错了，这点对方辩友揣测错误，我方完全没有这个概念，请您澄清这一点。第二，今天对方辩友的立场有一个离题的错误性，对方辩友所谈的不是美，他们说的是美的感觉。举一个例子给大家，我们知道针是尖的，但是这个针尖和刺到我手有尖的感觉是截然不同的概念。我们知道针的尖是存在于客观世界，它的感觉却实是在主观感受里头，两者截然不同。诚如对方辩友刚才所说的一样，今天没有一样东西不美，我方也承认。因为这个美的特性是存在于每一样东西之中，为什么我们会感觉有不同美的感觉呢？很简单，因为美的特性是多样化的，人从什么角度去看美就会得到不同美的感受的结论。但是请注意，美的感受和美本身截然不同。请待会儿对方辩友澄清这一点。谢谢！(掌声)

反方二：谢谢！对方同学说美不等于美的感觉，那我想请教对方一辩，美能不能脱离人的感觉而存在。如果能的话，举出一个例子来，好不好？谢谢！

正方一：美当然能够脱离人的感觉而存在啦。一朵花存在于客观世界之中，但是我们能够说花是感觉吗？花的美是感觉吗？不能。花有美的特质，花有美的特性在。但是今天我们能够感觉到花的美是因为我们在不同的角度来观赏美，因为花能够给予我们不断的感染，但是我们不能够说美和美的感觉是一样的，对方清楚了？

反方二：请教对方同学，那么既然美是可以感觉到，感觉不到不代表不美，那么对于电磁场这种我们不能直观感受到的东西，请教你们的二辩，它到底美还是不美呢？

正方二：美不美是要存在于那事物之中，但是我们能不能感觉到美，就是凭我们自己的主观感受，但是如果说我们感觉不到美的话，并不表示说那样东西不美，它就必须要有美的特质。对方刚才说电磁场，那么电磁场本身若是拥有美的特质，它能散发出美的特质，能影响、感染人的话，那么它就会令人有美的感受。但是若美的特质不在电磁场上，那么就无法取得，让我们感受到它的美。所以美本身还是存在客观存在的，在那个事物之上，而并非我的(时间警示)主观感受，就告诉说，电磁场美不美呀！(掌声)

反方二：请教对方三辩，当社会上对美的认识不统一的时候，你是根据什么样的标准确定你的审美取向的呢？

正方三：对方刚才说当社会上美的标准不统一，我会如何确定审美取向。我们今天要知道的是，美是客观存在的，它本身有一定的形象性，也具有一定的感染力，而且它必须要能够满足人的功利性要求。因此而看，如果一样事物具有美的特征，就是这三样美的特征，它就能够发出它美的光辉，让人们去决定它到底是美还是不美。然而当我们说它是不是美的时候，这是一种人的主观判断……而事实上是客观存在呀。（掌声）

张泽群：下面请正方二辩向反方提问，请。

正方二：请问对方一辩，美是不是一种可供研究的对象？

反方一：美当然是一个可供研究的对象，要不然我们在这里辩论它干什么？我们研究它就要看看它到底是客观的呀，还是主观的。对方同学说是一个客观的东西，但是它可以随着人的意志不断地改变。而且说在没有人的时候，有一个东西也可以是很美的，那我就请问了，一朵花如果很美的话，没有人去欣赏它，换了一只小狗走到了花的跟前，它对花会采取一种什么样的感觉，如果觉得这个花有点香味的话，它说不定一口就上去了，这个时候小狗怎么能够知道这个花美不美呢！没有人的时候，花到底美还是不美呢？（掌声）

正方二：请问对方二辩，一个诚实的人所散发出来的内在美，是不是会因为您的主观改变而随意改变呢？

反方二：首先我们说，美和善还不是一个概念，假如对方同学把这种善也当作一种我们今天讨论美学中的美的话，那我们可以说，为什么那个又善良而又丑陋的赵传要说：虽然我丑，但是我很温柔呢？他应该说，因为我很诚实，我很善良，所以我根本就不丑哇！所以对方同学的概念出了一些小小的偏差。而美是我们自己心灵中的感受，这一点的话，是在个人看来有不同的角度。假如说（时间警示）统一的话，为什么对同样一块瓜，会看出来有的是西瓜，有的是冬瓜呢？这显然不客观嘛。（掌声）

正方二：请问对方三辩，我美不美？（笑声）

反方三：对方二辩非常美，但这个观点只代表我个人的感受，有没有人认为对方二辩不美呢？如果有人胆敢说对方二辩不美，我们要不要踏上千万只脚让他永世不得翻身呢？如果美的标准是客观的话，你何必问我美不美，你只要评价，衡量，拿自己的标准去衡量一下那个客观的标准，何必问大家你美不美呢？（热烈掌声）

[盘问小结]

反方二：谢谢！对我的第一个问题说，一朵花摆在那里，你不去感受，它也是美的，这种说法对吗？不要急，我的第二个问题中，对方辩友就告诉我们电磁场不具有美的特性，为什么电磁场不具有美的特性呢？因为人无法直观地感受它。一个东西一旦人无法直观地感受它，连美的特性都没有了，这不就说明美不能脱离人的感受而存在吗？那么再反观第一个问题，对方同学为什么说那朵花是美的呢？是因为就算他自己没有直观的感受，也有人去感受了，把这种感受传达给了他，这就好像有人买了一个东西作为礼物送给了对方辩友，难道因为他没有掏自己的腰包，就告诉大家在这个世界上买东西可以不花钱的吗？假如这样，真是要误人子弟了呀！（掌声）对于我的第三个问题，那对方同学告诉我们，说这个美是一个客观的东西，大家应该掌握一个统一的标准，真的是这样吗？刘德华说，他的梦中情人有一头乌黑亮丽的长发；而我的梦中情人却是一头乌黑亮丽的短发，这怎么统一得起来呢？假如要统一的客观的话，到底是刘德华错了，还是我错呢？假如我们俩都没错的话，那肯定就对方辩友说的那个标准是客观的错了；假如一定要统一起来，是不是我们的梦中情人都应该半边脑袋是长头发，(笑声)半边脑袋是短头发呢？而且审美是我们自己的感受，如果在审美上我们都不能够由自己的感受来做主的话，那么我们只好说还不如回家卖红薯。谢谢大家！(热烈掌声)

正方二：刚才我问对方一辩，美是不是一种可以供研究的对象，对方承认了，他说美是可以研究的，那么这不就向我们证明了美是客观的存在吗？若美不是客观存在的话，对方要研究什么呀！如果对方说美是主观感受的话，那么主观感受是什么呢？就是存在对方主观里面的一种想法，是一种对方主观的感觉。如果对方说美是主观感受，那么又可以研究的话，对方是不是告诉我，他将研究他自己的感受啊，那么那不叫美学，那个叫心理学啦，对方辩友。对方二辩又向我回答说善不等同于美。那么我倒奇怪了，为什么内在美就不能是美呢？善良、诚实所散发出来的感染力、影响力难道就不能是一种美吗？对方这样子说，是不是要告诉我们只有外在美才是美，内在美就不是美呀？亚里斯多德都告诉我们，善跟美是统一的呀！对方说，如果看到一朵花，香的话，小狗会有什么样的反应？小狗闻到那朵花香，这也就是说花美的本性美是客观存在在那里的，不管是狗还是人都会感受得到啊！而对方三辩，我就必须谢谢他了，因为他说我美呀！但是对方三辩又说，如果现场观众有谁认为我不美的话，那么可是要骂他们的哟，这倒不必。因为美丑是大家主观感受衡量标准的不同，但是并非表示说对方感受到我丑的时候，我的脸就会马上变得面目狰狞。因为我还是我，我还是站在这里，……只是鉴赏角度不同而已。谢谢！(掌声)

……

[总结陈词阶段]

反方三：好一场唇枪舌剑的自由之辩！不过我们仔细分析，在对方的口若悬河之下，对方非但不能自圆其美，而且还有几点非常明显的美中不足。第一，对方的立论基础无非是说：美可以脱离人的主观意识而存在，所以对方自由人才告诉我们，这本唐诗拿到了国外，就算这个人没有看过，也会觉得它是美的，如果这本唐诗从来就没有人看过，有没有人觉得它是美的？如果对方二辩，没有人去欣赏她的话，有没有人觉得她是美的呢？其实，对方论证的是美可以脱离一部分人的主观意识而存在，那是因为另一部分人主观上认为它美，我们知道了。我们从来没有见过西施、貂蝉是什么样子的，为什么我们现在一提到西施、貂蝉就想到了美呢？那是因为美就是人们主观上流传下来的口碑，这个时候，美是主观的普遍性。第二，对方又把美和善混为一谈，想要论证他们的辩题。对方又说美和丑其实是可以统一的，如果真是这样的话，那么美可以有一个不以人的意志为转移的作用而存在，因而它对人应该有影响，不过如果我没有感到它的美的话，它对我的影响是什么呢，它的美的作用又在哪里呢？下面我总结我方观点。

第一，客观存在的事物只有融入了人的主观想象与情感才会显得美，从山川河流到花鸟鱼虫，从春夏秋冬到风云雨雪，我们看到，客观的事物是不以人的主观意识为转移的，正所谓“天行有常，不为尧存，不为桀亡”，而有了人的主观想象，才有了“山舞银蛇，原驰蜡像，欲与天公试比高”。

第二，我们认为，审美的标准和结果，会因为人们的客观生活经历和他的文化背景而不同，我们看到很多人喜欢维纳斯的雕像，维纳斯的雕像风靡西方世界，但我们中国的老婆婆却一定要给她缝上坎肩儿才能心安理得。楚王好细腰，唐皇爱丰满，那么在情人眼中，无论如何对方都如西施一般沉鱼落雁。这个时候我们看到，美其实是源于人们的主观想象和内心情感，是人们借助于客观事物来表达人情冷暖。

第三，我们强调美是主观感受，因为这反映了人追求自由的价值信念，人的肉体受制于客观，从而人的精神就追求无限的驰骋空间。我们爱生活，因为生活的故事上下五千年，叫人浮想联翩；我们爱自然，因为“万类霜天竞自由”，那是生命的礼赞！

综上所述，我方认为，美丑无对错，审美无争辩，因而我们才强调美是自由的象征，我们来自五大洲的辩友，才能胸怀宽广地唱一首：一心情似海，感动天地间。谢谢！（热烈掌声）

正方三：在感谢对方的滔滔陈词之后，我仍然不得不指出对方所犯下的一个错误，就是离题。对方今天告诉我们的种种始终是人究竟是怎么样去审美，人觉得这个事物美不美。然而这是我们今天要讨论的题目吗？我们今天说，美是主观感受还是客观存在，说的是美究竟是以怎么样的一种形式存在啊。然而对方今天举出的花，举出的种种事物告诉我们，说的始终还是一种人怎么样地去审美，而不是我们今天所要讨论的题目啊！再来，对方告诉我们美和善之间不能够合起来谈，可是我们看到是什么呢？许许多多的人具有内在美，难道对方说这些内在美不是善吗，这些善行不是美吗？再来，对方又说许许多多的人审美角度不同，可是这也不是我们所要讨论的啊！事实上，美，它是一种规律，是一种脱离于人的主观意识而存在的，它是客观存在的事物。

首先，美具有形象性。黑格尔就说了：美能在形象中见出。不管是自然界当中的“江南可采莲”的美，还是社会里舍身救人的美，甚至是艺术当中“问君能有几多愁，恰似一江春水向东流”的美，这种种的具体形态，正是美的形象性所在啊。

第二，美具有感染性。它的感染力量，或者让我们黯然神伤，在“十年生死两茫”中不胜唏嘘；或者是让我们肃然起敬，在“留取丹心照汗青”之中敬仰万分，而这股力量正是让客观存在的美持续徘徊在人的脑海之中的呀。

第三，美具有功利性。人的本质力量推动人类追求美好的事物，而美正是可以让人感到愉悦啊。“阳春白雪”是美，“下里巴人”也是美，它们都是美，因为它们满足了不同的人的不同需要啊。而这三种规律处在人的主观感受之外，不受人的主观感受的控制啊，同时规律本身的存在，也正是论证了美是客观存在的啊。实际上，因修养、经历，因社会条件、历史条件的种种不同，所以各人的审美能力有所不同，所以美有相对的美，然而对方不能够因此就把美和审美混为一谈哪！认为美是主观感受，这就完全否定了美的客观实在性，颠倒了美与美感两者之间的关系呀。罗丹就曾经告诉我

们：美是到处都有的，而我们的眼睛事实上不是缺少美，而是缺少了发现。谢谢！(热烈掌声)

【注释】

①国际汉语大专辩论会由中央电视台和新加坡新传媒集团联合主办，从1993年开始，吸引了来自美国、英国、澳大利亚、日本、韩国、马来西亚等许多国家学习中文的学生前来参战，在国内外产生了很大的反响，校园里大学生的演讲与辩论十分活跃，涌现出了不少优秀的辩论人才。1999年的决赛在西安交通大学与马来亚大学之间举行，“美是客观存在还是主观感受”这一辩题难度非常高，双方辩论精彩绝伦，非常形象、生动、富有逻辑力和感染力，是多年辩论赛中十分优秀的一场。

【作品提示】

辩论不仅是对口才的考验，更是对智慧、思维、能力及个人心理的挑战。辩论需要双方根据辩题做好充分的准备，无论是论点、论据及论证都需要精心设计和思考。在辩论场上，必须思维敏捷，或诱敌深入，或移花接木，或顺水推舟，或釜底抽薪，或引蛇出洞，或正本清源，或李代桃僵，或以静制动，总之，辩论需要足智多谋的辩论策略和技巧。辩论中最为推崇的是雄辩。雄，意味着强有力，在辩论中具体表现为卓越的智慧、坚实的立论、出色的言辩所形成的恢宏整体之势，从而明辨是非，据理制胜。

“美是客观存在还是主观感受”，辩论双方面对如此难辨的美学与哲学之题，双方辩出了很高的水平。首先，在破题上，两方各自抓住题目属于自己一方的核心词语进行立论。立论是指对某个观点提出本方看法和理论的逻辑过程，也就是树立本方旗帜的过程，美是客观与主观的统一，而单独拆开进行立论则是非常不容易的，但双方一辩在立论过程中逻辑清晰、层次分明、据理力争地为自己进行坚实的“立论”。其次，在辩论中，双方都十分睿智，都义正词严地捍卫自己的中心论点，言辞十分精彩，运用了很多辩论战术。整个辩论气势咄咄逼人，以比喻、引论、排比、现场说法、避实就虚、张冠李戴及幽默等各种方法，让辩论场的整个氛围紧张、生动而欢快，让人感受到这是一场智慧的较量，一场令人沉思的心灵对话。最后，本场辩论的总结非常有力，特别是反方三辩的总结堪称完美，充满思辨，充满自信，也充满了激情，论辩的感染力非常强，最终赢得了全场胜利和当年的最佳辩手。

思考练习

通过阅读文本，你认为最重要的辩论术是什么？

我的世界观

爱因斯坦[①]

我们这些总有一死的人的命运多么奇特呀！我们每个人在这个世界上都只作一个短暂的逗留；目的何在，却无所知，尽管有时自以为对此若有所感。但是，不必深思，只要从日常生活中就可以明白：人是为别人而生存的——首先是为那样一些人，他们的喜悦和健康关系着我们自己的全部幸福；然后是为许多我们所不认识的人，他们的命运通过同情的纽带同我们密切结合在一起。我每天上百次地提醒自己：我的精神生活和物质生活都是依靠着别人(包括生者和死者)的劳动，我必须尽力以同样的分量来报偿我所领受了的和至今还在领受着的东西。我强烈地向往着俭朴的生活，并且时常为发觉自己占用了同胞的过多劳动而难以忍受。我认为阶级的区分是不合理的，它最后所凭借的是以暴力为根据。我也相信，简单淳朴的生活，无论在身体上还是在精神上，对每个人都是有益的。

我完全不相信人类会有那种在哲学意义上的自由。每一个人的行为，不仅受着外界的强迫，而且还要适应内心的必然。叔本华(Schopenhauer)说："人虽然能够做他所想做的，但不能要他所想要的。"这句话从我青年时代起，就对我是一个真正的启示；在我自己和别人的生活面临困难的时候，它总是使我们得到安慰，并且永远是宽容的源泉。这种体会可以宽大为怀地减轻那种容易使人气馁的责任感，也可以防止我们过于严肃地对待自己和别人；它还导致一种特别给幽默以应有地位的人生观。

要追究一个人自己或一切生物生存的意义或目的，从客观的观点看来，我总觉得是愚蠢可笑的。可是每个人都有一定的理想，这种理想决定着他的努力和判断的方向。就在这个意义上，我从来不把安逸和享乐看作生活目的本身——这种伦理基础，我叫它猪栏的理想。照亮我的道路，并且不断地给我新的勇气去愉快地正视生活的理想，是善、美和真。要是没有志同道合者之间的亲切感情，要不是全神贯注于客观世界——那个在艺术和科学工作领域里永远达不到的对象，那么在我看来，生活就会是空虚的。人们所努力追求的庸俗目标——财产、虚荣、奢侈的生活——我总觉得都是可鄙的。

我对社会正义和社会责任的强烈感觉，同我显然的对别人和社会直接接触的淡漠，两者总是形成古怪的对照。我实在是一个"孤独的旅客"，我未曾全心全意地属于我的国家，我的家庭，我的朋友，甚至我最接近的亲人；在所有这些关系面前，我总是感觉到有一定距离并且需要保持孤独——而这种感受正与年俱增。人们会清楚地发觉，同别人的相互了解和协调一致是有限度的，但这不足惋惜。这样的人无疑有点失去他的天真无邪和无忧无虑的心境；但另一方面，他却能够在很大程度上不为别人的意见、习惯和判断所左右，并且能够不受诱惑要去把他的内心平衡建立在这样一些不可靠的基础之上。

我的政治理想是民主。让每一个人都作为个人而受到尊重，而不让任何人成为崇拜的偶像。我自己受到了人们的过分的赞扬和尊敬，这不是由于我自己的过错，也不是由于我自己的功劳，而实在是一种命运的嘲弄。其原因大概在于人们有一种愿望，想理解我以自己微薄绵力通过不断的斗争所获得的少数几个观念，而这种愿望有很多人却未能实现。我完全明白，一个组织要实现它的目的，就必须有一个人去思考，去指挥，并且全面担负起责任来。但是被领导的人不应当受到强迫，他们必须有可能来选择自己的领袖。在我看来，强迫的专制制度很快就会腐化堕落。因为暴力所招引来的总是一些品德低劣的人，而且我相信，天才的暴君总是由无赖来继承，这是一条千古不易的规律。就是由于这个缘故，我总是强烈地反对今天我们在意大利和俄国[②]所见到的那种制度。像欧洲今天所存在的民主形式所以受到怀疑，这不能归咎于民主原则本身，而是由于政府的不稳定和选举制度中与个人无关的特征。我相信美国在这方面已经找到了正确的道路。他们选出了一个任期足够长的总统，他有充分的权力来真正履行他的职责。另一方面，在德国的政治制度中，我所重视的是，它为救济患病或贫困的人作出了比较广泛的规定。在人生的丰富多彩的表演中，我觉得真正可贵的，不是政治上的国家，而是有创造性的、有感情的个人，是人格；只有个人才能创造出高尚的和卓越的东西，而群众本身在思想上总是迟钝的，在感觉上也总是迟钝的。

讲到这里，我想起了群众生活中最坏的一种表现，那就是使我厌恶的军事制度。一个人能够洋洋得意地随着军乐队在四列纵队里行进，单凭这一点就足以使我对他轻视。他所以长了一个大脑，只是出于误会；单单一根脊髓就可满足他的全部需要了。文明国家的这种罪恶的渊薮，应当尽快加以消灭。由命令而产生的勇敢行为，毫无意义的暴行，以及在爱国主义名义下的一切可恶的胡闹，所有这些都使我深恶痛绝！在我看来，战争是多么卑鄙、下流！我宁愿被千刀万剐，也不愿参与这种可憎的勾当。尽管如此，我对人类的评价还是十分高的，我相信，要是人民的健康感情没有被那些通过学校和报纸而起作用的商业利益和政治利益所蓄意败坏，那么战争这个妖魔早就该绝迹了。

我们所能有的最美好的经验是奥秘的经验。它是坚守在真正艺术和真正科学发源地上的基本感情。谁要是体验不到它，谁要是不再有惊奇也不再有惊讶的感觉，他就无异于行尸走肉，他的眼睛是迷糊不清的。就是这样奥秘的经验——虽然掺杂着恐惧——产生了宗教。我们认识到有某种为我们所不能洞察的东西存在，感觉到那种只能以其最原始的形式为我们感受到的最深奥的理性和最灿烂的美——正是这种认识和这种情感构成了真正的宗教感情；在这个意义上，而且也只是在这个意义上，我才是一个具有深挚的宗教感情的人。我无法想象一个会对自己的创造物加以赏罚的上帝，也无法想象它会有像我们自己身上所体验到的那样一种意志。我不能也不愿去想象一个人在肉体死亡以后还会继续活着；让那些脆弱的灵魂，由于恐惧或者由于可笑的唯我论，去拿这种思想当宝贝吧！我自己只求满足于生命永恒的奥秘，满足于觉察现存世界的神奇的结构，窥见它的一鳞半爪，并且以诚挚的努力去领悟在自然界中显示出来的那个理性的一部分，即使只是其极小的一部分，我也就心满意足了。

【注释】

①阿尔伯特·爱因斯坦(1879—1955)，世界著名的物理学家，现代物理学的开创者和奠基人，相对论——“质能关系”的提出者，“决定论量子力学诠释”的捍卫者(振动的粒子)。1999 年 12 月 26 日，爱因斯坦被美国《时代》周刊评选为“世纪伟人”。爱因斯坦 1900 年毕业于苏黎世工业大学，并入瑞士国籍。1905 年获苏黎世大学哲学博士学位。曾在伯尔尼专利局任职，曾任苏黎世工业大学、布拉格德意志大学教授。1913 年返德国，任柏林威廉皇帝物理研究所所长和柏林大学教授，并当选为普鲁士科学院院士。1933 年因受纳粹政权迫害，迁居美国，任普林斯顿高级研究所教授，从事理论物理研究，1940 年入美国国籍。

②第二次世界大战期间，爱因斯坦承认他在战前很长一段时间受了反苏宣传的影响，以后他在一些演讲和书信中对这个问题的看法有所改变。

【作品提示】

爱因斯坦的一生是不断追求真理、埋头探索宇宙奥秘、致力科学研究的一生。他留下的科学遗产和他的人格力量一直激励着后人去“找出那实际上是短暂而有风险的人生的意义”。《我的世界观》让我们不断地对日常生活进行反思和警惕，促使我们不断地追问生命的意义。文章第一段开宗明义地提出了对待生命及生活的态度。人生只有一次，因此在有限的生命中要尽情体验生命的价值。而在这些体验中，首先，最重要的是珍惜我们与亲人朋友的情感，是他们带来了真心的幸福和快乐；其次，要有感恩之心，感谢那些也许我们未曾见面的他人，他人带来的文明成果直接或间接地让我们受惠；最后，需要追求一种俭朴的生活，在俭朴的日子里，让生命变得更加真实并积极回馈。文章第二部分(第 2、3 自然段)论述了自由的相对性，反对绝对的自由主义，并鄙视那些只知道追求财产、虚荣和奢侈的人，而提倡对生命的真、善、美的追求。文章第三部分(第 4、5、6 自然段)强调社会责任感和正义感。作者并不是让自己完全融入各种世俗的人群中，而希望自己做个“孤独的旅客”，保持自己的独立精神和人格力量。并且，他希望建立一个让每一个人都得到尊重的民主政体理想社会，而不是暴君压制一切的社会。作者反对战争，表达了对战争的愤懑和渴望世界永久和平的急切心情。最后一部分，爱因斯坦认为好奇心、奥秘是他宗教情感的来源，也是他宗教观的重要组成部分，他认为好奇心的趣味和美感足以强大到支撑一个人的生命，而不需要其他“永生”和“天国”来满足了。

《我的世界观》是一篇充满了真知灼见的文章，文章短小精练，层次分明，充满了理性的力量，字里行间饱含着巨大的思辨精神，名言警句俯拾皆是。文章还交织着多种复杂的情绪，悲悯与孤傲，热切与淡漠，谦卑与清高，许多相反的情感交织在这样一个人身上，让我们能够隐约感受到潜伏于他身上的孤独和他对世界的复杂态度。

思考练习

爱因斯坦的世界观中有哪些重要的思想？

第三章　小　说

一、什么是小说

“小说”一词，最早见于《庄子·外物》：“饰小说以干县令。”但这是指琐屑的言谈、小的道理，与后之所谓小说无涉。东汉班固著录小说家书 15 种，1380 篇，并说：“小说家者流，盖出于稗官，街谈巷语，道听途说之所造也。”这大致类似于文体学意义上的概念。

小说是文学体裁四分法中的一大样式。它是通过塑造人物、叙述故事、描写环境来反映生活、表达思想的一种文学体裁。虚构性，是小说的本质性特征。与诗歌、散文等其他文学样式相比，小说更注重社会生活及人物性格、心理的细致描写和刻画。

小说一般具有三个要素：人物形象、故事情节、环境(自然环境和社会环境)。这三个要素在小说不同的发展阶段中，所凸显的重心有所不同。

小说按篇幅可分为长篇小说、中篇小说和短篇小说。

二、中国古代小说概述

在古人的传统文学观念中，诗文是正统，小说、戏曲被视为不登大雅之堂的“末技小道”。尽管如此，古代的小说、戏曲依然涌现出了数量众多、质量甚高，且富有民族特色的优秀作品，在整个世界文学艺术宝库中放射出夺目的光彩。

中国古代小说的成熟，经过了一个漫长的孕育过程。追溯中国小说的发端，渊源有三：神话传说、诸子寓言、史传文学。神话传说中对自然界非自觉的想象性把握，先秦诸子为论辩说理所编造的寓言故事，以及史家编纂史书时对历史的悬想，已具有了小说的性质，故都可视为小说的源头。它们在题材、艺术表现手法和人物形象刻画上，深刻地影响了后世小说的生成。尤其是史传文学，其结构方式、叙事模式，乃至在语言运用的技巧上，都为小说艺术准备了条件。可以说，古代小说是从史传文学中孕育而生的。

至魏晋南北朝时期，小说创作出现了繁荣，按内容可分为两类：叙述神鬼灵异的志怪小说和记录人物轶闻琐事的志人小说。志怪小说萌芽于《山海经》《穆天子传》等神话传说。它兴盛于魏晋南北朝时期，与宗教迷信思想的盛行分不开。东晋干宝的《搜神记》是志怪小说的代表作。虽然干宝并不是有意在创作小说，他记载这些故事的目的是“发明神道之不诬”，但由于不少故事来自民间，作者也明显有“善有善报，恶有恶报”的思想，故不少篇章具有强烈的思想内容，如《三王墓》和《韩凭夫妇》。后来历朝历代都有志怪小说，显然是六朝志怪小说的继承和发展。志人小说的兴起与士族文人品评人物、崇尚清淡的风气相关。这类小说以刘义庆的《世说新语》最为杰出。《世说新语》善于通过富于特征的细节展示人物的性格和精神面貌，往往在寥寥数语中，达到绘声绘色、婉曲动人的效果。明代胡应麟的《少室山房笔丛》说：“读其语言，晋人面目气韵，恍忽生动，而简约玄澹，真致不穷，古今绝唱也。”《世说新语》是记叙轶闻隽语的笔记小说的先驱，也是后来小品文的典范。总体而言，这时的小说粗陈梗概，还不具有小说的规模，诚如鲁迅在《中国小说的历史变迁》中说：“大抵一如今日之记新闻，在当时并非有意做小说。”真正有意识地创作小说的是唐传奇的作者。

唐代的小说名叫传奇，它是唐代兴起的一种文言短篇小说。唐传奇较之志怪小说，篇幅加长，描写细致，叙述宛转，人物个性鲜明，已是严格意义上的小说了。唐传奇源于六朝志怪小说，但二者有明显不同。第一，志怪小说主要是记神鬼怪异之事；唐传奇虽也传写奇闻，但大多取材于现实生活，作品的意图和作品的意义都已不同。第二，六朝志怪是把怪异当作事实来记载，作者并非有意作小说；唐传奇的作者则是有意识地进行小说创作。胡应麟的《少室山房笔丛》说：“变异之谈，盛于六朝，然多是传录舛讹，未必尽幻设语；至唐人乃作意好奇，假小说以寄笔端。”鲁迅在《中国小说史略》中进一步发挥说：“小说亦如诗，至唐代而一变，虽尚不离于搜奇记逸，然叙述宛转、文辞华艳，与六朝之粗陈梗概者较，演进之迹甚明，而尤显者乃在是时则始有意为小说。”唐人小说的发达，除文体本身的原因之外，与唐代社会城市经济的繁荣，唐代科举考试盛行“行卷”“温卷”之风，以及唐代诗歌、散文的高度发展有直接关系。

唐传奇的发展可分为三个阶段：(1)初盛唐时期。这是由六朝志怪到唐传奇的过渡阶段，内容大多数和六朝志怪相去不远。主要作品有王度的《古镜记》、无名氏的《补江总白猿传》、张文成的《游仙窟》。(2)中唐时期。这是唐传奇的鼎盛时期，作品多，影响大，成就高，题材由神怪转向现实，多反映重大社会问题，有较高艺术价值。主要作品有沈既济的《枕中记》《任氏传》，陈玄祐的《离魂记》，李朝威的《柳毅传》，蒋防的《霍小玉传》，李公佐的《南柯太守传》《谢小娥传》，白行简的《李娃传》，元稹的《莺莺传》等。(3)晚唐时期。晚唐时期出现了不少的传奇专集，有薛用弱的《集异记》、袁郊的《甘泽谣》、裴铏的《传奇》等。唐传奇结构严密、情节曲折，人物性格鲜明，语言流畅而又生动传神，对后世小说、戏曲产生了极大的影响。

中国古代小说有两大系统：文言小说系统和白话小说系统。唐传奇标志着文言小说的成熟；而白话小说的定型文本，乃是宋元话本。

话本原是“说话”艺人说书的底本，是随着民间的“说话”技艺发展起来的一种文学形式。宋代随着商品经济的繁荣和市民阶层的进一步壮大，各种民间技艺自然向都市汇合。一些大城市还出现了比较集中的游艺场所，称为瓦舍或瓦子。每个瓦舍中又有若干座勾栏，分别演出杂剧、傀儡戏、说话等。至迟在南宋时“说话”已有四个“家数”(门类)：小说、说经、讲史、合生。一般认为“说话”四家中，小说有讲有唱，专门演述短篇故事；说经，由唐俗讲演变而来，包括说参请、说诨经，均讲宗教故事；讲史，只说不唱，演述长篇历史故事，又称“平话”，“平”是评论历史的意思。合生指临时指物题咏，或吟诗或唱曲，应命辄成，其滑稽含玩讽者谓乔合生，与讲故事无关。“说话”四家中对后世小说影响最大的是小说和讲史两类。宋元的小说话本，绝大部分已散佚，现存小说话本中描写较多也写得比较生动的是妇女问题、爱情问题、婚姻问题、家庭问题，即胭粉、传奇类。其中最著名的是《快嘴李翠莲记》《闹樊楼多情周胜仙》《碾玉观音》《简帖和尚》等。公案类小说话本写得最好的是《错斩崔宁》。歌颂侠盗劫富济贫的，则以《宋四公大闹禁魂张》为代表。小说话本故事简短，人物集中，情节比较简单；而讲史话本结构庞大，内容复杂，事件纷繁，人物众多。现存讲史话本，主要有《新编五代史平话》《大宋宣和遗事》《全相平话五种》《花关索》等。宋代“说话”艺术特别兴盛。宋元话本不仅为我国白话短篇小说的创作奠定了基础，而且对长篇章回小说的产生起了重要的作用。

宋元文言小说是唐传奇的继续，但其思想意义和艺术成就都远较唐传奇逊色。宋元时期，虽然文言小说衰微，白话小说也未成熟，然而却是中国小说史上一个继往开来的时代。

中国古典小说创作的高潮是明代。我国文言短篇小说，在唐传奇之后逐渐衰落，至明初始有瞿佑的传奇小说集《剪灯新话》出现。由于此书多写新奇稀异之事，故能盛行于世。此后，仿此书者有李昌祺的《剪灯馀话》和邵景瞻的《觅灯因话》。相对于文言小说的衰微，白话小说空前繁荣。在明代，书商刊印的话本已大量出现，这逐渐引起了文人的注意。他们由对话本的整理加工，进而开始模拟话本的创作，这就出现了主要供案头阅读的文人模拟的话本，人们称之为拟话本。在这些拟话本中，以冯梦龙的“三言”和凌濛初的“二拍”成就最高。它们主要写世俗庸常的市民生活、市民性格和市民趣味，共同向我们展示了一幅市民社会的风情画。

元末明初，《三国演义》和《水浒传》相继问世，标志着中国小说史以短篇小说为主转而进入以长篇小说为主的新时期。《三国演义》是我国历史上第一部成熟的长篇小说，也是历史演义小说的典范。《水浒传》是第一部英雄传奇，也是英雄传奇类小说的典范。明中期产生的第一部神魔小说《西游记》，也成为了神魔小说的典范之作。而且，《三国演义》《水浒传》《西游记》都经过了一个漫长的演变过程，最后由文人加工写定而成。明晚期出现了既是第一部写世情又是第一部由文人独力创作的长篇小说——《金瓶梅》。这四部小说被合称为“四大奇书”。它们各自开创了一个长篇小说的创作领域，深刻地影响着后世长篇小说的创作。

清代是中国古代小说创作的高峰。明末清初，在“三言”“二拍”的影响下，出现了拟话本创作热潮，集子有40余部，如天然知叟的《石点头》、李渔的《十二楼》、元亨主人的《照世杯》、周清源的《西湖二集》、东鲁古狂生的《醉醒石》等。乾隆朝以后文人不再参与话本小说的创作。《聊斋志异》继承并发展了魏晋以来文言小说创作的传统，“用传奇法，而以志怪”，为文言小说的集大成之作。白话长篇小说成就显著。乾隆年间，《儒林外史》和《红楼梦》几乎是同时出现的两座高峰。《儒林外史》的问世，如鲁迅《中国小说史略》所说，“说部中乃始有足称讽刺之书”。此后的讽刺小说，逐步变为谴责小说、黑幕小说。和《儒林外史》相比，《红楼梦》的成就更高，对当时及后世的影响也更大。从思想内容的深度与广度看，它不愧为封建社会生活的百科全书；从艺术描写的纯熟度看，称得上中国古代小说最高的典范。《红楼梦》树立了人情小说的楷模，然而人情小说的末流变而为狭邪小说。此外，清代小说在继承明代小说的基础上，出现了历史演义小说和英雄传奇小说的交融，公案小说和侠义小说的合流。

三、中国小说从近代到当代的发展

从甲午战争到五四运动，资产阶级改良派和革命派相继兴起，他们抛弃了轻视小说的传统观念，从理论上高度评价小说的宣传作用，都鼓吹利用小说改造政治和社会。进入 20 世纪，谴责小说大量出现。其中最著名的是“晚清四大谴责小说”，即李宝嘉的《官场现形记》、吴沃尧的《二十年目睹之怪现状》、刘鹗的《老残游记》、曾朴的《孽海花》。处于从古典小说向现代小说嬗变过程之中的晚清小说，揭开了中国小说史新的一页。

1915 年，陈独秀主编的《青年杂志》(后改名为《新青年》)创刊，宣告了新文化运动的开始。文化思想的革命必然导致文学的革命。1917 年 1 月《新青年》发表了胡适的《文学改良刍议》，拉开了文学革命的序幕。这是中国文学发展史上一个重要转折，是古代文学的终结，现代文学的开端。中国现代文学在文学观念、形式、思想内容、语言等多方面与古代文学不同，是受到了一定的西方文化、文学影响而变革创造出来的新文学。

1918 年 5 月，《新青年》发表了鲁迅的《狂人日记》，这是中国第一篇现代白话小说。鲁迅又连续发表了《孔乙己》《药》等小说。鲁迅的小说是中国现代小说开端与成熟的标志。他的小说集《呐喊》《彷徨》是中国现代白话小说的经典。《呐喊》与《彷徨》继承晚清以来小说的经验教训，多方面借鉴西方短篇小说的精华，集大成地完成了传统小说的现代转型。第一，鲁迅小说是题材深化的根本变革。传统小说，多写帝王将相、才子佳人，晚清白话小说转向描写平凡人，鲁迅把这一转向深化，深入展示现实社会的常人常事。题材平凡，但发掘很深，如《阿 Q 正传》，从一个乡村流浪汉的生与死看到时人病态的灵魂；《狂人日记》借“狂人”之眼，发现“吃人”的历史。第二，《呐喊》与《彷徨》深刻挖掘灵魂的深度，开现代心理小说之先声。如《伤逝》几乎全篇是人物心理变迁过程的描写，《狂人日记》使用了西方精神分析的方法。类似这样注重写灵魂、注重揭示心理之深度的表现，是小说向现代转型的显著特征之一。第三，鲁迅创造了一种开放的现实主义创作方法。在注重现实主义的表现手法如细节刻画、环境与形象的典型提炼等的同时，鲁迅小说又容纳了象征主义、表现主义、浪漫主义等多种表现手法，广泛汲取外国小说经验，融汇创新，开放型的现实主义小说为后来的现代小说开创了多种意识实验的源头。第四，他在艺术格局上有所突破和创新。传统小说通常采用有头有尾、情节严谨的线性叙事模式。鲁迅小说的叙事模式摆脱了时间线性的束缚。如《狂人日记》的结构安排遵循的是狂人的心理流程，《孔乙己》的结构采用比照反讽，《药》则使用了双线结构。从叙事话语上看，鲁迅小说采用了全套现代叙事话语。

传统小说多以全知叙述者展开故事叙述，通常刻意回避叙事主体的存在。而鲁迅小说则大量采用第一人称的叙事方式，直接出现“我”的形象和声音。把主体情绪融入叙述，从而更接近叙述对象灵魂的真与深，也更能凸显叙述者对所叙之事的个人观点。

《呐喊》与《彷徨》以“格式的特别”和“表现的深切”，从多方面实现了对传统小说艺术的突破、集大成地创造了丰富多彩的现代小说样式，并成为中国现代各体小说发展的重要源头。中国现当代文学史上有成就的不少作家都受到了《呐喊》《彷徨》的影响。

20世纪20年代，除鲁迅的小说创作外，还有冰心的问题小说，如《超人》；郁达夫的浪漫抒情小说，如《沉沦》；王统照、王鲁彦等人的乡土小说和叶圣陶的教育小说；等等。无论是冷静的现实描写，还是浓烈的情感抒发，都显示了新文学的勃勃生机。

由后期创造社和太阳社发动的无产阶级文学运动以及随后开展的左翼文艺运动，丰富了20世纪30年代的中国文坛，无产阶级文学与民主主义、自由主义文学的发展与演变构成了30年代现代文学两条基本历史线索，形成了“左翼”“京派”“海派”三大文学派别(潮流)之间的对峙与互渗。

代表左翼小说最高成就的是茅盾的社会分析小说《子夜》。左翼青年作家柔石的《为奴隶的母亲》《二月》表现出了现实主义的深度。“京派”作家在创作上，倾向于表现远离现代社会时空的乡土世界，侧重从一般乡风民俗的历史记忆中抒发其抽象的人情美和自然美，在作品中描绘各自理想的乡土世界。如沈从文小说里的湘西世界，废名小说中的黄梅故乡、京郊世界，芦焚笔下的“果园城”等。相形之下，他们对城市的书写，多了几分讽刺与否定的意味。在他们的文学世界里常出现“城/乡”对峙的主题。代表“京派”小说突出成就的是沈从文的《边城》。“海派”有以施蛰存、穆时英、刘呐鸥为代表的新感觉派和其他“海派”作家如通俗小说家张恨水、现代武侠小说作家平江不肖生等。施蛰存等人的新感觉派小说主要借鉴西方现代小说技巧，在20世纪30年代的文坛上开辟了一条创作新路，给中国读者耳目一新的感觉，如施蛰存的心理分析小说《将军的头》《梅雨之夕》，刘呐鸥的都市印象作品集《都市风景线》，穆时英的都市感觉小说《夜总会里的五个人》等。

20世纪30年代小说的重要收获还有巴金的《家》、老舍的《骆驼祥子》、李劼人的“大河小说”三部曲中的《死水微澜》。这一时期是一个长篇小说丰收的时期。

20世纪40年代，抗日战争使中国国统区、沦陷区和解放区的文学也呈现出不同的面貌。国统区小说创作有代表性的作品是萧红的《呼兰河传》、老舍的《四世同堂》、巴金的《寒夜》、钱锺书的《围城》等，这些作品主题重大，刻画细腻，笔力雄健，显示了抗战时期文学对深沉、博大和厚实、凝重艺术境界的追求，是中国现代文学的重要收获。沦陷区小说主要以“北梅南玲”(北方的梅娘，上海的张爱玲)为代表，梅娘的小说集有《小姐集》《第二代》，其婚恋题材大胆表现对男权统治的反抗，凸显现代女性意识的觉醒，如《鱼》。张爱玲有小说集《传奇》，在艺术手法上体现了中国传统小说与西方现代手法之间的巧妙融合，总体审美风格是“苍凉”。她从人性的角度而不是社会批判的角度对旧式家庭予以清算，写旧家庭中人物的人性之恶和扭曲，表达了对封建文化深切的批判，从而写出了人性的深度。张爱玲很关注旧家族中女性的生存状态，女性的婚姻恋爱以及女性情欲。解放区小说的最高成就是赵树理的《小二黑结婚》，它代表了毛泽东在《在延安文艺座谈会上的讲话》中所指出的新型文学方向。孙犁的《荷花淀》也表现了工农兵文学的基本主题，其艺术追求是诗意写实，善于表现人物的人情、人性美。解放区小说为20世纪五六十年代的当代小说奠定了基础。

1949年，中国文学打开了新的局面。农村题材小说和革命历史题材小说有一定收获。20世纪50年代末至60年代初是长篇小说的丰收期，梁斌的《红旗谱》、杨沫的《青春之歌》、欧阳山的《三家巷》等是其中的代表。1976年，“文化大革命”结束后，中国文学终于迎来了一个新时期，小说创作热潮和小说流派不断出现。首先出现的是以刘心武的《班主任》为代表的“伤痕小说”，并开始了现实主义精神的复苏。接着反思小说(如茹志娟的《剪辑错了的故事》)、改革小说(如蒋子龙的《乔厂长上任记》)创作成就显著。而后来的“文化寻根”小说、乡土小说、先锋实验小说、新写实小说和女性文学等多种创作潮流和小说流派的出现，使文坛出现了多元发展的繁荣局面。寻根小说以阿城的《棋王》、韩少功的《爸爸爸》为代表，其作品具有深厚的文化意蕴和鲜明的地域文化色彩。乡土小说的代表是汪曾祺的《受戒》《大淖记事》，特点是以风俗民情的诗意描绘，表现出和谐的审美理想，浸透着民族传统文化艺术的情致和意蕴。先锋实验小说以马原(《冈底斯的诱惑》)、残雪(《山上的小屋》)、莫言(《红高粱》)、苏童、余华等一批深受现代主义思潮影响的作家为代表，其作品强调反传统，崇尚非理性，热衷于文体实验，注重对人的主观世界的发掘。新写实小说的主要作家有刘震云(《一地鸡毛》)、池莉(《烦恼人生》)等。其创作方法仍以写实为主要特征，但特别注重现实生活原生态的还原，真实直面现实，直面人生。女性文学以陈染(《私人生活》)、林白(《一个人的战争》)、海男等为代表，她们以女性意识体悟生命，以女性视角审视世事，作品的特点是内容的私人化、个人化和艺术手法的现代性。

当代小说仍在不断的发展中，新状态小说、“80后”作家群等颇受关注。

搜神记·三王墓

干宝[①]

楚干将莫邪[②]为楚王作剑，三年乃成。王怒，欲杀之。剑有雌雄。其妻重身[③]当产。夫语妻曰："吾为王作剑，三年乃成。王怒，往必杀我。汝若生子是男，大[④]，告之曰：'出户，望南山，松生石上，剑在其背。'"于是即将雌剑往见楚王。王大怒，使相之："剑有二，一雄一雌，雌来雄不来。"王怒，即杀之。

莫邪子名赤，比后壮，乃问其母曰："吾父所在？"母曰："汝父为楚王作剑，三年乃成。王怒，杀之。去时嘱我：'语汝子：出户望南山，松生石上，剑在其背。'"于是子出户南望，不见有山，但睹堂前松柱下石低[⑤]之上，即以斧破其背，得剑。日夜思欲报楚王。

王梦见一儿，眉间广尺[⑥]，言欲报仇。王即购之千金。儿闻之，亡去，入山，行歌。客有逢者，谓："子年少，何哭之甚悲耶？"曰："吾干将、莫邪子也，楚王杀吾父，吾欲报之。"客曰："闻王购子头千金。将子头与剑来，为子报之。"儿曰："幸甚！"即自刎，两手捧头及剑奉之，立僵。客曰："不负子也。"于是尸乃仆[⑦]。

客持头往见楚王，王大喜。客曰："此乃勇士头也，当于汤镬[⑧]煮之。"王如其言煮头，三日三夕不烂。头踔[⑨]出汤中，踬目[⑩]大怒。客曰："此儿头不烂，愿王自往临视之，是必烂也。"王即临之。客以剑拟[⑪]王，王头随堕汤中，客亦自拟己头，头复堕汤中。三首俱烂，不可识别。乃分其汤肉葬之，故通名"三王墓"。今在汝南北宜春县界[⑫]。

【注释】

①干宝(？—336)，字令升。原籍汝南郡新蔡(今属河南)，约在汉末祖上避乱南徙，定居海盐(今浙江海盐东北)。干宝少勤学，博览书记。东晋元帝时以著作郎领国史，后任太守、散骑常侍等官。著有《晋纪》二十卷，时称"良史"。他"性好阴阳数术"，信鬼神。为了"发明神道之不诬"而作《搜神记》，虽意在宣扬迷信，但也保存了不少优秀的民间传说和故事。《搜神记》在六朝志怪小说中最负盛名，是六朝乃至整个古代志怪小说的杰出代表。

②干将：姓。莫邪(yé)：名。干将莫邪是古代传说中善铸剑的工匠。又传干将、莫邪系二人，为夫妇，善铸剑。

③重(chóng)身：身中有身，即怀孕。

④大：长大成人。

⑤低：疑应作"砥"，基石。

⑥眉间广尺：谓两眉之间约有一尺宽的距离。

⑦仆：向前倒下。

⑧镬(huò)：形似鼎而无足，古代烹人的刑具。

⑨踔(chuō)：跳跃。

⑩瞋目：疑应作“瞋目”，睁大眼睛瞪人。

⑪拟：指向。

⑫汝南：郡名。北宜春县：在今河南省汝南县西南，西汉时名宜春，东汉改名北宜春。

【作品提示】

本文选自《搜神记》卷十一。《三王墓》是《搜神记》中一则精彩而又令人惊异的故事，写能工巧匠莫邪为楚王铸剑，反被楚王所杀，其子赤不顾生死为父报仇，刻画了不畏强暴、舍身报仇的赤，侠义重信、视死如归的客，凶狠残暴而又贪婪愚蠢的楚王三个人物形象，个性鲜明生动。全篇构思精巧，情节跌宕起伏，具有很强的艺术感染力，表现了对暴君的憎恨和对侠义人物的歌颂。

思考练习

1. 谈谈《三王墓》的人物形象各自具有怎样的性格特征。
2. 就《三王墓》说明小说必须具备的几个要素。
3. 课后阅读鲁迅根据这个故事内容写成的小说《铸剑》。

《世说新语》[①]二则

刘义庆[②]

雪夜访戴

王子猷居山阴[③]，夜大雪，眠觉[④]，开室[⑤]，命酌酒。四望皎然[⑥]，因起彷徨[⑦]，咏左思《招隐诗》[⑧]。忽忆戴安道[⑨]，时戴在剡[⑩]，即便夜乘小船就之。经宿方至，造门[⑪]不前而返。人问其故，王曰：“吾本乘兴而行，兴尽而返，何必见戴？”

【注释】

①《世说新语》原名《世说》，唐时称《世说新书》，五代后改称《世说新语》。全书依内容分德行、言语、政事、文学等36篇(类)，主要记述东汉至东晋间各类名士的遗闻轶事，广阔地反映了当时的社会风尚。《世说新语》善于通过富于特征的细节展示人物的性格和精神面貌，往往在寥寥数语中，达到绘声绘色、委曲动人的效果。鲁迅先生在《中国小说史略》中将它的艺术成就概括为“记言则玄言冷隽，记行则高简瑰奇”。《世说新语》是记叙轶闻隽语的笔记小说的先驱，也是后来小品文的典范，并为后世小说提供了丰富的素材。

②刘义庆(403—444)，彭城(今江苏徐州)人，南朝宋武帝刘裕之侄，袭封临川王。性简素寡欲，爱好文学。《宋书·刘道规传》说他“招聚文学之士，近远必至”，故鲁迅认为他的《世说新语》“或成于众手”。梁时刘孝标为此书作注，引用古书四百余种，更加丰富了本书的内容。

③王子猷(yóu)：名徽之，王羲之第五子，性傲诞，初为大司马桓温参军，后任黄门侍郎。山阴：今浙江绍兴。

④眠觉：睡醒。

⑤开室：打开窗户。

⑥皎然：洁白明亮的样子。

⑦彷徨：徘徊、心神不定的样子。

⑧左思：西晋著名诗人，太康文学的代表作家。他的《招隐诗》共两首，描写了清高的隐士生活。

⑨戴安道：戴逵，字安道，博学多艺，擅长音乐、书画和佛像雕刻，终身不仕。相传武陵王曾遣人召他去鼓琴，他就当着使者的面自毁其琴，声称“戴安道不为王门伶人”。

⑩剡(shàn)：县名，在今浙江嵊州西南。境内有剡溪，溪位于曹娥江上游，从山阴可溯流而上。

⑪造门：到了门口。

【作品提示】

本文选自《世说新语·任诞》篇。此篇通过王子猷雪夜访友的轶事，刻画了其任性放达、超然洒脱的个性。

思考练习

1. 王子猷雪夜乘舟访戴安道，至门前而返的奇特举动，表现出其怎样的性格特点？

2. 宗白华先生说“这截然地寄兴趣于生活过程的本身价值而不拘泥于目的，显示了晋人唯美生活的典型”(《美学散步》)，你是如何理解的？

王蓝田性急[①]

王蓝田[②]性急。尝食鸡子，以箸刺之[③]，不得，便大怒，举以掷地。鸡子于地圆转未止，仍下地以屐齿蹍之[④]，又不得，瞋甚，复于地取内口中，啮[⑤]破即吐之。王右军[⑥]闻而大笑曰：“使安期[⑦]有此性，犹当无一豪可论[⑧]，况蓝田邪？”

【注释】

①本文选自《世说新语·忿狷》。

②王蓝田：王述，字怀祖，东晋人，袭封蓝田侯，故称王蓝田。

③箸(zhù)：筷子。刺：探取，夹取。

④仍：乃，于是。屐：古人穿的一种木制鞋，鞋底有齿。蹍(zhǎn)：踏，踩。

⑤啮(niè)：咬的意思。

⑥王右军：王羲之，字逸少，曾任右军将军，世称王右军。

⑦安期：王蓝田的父亲王承，字安期。王承曾任东海内史、从事中郎，为人性情冲淡，清净寡欲。

⑧无一豪可论：没有一点可取的地方。豪，同“毫”。

【作品提示】

此篇通过王蓝田吃鸡子这件小事，绘声绘色地刻画出了其性格急躁的特点。

思考练习

1. 本文行文简短，着重描写了王蓝田怎样的个性特征？
2. 作者是怎样以小见大、知微见著，刻画人物个性特征的？

阳羡书生[①]

吴均

阳羡[②]许彦，相绥安山行[③]，遇一书生[④]，年十七八，卧路侧[⑤]，云脚痛，求寄[⑥]彦鹅笼中。彦以为戏言。书生便入笼，笼亦不更广，书生亦不更小，宛然[⑦]与双鹅并坐，鹅亦不惊。彦负笼而去，都不觉重。

前行息[⑧]树下，书生乃出笼，谓彦曰："欲为君薄设[⑨]。"彦曰："善。"乃于口中吐出一铜盘奁子[⑩]，奁子中具诸馔肴川[⑪]，珍羞方丈[⑫]。其器皿皆铜物。气味香旨[⑬]，公所罕见。酒数行，谓彦曰："向将一妇人自随[⑭]，今欲暂邀之[⑮]。"彦曰："善。"又于口中吐一女子，年可[⑯]十五六，衣服绮丽，容貌殊绝[⑰]。共坐宴[⑱]。

俄而书生醉卧，此女谓彦曰："虽与书生结妻[⑲]，而实怀[⑳]怨。向亦窃[㉑]得一男子同行，书生既眠，暂唤之[㉒]，君幸勿言。"彦曰："善。"女人于口中吐出一男子，年可二十三四，亦颖悟[㉓]可爱。乃与彦叙寒温[㉔]。书生卧欲觉[㉕]，女子口吐一锦行障[㉖]，遮书生，书生乃留女子共卧。

男子谓彦曰："此女子虽有情，心亦不甚向[㉗]。复窃得一女人同行，今欲暂见之，愿君勿泄[㉘]。"彦曰："善。"男子又于口中吐一妇人，年可二十许。共酌，戏谈甚久，闻书生动声[㉙]，男子曰："二人眠已觉[㉚]。"因取所吐女人，还纳[㉛]口中。

须臾[㉜]，书生处[㉝]女乃出，谓彦曰："书生欲起。"乃吞向男[㉞]，独对彦坐。然后书生起谓彦月："暂眠遂久[㉟]，君独坐当悒悒[㊱]耶？日已晚，当与君别。"遂吞其女子，诸器皿悉纳口中。留大铜盘，可二尺广，与彦别曰："无以藉[㊲]君，与君相忆也[㊳]。"

彦，太元[㊴]中，为兰台令史[㊵]，以盘饷侍中张散[㊶]。散看其铭[㊷]，题[㊸]云，是永平三年[㊹]作。

【注释】

①本篇亦见于荀氏《灵鬼志》，情节略同。

②阳羡：汉朝县名，属吴郡，故城在今江苏宜兴县南。

③相：向。绥安：县名，今宜兴县西南。

④书生：年轻的读书人。

⑤卧路侧：躺在路边。

⑥求寄：指请求借坐。
⑦宛然：好像。
⑧息：休息。
⑨薄设：准备简便的饭食。
⑩奁(lián)子：盒子。
⑪具诸馔(zhuàn)肴：具有各样饭菜。
⑫珍羞方丈：珍稀美味食物摆了一大堆。方丈，一丈见方，这里是形容食物摆了很多。
⑬气味香旨：饭菜气味香醇。
⑭向：刚才。自随：跟随着我。
⑮邀之：请她来。
⑯可：左右、大约。
⑰殊绝：非常美丽。
⑱坐宴：坐下来吃饭。
⑲结妻：结为夫妻。
⑳怀：内心。
㉑窃：私下。
㉒唤之：喊他来。
㉓颖悟：聪明。
㉔叙寒温：问寒问暖。
㉕欲觉：将要睡醒了。
㉖锦行障：鲜艳华丽的屏风。
㉗心亦不甚向：我的心也不很向着她。
㉘泄：泄露。
㉙动声：动作的响声。
㉚二人：指书生与前一女子。觉：醒过来。
㉛纳：收进。
㉜须臾：一会儿。
㉝处：那地方的。
㉞向男：刚才那个男子，即为女所吐出的男子。
㉟遂久：竟睡得太久了。
㊱悒(yì)悒：郁闷、寂寞。
㊲藉：酬答。
㊳与：送给。忆：留念。
㊴太元：东晋孝武帝年号。
㊵兰台令史：史官。
㊶饷：招待。侍中：官名，秦时为丞相属官，魏晋时相当于宰相。
㊷铭：刻在盘上的文字。
㊸题：标记。
㊹永平三年：公元60年。永平为东汉明帝刘庄的年号。

【作品提示】

本文选自南朝梁吴均的《续齐谐记》。《阳羡书生》的故事源于佛教经籍《旧杂譬喻经》卷上梵志吐壶事，也见于东晋荀氏《灵鬼志》中的《外国道人》。但吴均的再创作，已将其中国化了。本篇通过阳羡书生等三人相继吐出异性寻欢的荒诞情节，揭示了人感情世界的隐秘。

思考练习

1. 这篇故事有何寓意？

2. 钱锺书说如“阳羡书生”这一类故事“近人或谓之‘连锁单相思’，窃以为不妨名曰‘鹅笼境地’”。你如何理解？

3.《阳羡书生》情节荒诞，由此显示了志怪小说怎样的艺术特征？

离魂记

陈玄祐[①]

天授[②]三年，清河[③]张镒，因官家于衡州[④]。性简静，寡知友。无子，有女二人。其长早亡；幼女倩娘，端妍绝伦。镒外甥太原[⑤]王宙，幼聪悟，美容范。镒常器重，每曰：“他时当以倩娘妻之。”后各长成。宙与倩娘常私感想于寤寐[⑥]，家人莫知其状。后有宾寮之选者[⑦]求之，镒许焉。女闻而郁抑；宙亦深恚恨[⑧]，托以当调[⑨]，请赴京。止之不可，遂厚遣之。宙阴[⑩]恨悲恸，决别上船。日暮，至山郭数里。夜方半，宙不寐。忽闻岸上有一人行声甚速，须臾至船。问之，乃倩娘徒行跣足[⑪]而至。宙惊喜发狂，执手问其从来，泣曰：“君厚意如此，寝梦相感。今将夺我此志，又知君深情不易，思将杀身奉报，是以亡命来奔[⑫]。”宙非意所望，欣跃特甚。遂匿倩娘于船，连夜遁去。倍道[⑬]兼行，数月至蜀。

凡五年，生两子，与镒绝信。其妻常思父母，涕泣言曰：“吾曩日不能相负，弃大义而来奔君。向今五年，恩慈间阻。覆载[⑭]之下，胡颜独存也？”宙哀之，曰：“将归，无苦。”遂俱归衡州。

既至，宙独身先镒家，首谢[⑮]其事。镒曰：“倩娘病在闺中数年，何其诡说也！”宙曰：“见在舟中！”镒大惊，促使人验之。果见倩娘在船中，颜色怡畅。讯使者曰：“大人安否？”家人异之，疾走报镒。室中女闻，喜而起，饰妆更衣，笑而不语，出与相迎，翕然[⑯]而合为一体，其衣裳皆重。其家以事不正，秘之。惟亲戚间有潜知之者。后四十年间，夫妻皆丧。二男并孝廉擢第[⑰]，至丞尉[⑱]。

玄祐少常闻此说，而多异同，或谓其虚。大历[⑲]末，遇莱芜[⑳]县令张仲规，因备述其本末。镒则仲规堂叔祖，而说极备悉，故记之。

【注释】

①陈玄祐：唐代宗大历时人，生平不详。

②天授：唐武则天年号。

③清河：唐郡名，即贝州，治所在今河北清河。

④衡州：唐郡名，也称衡阳郡，治所在今湖南衡阳。

⑤太原：唐府名，治所在今山西太原西南。

⑥寤寐：犹“日夜”。寤，醒时。寐，睡时。

⑦宾寮之选者：幕僚中将赴吏部选官的人。寮，同“僚”，宾寮即幕僚。之，动词，往。选，选部，即吏部。

⑧恚(huì)恨：怨恨。

⑨托以当调：借口说临近铨选的日期。调，铨选，即到吏部听候决定授官。

⑩阴：暗地里，私下。

⑪跣足：赤着脚。这里形容倩娘出行匆忙，未及穿鞋。

⑫亡命：逃亡。亡，无。命，指名籍。古时对逃亡的人，要削除其名籍，故称为“亡命”。奔：古指女子不经媒妁而私与男子结合。

⑬倍道：兼程而行，一日行两日的路程。

⑭覆载：天地。

⑮谢：谢罪，承认错误。

⑯翕然：两物相合貌。

⑰孝廉擢第：经地方推荐，以“孝廉”的资格，考取了明经或进士。

⑱丞尉：县丞、县尉。县丞是协助县令处理政务的副行政长官。县尉是主管一县治安的官。

⑲大历：唐代宗年号。

⑳莱芜：县名。唐置，在今山东莱芜东北。

【作品提示】

《离魂记》原文载于《太平广记》卷三五八，改题《王宙》。小说述写武则天时，清河张镒家于衡州。其女倩娘与外甥王宙，幼有相许。但二人成年后，张镒自食其言，竟以倩娘另许他人。王宙托辞赴京，倩娘生魂离躯体随之而去，一起出走蜀地，五年生二子。后回家探望父母，室中倩娘卧病多年，起而喜迎之，二女合为一体。《离魂记》以虚幻的形式，浪漫的手法，极为生动地表现了青年男女希望挣脱封建礼教束缚的自由精神。这篇小说对后世的小说、戏曲影响较大。元杂剧有郑光祖的《倩女离魂》，明杂剧有王骥德的《倩女离魂》，传奇有无名氏的《离魂记》。明代汤显祖的《牡丹亭》，在艺术处理上也借用了“离魂”这一浪漫主义手法。蒲松龄的《聊斋志异》中也有离魂型的爱情故事，如《阿宝》，只是离魂的主人公已由女性变为男性了。

思考练习

1. 分析这篇小说表达的主题思想。
2. 谈谈这篇小说反映了什么样的社会现实？
3.《离魂记》的情节构思有何特色？

三国演义·横槊赋诗

罗贯中[①]

时建安[②]十三年冬十一月十五日，天气晴明，平风静浪。操令："置酒设乐于大船之上，吾今夕欲会诸将。"天色向晚，东山月上，皎皎如同白日。长江一带，如横素练。操坐大船之上，左右侍御者数百人，皆锦衣绣袄，荷戈执戟。文武众官，各依次而坐。操见南屏[③]山色如画，东视柴桑之境，西观夏口之江，南望樊山，北觑乌林[④]，四顾空阔，心中欢喜，谓众官曰："吾自起义兵以来，与国家除凶去害，誓愿扫清四海，削平天下；所未得者江南也。今吾有百万雄师，更赖诸公用命，何患不成功耶！收服江南之后，天下无事，与诸公共享富贵，以乐太平。"

文武皆起谢曰："愿得早奏凯歌！我等终身皆赖丞相福荫。"操大喜，命左右行酒。饮至半夜，操酒酣，遥指南岸曰："周瑜、鲁肃，不识天时！今幸有投降之人，为彼心腹之患，此天助吾也。"荀攸曰："丞相勿言，恐有泄漏。"操大笑曰："座上诸公，与近侍左右，皆吾心腹之人也，言之何碍！"又指夏口曰："刘备、诸葛亮，汝不料蝼蚁之力，欲撼泰山，何其愚耶！"顾谓诸将曰："吾今年五十四岁矣，如得江南，窃有所喜。昔日乔公与吾至契，吾知其二女皆有国色。后不料为孙策、周瑜所娶。吾今新构铜雀台于漳水之上，如得江南，当娶二乔，置之台上，以娱暮年，吾愿足矣！"言罢大笑。唐人杜牧之有诗曰：

折戟沉沙铁未销，自将磨洗认前朝。
东风不与周郎便，铜雀春深锁二乔。

曹操正笑谈间，忽闻鸦声望南飞鸣而去。操问曰："此鸦缘何夜鸣？"左右答曰："鸦见月明，疑是天晓，故离树而鸣也。"操又大笑。时操已醉，乃取槊立于船头上，以酒奠于江中，满饮三爵，横槊谓诸将曰："我持此槊，破黄巾、擒吕布、灭袁术、收袁绍，深入塞北，直抵辽东，纵横天下，颇不负大丈夫之志也。今对此景，甚有慷慨。吾当作歌，汝等和之。"歌曰：

对酒当歌，人生几何：譬如朝露，去日苦多。
慨当以慷，忧思难忘；何以解忧，惟有杜康。
青青子衿，悠悠我心；但为君故，沉吟至今。
呦呦鹿鸣，食野之苹；我有嘉宾，鼓瑟吹笙。
皎皎如月，何时可掇？忧从中来，不可断绝！
越陌度阡，枉用相存[⑤]；契阔谈宴，心念旧恩。
月明星稀，乌鹊南飞；绕树三匝，无枝可依。

山不厌高，水不厌深：周公吐哺[6]，天下归心。

歌罢，众和之，共皆欢笑。忽座间一人进曰："大军相当之际，将士用命之时，丞相何故出此不吉之言?"操视之，乃扬州刺史，沛国相[7]人，姓刘，名馥，字元颖。馥起自合淝，创立州治，聚逃散之民，立学校，广屯田，兴治教，久事曹操，多立功绩。当下操横槊问曰："吾言有何不吉?"馥曰："'月明星稀，乌鹊南飞；绕树三匝，无枝可依。'此不吉之言也。"操大怒曰："汝安敢败吾兴!"手起一槊，刺死刘馥。众皆惊骇。遂罢宴。次日，操酒醒，懊恨不已。馥子刘熙，告请父尸归葬。操泣曰："吾昨因醉误伤汝父，悔之无及。可以三公厚礼葬之。"又拨军士护送灵柩，即日回葬。

【注释】

①罗贯中，字贯中，号湖海散人。生平事迹不详，一般认为他主要生活于元代中后期，卒于明初。关于其籍贯，明代以来有东原(今山东东平)、太原(今属山西)、钱塘(今浙江杭州)、庐陵(今江西吉安)诸说。

②建安：汉献帝年号。

③南屏：杜撰的山名。今湖北蒲圻赤壁遗址有南屏山。

④乌林：地名，即今湖北洪湖东北长江北岸邬林矶。

⑤枉用相存：劳驾你前来探望。存，问候，探望。

⑥周公吐哺：传说周公求贤若渴，吃饭时有贤士来访，立即吐出口中的食物，出去接待。

⑦相：县名。属豫州沛国，治所在今安徽濉溪西北。

【作品提示】

《三国演义》是罗贯中根据三国历史，吸取了民间传说，加上本人的想象和虚构，经过艰苦的创作而成书的。《三国演义》描写了从东汉灵帝中平元年(184)至晋武帝太康元年(280)近百年的历史；生动再现了这段时期变幻莫测的政治、军事、外交斗争，总结了各个集团成败的经验；反映了广大人民渴望统一、反对分裂、拥护仁政、反对暴政的强烈愿望。《三国演义》是中国小说发展史上第一部成熟的长篇小说，也是明代历史演义小说的优秀代表，对明清两代的其他历史演义小说有极大的影响。

本文节选自《三国演义》第四十八回《宴长江曹操赋诗 锁战船北军用武》。本回开头，庞统向曹操进献连环计之后，徐庶为免玉石俱焚，又按照庞统指点，暗中散布韩遂、马腾起兵的流言，借机请兵把守散关而去。曹操不仅不以为诈，反而感到心中稍安，于是上马察看沿江旱寨，接着又乘大船察看水寨。他自以为军威浩荡，不免志得意满，便命令晚上在大船上置酒设乐，宴请文武众官。这一宴会史书中没有记载，是出自作者的虚构。通过这一场面的描写，作者将曹操自信、自满、自恣的形象表现得十分鲜明。

思考练习

1. 作者在这一情节中是怎样逐层深入地刻画曹操的形象的?

2. 你认为曹操是“奸雄”吗？为什么？
3. 作者安排“横槊赋诗”这一插曲，在叙事上有何作用？

儒林外史·马二先生游西湖

吴敬梓[1]

这西湖乃是天下第一个真山真水的景致。且不说那灵隐的幽深、天竺的清雅，只这出了钱塘门，过圣因寺，上了苏堤，中间是金沙港，转过去就望见雷峰塔，到了净慈寺，有十多里路，真乃五步一楼，十步一阁。一处是金粉楼台，一处是竹篱茅舍；一处是桃柳争妍，一处是桑麻遍野。那些卖酒的青帘高飏，卖茶的红炭满炉，士女游人，络绎不绝，真不数“三十六家花酒店，七十二座管弦楼”。

马二先生独自一个，带了几个钱，步出钱塘门，在茶亭里吃了几碗茶，到西湖沿上牌楼跟前坐下。见那一船一船乡下妇女来烧香的，都梳着挑鬓头[2]。也有穿蓝的，也有穿青绿衣裳的，年纪小的都穿些红绸单裙子；也有模样生的好些的，都是一个大团白脸，两个大高颧骨，也有许多疤、麻、疥、癞的。一顿饭时，就来了有五六船。那些女人后面都跟着自己的汉子，掮着一把伞，手里拿着一个衣包。上了岸，散往各庙里去了。

马二先生看了一遍，不在意里，起来又走了里把多路。望着湖沿上接连着几个酒店，挂着透肥的羊肉，柜台上盘子里盛着滚热的蹄子、海参、糟鸭、鲜鱼，锅里煮着馄饨，蒸笼上蒸着极大的馒头。马二先生没有钱买了吃，喉咙里咽唾沫，只得走进一个面店，十六个钱吃了一碗面。肚里不饱，又走到间壁一个茶室吃了一碗茶，买了两个钱处片[3]嚼嚼，倒觉得有些滋味。

吃完了出来，看见西湖沿上柳荫下系着两只船。那船上女客在那里换衣裳，一个脱去玄色外套，换了一件水田披风[4]；一个脱去天青外套，换了一件玉色绣的八团衣服；一个中年的脱去宝蓝缎衫，换了一件天青缎二色金的绣衫。那些跟从的女客，十几个人，也都换了衣裳。这三位女客，一位跟前一个丫鬟，手持黑纱团香扇，替他遮着日头，缓步上岸。那头上珍珠的白光，直射多远，裙上环佩，叮叮当当的响。马二先生低着头走了过去，不曾仰视。往前走过了六桥，转个湾，便像些村乡地方，又有人家的棺材厝基[5]，中间走了一二里多路，走也走不清，甚是可厌。

马二先生欲待回家，遇着一走路的，问道：“前面可还有好顽的所在？”那人道：“转过去便是净慈、雷峰，怎么不好顽？”马二先生又往前走。走到半里路，见一座楼台盖在水中间，隔着一道板桥。马二先生从桥上走过去，门口也是个茶室，吃了一碗茶。里面的门锁着，马二先生要进去看，管门的问他要了一个钱，开了门放进去。里面是三间大楼，楼上供的是仁宗皇帝的御书，马二先生吓了一跳，慌忙整一整头巾，理一理宝蓝直裰，在靴桶内拿出一把扇子来当了笏板[6]，恭恭敬敬朝着楼上扬尘舞蹈，拜了五拜。拜毕起来，定一定神，照旧在茶桌子上坐下。傍边有个花园，卖茶的人说是布政司房里的人在此请客，不好进去。那厨房却在外面，那热汤汤的燕窝、海参，一碗碗在跟前捧过去，马二先生又羡慕了一番。

出来过了雷峰，远远望见，高高下下，许多房子，盖着琉璃瓦，曲曲折折无数的朱红栏杆。马二先生走到跟前，看见一个极高的山门，一个直匾，金字，上写着“敕赐净慈禅寺”。山门旁边一个小门，马二先生走了进去，一个大宽展的院落，地下都是水磨的砖。才进二道山门，两边廊上都是几十层极高的阶级。那些富贵人家的女客，成群逐队，里里外外，来往不绝，都穿的是锦绣衣服，风吹起来，身上的香一阵阵的扑人鼻子。马二先生身子又长，戴一顶高方巾，一幅乌黑的脸，捵着个肚子，穿着一双厚底破靴，横着身子乱跑，只管在人窝子里撞。女人也不看他，他也不看女人。前前后后跑了一交，又出来坐在那茶亭内——上面一个横匾，金书“南屏”两字，吃了一碗茶。柜上摆着许多碟子：橘饼、芝麻糖、粽子、烧饼、处片、黑枣、煮栗子。马二先生每样买了几个钱的，不论好歹吃了一饱。马二先生也倦了，直着脚跑进清波门。到了下处，关门睡了。因为走多了路，在下处睡了一天。

【注释】

①吴敬梓(1701—1754)，字敏轩，号粒民，安徽全椒人，晚称文木老人。吴敬梓出身科举世家，受家庭影响，也曾想走科举仕进之路。但自康熙五十七年(1718)18岁考取秀才之后，屡经考试，皆铩羽而归。乾隆元年(1736)被荐博学鸿词科考试，在参加地方预试后，因病未赴京应试，因此终其一生，只是一名秀才。吴敬梓13岁丧母，18岁和23岁时，生父和嗣父先后病故，从此族人争夺遗产，家道遂告中落。不数年，妻子陶氏又病逝。吴敬梓生性傲岸，不容于全椒士绅，乃于雍正十一年(1733)33岁时，愤而离开故土，移家金陵。在南京，他结交四方文士，声名渐著；不久，因生计无着，出游四方，访友求助。乾隆十九年(1754)，吴敬梓病逝扬州。其所作除《儒林外史》外，今传于世者有《文木山房集》四卷。

②挑鬓头：用骨针挑起两鬓，使之隆起的发式。

③处片：浙江处州(今丽水一带)产的笋干。

④水田披风：明、清时期流行的一种用各色织锦块拼合缝缀的女式外衣。

⑤厝(cuò)基：厝放棺木的土堆。厝，把棺材停放待葬，或浅埋以待改葬。

⑥笏板：古代君臣在朝廷上相见时手中所拿的狭长板子，用玉、象牙或竹制成，上面可以记事。

【作品提示】

《儒林外史》没有贯穿始终的情节，也没有统领全书的人物，诚如鲁迅所说“全书无主干，仅驱使各种人物，行列而来，事与其来俱起，亦与其去俱迄”(《中国小说史略》)。全书塑造了众多的儒林人物，反映了封建科举制度下知识分子的生存状态和精神状态。

本文节选自《儒林外史》第十四回《蘧公孙书坊送良友 马秀才山洞遇神仙》。马二先生，即马静，字纯上，浙江处州府生员，八股选家。他的原型是作者的“至交”冯粹中。本回写马二先生替蘧公孙销赃解厄而慷慨相助，掏出了身边所余的全部束修九十二两银子，结了案子，救了蘧公孙。马二先生选事已毕，离开嘉兴。到了杭州，借住在杭州文瀚楼。住了几日，没有文章可选，于是带了几个钱，要到西湖上走走。面对天下第一真山真水的景致，马二先生全然不觉西湖的美。见了游西湖的女子，他吓得不敢仰视；见了好吃的，他羡慕得嘴里直吞唾沫；见了仁宗皇帝的“御笔”，就赶忙磕头下拜。马二先生游西湖一节，平淡得既没有辞采也没有情节，然而却在如实的描写中，写出了马二先生的迂腐本色。这一情节体现出了《儒林外史》的写作特点：不以传奇胜，也不靠激烈的矛盾冲突来刻画人物；而是尊重客观真实，用白描的手法、简朴的语言，通过人物自己的言行展现生活、塑造人物。

思考练习

1. 马二先生三次看女人的描写，如何深入揭示出其心理的微妙变化？
2. 体会小说日常生活的细节描写在刻画人物形象中的作用。
3. 说说《儒林外史》不同于《三国演义》的艺术特征。

红楼梦·黛玉葬花

曹雪芹[①]

宝玉因不见了林黛玉，便知他躲了别处去了，想了一想：“索性迟两日，等他的气消一消再去也罢了。”因低头看见许多凤仙石榴等各色落花，锦重重地落了一地，因叹道：“这是他心里生了气，也不收拾这花儿来了。待我送了去，明儿再问着他。”说着，只见宝钗约着他们往外头去。宝玉道：“我就来。”说毕，等他二人去远了，便把那花兜了起来，登山渡水，过树穿花，一直奔了那日同林黛玉葬桃花的去处来。

将已到了花冢，犹未转过山坡，只听山坡那边有呜咽之声，一行数落着，哭得好不伤感。宝玉心下想道：“这不知是那房里的丫头，受了委曲，跑到这个地方来哭。”一面想，一面煞住脚步，听他哭道是：

花谢花飞花满天，红消香断有谁怜？
游丝软系飘春榭[②]，落絮[③]轻沾扑绣帘。
闺中女儿惜春暮，愁绪满怀无释处。
手把花锄出绣闺，忍踏落花来复去。
柳丝榆荚自芳菲[④]，不管桃飘与李飞。
桃李明年能再发，明年闺中知有谁？
三月香巢已垒成，梁间燕子太无情！
明年花发虽可啄，却不道人去梁空巢亦倾。
一年三百六十日，风刀霜剑严相逼，

明媚鲜妍能几时，一朝飘泊难寻觅。
花开易见落难寻，阶前闷杀葬花人，
独倚花锄泪暗洒，洒上空枝见血痕⑤。
杜鹃无语正黄昏，荷锄归去掩重门。
青灯照壁人初睡，冷雨敲窗被未温。
怪侬⑥底事倍伤神，半为怜春半恼春：
怜春忽至恼忽去，至又无言去不闻。
昨宵庭外悲歌发，知是花魂与鸟魂？
花魂鸟魂总难留，鸟自无言花自羞。
愿侬胁下生双翼，随花飞到天尽头。
天尽头，何处有香丘⑦？
未若锦囊收艳骨⑧，一抔⑨净土掩风流。
质本洁来还洁去，强于污淖陷渠沟⑩。
尔今死去侬收葬，未卜侬身何日丧？
侬今葬花人笑痴，他年葬侬知是谁？
试看春残花渐落，便是红颜老死时。
一朝春尽红颜老，花落人亡两不知！

宝玉听了，不觉痴倒。

【注释】

①《红楼梦》前八十回的作者是曹雪芹，后四十回一般认为是高鹗续写的。曹雪芹(1715—1763)，名霑，字梦阮，号雪芹、芹圃、芹溪，祖籍辽阳(今属辽宁)。先世原是汉族，后为满洲正白旗"包衣"。曾祖母孙氏做过康熙的保姆，祖父曹寅是康熙的伴读。从曾祖曹玺开始，三代四人，任江宁织造一职，前后达60年之久。康熙六次南巡，其中四次以江宁织造署为行宫，由曹寅主持接驾。曹寅死后，由其子曹颙接任。曹颙死后，由其弟曹頫接任。曹雪芹即为曹颙或曹頫之子。雍正五年(1727)，曹頫被革职抄家，曹家从此败落。曹雪芹随全家迁回北京，居北京西郊、东郊一带，过着"举家食粥"的清贫生活。乾隆二十七年(1762)秋，曹雪芹因子夭殇，感伤成疾，于除夕(1763年2月12日)逝世。

②榭：建筑在台上的房屋。

③絮：柳絮。

④榆荚：榆树的果实。榆树未生叶前先生荚，形似钱而小，连缀成串，也称榆钱。芳菲：花草的芳香。

⑤"洒上"句：与两个传说有关：一是湘妃哭舜，泣血染竹枝成斑，因此黛玉号"潇湘妃子"；二是蜀帝魂化杜鹃鸟，啼血染花枝，花即杜鹃花，因此下句接言"杜鹃"。

⑥侬："我"的俗语，吴地乐府民歌中多用。

⑦香丘：花坟。

⑧艳骨：此指落花。

⑨一抔(póu)：一捧。

⑩污淖(nào)陷渠沟：被肮脏的泥水所玷污。

【作品提示】

《红楼梦》原名《石头记》。全书以贾、史、王、薛四大家族为背景，以贾宝玉、林黛玉的爱情悲剧为主要线索，着重描写了贾家荣、宁二府由盛到衰的过程，全面描写了封建社会末期的人情世态，反映了当时生活的各种矛盾。《红楼梦》规模宏大，结构谨严，形象鲜明，为我国古典小说的杰作之一。

本文节选自《红楼梦》第二十七回《滴翠亭杨妃戏彩蝶 埋香冢飞燕泣残红》。此回写黛玉见宝钗从宝玉房中出来，自觉无味，回家闷坐，二更方睡。四月二十六日芒种节，闺阁兴祭饯花神，众姑娘在园中玩耍。宝钗欲寻黛玉，看见宝玉进了潇湘馆，一怕宝玉不便，二怕猜忌，便抽身回来。宝钗路遇蝴蝶，追到滴翠亭，无意间听到了小红的秘密，情急之下，借呼黛玉而去。黛玉独自一人葬花，不由得感怀身世，哭唱《葬花辞》，恰为宝玉所闻。本篇选黛玉葬花这一情节，作者采用诗歌的形式塑造林黛玉的艺术形象，表现其性格特征。这也反映出诗词曲赋在《红楼梦》中，已成为小说内容的有机组成部分。

思考练习

1.《葬花辞》表现了林黛玉怎样的个性心理？

2. 本文将大量诗词写入小说，请仔细探析诗入小说的“互文”关系。

伤 逝

鲁迅[①]

如果我能够，我要写下我的悔恨和悲哀，为子君，为自己。

会馆里的被遗忘在偏僻里的破屋是这样地寂静和空虚。时光过得真快，我爱子君，仗着她逃出这寂静和空虚，已经满一年了。事情又这么不凑巧，我重来时，偏偏空着的又只有这一间屋。依然是这样的破窗，这样的窗外的半枯的槐树和老紫藤，这样的窗前的方桌，这样的败壁，这样的靠壁的板床。深夜中独自躺在床上，就如我未曾和子君同居以前一般，过去一年中的时光全被消灭，全未有过，我并没有曾经从这破屋子搬出，在吉兆胡同创立了满怀希望的小小的家庭。

不但如此。在一年之前，这寂静和空虚是并不这样的，常常含着期待；期待子君的到来。在久待的焦躁中，一听到皮鞋的高底尖触着砖路的清响，是怎样地使我骤然生动起来呵！于是就看见带着笑涡的苍白的圆脸，苍白的瘦的臂膊，布的有条纹的衫子，玄色的裙。她又带了窗外的半枯的槐树的新叶来，使我看见，还有挂在铁似的老干上的一房一房的紫白的藤花。

然而现在呢，只有寂静和空虚依旧，子君却决不再来了，而且永远，永远地！……

子君不在我这破屋里时，我什么也看不见。在百无聊赖中，顺手抓过一本书来，科学也好，文学也好，横竖什么都一样；看下去，看下去，忽而自己觉得，已经翻了十多页了，但是毫不记得书上所说的事。只是耳朵却分外地灵，仿佛听到大门外一切往来的履声，从中便有子君的，而且橐橐地逐渐临近，——但是，往往又逐渐渺茫，终于消失在别的步声的杂沓中了。我憎恶那不像子君鞋声的穿布底鞋的长班的儿子，我憎恶那太像子君鞋声的常常穿着新皮鞋的邻院的搽雪花膏的小东西！

莫非她翻了车么？莫非她被电车撞伤了么？……

我便要取了帽子去看她，然而她的胞叔就曾经当面骂过我。

蓦然，她的鞋声近来了，一步响于一步，迎出去时，却已经走过紫藤棚下，脸上带着微笑的酒窝。她在她叔子的家里大约并未受气；我的心宁帖了，默默地相视片时之后，破屋里便渐渐充满了我的语声，谈家庭专制，谈打破旧习惯，谈男女平等，谈伊孛生，谈泰戈尔，谈雪莱……。她总是微笑点头，两眼里弥漫着稚气的好奇的光泽。壁上就钉着一张铜板的雪莱半身像，是从杂志上裁下来的，是他的最美的一张像。当我指给她看时，她却只草草一看，便低了头，似乎不好意思了。这些地方，子君就大概还未脱尽旧思想的束缚，——我后来也想，倒不如换一张雪莱淹死在海里的记念像或是伊孛生的罢；但也终于没有换，现在是连这一张也不知那里去了。

"我是我自己的，他们谁也没有干涉我的权利！"

这是我们交际了半年，又谈起她在这里的胞叔和在家的父亲时，她默想了一会之后，分明地，坚决地，沉静地说了出来的话。其时是我已经说尽了我的意见，我的身世，我的缺点，很少隐瞒；她也完全了解的了。这几句话很震动了我的灵魂，此后许多天还在耳中发响，而且说不出的狂喜，知道中国女性，并不如厌世家所说那样的无法可施，在不远的将来，便要看见辉煌的曙色的。

送她出门，照例是相离十多步远；照例是那鲇鱼须的老东西的脸又紧帖在脏的窗玻璃上了，连鼻尖都挤成一个小平面；到外院，照例又是明晃晃的玻璃窗里的那小东西的脸，加厚的雪花膏。她目不邪视地骄傲地走了，没有看见；我骄傲地回来。

"我是我自己的，他们谁也没有干涉我的权利！"这彻底的思想就在她的脑里，比我还透澈，坚强得多。半瓶雪花膏和鼻尖的小平面，于她能算什么东西呢？

我已经记不清那时怎样地将我的纯真热烈的爱表示给她。岂但现在，那时的事后便已模胡，夜间回想，早只剩了一些断片了；同居以后一两月，便连这些断片也化作无可追踪的梦影。我只记得那时以前的十几天，曾经很仔细地研究过表示的态度，排列过措辞的先后，以及倘或遭了拒绝以后的情形。可是临时似乎都无用，在慌张中，身不由己地竟用了在电影上见过的方法了。后来一想到，就使我很愧恧，但在记忆上却偏只有这一点永远留遗，至今还如暗室的孤灯一般，照见我含泪握着她的手，一条腿跪了下去……。

不但我自己的，便是子君的言语举动，我那时就没有看得分明；仅知道她已经允许我了。但也还仿佛记得她脸色变成青白，后来又渐渐转作绯红，——没有见过，也没有再见的绯红；孩子似的眼里射出悲喜，但是夹着惊疑的光，虽然力避我的视线，张皇地似乎要破窗飞去。然而我知道她已经允许我了，没有知道她怎样说或是没有说。

她却是什么都记得：我的言辞，竟至于读熟了的一般，能够滔滔背诵；我的举动，就如有一张我所看不见的影片挂在眼下，叙述得如生，很细微，自然连那使我不愿再想的浅薄的电影的一闪。夜阑人静，是相对温习的时候了，我常是被质问，被考验，并且被命复述当时的言语，然而常须由她补足，由她纠正，像一个丁等的学生。

这温习后来也渐渐稀疏起来。但我只要看见她两眼注视空中，出神似的凝想着，于是神色越加柔和，笑窝也深下去，便知道她又在自修旧课了，只是我很怕她看到我那可笑的电影的一闪。但我又知道，她一定要看见，而且也非看不可的。

然而她并不觉得可笑。即使我自己以为可笑，甚而至于可鄙的，她也毫不以为可笑。这事我知道得很清楚，因为她爱我，是这样地热烈，这样地纯真。

去年的暮春是最为幸福，也是最为忙碌的时光。我的心平静下去了，但又有别一部分和身体一同忙碌起来。我们这时才在路上同行，也到过几回公园，最多的是寻住所。我觉得在路上时时遇到探索，讥笑，猥亵和轻蔑的眼光，一不小心，便使我的全身有些瑟缩，只得即刻提起我的骄傲和反抗来支持。她却是大无畏的，对于这些全不关心，只是镇静地缓缓前行，坦然如入无人之境。

寻住所实在不是容易事，大半是被托辞拒绝，小半是我们以为不相宜。起先我们选择得很苛酷，——也非苛酷，因为看去大抵不像是我们的安身之所；后来，便只要他们能相容了。看了二十多处，这才得到可以暂且敷衍的处所，是吉兆胡同一所小屋里的两间南屋；主人是一个小官，然而倒是明白人，自住着正屋和厢房。他只有夫人和一个不到周岁的女孩子，雇一个乡下的女工，只要孩子不啼哭，是极其安闲幽静的。

我们的家具很简单，但已经用去了我的筹来的款子的大半；子君还卖掉了她唯一的金戒指和耳环。我拦阻她，还是定要卖，我也就不再坚持下去了；我知道不给她加入一点股分去，她是住不舒服的。

和她的叔子，她早经闹开，至于使他气愤到不再认她做侄女；我也陆续和几个自以为忠告，其实是替我胆怯，或者竟是嫉妒的朋友绝了交。然而这倒很清静。每日办公散后，虽然已近黄昏，车夫又一定走得这样慢，但究竟还有二人相对的时候。我们先是沉默的相视，接着是放怀而亲密的交谈，后来又是沉默。大家低头沉思着，却并未想着什么事。我也渐渐清醒地读遍了她的身体，她的灵魂，不过三星期，我似乎于她已经更加了解，揭去许多先前以为了解而现在看来却是隔膜，即所谓真的隔膜了。

子君也逐日活泼起来。但她并不爱花，我在庙会时买来的两盆小草花，四天不浇，枯死在壁角了，我又没有照顾一切的闲暇。然而她爱动物，也许是从官太太那里传染的罢，不一月，我们的眷属便骤然加得很多，四只小油鸡，在小院子里和房主人的十多只在一同走。但她们却认识鸡的相貌，各知道那一只是自家的。还有一只花白的叭儿狗，从庙会买来，记得似乎原有名字，子君却给它另起了一个，叫作阿随。我就叫它阿随，但我不喜欢这名字。

这是真的，爱情必须时时更新，生长，创造。我和子君说起这，她也领会地点点头。

唉唉，那是怎样的宁静而幸福的夜呵！

安宁和幸福是要凝固的，永久是这样的安宁和幸福。我们在会馆里时，还偶有议论的冲突和意思的误会，自从到吉兆胡同以来，连这一点也没有了；我们只在灯下对坐的怀旧谭中，回味那时冲突以后的和解的重生一般的乐趣。

子君竟胖了起来，脸色也红活了；可惜的是忙。管了家务便连谈天的工夫也没有，何况读书和散步。我们常说，我们总还得雇一个女工。

这就使我也一样地不快活，傍晚回来，常见她包藏着不快活的颜色，尤其使我不乐的是她要装作勉强的笑容。幸而探听出来了，也还是和那小官太太的暗斗，导火线便是两家的小油鸡。但又何必硬不告诉我呢？人总该有一个独立的家庭。这样的处所，是不能居住的。

我的路也铸定了，每星期中的六天，是由家到局，又由局到家。在局里便坐在办公桌前钞，钞，钞些公文和信件；在家里是和她相对或帮她生白炉子，煮饭，蒸馒头。我的学会了煮饭，就在这时候。

但我的食品却比在会馆里时好得多了。做菜虽不是子君的特长，然而她于此却倾注着全力；对于她的日夜的操心，使我也不能不一同操心，来算作分甘共苦。况且她又这样地终日汗流满面，短发都粘在脑额上；两只手又只是这样地粗糙起来。

况且还要饲阿随，饲油鸡，……都是非她不可的工作。

我曾经忠告她：我不吃，倒也罢了；却万不可这样地操劳。她只看了我一眼，不开口，神色却似乎有点凄然；我也只好不开口。然而她还是这样地操劳。

我所豫期的打击果然到来。双十节的前一晚，我呆坐着，她在洗碗。听到打门声，我去开门时，是局里的信差，交给我一张油印的纸条。我就有些料到了，到灯下去一看，果然，印着的就是：

> 奉
>
> 局长谕史涓生着毋庸到局办事
>
> 秘书处启　　十月九号

这在会馆里时，我就早已料到了；那雪花膏便是局长的儿子的赌友，一定要去添些谣言，设法报告的。到现在才发生效验，已经要算是很晚的了。其实这在我不能算是一个打击，因为我早就决定，可以给别人去钞写，或者教读，或者虽然费力，也还可以译点书，况且《自由之友》的总编辑便是见过几次的熟人，两月前还通过信。但我的心却跳跃着。那么一个无畏的子君也变了色，尤其使我痛心；她近来似乎也较为怯弱了。

“那算什么。哼，我们干新的。我们……。”她说。

她的话没有说完；不知怎地，那声音在我听去却只是浮浮的；灯光也觉得格外黯淡。人们真是可笑的动物，一点极微末的小事情，便会受着很深的影响。我们先是默默地相视，逐渐商量起来，终于决定将现有的钱竭力节省，一面登“小广告”去寻求钞写和教读，一面写信给《自由之友》的总编辑，说明我目下的遭遇，请他收用我的译本，给我帮一点艰辛时候的忙。

“说做，就做罢！来开一条新的路！”

我立刻转身向了书案，推开盛香油的瓶子和醋碟，子君便送过那黯淡的灯来。我先拟广告；其次是选定可译的书，迁移以来未曾翻阅过，每本的头上都满漫着灰尘了；最后才写信。

我很费踌躇，不知道怎样措辞好，当停笔凝思的时候，转眼去一瞥她的脸，在昏暗的灯光下，又很见得凄然。我真不料这样微细的小事情，竟会给坚决的，无畏的子君以这么显著的变化。她近来实在变得很怯弱了，但也并不是今夜才开始的。我的心因此更缭乱，忽然有安宁的生活的影像——会馆里的破屋的寂静，在眼前一闪，刚刚想定睛凝视，却又看见了昏暗的灯光。

许久之后，信也写成了，是一封颇长的信；很觉得疲劳，仿佛近来自己也较为怯弱了。于是我们决定，广告和发信，就在明日一同实行。大家不约而同地伸直了腰肢，在无言中，似乎又都感到彼此的坚忍崛强的精神，还看见从新萌芽起来的将来的希望。

外来的打击其实倒是振作了我们的新精神。局里的生活，原如鸟贩子手里的禽鸟一般，仅有一点小米维系残生，决不会肥胖；日子一久，只落得麻痹了翅子，即使放出笼外，早已不能奋飞。现在总算脱出这牢笼了，我从此要在新的开阔的天空中翱翔，趁我还未忘却了我的翅子的扇动。

小广告是一时自然不会发生效力的；但译书也不是容易事，先前看过，以为已经懂得的，一动手，却疑难百出了，进行得很慢。然而我决计努力地做，一本半新的字典，不到半月，边上便有了一大片乌黑的指痕，这就证明着我的工作的切实。《自由之友》的总编辑曾经说过，他的刊物是决不会埋没好稿子的。

可惜的是我没有一间静室，子君又没有先前那么幽静，善于体帖了，屋子里总是散乱着碗碟，弥漫着煤烟，使人不能安心做事，但是这自然还只能怨我自己无力置一间书斋。然而又加以阿随，加以油鸡们。加以油鸡们又大起来了，更容易成为两家争吵的引线。

加以每日的“川流不息”的吃饭；子君的功业，仿佛就完全建立在这吃饭中。吃了筹钱，筹来吃饭，还要喂阿随，饲油鸡；她似乎将先前所知道的全都忘掉了，也不想到我的构思就常常为了这催促吃饭而打断。即使在坐中给看一点怒色，她总是不改变，仍然毫无感触似的大嚼起来。

使她明白了我的作工不能受规定的吃饭的束缚，就费去五星期。她明白之后，大约很不高兴罢，可是没有说。我的工作果然从此较为迅速地进行，不久就共译了五万言，只要润色一回，便可以和做好的两篇小品，一同寄给《自由之友》去。只是吃饭却依然给我苦恼。菜冷，是无妨的，然而竟不够；有时连饭也不够，虽然我因为终日坐在家里用脑，饭量已经比先前要减少得多。这是先去喂了阿随了，有时还并那近来连自己也轻易不吃的羊肉。她说，阿随实在瘦得太可怜，房东太太还因此嗤笑我们了，她受不住这样的奚落。

于是吃我残饭的便只有油鸡们。这是我积久才看出来的，但同时也如赫胥黎的论定“人类在宇宙间的位置”一般，自觉了我在这里的位置：不过是叭儿狗和油鸡之间。

后来，经多次的抗争和催逼，油鸡们也逐渐成为肴馔，我们和阿随都享用了十多日的鲜肥；可是其实都很瘦，因为它们早已每日只能得到几粒高粱了。从此便清静得多。只有子君很颓唐，似乎常觉得凄苦和无聊，至于不大愿意开口。我想，人是多么容易改变呵！

但是阿随也将留不住了。我们已经不能再希望从什么地方会有来信，子君也早没有一点食物可以引它打拱或直立起来。冬季又逼近得这么快，火炉就要成为很大的问题；它的食量，在我们其实早是一个极易觉得的很重的负担。于是连它也留不住了。

倘使插了草标到庙市去出卖，也许能得几文钱罢，然而我们都不能，也不愿这样做。终于是用包袱蒙着头，由我带到西郊去放掉了，还要追上来，便推在一个并不很深的土坑里。

我一回寓，觉得又清静得多多了；但子君的凄惨的神色，却使我很吃惊。那是没有见过的神色，自然是为阿随。但又何至于此呢？我还没有说起推在土坑里的事。

到夜间，在她的凄惨的神色中，加上冰冷的分子了。

“奇怪。——子君，你怎么今天这样儿了？”我忍不住问。

“什么？”她连看也不看我。

“你的脸色……。”

“没有什么，——什么也没有。”

我终于从她言动上看出，她大概已经认定我是一个忍心的人。其实，我一个人，是容易生活的，虽然因为骄傲，向来不与世交来往，迁居以后，也疏远了所有旧识的人，然而只要能远走高飞，生路还宽广得很。现在忍受着这生活压迫的苦痛，大半倒是为她，便是放掉阿随，也何尝不如此。但子君的识见却似乎只是浅薄起来，竟至于连这一点也想不到了。

我拣了一个机会，将这些道理暗示她；她领会似的点头。然而看她后来的情形，她是没有懂，或者是并不相信的。

天气的冷和神情的冷，逼迫我不能在家庭中安身。但是，往那里去呢？大道上，公园里，虽然没有冰冷的神情，冷风究竟也刺得人皮肤欲裂。我终于在通俗图书馆里觅得了我的天堂。

那里无须买票；阅书室里又装着两个铁火炉。纵使不过是烧着不死不活的煤的火炉，但单是看见装着它，精神上也就总觉得有些温暖。书却无可看：旧的陈腐，新的是几乎没有的。

好在我到那里去也并非为看书。另外时常还有几个人，多则十余人，都是单薄衣裳，正如我，各人看各人的书，作为取暖的口实。这于我尤为合式。道路上容易遇见熟人，得到轻蔑的一瞥，但此地却决无那样的横祸，因为他们是永远围在别的铁炉旁，或者靠在自家的白炉边的。

那里虽然没有书给我看，却还有安闲容得我想。待到孤身枯坐，回忆从前，这才觉得大半年来，只为了爱，——盲目的爱，——而将别的人生的要义全盘疏忽了。第一，便是生活。人必生活着，爱才有所附丽。世界上并非没有为了奋斗者而开的活路；我也还未忘却翅子的扇动，虽然比先前已经颓唐得多……。

屋子和读者渐渐消失了，我看见怒涛中的渔夫，战壕中的兵士，摩托车中的贵人，洋场上的投机家，深山密林中的豪杰，讲台上的教授，昏夜的运动者和深夜的偷儿……。子君，——不在近旁。她的勇气都失掉了，只为着阿随悲愤，为着做饭出神；然而奇怪的是倒也并不怎样瘦损……。

冷了起来，火炉里的不死不活的几片硬煤，也终于烧尽了，已是闭馆的时候。又须回到吉兆胡同，领略冰冷的颜色去了。近来也间或遇到温暖的神情，但这却反而增加我的苦痛。记得有一夜，子君的眼里忽而又发出久已不见的稚气的光来，笑着和我谈到还在会馆时候的情形，时时又很带些恐怖的神色。我知道我近来的超过她的冷漠，已经引起她的忧疑来，只得也勉力谈笑，想给她一点慰藉。然而我的笑貌一上脸，我的话一出口，却即刻变为空虚，这空虚又即刻发生反响，回向我的耳目里，给我一个难堪的恶毒的冷嘲。子君似乎也觉得的，从此便失掉了她往常的麻木似的镇静，虽然竭力掩饰，总还是时时露出忧疑的神色来，但对我却温和得多了。

我要明告她，但我还没有敢，当决心要说的时候，看见她孩子一般的眼色，就使我只得暂且改作勉强的欢容。但是这又即刻来冷嘲我，并使我失却那冷漠的镇静。

她从此又开始了往事的温习和新的考验，逼我做出许多虚伪的温存的答案来，将温存示给她，虚伪的草稿便写在自己的心上。我的心渐被这些草稿填满了，常觉得难于呼吸。我在苦恼中常常想，说真实自然须有极大的勇气的；假如没有这勇气，而苟安于虚伪，那也便是不能开辟新的生路的人。不独不是这个，连这人也未尝有！

子君有怨色，在早晨，极冷的早晨，这是从未见过的，但也许是从我看来的怨色。我那时冷冷地气愤和暗笑了；她所磨练的思想和豁达无畏的言论，到底也还是一个空虚，而对于这空虚却并未自觉。她早已什么书也不看，已不知道人的生活的第一着是求生，向着这求生的道路，是必须携手同行，或奋身孤往的了，倘使只知道捶着一个人的衣角，那便是虽战士也难于战斗，只得一同灭亡。

我觉得新的希望就只在我们的分离；她应该决然舍去，——我也突然想到她的死，然而立刻自责，忏悔了。幸而是早晨，时间正多，我可以说我的真实。我们的新的道路的开辟，便在这一遭。

我和她闲谈，故意地引起我们的往事，提到文艺，于是涉及外国的文人，文人的作品：《诺拉》，《海的女人》。称扬诺拉的果决……。也还是去年在会馆的破屋里讲过的那些话，但现在已经变成空虚，从我的嘴传入自己的耳中，时时疑心有一个隐形的坏孩子，在背后恶意地刻毒地学舌。

她还是点头答应着倾听，后来沉默了。我也就断续地说完了我的话，连余音都消失在虚空中了。

“是的。”她又沉默了一会，说，“但是，……涓生，我觉得你近来很两样了。可是的？你，——你老实告诉我。”

我觉得这似乎给了我当头一击，但也立即定了神，说出我的意见和主张来：新的路的开辟，新的生活的再造，为的是免得一同灭亡。

临末，我用了十分的决心，加上这几句话：

“……况且你已经可以无须顾虑，勇往直前了。你要我老实说；是的，人是不该虚伪的。我老实说罢：因为，因为我已经不爱你了！但这于你倒好得多，因为你更可以毫无挂念地做事……。”

我同时豫期着大的变故的到来，然而只有沉默。她脸色陡然变成灰黄，死了似的；瞬间便又苏生，眼里也发了稚气的闪闪的光泽。这眼光射向四处，正如孩子在饥渴中寻求着慈爱的母亲，但只在空中寻求，恐怖地回避着我的眼。

我不能看下去了，幸而是早晨，我冒着寒风径奔通俗图书馆。

在那里看见《自由之友》，我的小品文都登出了。这使我一惊，仿佛得了一点生气。我想，生活的路还很多，——但是，现在这样也还是不行的。

我开始去访问久已不相闻问的熟人，但这也不过一两次；他们的屋子自然是暖和的，我在骨髓中却觉得寒冽。夜间，便蜷伏在比冰还冷的冷屋中。

冰的针刺着我的灵魂，使我永远苦于麻木的疼痛。生活的路还很多，我也还没有忘却翅子的扇动，我想。——我突然想到她的死，然而立刻自责，忏悔了。

在通俗图书馆里往往瞥见一闪的光明，新的生路横在前面。她勇猛地觉悟了，毅然走出这冰冷的家，而且，——毫无怨恨的神色。我便轻如行云，漂浮空际，上有蔚蓝的天，下是深山大海，广厦高楼，战场，摩托车，洋场，公馆，晴明的闹市，黑暗的夜……。

而且，真的，我豫感得这新生面便要来到了。

我们总算度过了极难忍受的冬天，这北京的冬天；就如蜻蜓落在恶作剧的坏孩子的手里一般，被系着细线，尽情玩弄，虐待，虽然幸而没有送掉性命，结果也还是躺在地上，只争着一个迟早之间。

写给《自由之友》的总编辑已经有三封信，这才得到回信，信封里只有两张书券：两角的和三角的。我却单是催，就用了九分的邮票，一天的饥饿，又都白挨给于己一无所得的空虚了。

然而觉得要来的事，却终于来到了。

这是冬春之交的事，风已没有这么冷，我也更久地在外面徘徊；待到回家，大概已经昏黑。就在这样一个昏黑的晚上，我照常没精打采地回来，一看见寓所的门，也照常更加丧气，使脚步放得更缓。但终于走进自己的屋子里了，没有灯火；摸火柴点起来时，是异样的寂寞和空虚！

正在错愕中，官太太便到窗外来叫我出去。

“今天子君的父亲来到这里，将她接回去了。”她很简单地说。

这似乎又不是意料中的事，我便如脑后受了一击，无言地站着。

“她去了么？”过了些时，我只问出这样一句话。

“她去了。”

“她，——她可说什么？”

“没说什么。单是托我见你回来时告诉你，说她去了。”

我不信；但是屋子里是异样的寂寞和空虚。我遍看各处，寻觅子君；只见几件破旧而黯淡的家具，都显得极其清疏，在证明着它们毫无隐匿一人一物的能力。我转念寻信或她留下的字迹，也没有；只是盐和干辣椒，面粉，半株白菜，却聚集在一处了，旁边还有几十枚铜元。这是我们两人生活材料的全副，现在她就郑重地将这留给我一个人，在不言中，教我借此去维持较久的生活。

我似乎被周围所排挤，奔到院子中间，有昏黑在我的周围；正屋的纸窗上映出明亮的灯光，他们正在逗着孩子推笑。我的心也沉静下来，觉得在沉重的迫压中，渐渐隐约地现出脱走的路径：深山大泽，洋场，电灯下的盛筵；壕沟，最黑最黑的深夜，利刃的一击，毫无声响的脚步……。

心地有些轻松，舒展了，想到旅费，并且嘘一口气。

躺着，在合着的眼前经过的豫想的前途，不到半夜已经现尽；暗中忽然仿佛看见一堆食物，这之后，便浮出一个子君的灰黄的脸来，睁了孩子气的眼睛，恳托似的看着我。我一定神，什么也没有了。

但我的心却又觉得沉重。我为什么偏不忍耐几天，要这样急急地告诉她真话的呢？现在她知道，她以后所有的只是她父亲——儿女的债主——的烈日一般的严威和旁人的赛过冰霜的冷眼。此外便是虚空。负着虚空的重担，在严威和冷眼中走着所谓人生的路，这是怎么可怕的事呵！而况这路的尽头，又不过是——连墓碑也没有的坟墓。

我不应该将真实说给子君，我们相爱过，我应该永久奉献她我的说谎。如果真实可以宝贵，这在子君就不该是一个沉重的空虚。谎语当然也是一个空虚，然而临末，至多也不过这样地沉重。

我以为将真实说给子君，她便可以毫无顾虑，坚决地毅然前行，一如我们将要同居时那样。但这恐怕是我错误了。她当时的勇敢和无畏是因为爱。

我没有负着虚伪的重担的勇气，却将真实的重担卸给她了。她爱我之后，就要负了这重担，在严威和冷眼中走着所谓人生的路。

我想到她的死……。我看见我是一个卑怯者，应该被摈于强有力的人们，无论是真实者，虚伪者。然而她却自始至终，还希望我维持较久的生活……。

我要离开吉兆胡同，在这里是异样的空虚和寂寞。我想，只要离开这里，子君便如还在我的身边；至少，也如还在城中，有一天，将要出乎意表地访我，像住在会馆时候似的。

然而一切请托和书信，都是一无反响；我不得已，只好访问一个久不问候的世交去了。他是我伯父的幼年的同窗，以正经出名的拔贡，寓京很久，交游也广阔的。

大概因为衣服的破旧罢，一登门便很遭门房的白眼。好容易才相见，也还相识，但是很冷落。我们的往事，他全都知道了。

“自然，你也不能在这里了，”他听了我托他在别处觅事之后，冷冷地说，“但那里去呢？很难。——你那，什么呢，你的朋友罢，子君，你可知道，她死了。”

我惊得没有话。

“真的？”我终于不自觉地问。

“哈哈。自然真的。我家的王升的家，就和她家同村。”

“但是，——不知道是怎么死的？”

“谁知道呢。总之是死了就是了。”

我已经忘却了怎样辞别他，回到自己的寓所。我知道他是不说谎话的；子君总不会再来的了，像去年那样。她虽是想在严威和冷眼中负着虚空的重担来走所谓人生的路，也已经不能。她的命运，已经决定她在我所给与的真实——无爱的人间死灭了！

自然，我不能在这里了；但是，“那里去呢？”

四围是广大的空虚，还有死的寂静。死于无爱的人们的眼前的黑暗，我仿佛一一看见，还听得一切苦闷和绝望的挣扎的声音。

我还期待着新的东西到来，无名的，意外的。但一天一天，无非是死的寂静。

我比先前已经不大出门，只坐卧在广大的空虚里，一任这死的寂静侵蚀着我的灵魂。死的寂静有时也自己战栗，自己退藏，于是在这绝续之交，便闪出无名的，意外的，新的期待。

一天是阴沉的上午，太阳还不能从云里面挣扎出来；连空气都疲乏着。耳中听到细碎的步声和咻咻的鼻息，使我睁开眼。大致一看，屋子里还是空虚；但偶然看到地面，却盘旋着一匹小小的动物，瘦弱的，半死的，满身灰土的……。

我一细看，我的心就一停，接着便直跳起来。

那是阿随。它回来了。

我的离开吉兆胡同，也不单是为了房主人们和他家女工的冷眼，大半就为着这阿随。但是，“那里去呢？”新的生路自然还很多，我约略知道，也间或依稀看见，觉得就在我面前，然而我还没有知道跨进那里去的第一步的方法。

经过许多回的思量和比较，也还只有会馆是还能相容的地方。依然是这样的破屋，这样的板床，这样的半枯的槐树和紫藤，但那时使我希望，欢欣，爱，生活的，却全都逝去了，只有一个虚空，我用真实去换来的虚空存在。

新的生路还很多，我必须跨进去，因为我还活着。但我还不知道怎样跨出那第一步。有时，仿佛看见那生路就像一条灰白的长蛇，自己蜿蜒地向我奔来，我等着，等着，看看临近，但忽然便消失在黑暗里了。

初春的夜，还是那么长。长久的枯坐中记起上午在街头所见的葬式，前面是纸人纸马，后面是唱歌一般的哭声。我现在已经知道他们的聪明了，这是多么轻松简截的事。

然而子君的葬式却又在我的眼前，是独自负着虚空的重担，在灰白的长路上前行，而又即刻消失在周围的严威和冷眼里了。

我愿意真有所谓鬼魂，真有所谓地狱，那么，即使在孽风怒吼之中，我也将寻觅子君，当面说出我的悔恨和悲哀，祈求她的饶恕；否则，地狱的毒焰将围绕我，猛烈地烧尽我的悔恨和悲哀。

我将在孽风和毒焰中拥抱子君，乞她宽容，或者使她快意……。

但是，这却更虚空于新的生路；现在所有的只是初春的夜，竟还是那么长。我活着，我总得向着新的生路跨出去，那第一步，——却不过是写下我的悔恨和悲哀，为子君，为自己。

我仍然只有唱歌一般的哭声，给子君送葬，葬在遗忘中。

我要遗忘；我为自己，并且要不再想到这用了遗忘给子君送葬。

我要向着新的生路跨进第一步去，我要将真实深深地藏在心的创伤中，默默地前行，用遗忘和说谎做我的前导……。

一九二五年十月二十一日毕

【注释】

①鲁迅(1881—1936)，原名周树人，中国现代伟大的文学家、思想家和革命家，新文学的重要奠基人，中国现代小说的伟大旗手。小说集有《呐喊》《彷徨》，是中国现代小说的经典。这两个小说集体现了五四启蒙运动和思想革命的时代主题，又是鲁迅独特的个人经验和思想的沉淀的产物。他集大成地完成对传统小说的现代转型，开创了中国现代小说的新形态，被称为中国现代小说之父。鲁迅的小说具有清醒的现实主义精神。鲁迅还是中国现代杂文和散文重要的开拓者。

【作品提示】

《伤逝》是鲁迅唯一一部爱情题材小说。小说以涓生和子君追求恋爱自由作为情节的开端，两人私奔同居后的生活，因为各种因素和压力渐渐褪去了幸福的光环，最后以子君不明死因的死亡和涓生的忏悔、对新生的渴望作结。

《伤逝》充分体现了鲁迅小说的现代性特征：第一，小说以“涓生手记”的形式，用第一人称叙述，不仅增强了文本的真实性，还有利于抒发主人公的强烈情感，有利于深刻的自我解剖；第二，浓烈的抒情性使小说具有了诗化特点；第三，意识流的巧妙使用，真实、深刻地呈现了人物心理。

思考练习

谈谈涓生与子君爱情悲剧的根源。

金锁记

张爱玲[1]

三十年前的上海，一个有月亮的晚上……我们也许没赶上看见三十年前的月亮。年轻的人想着三十年前的月亮该是铜钱大的一个红黄的湿晕，像朵云轩信笺上落了一滴泪珠，陈旧而迷糊。老年人回忆中的三十年前的月亮是欢愉的，比眼前的月亮大、圆、白；然而隔着三十年的辛苦路望回看，再好的月色也不免带点凄凉。

月光照到姜公馆新娶的三奶奶的陪嫁丫头凤箫的枕边。凤箫睁眼看了一看，只见自己一只青白色的手搁在半旧高丽棉的被面上，心中便道："是月亮光么?"凤箫打地铺睡在窗户底下。那两年正忙着换朝代，姜公馆避兵到上海来，屋子不够住的，因此这一间下房里横八七竖睡满了底下人。

凤箫恍惚听见大床背后有窸窸窣窣的声音，猜着有人起来解手，翻过身去，果见布帘子一掀，一个黑影趿着鞋出来了，约摸是伺候二奶奶的小双，便轻轻叫了一声"小双姐姐"。小双笑嘻嘻走来，踢了踢地上的褥子道："吵醒了你了。"她把两手抄在青莲色旧绸夹袄里。下面系着明油绿裤子。凤箫伸手捻了那裤脚，笑道："现在颜色衣服不大有人穿了，下江人时兴的都是素净的。"小双笑道："你不知道，我们家哪比得旁人家？我们老太太古板，连奶奶小姐们尚且做不得主呢，何况我们丫头？给什么，穿什么——一个个打扮得庄稼人似的!"她一蹲身坐在地铺上，拣起凤箫脚头一件小袄来，问道："这是你们小姐出阁，给你们新添的?"凤箫摇头道："三季衣裳，就只外场上看见的两套是新制的，余下的还不是拿上头人穿剩下的贴补贴补!"小双道："这次办喜事，偏赶着革命党造反，可委屈了你们小姐!"凤箫叹道："别提了。就说省些罢，总得有个谱子！也不能太看不上眼了。我们那一位，嘴里不言语，心里岂有不气的?"小双道："也难怪三奶奶不乐意。你们那边的嫁妆，也还凑合着，我们这边的排场，可太凄惨了。就连那一年娶咱们二奶奶，也还比这一趟强些!"凤箫愣了一愣道："怎么？你们二奶奶……"

小双脱下了鞋，赤脚从凤箫身上跨过去，走到窗户跟前，笑道："你也起来看月亮。"凤箫一骨碌爬起来，低声问道："我早就想问你了，你们二奶奶……"小双弯腰拾起那件小袄来替她披上了，道："仔细着了凉。"凤箫一面扣钮子，一面笑道："不行，你得告诉我!"小双笑道："是我说话不留神，闯了祸!"凤箫道："咱们这都是自家人了，干嘛这么见外呀?"小双道："告诉你，你可别告诉你们小姐去！咱们二奶奶家里是开麻油店的。”凤箫哟了一声道：“开麻油店！打哪儿想起的？像你们大奶奶，也是公侯人家小姐，我们那一位虽比不上大奶奶，也还不是低三下四的人——”小双道：“这里头自然有个缘故。咱们二爷你也见过了，是个残废，做官人家的女儿谁肯给他？老太太没奈何，打算替二爷置一房姨奶奶，做媒的给找了这曹家的，是七月里生的，就叫七巧。”凤箫道：“哦，是姨奶奶。”小双道：“原来是姨奶奶的，后来老太太想着，既然不打算替二爷另娶了，二房里没个当家的媳妇，也不是事，索性聘了来做正头奶奶，好教她死心塌地服侍二爷。”凤箫把手扶着窗台，沉吟道：“怪道呢！我虽是初来，也瞧料了两三分。”小双道：“龙生龙，凤生凤，这话是有的。你还没听见她的谈吐呢！当着姑娘们，一点忌讳也没有。亏得我们家一向内言不出，外言不入，姑娘们什么都不懂。饶是不懂，还臊得没处躲！”凤箫噗哧一笑道：“真的？她这些村话，又是从哪儿听来的？就连我们丫头——”小双抱着胳膊道：“麻油店的活招牌，站惯了柜台，见多识广的，我们拿什么去比人家？”凤箫道：“你是她陪嫁过来的么？”小双冷笑说：“她也配！我原是老太太跟前的人，二爷成天的吃药，行动都离不了人，屋里几个丫头不够使，把我拨了过去。怎么着？你冷哪？”凤箫摇摇头。小双道：“瞧你缩着脖子这娇模样儿！”一语未完，凤箫打了个喷嚏，小双忙推她道：“睡罢！睡罢！快窝一窝。”凤箫跪了下来脱袄子，笑道：“又不是冬天，哪儿就至于冻着了？”小双道：“你别瞧这窗户关着，窗户眼儿里吱溜溜的钻风。”

两人各自睡下，凤箫悄悄的问道：“过来了也有四五年了罢？”小双道：“谁？”凤箫道：“还有谁？”小双道：“哦，她，可不是有五年了。”凤箫道：“也生男育女的——倒没闹出什么话柄儿？”小双道：“还说呢！话柄儿就多了！前年老太太领着合家上下到普陀山进香去，她坐月子没去，留着她看家。舅爷脚步儿走得勤了些，就丢了一票东西。”凤箫失惊道：“也没查出个究竟来？”小双道：“问得出什么好的来？大家面子上下不去！那些首饰左不过将来是归大爷二爷三爷的。大爷大奶奶碍着二爷，没好说什么。三爷自己在外头流水似的花钱，欠了公账上不少，也说不响嘴。”

她们俩隔着丈来远交谈。虽是极力的压低了喉咙，依旧有一句半句声音大了些，惊醒了大床上睡着的赵嬷嬷。赵嬷嬷唤道：“小双。”小双不敢答应。赵嬷嬷道：“小双，你再混说，让人家听见了，明儿仔细揭你的皮！”小双还是不作声。赵嬷嬷又道：“你别以为还是从前住的深堂大院哪，由得你疯疯癫癫！这儿可是挤鼻子挤眼睛的，什么事瞒得了人？趁早别讨打！”屋里顿时鸦雀无声。赵嬷嬷害眼，枕头里塞着菊花叶子，据说是使人眼目清凉的。她欠起头来按了一按髻上横绾的银簪，略一转侧，菊叶便沙沙作响。赵嬷嬷翻了个身，吱吱格格牵动了全身的骨节，她唉了一声道：“你们懂得什么！”小双与凤箫依旧不敢接嘴。久久没有人开口，也就一个个的朦胧睡去了。

天就快亮了。那扁扁的下弦月，低一点，低一点，大一点，像赤金的脸盆，沉了下去。天是森冷的蟹壳青，天底下黑漆漆的只有些矮楼房，因此一望望得很远。地平线上的晓色，一层绿、一层黄、又一层红，如同切开的西瓜——是太阳要上来了。渐渐马路上有了小车与塌车辘辘推动，马车蹄声得得。卖豆腐花的挑着担子悠悠吆喝着，只听见那漫长的尾声：“花……呕！花……呕！”再去远些，就只听见“哦……呕！哦……呕！”

屋子里丫头老妈子也起身了，乱着开房门、打脸水、叠铺盖、挂帐子、梳头。凤箫伺候三奶奶兰仙穿了衣裳，兰仙凑到镜子前面仔细望了一望，从腋下抽出一条水绿洒花湖纺手帕，擦了擦鼻翅上的粉，背对着床上的三爷道："我先去替老太太请安罢。等你，准得误了事。"正说着大奶奶玳珍来了，站在门槛上笑道："三妹妹，咱们一块儿去。"兰仙忙迎了出去道："我正担心着怕晚了，大嫂原来还没上去。二嫂呢？"玳珍笑道："她还有一会儿耽搁呢。"兰仙道："打发二哥吃药？"玳珍四顾无人，便笑道："吃药还在其次——"她把大拇指抵着嘴唇，中间的三个指头握着拳头，小指头翘着，轻轻的"嘘"了两声。兰仙诧异道："两人都抽这个？"玳珍点头道："你二哥是过了明路的，她这可是瞒着老太太的，叫我们夹在中间为难，处处还得替她遮盖遮盖，其实老太太有什么不知道？有意的装不晓得，照常的派她差使，零零碎碎给她罪受，无非是不肯让她抽个痛快罢了。其实也是的，年纪轻轻的妇道人家，有什么了不得的心事，要抽这个解闷儿？"

玳珍兰仙挽手一同上楼，各人后面跟着贴身丫鬟，来到老太太卧室隔壁的一间小小的起坐间里。老太太的丫头榴喜迎了出来，低声道："还没醒呢。"玳珍抬头望了望挂钟，笑道："今儿老太太也晚了。"榴喜道："前两天说是马路上人声太杂，睡不稳。这现在想是惯了，今儿补足了一觉。"

紫榆百龄小圆桌上铺着红毡条，二小姐姜云泽一边坐着，正拿着小钳子磕核桃呢，因丢下了站起来相见。玳珍把手搭在云泽肩上，笑道："还是云妹妹孝心，老太太昨儿一时高兴，叫做糖核桃，你就记住了。"兰仙玳珍便围着桌子坐下了，帮着剥核桃衣子。云泽手酸了，放下了钳子，兰仙接了过来。玳珍道："当心你那水葱似的指甲，养得这么长了，断了怪可惜的！"云泽道："叫人去拿金指甲套子去。"兰仙笑道："有这些麻烦的，倒不如叫他们拿到厨房里去剥了！"

众人低声说笑着，榴喜打起帘子，报道："二奶奶来了。"兰仙云泽起身让坐，那曹七巧且不坐下，一只手撑着门，一只手撑住腰，窄窄的袖口里垂下一条雪青洋绉手帕，下身上穿着银红衫子，葱白线镶滚，雪青闪蓝如意小脚裤子，瘦骨脸儿，朱口细牙，三角眼，小山眉，四下里一看，笑道："人都齐了，今儿想必我又晚了！怎怪我不迟到——摸着黑梳的头！谁教我的窗户冲着后院子呢？单单就派了那么间房给我，横竖我们那位眼看是活不长的，我们净等着做孤儿寡妇了——不欺负我们，欺负谁？"玳珍淡淡的并不接口，兰仙笑道："二嫂住惯了北京的房子，怪不得嫌这儿憋闷得慌。"云泽道："大哥当初找房子的时候，原该找个宽敞些的，不过上海像这样，只怕也算敞亮的了。"兰仙道："可不是！家里人实在多，挤是挤了点——"七巧挽起袖口，把手帕子掖在翡翠镯子里，瞟了兰仙一眼，笑道："三妹妹原来也嫌人太多了。连我们都嫌人太多，像你们没满月的自然更嫌人多了！"兰仙听了这话，还没有怎么，玳珍先红了脸，道："玩是玩，笑是笑，也得有个分寸。三妹妹新来乍到的，你让她想着咱们是什么样的人家？"七巧扯起手绢子的一角掩住了嘴唇道："知道你们都是清门净户的小姐，你倒跟我换一换试试，只怕你一晚上也过不惯。"玳珍啐道："不跟你说了，越说你越上头上脸的。"七巧索性上前拉住玳珍的袖子道："我可以赌得咒——这五年里头我可以赌得咒！你敢赌么？你敢赌么？"玳珍也撑不住噗哧一笑，咕噜了一句道：

“怎么你孩子也有了两个？”七巧道：“真的，连我也不知道这孩子是怎么生出来的！越想越不明白！”玳珍摇手道：“够了，够了，少说两句罢。就算你拿三妹妹当自己人，没有什么背讳，现放着云妹妹在这儿呢，待会儿老太太跟前一告诉，管叫你吃不了兜着走！”

云泽早远远的走开了，背着手站在阳台上，撮尖了嘴逗芙蓉鸟。姜家住的虽然是早期的最新式洋房，堆花红砖大柱支着巍峨的拱门，楼上阳台却是木板铺的地。黄杨木阑干里面，放着一溜篾篓子，晾着笋干。敝旧的太阳弥漫在空气里像金的灰尘，微微呛人的金灰，揉进眼睛里去，昏昏的。街上小贩遥遥摇着拨浪鼓，那懵懂的“不楞登……不楞登”里面有着无数老去的孩子们的回忆。包车叮叮的跑过，偶尔也有一辆汽车叭叭叫两声。

七巧自己也知道这屋子里的人都瞧不起她，因此和新来的人分外亲热些，倚在兰仙的椅背上问长问短，携着兰仙的手左看右看，夸赞了一会她的指甲，又道：“我去年小拇指上养的比这个足足还长半寸呢，掐花给弄断了。”兰仙早看穿了七巧的为人和她在姜家的地位，微笑尽管微笑着，也不大答理她。七巧自觉无趣，踅到阳台上来，拾起云泽的辫梢来抖了一抖，搭讪着笑道：“呦！小姐的头发怎么这样稀朗朗的？去年还是乌油油的一头好头发，该掉了不少罢？”云泽闪过身去护着辫子，笑道：“我掉两根头发，也要你管！”七巧只顾端详她，叫道：“大嫂你来看看，云妹妹的确瘦多了，小姐莫不是有了心事了？”云泽啪的一声打掉了她的手，恨道：“你今儿个真的发了疯了！平日还不够讨人嫌的？”七巧把两手筒在袖子里，笑嘻嘻的道：“小姐脾气好大！”

玳珍探出头来道：“云妹妹，老太太起来了。”众人连忙扯扯衣襟，摸摸鬓脚，打帘子进隔壁房里去，请了安，伺候老太太吃早饭。婆子们端着托盘从起坐间穿了过去，里面的丫头接过碗碟，婆子们依旧退到外间来守候着。里面静悄悄的，难得有人说句把话，只听见银筷子头上的细银链条窸窣颤动。老太太信佛，饭后照例要做两个时辰的功课，众人退了出来，云泽背地里向玳珍道：“二嫂不忙着过瘾去，还挨在里面做什么？”玳珍道：“想是有两句私房话要说。”云泽不由得笑了起来道：“她的话，老太太哪里听得进？”玳珍冷笑道：“那倒也说不定。老年人心思总是活动的，成天在耳边絮聒着，十句里头相信一两句，也未可知。”

兰仙坐着磕核桃，玳珍和云泽便顺着脚走到阳台上，虽不是存心偷听正房里的谈话，老太太上了年纪，有点聋，喉咙特别高些，有意无意之间不免有好些话吹到阳台上的人的耳朵里来。云泽把脸气得雪白，先是握紧了拳头，又把两只手使劲一撒，便向走廊的另一头跑去。跑了两步，又站住了，身子向前伛偻着，捧着脸呜呜哭起来。玳珍赶上去扶着劝道：“妹妹快别这么着！快别这么着！不犯着跟她这样的人计较！谁拿她的话当桩事！”云泽甩开了她，一迳往自己屋里奔去。玳珍回到起坐间里来，一拍手道：“这可闯出祸来了！”兰仙忙道：“怎么了？”玳珍道：“你二嫂去告诉了老太太，说女大不中留，让老太太写信给彭家，叫他们早早把云妹妹娶过去罢。你瞧，这算什么话？”兰仙也怔了一怔道：“女家说出这种话来，可不是自己打脸么？”玳珍道：“姜家没面子，还是一时的事，云妹妹将来嫁了过去，叫人家怎么瞧得起她？她这一辈子还要做人呢！”兰仙道：“老太太是明白人——不见得跟那一位一样的见识。”玳珍道：“老太太起先自然是不爱听，说咱们家的孩子，决不会生这样的心。她就说：‘哟！您不知道现在的女子跟您从前做女孩子时候的女孩子，哪儿能够打比呀？时世变了，要不怎么天下大乱呢？’你知道，年岁大的人就爱听这一套，说得老太太也有点疑疑惑惑起来。”兰仙叹道：“好端端怎么想起来的，造这样的谣言！”玳珍两肘支在桌子上，伸着小指剔眉毛，沉吟了一会，嗤的一笑道：“她自己以为她是特别的体贴云妹妹呢！要她这样体贴我，我可受不了！”兰仙拉了她一把道：“你听——不能是云妹妹罢？”后房似乎有人在那里大放悲声，蹬得铜床柱子一片响，嘈嘈杂杂还有人在那里解劝，只是劝不住。玳珍站起身来道：“我去看看，别瞧这位小姐好性儿，逼急了她，也不是好惹的。”

玳珍出去了，那姜三爷姜季泽却一路打着呵欠进来了。季泽是个结实小伙子，偏于胖的一方面，脑后拖一根三股油松大辫，生得天圆地方，鲜红的腮颊，往下坠着一点，青湿眉毛，水汪汪的黑眼睛里永远透着三分不耐烦，穿一件竹根青窄袖长袍，酱紫芝麻地一字襟珠扣小坎肩，问兰仙道：“谁在里头吱吱喳喳跟老太太说话？”兰仙道：“二嫂。”季泽抿着嘴摇摇头，兰仙笑道：“你也怕了她？”季泽一声儿不言语，拖过一把椅子，将椅背抵着桌缘，把袍子高高的一撩，骑着椅子坐下来，下巴搁在椅背上，手里只管把核桃仁一个一个拈来吃，兰仙睨了他一眼道：“人家剥了这一晌午，是专程孝敬你的么？”正说着，七巧掀着帘子出来了，一眼看见了季泽，身不由主地就走了过来，绕到兰仙椅子背后，两手兜在兰仙脖子上，把脸凑了下去，笑道：“这么一个人才出众的新娘子！三弟你还没谢谢我哪！要不是我催着他们早早替你办了这件事，这一耽搁，等打完了仗，指不定要十年八年呢！可不把你急坏了！”兰仙生平最大的憾事便是出阁的日子正赶着非常时期，潦草成了家，诸事都欠齐全，因此一听见这不入耳的话，她那小长挂子脸便往下一沉。季泽望了兰仙一眼，微笑道：“二嫂，自古好心没有好报，谁都不承你的情！”七巧道：“不承情也罢！我也惯了。我进了你们姜家的门，别的不说，单只守着你二哥这些年，衣不解带的服侍他，也就是个有功无过的人——谁见我的情来？谁有半点好处到我头上？”季泽道：“你一开口就是满肚子的牢骚！”七巧长长的吁了一口气，只管拨弄兰仙衣襟上扣着的金三事儿和钥匙。半晌，忽道：“总算你这一个来月没出去胡闹过。真亏了新娘子留住了你。旁人跪下地来求你也留不住！”季泽笑道：“是吗？嫂子并没有留过我，怎见得留不住？”一面笑，一面向兰仙使了个眼色。七巧笑得直不起腰道：“三妹妹，你也不管管他！这么个猴儿崽子，我眼看他长大的，他倒占起我的便宜来了！”

她嘴里说笑着，心里发烦，一双手也不肯闲着，把兰仙揣着捏着，捶着打着，恨不得把她挤得走了样才好。兰仙纵然有涵养，也忍不住要恼了；一性急，磕核桃使差了劲，把那二寸多长的指甲齐根折断，七巧哟了一声道：“快拿剪刀来修一修。我记得这屋里有一把小剪子的。”便唤：“小双！榴喜！来人哪！”兰仙立起身来道：“二嫂不用费事，我上我屋里铰去。”便抽身出去。七巧就在兰仙的椅子上坐下了，一手托着腮，抬高了眉毛，斜瞅着季泽道：“她跟我生了气么？”季泽笑道：“她干嘛生你的气？”七巧道：“我正要问呀！我难道说错了话不成？留你在家倒不好？她倒愿意你上外头逛去？”季泽笑道：“这一家子从大哥大嫂起，齐了心管教我，无非是怕我花了公账上的钱罢了。”七巧道：“阿弥陀佛，我保不定别人不安着这个心，我可不那么想。你就是闹了亏空，押了房子卖了田，我若皱一皱眉头，我也不是你二嫂了。谁叫咱们是骨肉至亲呢？我不过是要你当心你的身子。”季泽嗤的一笑道：“我当心我的身子，要你操心？”七巧颤声道：“一个人，身子第一要紧。你瞧你二哥弄得那样儿，还成个人吗？还能拿他当个人看？”季泽正色道：“二哥比不得我，他一下地就是那样儿，并不是自己作践的。他是个可怜的人，一切全仗二嫂照护他了。”七巧直挺挺的站了起来，两手扶着桌子，垂着眼皮，脸庞的下半部抖得像嘴里含着滚烫的蜡烛油似的，用尖细的声音逼出两句话道：“你去挨着你二哥坐坐！你去挨着你二哥坐坐！”她试着在季泽身边坐下，只搭着他的椅子的一角，她将手贴在他腿上，道：“你碰过他的肉没有？是软的、重的，就像人的脚有时发麻了，摸上去那感觉……”季泽脸上也变了色，然而他仍旧轻佻地笑了一声，俯下腰，伸手去捏她的脚道：“倒要瞧瞧你的脚现在麻不麻？”七巧道：“天哪，你没挨着他的肉，你不知道没病的身子是多好的……多好的……”她顺着椅子溜下去，蹲在地上，脸枕着袖子，听不见她哭，只看见发髻上插的风凉针，针头上的一粒钻石的光，闪闪掣动着。发髻的心子里扎着一小截粉红丝线，反映在金刚钻微红的光焰里。她的背影一挫一挫，俯伏了下去。她不像在哭，简直像在翻肠搅胃地呕吐。

季泽先是愣住了，随后就立起来道：“我走就是了。你不怕人，我还怕人呢。也得给二哥留点面子！”七巧扶着椅子站了起来，呜咽道：“我走。”她扯着衫袖里的手帕子揾了揾脸，忽然微微一笑道：“你这样护卫二哥！”季泽冷笑道：“我不护卫他，还有谁护卫他？”七巧向门走去，哼了一声道：“你又是什么好人？趁早不用在我跟前假撇清！且不提你在外头怎样荒唐，只单在这屋里……老娘眼睛里揉不下沙子去！别说我是你嫂子了，就是我是你奶妈，只怕你也不在乎。”季泽笑道：“我原是个随随便便的人，哪禁得起你挑眼儿？”七巧待要出去，又把背心贴在门下，低声道：“我就不懂，我什么地方不如人？我有什么地方不好……”季泽笑道：“好嫂子，你有什么不好？”七巧笑了一声道：“难不成我跟了个残废的人，就过上了残废的气，沾都沾不得？”她睁着眼直勾勾朝前望着，耳朵上的实心小金坠子像两只铜钉把她钉在门上——玻璃匣子里蝴蝶的标本，鲜艳而凄怆。

季泽看着她，心里也动了一动。可是那不行，玩尽管玩，他早抱定了宗旨不惹自己家里人，一时的兴致过去了，躲也躲不掉，踢也踢不开，成天在面前，是个累赘。何况七巧的嘴这样敞，脾气这样躁，如何瞒得了人？何况她的人缘这样坏，上上下下谁肯代她包涵一点，她也许是豁出去了，闹穿了也满不在乎。他可是年纪轻轻的，凭什么要冒那个险，他侃侃说道：“二嫂，我虽年纪小，并不是一味胡来的人。”

仿佛有脚步声，季泽一撩袍子，钻到老太太屋子里去了，临走还抓了一大把核桃仁。七巧神志还不很清楚，直到有人推门，她方才醒了过来，只得将计就计，藏在门背后，见玳珍走了进来，她便夹脚跟出来，在玳珍背上打了一下。玳珍勉强一笑道：“你的兴致越发好了！”又望了望桌上道：“咦？那么些个核桃，吃得差不多了。再也没有别人，准是三弟。”七巧倚着桌子，面向阳台立着，只是不言语。玳珍坐了下来，嘟囔道：“害人家剥了一早上，便宜他享现成的！”七巧捏着一片锋利的胡桃壳，在红毡条上狠命刮着，左一刮，右一刮，看看那毡子起了毛，就要破了。她咬着牙道："钱上头何尝不是一样？一味的叫咱们省，省下来让人家拿出去大把的花！我就不服这口气!"玳珍看了她一眼，冷冷的道："那可没办法了。人多了，明里不去，暗里也不见得不去。管得了这个，管不了那个。"七巧觉得她话中有刺，正待反唇相讥，小双进来了，鬼鬼祟祟走到七巧跟前，嗫嚅道："奶奶，舅爷来了。"七巧骂道："舅爷来了，又不是背人的事，你嗓子眼里长了疔是怎么着？蚊子哼哼似的!"小双倒退了一步，不敢言语。玳珍道："你们舅爷原来也到上海来了，咱们这儿亲戚倒都全了。"七巧移步出房道："不许他到上海来？内地兵荒马乱的，穷人也一样的要命呀!"她在门槛子上站住了，问小双道："回过老太太没有?"小双道："还没呢。"七巧想了一想，毕竟不敢去告诉一声，只得悄悄下楼去了。

玳珍问小双道："舅爷一个人来的?"小双道："还有舅奶奶，携着四只提篮盒。"玳珍咯地一笑道："倒破费了他们。"小双道："大奶奶不用替他们心疼。装得满满的进来，一样装得满满的出去。别说金的银的圆的扁的，就连零头鞋面儿裤腰都是好的!"玳珍笑道："别那么缺德了！你下去罢。她娘家人难得上门，伺候不周到，又该大闹了。"

小双赶了出去，七巧正在楼梯口盘问榴喜老太太可知道这件事。榴喜道："老太太念佛呢，三爷爬在窗口看野景，说大门口来了客。老太太问是谁，三爷仔细看了看，说不知是不是曹家舅爷，老太太就没追问下去。"七巧听了，心头火起，跺了跺脚，喃喃呐呐骂道："敢情你装不知道就算了！皇帝还有草鞋亲呢！这会子有这么势利的，当初何必三媒六聘的把我抬过来？快刀斩不断的亲戚，别说你今儿是装死，就是你真死了，他也不能不到你的灵前磕三个头，你也不能不受着他的!"一面说，一面下去了。

她那间房，一进门便有一堆金漆箱笼迎面拦住，只隔开几步见方的空地。她一掀帘子，只见她嫂子蹲下身去将提篮盒上面的一屉酥盒子卸了下来，检视下面一屉里的菜可曾泼出来。她哥哥曹大年背着手弯着腰看着。七巧止不住一阵心酸，倚着箱笼，把脸偎在那沙蓝棉套子上，纷纷落下泪来。她嫂子慌忙站直了身子，抢步上前，两只手捧住她一只手，连连叫着姑娘。曹大年也不免抬起袖子来擦眼睛。七巧把那只空着的手去解箱套子上的钮扣，解了又扣上，只是开不得口。

她嫂子回过头去睃了她哥哥一眼道："你也说句话呀！成日家念叨着，见了妹妹的面，又像锯了嘴的葫芦似的!"七巧颤声道："也不怪他没有话——他哪儿有脸来见我!"又向她哥哥道："我只道你这一辈子不打算上门了！你害得我好！你扔崩一走，我可走不了。你也不顾我的死活。"曹大年道："这是什么话？旁人这么说还罢了，你也这么说！你不替我遮盖遮盖，你自己脸上也不见得光鲜。"七巧道："我不说，我可禁不住人家不说。就为你，我气出了一身病在这里。今日之下，亏你还拿这话来堵我!"她嫂子忙道："是他的不是！是他的不是！姑娘受了委屈了。姑娘受委屈也不止这一件，好歹忍着罢，总有个出头之日。"她嫂子那句"姑娘受的委屈也不止这一件"的话却深深打进她心坎儿里去。七巧哀哀哭了起来，急得她嫂子直摇手道："看吵醒了姑爷。"房那边暗昏昏的紫楠大床上，寂寂吊着珠罗纱帐子。七巧的嫂子又道："姑爷睡着了罢？惊动了他，该生气了。”七巧高声叫道：“他要有点人气，倒又好了。”她嫂子吓得掩住她的嘴道：“姑奶奶别！病人听见了，心里不好受！”七巧道：“他心里不好受，我心里好受吗？”她嫂子道：“姑爷还是那软骨症？”七巧道：“就这一件还不够受了，还禁得起添什么？这儿一家子都忌讳痨病这两个字，其实还不就是骨痨！”她嫂子道：“整天躺着，有时候也坐起来一会儿么？”七巧哧哧的笑了起来道：“坐起来，脊梁骨直溜下去，看上去还没有我那三岁的孩子高哪！”她嫂子一时想不出劝慰的话，三个人都愣住了。七巧猛的蹬脚道：“走罢，走罢，你们！你们来一趟，就害得我把前因后果重新在心里过一过。我禁不起这么折腾！你快给我走！”

曹大年道：“妹妹你听我一句话。别说你现在心里不舒坦，有个娘家走动着，多少好些，就是你有了出头之日了，姜家是个大族，长辈动不动就拿大帽子压人，平辈小辈一个个如狼似虎的，哪一个是好惹的？替你打算，也得要个帮手。将来你用得着你哥哥你侄儿的时候多着呢。”七巧啐了一声道：“我靠你帮忙，我也倒了霉了！我早把你看得透里透——斗得过他们，你到我跟前来邀功要钱，斗不过他们，你往那边一倒。本来见了做官的就魂都没有了，头一缩，死活随我去。”大年涨红了脸冷笑道：“等钱到了你手里，你再防着你哥哥分你的，也还不迟。”七巧道：“你既然知道钱还没到我手里，你来缠我做什么？”大年道：“路远迢迢赶来看你，倒是我们的不是了！走！我们这就走！凭良心说，我就用你两个钱，也是该的，当初我若贪图财礼，问姜家多要几百两银子，把你卖给他们做姨太太，也就卖了。”七巧道：“奶奶不胜似姨奶奶吗？长线放远鹞，指望大着呢！”大年待要回嘴，他媳妇拦住他道：“你就少说一句罢！以后还有见面的日子呢。将来姑奶奶想到你的时候，才知道她就只这一个亲哥哥了！”大年督促他媳妇整理了提篮盒，拎起就待走。七巧道：“我希罕你？等我有了钱了，我不愁你不来，只愁打发你不开。”嘴里虽然硬着，熬不住那呜咽的声音，一声响似一声，憋了一上午的满腔幽恨，借着这因由尽情发泄了出来。

她嫂子见她分明有些留恋之意，便做好做歹劝住了她哥哥：一面半搀半拥把她引到花梨炕上坐下了，百般譬解，七巧渐渐收了泪。兄妹姑嫂叙了些家常。北方情形还算平靖，曹家的麻油铺还照常营业着。大年夫妇此番到上海来，却是因为他家没过门的女婿在人家当账房，光复的时候恰巧在湖北，后来辗转跟主人到上海来了，因此大年亲自送了女儿来完婚，顺便探望妹子。大年问候了姜家阖宅上下，又要参见老太太，七巧道：“不见也罢了，我正跟她怄气呢。”大年夫妇都吃了一惊，七巧道：“怎么不怄气呢？一家子都往我头上踩，我若是好欺负的，早给作践死了，饶是这么着，还气得我七病八痛的！”她嫂子道：“姑娘近来还抽烟不抽，倒是鸦片烟，平肝导气，比什么药都强。姑娘自己千万保重，我们又不在跟前，谁是个知疼着热的人？”

七巧翻箱子取出几件新款尺头送与她嫂子，又是一副四两重的金镯子，一对披霞莲蓬簪，一床丝绵被胎，侄女们每人一只金挖耳，侄儿们或是一只金锞子，或是一顶貂皮暖帽，另送了她哥哥一只珐蓝金蝉打簧表，她哥嫂道谢不迭。七巧道：“你们来得不巧，若是在北京，我们正要上路的时候，带不了的东西，分了几箱给丫头老妈子，白便宜了他们。”说得她哥嫂讪讪的。临行的时候，她嫂子道：“忙完了闺女，再来瞧姑奶奶。”七巧笑道：“不来也罢，我应酬不起！”

大年夫妇出了姜家的门，她嫂子便道："我们这位姑奶奶怎么换了个人？没出嫁的时候不过要强些，嘴头上琐碎些，就连后来我们去瞧她，虽是比前暴躁些，也还有个分寸，不似如今疯疯傻傻，说话有一句没一句，就没一点儿得人心的地方。"

七巧立在房里，抱着胳膊看小双祥云两个丫头把箱子抬回原处，一只一只叠了上去。从前的事又回来了：临着碎石子街的馨香的麻油店，黑腻的柜台，芝麻酱桶里竖着木匙子，油缸上吊着大大小小的铁匙子。漏斗插在打油的人的瓶里，一大匙再加上两小匙正好装满一瓶，——一斤半。熟人呢，算一斤四两。有时她也上街买菜，蓝夏布衫裤，镜面乌绫镶滚。隔着密密层层的一排吊着猪肉的铜钩，她看见肉铺里的朝禄。朝禄赶着她叫曹大姑娘。难得叫声巧姐儿，她就一巴掌打在钩子背上，无数的空钩子荡过去锥他的眼睛，朝禄从钩子上摘下尺来宽的一片生猪油，重重的向肉案一抛，一阵温风扑到她脸上，腻滞的死去的肉体的气味……她皱紧了眉毛。床上睡着的她的丈夫，那没有生命的肉体……

风从窗子里进来，对面挂着的回文雕漆长镜被吹得摇摇晃晃，磕托磕托敲着墙。七巧双手按住了镜子。镜子里反映着的翠竹帘子和一副金绿山水屏条依旧在风中来回荡漾着，望久了，便有一种晕船的感觉。再定睛看时，翠竹帘子已经褪了色，金绿山水换为一张她丈夫的遗像，镜子里的人也老了十年。

去年她戴了丈夫的孝，今年婆婆又过世了。现在正式挽了叔公九老太爷出来为他们分家，今天是她嫁到姜家来之后一切幻想的集中点。这些年了，她戴着黄金的枷锁，可是连金子的边都啃不到，这以后就不同了。七巧穿着白香云纱衫，黑裙子，然而她脸上像抹了胭脂似的，从那揉红了的眼圈儿到烧热的颧骨。她抬起手来揾了一揾脸，脸上烫，身子却冷得打颤。她叫祥云倒了杯茶来，(小双早已嫁了，祥云也配了个小厮。)茶给喝了下去，沉重地往腔子里流，一颗心便在热茶里扑通扑通跳。她背向着镜子坐下了，问祥云道："九老太爷来了这一下午，就在堂屋里跟马师爷查账？"祥云应了一声是。七巧又道："大爷大奶奶三爷三奶奶都不在跟前？"祥云又应了声是。七巧道："还到谁的屋里去过？"祥云道："就到哥儿们的书房里兜了一兜。"七巧道："好在咱们白哥儿的书倒不怕他查考……今年这孩子就吃亏在他爸爸他奶奶接连着出了事，他若还有心念书，他也不是人养的！"她把茶吃完了，吩咐祥云下去看看堂屋里大房三房的人可都齐了，免得自己去早了，显得性急，被人耻笑。恰巧大房里也差了一个丫头出来探看，和祥云打了个照面。

七巧终于款款下楼来了。堂屋里临时布置了一张镜面乌木大餐台，九老太爷独当一面坐了，面前乱堆着青布面，梅红签的账簿，又搁着一只瓜楞茶碗。四周除了马师爷之外，又有特地邀请的"公亲"，近于陪审员的性质。各房只派了一个男子做代表，大房是大爷，二房二爷没了，是二奶奶，三房是三爷。季泽很知道这总清算的日子于他没有什么好处，因此他到得最迟。然而来既来了，他决不愿意露出焦灼懊丧的神气。腮帮子上依旧是他那点丰肥的，红色的笑。眼睛里依旧是他那点潇洒的不耐烦。

九老太爷咳嗽了一声，把姜家的经济状况约略报告了一遍，又翻着账簿子读出重要的田地房产的所在与按年的收入。七巧两手紧紧扣在肚子上，身子向前倾着，努力向她自己解释他的每一句话，与她往日调查所得一一印证。青岛的房子、天津的房子、北京城外的地、上海的房子……三爷在公账上拖欠过巨，他的一部分遗产被抵销了之后，还净欠六万，然而大房二房也只得就此算了，因为他是一无所有的人。他仅有的那一幢花园洋房，他为一个姨太太买的，也已经抵押了出去。其余只有老太太陪嫁过来的首饰，由兄弟三人均分，季泽的那一份也不便充公，因为是母亲留下的一点纪念。七巧突然叫了起来道："九老太爷，那我们太吃亏了！"

堂屋里本就肃静无声，现在这肃静却是沙沙有声，直锯进耳朵里去，像电影配音机器损坏之后的锈轧。九老太爷睁了眼望着她道："怎么？你连他娘丢下的几件首饰也舍不得给他？"七巧道："亲兄弟，明算账，大哥大嫂不言语，我可不能不老着脸开口说句话。我须比不得大哥大嫂——我们死掉的那个若是有能耐出去做两任官，手头活便些，我也乐得放大方些，哪怕把从前的旧账一笔勾销呢？可怜我们那一个病病哼哼一辈子，何尝有过一文半文进账，丢下我们孤儿寡妇，就指着这两个死钱过活。我是个没脚蟹，长白还不满十四岁，往后苦日子有得过呢！"说着，流下泪来。九老太爷道："依你便怎样？"七巧呜咽道："哪儿由得我出主意呢？只求九老太爷替我们做主！"季泽冷着脸只不作声，满屋子的人都觉不便开口。九老太爷按捺不住一肚子的火，哼了一声道："我倒想替你出主意呢，只怕你不爱听！二房里有田地没人照管，三房里有人没有地，我待要叫三爷替你照管，你多少贴他些，又怕你不要他！"七巧冷笑道："我倒想依你呢，只怕死掉的那个不依！来人哪！祥云你把白哥儿给我找来！长白，你爹好苦呀！一下地就是一身的病，为人一场，一天舒坦日子也没过着，临了丢下你这点骨血，人家还看不得你，千方百计图谋你的东西！长白谁叫你爹拖着一身病，活着人家欺负他，死了人家欺负他的孤儿寡妇！我还不打紧，我还能活个几十年么？至多我到老太太灵前把话说明白了，把这条命跟人拼了。长白你可是年纪小着呢，就是喝西北风你也得活下去呀！"九老太爷气得把桌子一拍道："我不管了！是你们求爹爹拜奶奶邀了我来的，你道我喜欢自找麻烦么？"站起来一脚踢翻了椅子，也不等人搀扶，一阵风走得无影无踪，众人面面相觑，一个个悄没声儿溜走了。惟有那马师爷忙着拾掇账簿子，落后了一步，看看屋里人全走光了，单剩下二奶奶一个人在那里捶着胸脯号啕大哭，自己若无其事的走了，似乎不好意思，只得走上前去，打躬作揖叫道："二太太！二太太！……二太太！"七巧只顾把袖子遮住脸，马师爷又不便把她的手拿开，急得把瓜皮帽摘下来扇着汗。

维持了几天的僵局，到底还是无声无息照原定计划分了家。孤儿寡妇还是被欺负了。

七巧带着儿子长白，女儿长安另租了一幢屋子住下了，和姜家各房很少来往。隔了几个月，姜季泽忽然上门来了。老妈子通报上来，七巧怀着鬼胎，想着分家的那一天得罪了他，不知他有什么手段对付。可是兵来将挡，她凭什么要怕他？她家常穿着佛青实地纱袄子，特地系上一条玄色铁线纱裙，走下楼来。季泽却是满面春风的站起来问二嫂好，又问白哥儿可是在书房里，安姐儿的湿气可大好了。七巧心里便疑惑他是来借钱的，加意防备着，坐下笑道："三弟你近来又发福了。"季泽笑道："看我像一点心事都没有的人。"七巧笑道："有福之人不在忙吗！你一向就是无牵无挂的。"季泽笑道："等我把房子卖了，我还要无牵无挂呢！"七巧道："就是你做了押款的那房子，你要卖?”季泽道:“当初造它的时候,很费了点心思,有许多装置都是自己心爱的,当然不愿意脱手。后来你是知道的,那块地皮值钱了,前年把它翻造了弄堂房子,一家一家收租,跟那些住小家的打交道,我实在嫌麻烦,索性打算卖了它,图个清净。”七巧暗地里说道:“口气好大!我是知道你的底细的,你在我跟前充什么阔大爷!”

虽然他不向她哭穷,但凡谈到银钱交易,她总觉得有点危险,便岔了开去道:“三妹妹好么?腰子病近来发过没有?”季泽笑道:“我也有许久没见过她的面了。”七巧道:“这是什么话?你们吵了嘴么?”季泽笑道:“这些时我们倒也没吵过嘴。不得已在一起说两句话,也是难得的,也没那闲情逸致吵嘴。”七巧道:“何至于这样?我就不相信!”季泽两肘撑在藤椅的扶手上,交叉十指,手搭凉棚,影子落在眼睛上,深深的唉了一声。七巧笑道:“没有别的,要不就是你在外头玩得太厉害了。自己做错了事,还唉声叹气的仿佛谁害了你似的。你们姜家就没有一个好人!”说着,举起白团扇,作势要打。季泽把那交叉着的十指往下移了一移,两只大拇指按在嘴唇上,两只食指缓缓抚摸着鼻梁,露出一双水汪汪的眼睛来。那眼珠却是水仙花缸底的黑石子,上面汪着水,下面冷冷的没有表情。看不出他在想什么。七巧道:“我非打你不可!”季泽的眼睛里突然冒出一点笑泡儿,道:“你打,你打!”七巧待要打,又掣回手去,重新一鼓作气道:“我真打!”抬高了手,一扇子劈下来,又在半空中停住了,吃吃笑起来,季泽带笑将肩膀耸了一耸,凑了上去道:“你倒是打我一下罢!害得我浑身骨头痒着,不得劲儿!”七巧把扇子向背后一藏,越发笑得格格的。

季泽把椅子换了个方向,面朝墙坐着,人向椅背上一靠,双手蒙住了眼睛,又是长长的叹了口气。七巧啃着扇子柄,斜瞟着他道:“你今儿是怎么了?受了暑吗?”季泽道:“你哪里知道?”半晌,他低低的一个字一个字说道:“你知道我为什么跟家里的那个不好,为什么我拼命的在外头玩,把产业都败光了?你知道这都是为了谁?”七巧不知不觉有点胆寒,走得远远的,倚在炉台上,脸色慢慢的变了。季泽跟了过来。七巧垂着头,肘弯撑在炉台上,手里擎着团扇,扇子上的杏黄穗子顺着她的额角拖下来。季泽在她对面站住了,小声道:“二嫂!……七巧!”

七巧背过脸去淡淡笑道:“我要相信你才怪呢!”季泽便也走开了,道:“不错。你怎么能够相信我?自从你到我家来,我在家一刻也待不住,只想出去。你没来的时候我并没有那么荒唐过,后来那都是为了躲你。娶了兰仙来,我更玩得凶了,为了躲你之外又要躲她。见了你,说不了两句话我就要发脾气——你哪儿知道我心里的苦楚?你对我好,我心里更难受——我得管着我自己——我不能平白的坑坏了你,家里人多眼杂,让人知道了,我是个男子汉,还不打紧。你可了不得!”七巧的手直打颤,扇柄上的杏黄须子在她额上苏苏摩擦着。季泽道:“你信也罢!不信也罢!信了又怎样?横竖我们半辈子已经过去了,说也是白说。我只求你原谅我这一片心。我为你吃了这些苦,也就不算冤枉了。”

七巧低着头,沐浴在光辉里,细细的音乐,细细的喜悦……这些年了,她跟他捉迷藏似的,只是近不得身,原来还有今天!可不是,这半辈子已经完了——花一般的年纪已经过去了。人生就是这样的错综复杂,不讲理。当初她为什么嫁到姜家来?为了钱么?不是的,为了要遇见季泽,为了命中注定她要和季泽相爱。她微微抬起脸来，季泽立在她跟前，两手合在她扇子上，面颊贴在她扇子上。他也老了十年了，然而人究竟还是那个人呵！他难道是哄她么？他想她的钱——她卖掉她的一生换来的几个钱？仅仅这一转念便使她暴怒起来。就算她错怪了他，他为她吃的苦抵得过她为他吃的苦么？好容易她死了心了，他又来撩拨她，她恨他。他还在看着她。他的眼睛——虽然隔了十年，人还是那个人呵！就算他是骗她的，迟一点儿发现不好么？即使明知是骗人的，他太会演戏了，也跟真的差不多罢？

不行！她不能有把柄落在这断手里。姜家的人是厉害的，她的钱只怕保不住。她得先证明他是真心不是。七巧定了一定神，向门外瞧了一瞧，轻轻惊叫道："有人！"便三脚两步赶出门去，到下房里吩咐潘妈替三爷弄点心去，快些端了来，顺便带芭蕉扇进来替三爷打扇。七巧回到屋里来，故意皱着眉道："真可恶，老妈子在门口探头探脑的，见了我抹过头去就跑，被我赶上去喝住了。若是关上了门说两句话，指不定造出什么谣言来呢！饶是独门独户住了，还没个清净。"潘妈送了点心与酸梅汤进来，七巧亲自拿筷子替季泽拣掉了蜜层糕上的玫瑰与青梅，道："我记得你是不爱吃红绿丝的。"有人在跟前，季泽不便说什么，只是微笑。七巧似乎没话找话说似的，问道："你卖房子，接洽得怎样了？"季泽一面吃，一面答道："有人出八万五，我还没打定主意呢。"七巧沉吟道："地段倒是好的。"季泽道："谁都不赞成我脱手，说还要涨呢。"七巧又问了些详细情形，便道："可惜我手头没有这一笔现款，不然我倒想买。"季泽道："其实呢，我这房子倒不急，倒是咱们乡下你那些田，早早脱手的好。自从改了民国，接二连三的打仗，何尝有一年闲过，把地面上糟蹋得不成样子，中间还被收租的、师爷、地头蛇一层一层勒啃着，莫说这两年不是水就是旱，就遇着了丰年，也没有多少进账轮到我们头上。"七巧寻思着，道："我也盘算过来，一直挨着没有办。先晓得把它卖了，这会子想买房子，也不至于钱不凑手了。"季泽道："你那田要卖趁现在就得卖，听说直鲁又要开仗了。"七巧道："急切间你叫我卖给谁去？"季泽顿了一顿道："我去替你打听打听，也成。"七巧耸了耸眉毛笑道："得了，你那些狐群狗党里头，又有谁是靠得住的？"季泽把咬开的饺子在小碟里蘸了点醋，闲闲说出两个靠得住的人名，七巧便认真仔细盘问他起来，他果然回答得有条不紊，显然他是筹之已熟的。

七巧虽是笑吟吟的，嘴里发干，上嘴唇黏在牙仁上，放不下来。她端起盖碗来吸了一口茶，舐了舐嘴唇，突然把脸一沉，跳起身来，将手里的扇子向季泽头上滴溜溜掷过去，季泽向左偏了一偏，那团扇敲在他肩膀上，打翻了玻璃杯，酸梅汤淋淋漓漓溅了他一身。七巧骂道："你要我卖了田去买你的房子？你要我卖田？钱一经你的手，还有得说么？你哄我——你拿那样的话来哄我——你拿我当傻子——"她隔着一张桌子探身过去打他，然而她被潘妈下死劲抱住了。潘妈叫唤起来，祥云等人都奔了来，七手八脚按住了她，七嘴八舌求告着。七巧一头挣扎，一头叱喝着，然而她的一颗心直往下坠——她很明白她这举动太蠢——太蠢——她在这儿丢人出丑。

季泽脱下了他那湿濡的白云纱长衫，潘妈绞了毛巾来代他揩擦，他理也不理，把衣服夹在手臂上，竟自扬长出门去了，临行的时候向祥云道："等白哥儿下了学，叫他替他母亲请个医生来看看。"祥云吓糊涂了，连声答应着，被七巧兜脸给她一个耳刮子。

季泽走了。丫头老妈子也给七巧骂跑了。酸梅汤沿着桌子一滴一滴朝下滴，像迟迟的夜漏——一滴，一滴……一更，二更……一年，一百年。真长，这寂寂的一刹那。七巧扶着头站着倏地掉转身来上楼去，提着裙子，性急慌忙，跌跌跄跄，不住的撞到那阴暗的绿粉墙上，佛青袄子上沾了大块的淡色的灰。她要在楼上的窗户里再看他一眼。无论如何，她从前爱过他。她的爱给了她无穷的痛苦。单只是这一点，就使他值得留恋。多少回了，为了要按捺她自己，她迸得全身的筋骨与牙根都酸楚了。今天完全是她的错。他不是个好人，她又不是不知道。她要他，就得装糊涂，就得容忍他的坏。她为什么要戳穿他？人生在世，还不就是那么一回事？归根究底，什么是真的？什么是假的？

她到了窗前，揭开了那边上缀有小绒球的墨绿洋式窗帘，季泽正在弄堂里望外走，长衫搭在臂上，晴天的风像一群白鸽子钻进他的纺绸裤褂里去，哪儿都钻到了，飘飘拍着翅子。

七巧眼前仿佛挂了冰冷的珍珠帘，一阵热风来了，把那帘子紧紧贴在她脸上，风去了，又把帘子吸了回去，气还没透过来，风又来了，没头没脸包住她——一阵凉一阵热，她只是流着眼泪。

玻璃窗的上角隐隐约约反映出弄堂里一个巡警的缩小的影子，晃着膀子踱过去。一辆黄包车静静在巡警身上辗过。小孩把袍子掖在裤腰里，一路踢着球，奔出玻璃的边缘。绿色的邮差骑着自行车，复印在巡警身上，一溜烟掠过。都是些鬼，多年前的鬼，多年后的没投胎的鬼……什么是真的？什么是假的？

过了秋天又是冬天，七巧与现实失去了接触。虽然一样的使性子，打丫头，换厨子，总有些失魂落魄的。她哥哥嫂子到上海来探望了她两次，住不上十来天，末了永远是给她絮叨得站不住脚，然而临走的时候她也没有少给他们东西。她侄子曹春熹上城来找事，耽搁在她家里。那春熹虽是个浑头浑脑的年轻人，却也本本分分的。七巧的儿子长白，女儿长安，年纪到了十三四岁，只因身材瘦小，看上去才只七八岁的光景。在年下，一个穿着品蓝摹本缎棉袍，一个穿着葱绿遍地锦棉袍，衣服太厚了，直挺挺撑开了两臂，一般都是薄薄的两张白脸，并排站着，纸糊的人儿似的。这一天午饭后，七巧还没起身，那曹春熹陪着他兄妹俩掷骰子，长安把压岁钱输光了，还不肯歇手。长白把桌上的铜板一掳，笑道："不跟你来了。"长安道："我们用糖莲子来赌。"春熹道："糖莲子揣在口袋里，看脏了衣服。"长安道："用瓜子也好，柜顶上就有一罐。"便搬过一张茶几来，踩了椅子爬上去拿。慌得春熹叫道："安姐儿你可别摔跤，回头我担不了这干系!"正说着，只见长安猛可里向后一仰，若不是春熹扶住了，早是个倒栽葱。长白在旁拍手大笑，春熹嘟嘟囔囔骂着，也撑不住要笑，三人笑成一片。春熹将她抱下地来，忽然从那红木大橱的穿衣镜里瞥见七巧蓬着头叉着腰站在门口，不觉一怔，连忙放下了长安，回身道："姑妈起来了。"七巧汹汹奔了过来，将长安向自己身后一推，长安立脚不稳，跌了一跤。七巧只顾将身子挡住了她，向春熹厉声道："我把你这狼心狗肺的东西！我三茶六饭款待你这狼心狗肺的东西，什么地方亏待了你，你欺负我女儿？你那狼心狗肺，你道我揣摩不出么？你别以为你教坏了我女儿，我就不能不捏着鼻子把她许配给你，你好霸占我们的家产！我看你这浑蛋，也还想不出这等主意来，敢情是你爹娘把着手儿教的！那两个狼心狗肺忘恩负义的老浑蛋！齐了心想我的钱，一计不成，又生一计！”春熹气得白瞪眼，欲待分辩，七巧道：“你还有脸顶撞我！你还不给我快滚，别等我乱棒打出去！”说着，把儿女们推推搡搡送了出去，自己也喘吁吁扶着个丫头走了。春熹究竟年纪轻火性大，赌气卷了铺盖，顿时离了姜家的门。

七巧回到起坐间里，在烟榻上躺下了。屋里暗昏昏的，拉上了丝绒窗帘。时而窗户缝里漏了风进来，帘子动了，方在那墨绿小绒球底下毛茸茸地看见一点天色，除此只有烟灯和烧红的火炉的微光。长安吃了吓，呆呆坐在火炉边一张小凳上。七巧道：“你过来。”长安只道是要打，只是延挨着，搭讪把火炉边的洋铁围屏上晾着的小红格子法布衬衫翻了一翻，道：“快烤糊了。”衬衫发出热烘烘的毛气。

七巧却不像要责打她的光景，只数落了一番，道：“你今年过了年也有十三岁了，也该放明白些。表哥虽不是外人，天下的男子都是一样混账。你自己要晓得当心，谁不想你的钱？”一阵风过，窗帘上的绒球与绒球之间露出白色的寒天，屋子里暖热的黑暗给打上了一排小洞。烟灯的火焰往下一挫，七巧脸上的影子仿佛更深了一层。她突然坐起身来，低声道：“男人……碰都碰不得！谁不想你的钱？你娘这几个钱不是容易得来的，也不是容易守得住。轮到你们手里，我可不能眼睁睁看着你们上人的当——叫你以后提防着些，你听见了没有？”长安垂着头道：“听见了。”

七巧的一只脚有点麻，她探身去捏一捏她的脚。仅仅是一刹那，她眼睛里蠢动着一点温柔的回忆。她记起了想她的钱的一个男人。

她的脚是缠过的，尖尖的缎鞋里塞了棉花，装成半大的文明脚。她瞧着那双脚，心里一动，冷笑一声道：“你嘴里尽管答应着，我怎么知道你心里是明白还是糊涂？你人也有这么大了，又是一双大脚，哪里去不得？我就是管得住你，也没那个精神成天看着你。按说你今年十三了，裹脚已经嫌晚了，原怪我耽误了你。马上这就替你裹起来，也还来得及。”长安一时答不出话来，倒是旁边的老妈子们笑道：“如今小脚不时兴了，只怕将来给姐儿定亲的时候麻烦。”七巧道：“没有扯淡！我不愁我的女儿没人要，不劳你们替我担心！真没人要，养活她一辈子，我也养得起！”当真替长安裹起脚来，痛得长安鬼哭神号的。这时连姜家这样守旧的人家，缠过脚的也都已经放了脚了，别说是没缠过的，因此都拿长安的脚传作笑话奇谈。裹了一年多，七巧一时的兴致过去了，又经亲戚们劝着，也就渐渐放松了，然而长安的脚可不能完全恢复原状了。

姜家大房三房里的儿女都进了洋学堂读书，七巧处处存心跟他们比赛着，便也要送长白去投考。长白除了打小牌之外，只喜欢跑跑票房，正在那里朝夕用功吊嗓子，只怕进学校要耽搁了他的功课，便不肯去。七巧无奈，只得把长安送到沪范女中，托人说了情，插班进去。长安换上了蓝爱国布的校服，不上半年，脸色也红润了，胳膊腿腕也粗了一圈。住读的学生洗换衣服，照例是送到学校里包着的洗衣作里去的。长安记不清自己的号码，往往失落了枕套手帕种种零件，七巧便闹着说要去找校长说话。这一天放假回家，检点了一下，又发现有一条褥单是丢了。七巧暴跳如雷，准备明天亲自上学校去大兴问罪之师。长安着了急，拦阻了一声，七巧便骂道：“天生的败家精，拿你的钱不当钱。你娘的钱是容易得来的？——将来你出嫁，你看我有什么陪送给你！——给也是白给!”长安不敢作声，却哭了一晚上。她不能在她的同学跟前丢这个脸。对于十四岁的人，那似乎有天大的重要。她母亲去闹一场，她以后拿什么脸去见人？她宁死也不到学校里去了。她的朋友们，她所喜欢的音乐教员，不久就会忘记了有这么一个女孩子，来了半年，又无缘无故悄悄的走了。走得干净。她觉得她这牺牲是一个美丽的，苍凉的手势。

半夜里她爬下床来，伸手到窗外试试，漆黑的，是下了雨么？没有雨点。她从枕头边摸出一只口琴，半蹲半坐在地上，偷偷吹了起来。犹疑地，Long Long Ago 的细小的调子在庞大的夜里袅袅漾开，不能让人听见了。为了竭力按捺着，那呜呜的口琴忽断忽续，如同婴儿的哭泣。她接不上气来，歇了半晌。窗格子里，月亮从云里出来了。墨灰的天，几点疏星，模糊的缺月，像石印的图画，下面白云蒸腾，树顶上透出街灯淡淡的圆光。长安又吹起口琴。“告诉我那故事，往日我最心爱的那故事，许久以前，许久以前……”

第二天她大着胆子告诉她母亲：“娘，我不想念下去了。”七巧睁着眼道：“为什么?”长安道：“功课跟不上，吃的太苦了，我过不惯。”七巧脱下一只鞋来，顺手将鞋底抽了她一下，恨道：“你爹不如人，你也不如人？养下你来又不是个十不全，就不肯替我争口气!”长安反剪着一双手，垂着眼睛，只是不言语。旁边老妈子们便劝道：“姐儿也大了，学堂里人杂，的确有些不方便。其实不去也罢了。”七巧沉吟道：“学费总得想法子拿回来。白便宜了他们不成?”便要领了长安一同去索讨，长安抵死不肯去，七巧带着两个老妈子去了一趟回来了，据她自己补叙，钱虽然没收回来，却也着实羞辱了那校长一场。长安以后在街上遇着了同学，脸上红一阵白一阵，无地自容，只得装做不看见，急急走了过去。朋友寄了信来，她拆也不敢拆，原封退了回去，她的学校生活就此告一结束。

有时她也觉得牺牲得有点不值得，暗自懊悔着，然而也来不及挽回了。她渐渐放弃了一切上进的思想，安分守己起来。她学会了挑是非，使小坏，干涉家里的行政。她不时的跟母亲怄气，可是她的言谈举止越来越像她母亲了。每逢她单叉着裤子，揸开了两腿坐着，两只手按在胯间露出的凳子上，歪着头，下巴搁在心口上凄凄惨惨瞅住了对面的人说道：“一家有一家的苦处呀，表嫂——一家有一家的苦处!”——谁都说她是活脱的一个七巧。她打了一根辫子，眉眼的紧俏有似当年的七巧，可是她的小小的嘴过于瘪进去，仿佛显老一点。她再年轻些也不过是一棵娇嫩的雪里红——盐腌过的。

也有人来替她做媒。若是家境推扳一点的，七巧总疑心人家是贪她们的钱。若是那有财有势的，对方却又不十分热心，长安不过是中等姿色，她母亲出身既低，又有个不贤惠的名声，想必没有什么家教。因此高不成，低不就，一年一年耽搁了下去。那长白的婚事却不容耽搁。长白在外面赌钱，捧女戏子，七巧还没甚话说，后来渐渐跟着他三叔姜季泽逛起窑子来，七巧方才着了慌，手忙脚乱替他定亲，娶了一个袁家的小姐，小名芝寿。

行的是半新式的婚礼，红色盖头是蠲免了，新娘戴着蓝眼镜，粉红喜纱，穿着粉红彩绣裙袄，进了洞房，除去了眼镜，低着头坐在湖色帐幔里。闹新房的人围着打趣，七巧只看了一看便出来了。长安在门口赶上了她，悄悄笑道："皮色倒还白净，就是嘴唇太厚了些。"七巧把手撑着门，拔下一只金挖耳来搔搔头，冷笑道："还说呢！你新嫂子这两片嘴唇，切切倒有一大碟子。"旁边一个太太便道："说是嘴唇厚的人天性厚哇！"七巧哼了一声，将金挖耳指住了那太太，倒剔起一只眉毛，歪着嘴微微一笑道："天性厚，并不是什么好话。当着姑娘们，我也不便多说——但愿咱们白哥儿这条命别送在她手里！"七巧天生着一副高爽的喉咙，现在因为苍老了些，不那么尖了，可是扁扁的依旧四面刮得人疼痛，像剃刀片。这两句话，说响不响，说轻也不轻。人丛里的新娘子的平板的脸与胸震了一震——多半是龙凤烛的火光的跳动。

三朝过后，七巧嫌新娘子笨，诸事不如意，每每向亲戚们诉说着。便有人劝道："少奶奶年纪轻，二嫂少不得要费点心教导教导她。谁叫这孩子没心眼儿呢！"七巧啐道："你们瞧咱们新少奶奶老实呀——一见了白哥儿，她就得去上马桶！真的！你信不信？"这话传到芝寿耳朵里，急得芝寿只待寻死。然而这还是没满月的时候，七巧还顾些脸面，后来索性这一类的话当着芝寿的面也说了起来，芝寿哭也不是，笑也不是，若是木着脸装不听见，七巧便一拍桌子嗟叹起来道："在儿子媳妇手里吃口饭，可真不容易！动不动就给人脸子看！"

这天晚上，七巧躺着抽烟，长白盘踞在烟铺跟前的一张沙发椅上嗑瓜子，无线电里正唱着一出冷戏，他捧着戏考，一个字一个字跟着哼，哼上了劲，甩过一条腿去骑在椅背上，来回摇着打拍子。七巧伸过脚去踢他一下道："白哥儿你来替我装两筒。"长白道："现放着烧烟的，偏要支使我！我手上有蜜是怎么着？"说着，伸了个懒腰，慢腾腾移身坐到烟灯前的小凳上，卷起了袖子。七巧笑道："我把你这不孝的奴才！支使你，是抬举你！"她眯缝着眼望着他。这些年来她的生命里只有这一个男人。只有他，她不怕他想她的钱——横竖钱都是他的。可是，因为他是她的儿子，他这一个人还抵不了半个……现在，就连这半个人她也保留不住——他娶了亲。他是个瘦小白皙的年轻人，背有点驼，戴着金丝眼镜，有着工细的五官，时常茫然地微笑着，张着嘴，嘴里闪闪发着光的不知道是太多的唾沫水还是他的金牙。他敞着衣领，露出里面的珠羔里子和白小褂。七巧把一只脚搁在他肩膀上，不住的轻轻踢着他的脖子，低声道："我把你这不孝的奴才！打儿时起变得这么不孝了？"长安在旁答道："娶了媳妇忘了娘嘛！"七巧道："少胡说！我们白哥儿倒不是那们样的人！我也养不出那们样的儿子！"长白只是笑。七巧斜着眼看定了他，笑道："你若还是我从前的白哥儿，你今儿替我烧一夜的烟！"长白笑道："那可难不倒我！"七巧道："盹着了，看我捶你！"

起坐间的帘子撤下送去洗濯了。隔着玻璃窗望出去，影影绰绰乌云里有个月亮，一搭黑，一搭白，像个戏剧化的狰狞的脸谱。一点，一点，月亮缓缓的从云里出来了，黑云底下透出一线炯炯的光，是面具底下的眼睛。天是无底洞的深青色。久已过了午夜了。长安早去睡了，长白打着烟泡，也前仰后合起来。七巧斟了杯浓茶给他，两人吃着蜜饯糖果，讨论着东邻西舍的隐私。七巧忽然含笑问道："白哥儿你说，你媳妇儿好不好？"长白说道："这有什么可说的？"七巧道："没有可批评的，想必是好的了？"长白笑着不作声。七巧道："好，也有个怎么个好呀！"长白道："谁说她好来着？"七巧道："她不好？哪一点不好？说给娘听。"长白起初只是含糊对答，禁不起七巧再三盘问，只得吐露一二。旁边递茶递水的老妈子们都背过脸去笑得咯咯的，丫头们都掩着嘴忍着笑回避出去了。七巧又是咬牙，又是笑，又是喃喃咒骂，卸下烟斗来狠命磕里面的灰，敲得托托一片响，长白说溜了嘴，止不住要说下去，足足说了一夜。

次日清晨，七巧吩咐老妈子取过两床毯子来打发哥儿在烟榻上睡觉。这时芝寿也已经起了身，过来请安。七巧一夜没合眼，却是精神百倍，邀了几家女眷来打牌，亲家母也在内。在麻将桌上一五一十将她儿子亲口招供的她媳妇的秘密宣布了出来，略加渲染，越发有声有色。众人竭力的打岔，然而说不出两句闲话，七巧笑嘻嘻的转了个弯，又回到她媳妇身上来了。逼得芝寿的母亲脸皮紫涨，也无颜再见女儿，放下牌，乘了包车回去了。

七巧接连着要长白为她烧了两晚上的烟。芝寿直挺挺躺在床上，搁在肋骨上的两只手蜷曲着像死去的鸡的脚爪。她知道她婆婆又在那里盘问她丈夫，她知道她丈夫又在那里叙述一些什么事，可是天知道他还有什么新鲜的可说！明天他又该涎着脸到她跟前来了。也许他早料到她会把满腔怨毒都结在他身上，就算她没本领跟他拼命，最不济也得质问他几句，闹上一场。多半他准备先声夺人，借酒盖住了脸，找点岔子，摔上两件东西。她知道他的脾气。末后他会坐到床沿上来，耸起肩膀，伸手到白绸小褂里面去抓痒，出人意料之外地一笑。他的金丝眼镜上抖动着一点光，他嘴里抖动着一点光，不知道是唾沫还是金牙。他摘去了他的眼镜。……芝寿猛然坐起身来，哗喇揭开了帐子。这是个疯狂的世界，丈夫不像个丈夫，婆婆也不像个婆婆。不是他们疯了，就是她疯了。今天晚上的月亮比哪一天都好，高高的一轮满月，万里无云，像是黑漆的天上一个白太阳。遍地的蓝影子，帐顶上也是蓝影子，她的一双脚也在那死寂的影子里。

芝寿待要挂起帐子来，伸手去摸索帐钩，一只手臂吊在那铜钩上，脸偎住了肩膀，不由得就抽噎起来。帐子自动的放了下来。昏暗的帐子里除了她之外没有别人，然而她还是吃了一惊，仓皇地再度挂起了帐子。窗外还是那使人汗毛凛凛的反常的明月——漆黑的天上一个灼灼的小而白的太阳。屋里看得分明那玫瑰紫绣花椅披桌布，大红平金五凤齐飞的围屏，水红软缎对联，绣着盘花篆字。梳妆台上红绿丝网络着银粉缸、银漱盂、银花瓶，里面满满盛着喜果，帐檐上垂下五彩攒金绕绒花球、花盆、如意、粽子，下面滴溜溜坠着指头大的琉璃珠和尺来长的桃红穗子。偌大一间房里充塞着箱笼、被褥、铺陈，不见得她就找不出一条汗巾子来上吊，她又倒到床上去。月光里，她脚没有一点血色——青、绿、紫，冷去的尸身的颜色。她想死，她想死。她怕这月亮光，又不敢开灯。明天她婆婆会说："白哥儿给我多烧了两口烟，害得我们少奶奶一宿没睡觉，半夜三更点着灯等着他回来——少不了他吗!"芝寿的眼泪顺着枕头不停的流。她不用手帕去擦眼睛，擦肿了，她婆婆又该说了："白哥儿一晚上没回房去睡，少奶奶就把眼睛哭得桃儿似的!"

七巧虽然把儿子媳妇描摹成这样热情的一对，长白对于芝寿却不甚中意，芝寿也把长白恨得牙痒痒的。夫妻不和，长白渐渐又往花街柳巷里走动。七巧把一个丫头绢儿给了他做小，还是牢笼不住他。七巧又变着方儿哄他吃烟。长白一向就喜欢玩两口，只是没上瘾，现在吸得多了，也就收了心不大往外跑了，只在家守着母亲和新姨太太。

他妹子长安二十四岁那年生了痢疾，七巧不替她延医服药，只劝她抽两筒鸦片，果然减轻了不少痛苦。病愈之后，也就上了瘾。那长安更与长白不同，未出阁的小姐，没有其他的消遣，一心一意的抽烟，抽的倒比长白还要多。也有人劝阻，七巧道："怕什么！莫说我们姜家还吃得起，就是我今天卖了两顷地给他们姐儿俩抽烟，又有谁敢放半个屁？姑娘赶明儿聘了人家，少不得有她这一份嫁妆。她吃自己的，喝自己的，姑爷就是舍不得，也只好干望着她罢了！"

话虽如此说，长安的婚事毕竟受了点影响。来做媒的本来就不十分踊跃，如今竟绝迹了。长安到了近三十的时候，七巧见女儿注定了是要做老姑娘的了，便又换了一种论调，道："自己长得不好，嫁不掉，还怨我做娘的耽搁了她！成天挂搭着个脸，倒像我该还她二百钱似的。我留她在家里吃一碗闲茶闲饭，可没打算留她在家里给我气受呢！"

姜季泽的女儿长馨过二十岁生日，长安去给她堂房妹子拜寿。那姜季泽虽然穷了，幸喜他交游广阔，手里还算兜得转。长馨背地里向她母亲道："妈想法子给安姐姐介绍个朋友罢，瞧她怪可怜的。还没提起家里的情形，眼圈儿就红了。"兰仙慌忙摇手道："罢！罢！这个媒我不敢做！你二妈那脾气是好惹的？"长馨年少好事，哪里理会得？歇了些时，偶然与同学们说起这件事，恰巧那同学有个表叔新从德国留学回来，也是北方人，仔细攀认起来，与姜家还沾着点老亲。那人名唤童世舫，叙起来比长安略大几岁。长馨竟自作主张，安排了一切，由那同学的母亲出面请客。长安这边瞒得家里铁桶相似。

七巧身子一向硬朗，只因她媳妇芝寿得了肺痨，七巧嫌她乔张做致，吃这个，吃那个，累又累不得，比寻常似乎多享了一些福，自己一赌气便也病了。起初不过是气虚血亏，却也将阖家支使得团团转，哪儿还能够兼顾到芝寿？后来七巧认真得了病，卧床不起，越发鸡犬不宁。长安乘乱里便走开了，把裁缝唤到她三叔家里，由长馨出主意替她制了新装。赴宴的那天晚上，长馨先陪她到理发店去用钳子烫了头发，从天庭到鬓角一路密密的贴着细小的发圈，耳朵上戴了二寸来长的玻璃翡翠宝塔坠子，又换上了苹果绿乔琪纱旗袍，高领圈，荷叶边袖子，腰以下是半西式的百褶裙。一个小大姐蹲在地上为她扣揿钮，长安在穿衣镜里端详着自己，忍不住将两臂虚虚的一伸，裙子一踢，摆了个葡萄仙子的姿势，一扭头笑了起来道："把我打扮得天女散花似的！"长馨在镜子里向那小大姐做了个眉眼，两人不约而同也都笑了起来。长安妆罢，便向高椅上端端正正坐下了。长馨道："我去打电话叫车。"长安道："还早呢！"长馨看了看表道："约的是八点，已经八点过五分了。"长安道："晚个半个钟头，想必也不碍事。"长馨猜她是存心要搭点架子，心中又好气又好笑，打开银丝手提皮包来检点了一下，借口说忘了带粉镜子，逕自走到她母亲屋里来，如此这般告诉了一遍，又道："今儿又不是姓童的请客，她这架子是冲着谁搭的？我也懒得去劝她，由她挨到明儿早上去，也不干我事。"兰仙道："瞧你这糊涂！人是你约的，媒是你做的，你怎么卸得了这干系？我埋怨过你多少回了——你早该知道了，安姐儿就跟她娘一样的小家子气，不上台盘。待会儿出乖露丑的，说起来是你姐姐，你丢人也是活该，谁叫你把这些是是非非，揽上身来，敢是闲疯了?”长馨咕嘟着嘴在她母亲屋里坐了半晌。兰仙笑道：“看这情形，你姐姐是等着人催请呢。”长馨道：“我才不去催她呢!”兰仙道：“傻丫头，要你催，中甚么用?她等着那边来电话哪!”长馨失声笑道：“又不是新娘子，要三请四催的，逼着上轿!”兰仙道：“好歹你打个电话到饭店里去，叫他们打个电话来，不就结了?快九点了，再挨下去，事情可真要崩了!”长馨只得依言做去，这边方才动了身。

长安在汽车里还是兴兴头头，谈笑风生的，到了菜馆子里，突然矜持起来，跟在长馨后面，悄悄掩进了房间，怯怯的褪去了苹果绿鸵鸟毛斗篷，低头端坐，拈了一只杏仁，每隔两分钟轻轻啃去了十分之一，缓缓咀嚼着。她是为了被看而来的。她觉得她浑身的装束，无懈可击，任凭人家多看两眼也不妨事，可是她的身体完全是多余的，缩也没处缩，她始终缄默着，吃完了一顿饭。等着上甜菜的时候，长馨把她拉到窗子跟前去观看街景，又托故走开了，那童世舫便踱到窗前，问道：“姜小姐这儿来过么?”长安细声道：“没有。”童世舫道：“我也是第一次，菜倒是不坏，可是我还是吃不大惯。”长安道：“吃不惯?”世舫道：“可不是!外国菜比较清淡些，中国菜要油腻得多。刚回来，连着几天亲戚朋友们接风，很容易的就吃坏了肚子。”长安反复地看她的手指，仿佛一心一意要数数一共有几个指纹是螺形的，几个是簸箕……

玻璃窗上面，没来由开了小小的一朵霓虹灯的花——对过一家店面里反映过来的，绿心红瓣，是尼罗河祀神的莲花，又是法国王室的百合徽章……

世舫多年没见过故国的姑娘，觉得长安很有点楚楚可怜的韵致，倒有几分欢喜。他留学以前早就定了亲，只因他爱上了一个女同学，抵死反对家里的亲事，路远迢迢，打了无数的笔墨官司，几乎闹翻了脸，他父母曾经一度断绝了他的接济，使他吃了不少的苦，方才依了他，解了约。不幸他的女同学别有所恋，抛下了他，他失意之余，倒埋头读了七八年的书。他深信妻子还是旧式的好，也是由于反应作用。

和长安见了这一面之后，两下里都有了意。长馨想着送佛送到西天，自己再热心些，也没有资格出来向长安的母亲说话，只得央及兰仙。兰仙执意不肯道：“你又不是不知道，你爹跟你二妈仇人似的，向来是不见面的。我虽然没有跟她红过脸，再好些也有限，何苦去自讨没趣?”长安见了兰仙，只是垂泪，兰仙却不过情面，只得答应去走一遭。妯娌相见，问候了一番，兰仙便说明了来意。七巧初听见了，倒也欣然，因道：“那就拜托三妹妹罢!我病病哼哼的，也管不得了，偏劳了三妹妹。这丫头就是我的一块心病。我做娘的也不能说是对不起她了，行的是老法规矩，我替她裹脚；行的是新派规矩，我送她上学堂——还要怎么着?照我这样扒心扒肝调理出来的人，只要她不疤不麻不瞎，还会没人要吗?怎奈这丫头天生的是扶不起的阿斗，恨得我只嚷嚷；多是我眼闭一去了，男婚女嫁，听天由命罢!”

当下议妥了，由兰仙请客，两方面相亲。长安与童世舫只做没见过面模样，只会晤了一次。七巧病在床上，没有出场，因此长安便风平浪静的订了婚。在筵席上，兰仙与长馨强拉着长安的手，递到童世舫手里，世舫当众替她套上了戒指。女家也回了礼，文房四宝虽然免了，却用新式的丝绒文具盒来代替，又添上了一只手表。

订婚之后，长安遮遮掩掩竟和世舫独出去了几次。晒着秋天的太阳，两人并排在公园里走，很少说话，眼角里带着一点对方的衣服与移动着的脚，女子的粉香，男子的淡巴菰气，这单纯而可爱的印象便是他们身边的栏杆，栏杆把他们与众人隔开了。空旷的绿草地上，许多人跑着、笑着、谈着，可是他们走的是寂寂的绮丽的回廊——走不完的寂寂的回廊。不说话，长安并不感到任何缺陷。她以为新式的男女间的交际也就“尽于此矣”。童世舫呢，因为过去的痛苦的经验，对于思想的交换根本抱着怀疑的态度。有个人在身边，他也就满足了。从前，他顶讨厌小说上的男人，向女人要求同居的时候，只说：“请给我一点安慰。”安慰是纯粹精神上的，这里却做了肉欲的代名词。但是他现在知道精神与物质的界限不能分得这么清。言语究竟没有用。久久的握手，就是妥协的安慰，因为会说话的人很少，真正有话说的人还要少。

有时在公园里遇着了雨，长安撑起了伞，世舫为她擎着。隔着半透明的蓝绸伞，千万粒雨珠闪着光，像一天的星。一天的星到处跟着他们，在水珠银烂的车窗上，汽车驰过了红灯、绿灯，窗子外营营飞着一窠红的星，又是一窠绿的星。

长安带了点星光下的乱梦回家来，人变得异常沉默了。时时微笑着。七巧见了，不由得有气，便冷言冷语道：“这些年来，多多怠慢了姑娘，不怪姑娘难得开个笑脸。这下子跳出了姜家的门，称了心愿了，再快活些，可也别这么摆在脸上呀——叫人寒心！”依着长安素日的性子，就要回嘴，无如长安近来像换了个人似的，听了也不计较，自顾自努力去戒烟。七巧也奈何她不得。

长安订婚那天，大奶奶玳珍没去，隔了些天来补道喜。七巧悄悄唤了声大嫂，道：“我看咱们还是在外头打听打听哩，这事可冒失不得！前天我耳朵里仿佛刮着一点，说是乡下有太太，外洋还有一个。”玳珍道：“乡下的那个没过门就退了亲。外洋那个也是这样，说是做了几年的朋友了，不知怎么又没成功。”七巧道：“那还有个为什么？男人的心，说声变，就变了，他连三媒六聘的还不认账，何况那不三不四的歪辣货？知道他在外洋还有旁人没有？我就只这一个女儿，可不能糊里糊涂断送了她的终身，我自己是吃过媒人的苦的！”

长安坐在一旁用指甲去掐手掌心，手掌心掐红了，指甲却挣得雪白。七巧一抬眼望见了她，便骂道：“死不要脸的丫头，竖着耳朵听呢！这话是你听得的吗？我们做姑娘的时候，一声提起婆婆家，来不迭的躲开了。你姜家枉为世代书香，只怕你还要到你开麻油店的外婆家去学点规矩哩！”长安一头哭一头奔了出去。七巧拍着枕头嗳了一声道：“姑娘急着要嫁，叫我也没法子。腥的臭的往家里拉。名为是她三婶给找的人，其实不过是拿她三婶做个幌子。多半是生米煮成了熟饭了，这才挽了三婶出来做媒。大家齐打伙儿糊弄我一个人……糊弄着也好！说穿了，叫做娘的做哥哥的脸往哪儿放？”

又一天，长安托辞溜了出去，回来的时候，不等七巧查问，待要报告自己的行踪，七巧叱道：“得了，得了，少说两句罢！在我前面糊什么鬼？有朝一日你让我抓着了真凭实据——哼！别以为你大了，订了亲了，我打不得你了！”长安急了道：“我给馨妹妹送鞋样子去，犯了法了？娘不信，娘问三婶去！”七巧道：“你三婶替你寻了个汉子来，就是你的重生父母，再养爹娘！也没见你这样的轻骨头！……一转眼就不见你的人了。你家里供养了你这些年，就只差买个小厮伺候你，哪一处对你不住了，你在家里一刻也坐不稳?”长安红了脸，眼泪直掉下来。七巧缓过一口气来，又道：“当初多少好的都不要，这会子去嫁个不成器的，人家拣剩下来的，岂不是自己打嘴?他若是个人，怎么活到三十来几，飘洋过海的，跑上十万里地，一房老婆还没弄到手?”

然而长安一味的执迷不悟。因为双方的年纪都不小了，订了婚不上几月，男方便托了兰仙来议定婚期。七巧指着长安道：“早不嫁，迟不嫁，偏赶着这两年钱不凑手!明年若是田上收成好些，嫁妆也还整齐些。”兰仙道：“如今新式结婚，倒也不讲究这些了。就照新派办法，省着点也好。”七巧道：“什么新派旧派?旧派无非排场大些，新派实惠些，一样还是娘家的晦气!”兰仙道：“二嫂看着办就是了，难道安姐儿还会争多论少不成?”一屋子的人全笑了，长安也不觉微微一笑。七巧破口骂道：“不害臊!你是肚子里有了搁不住的东西是怎么着?火烧眉毛，等不及的要过门!嫁妆也不要了——你情愿，人家倒许不情愿呢?你就拿准了他是图你的人?你好不自量。你有哪一点叫人看得上眼?趁早别自骗自了!姓童的还不是看中了姜家的门第!别瞧你们家轰轰烈烈，公侯将相的，其实全不是那么回事!早就是外强中干，这两年连空架子也撑不起了。人呢，一代坏似一代，眼里哪儿还有天地君亲?少爷们是什么都不懂，小姐们就知道霸钱要男人——猪狗都不如!我娘家当初千不该万不该跟姜家结了亲，坑了我一世，我待要告诉那姓童的趁早别像我似的上了当!”

自从吵闹过这一番，兰仙对于这头亲事便洗手不管了。七巧的病渐渐痊愈，略略下床走动，便逐日骑着门坐着，遥遥向长安屋里叫喊道：“你要野男人你尽管去找，只别把他带上门来认我做丈母娘，活活的气死了我!我只图个眼不见，心不烦。能够容我多活两年，便是姑娘的恩典了!”颠来倒去几句话，嚷得一条街上都听得见。亲戚丛中自然更将这事沸沸扬扬传了开去。

七巧又把长安唤到跟前，忽然滴下泪来道：“我的儿，你知道外头人把你怎么长怎么短糟蹋得一个钱也不值!你娘自从嫁到姜家来，上上下下谁不是势利的，狗眼看人低，明里暗里我不知受了他们多少气。就连你爹，他有什么好处到我身上，我要替他守寡?我千辛万苦守了这二十年，无非是指望你姐儿俩长大成人，替我争回一点面子来。不承望今日之下，只落得这等的收场!”说着，呜咽起来。

长安听了这话，如同轰雷掣顶一般。她娘尽管把她说得不成人，外头人尽管把她说得不成人，她管不了这许多。唯有童世舫——他——他该怎么想?他还要她么?上次见面的时候，他的态度有点改变吗?很难说……她太快乐了，小小的不同的地方她不会注意到……被戒烟期间身体上的痛苦与种种刺激两面夹攻着，长安早就有点受不了，可是硬撑着也就撑了过去，现在她突然觉得浑身的骨骼都脱了节，向他解释么?他不比她的哥哥，他不是她母亲的儿女，他决不能彻底明白她母亲的为人。他果真一辈子见不到她母亲，倒也罢了，可是他迟早要认识七巧。这是天长地久的事，只有千年做贼的，没有千年防贼的——她知道她母亲会放出什么手段来?迟早要出乱子，迟早要决裂。这是她的生命里顶完美的一段，与其让别人给它加上一个不堪的尾巴，不如她自己早早结束了它。一个美丽而苍凉的手势……她知道她会懊悔的，她知道她会懊悔的，然而她抬了抬眉毛，做出不介意的样子，说道：“既然娘不愿意结这个亲，我去回掉他们就是了。”七巧正哭着，忽然住了声，停了一停，又抽答抽答哭了起来。

长安定了一定神，就去打了个电话给童世舫。世舫当天没有空，约了明天下午。长安所最怕的就是中间隔的这一晚，一分钟，一刻、一刻，啃进她心里去。次日，在公园里的老地方，世舫微笑着迎上前来，没跟她打招呼——这在他是一种亲昵的表示。他今天仿佛是特别的注意她，并肩走着的时候，屡屡的望着她的脸。太阳煌煌的照着，长安越发觉得眼皮肿得抬不起来了。趁他不在看她的时候把话说了罢。她用哭哑了的喉咙轻轻唤了一声“童先生”，世舫没听见。那么，趁他看她的时候把话说了罢。她诧异她脸上还带着点笑，小声道：“童先生，我想——我们的事也许还是——还是再说罢。对不起得很。”她褪下戒指来塞在他手里，冷涩的戒指，冷湿的手。她放快了步子走去，他愣了一会，便追上来，问道：“为什么呢？对于我有不满意的地方么？”长安笔直向前望着，摇了摇头。世舫道：“那么，为什么呢？”长安道：“我母亲……”世舫道：“你母亲并没有看见过我。”长安道：“我告诉过你了，不是因为你。跟你完全没有关系。我母亲……”世舫站定了脚。这在中国是很充分的理由了罢？他这么略一踌躇，她已经走远了。

园子在深秋的日头里晒了一上午又一下午，怀烂熟的水果一般，往下坠着，坠着，发出香味来。长安悠悠忽忽听见了口琴的声音，迟钝地吹出了 Long Long Ago——“告诉我那故事，往日我最心爱的那故事。许久以前，许久以前……”这是现在，一转眼也就变了许久以前了，什么都完了。长安着了魔似的，去找那吹口琴的人——去找她自己。迎着阳光走着，走到树底下，一个穿着黄短裤的男孩骑在树桠枝上颠颠着，吹着口琴，可是他吹的是另一个调子，她从来没听见过的。不大的一棵树，稀稀朗朗的梧桐叶在太阳里摇着像金的铃铛。长安仰面看着，眼前一阵黑，像骤雨似的，泪珠一串串的披了一脸，世舫找到了她，在她身边悄悄站了半晌，方道：“我尊重你的意见。”长安攀起了她的皮包来遮住了脸上的阳光。

他们继续来往了一些时。世舫要表示新人物交女朋友的目的不仅限于择偶，因此虽然与长安解除了婚约，依旧常常的邀她出去。至于长安呢，她是抱着什么样的矛盾的希望跟着他出去，她自己也不知道——知道了也不肯承认。订着婚的时候，光明正大的一同出去，尚且要瞒了家里，如今更成了幽期密约了。世舫的态度始终是坦然的。固然，她略略伤害了他的自尊心，同时他对于她多少也有点惋惜，然而“大丈夫何患无妻？”男子对于女子最隆重的赞美是求婚。他割舍了他的自由，送了她这一份厚礼，虽然她是“心领璧还”了，他可是尽了他的心。这是惠而不费的事。

无论两人之间的关系是怎样的微妙而尴尬，他们认真的做起朋友来了。他们甚至谈起话来。长安的没见过世面的话每每使世舫笑起来，说道：“你这人真有意思！”长安渐渐的也发现了她自己原来是个“很有意思”的人。这样下去，事情会发展到什么地步，连世舫自己也会惊奇。

然而风声吹到了七巧的耳朵里。七巧背着长安吩咐长白下帖子请童世舫吃便饭。世舫猜着姜家许是要警告他一声，不准他和他们小姐藕断丝连，可是他同长白在那阴森高敞的餐室里吃了两盅酒，说了一会话，天气、时局、风土人情，并没有一个字沾到长安身上。冷盘撤了下去，长白突然手按着桌子站了起来。世舫回过头去，只见门口背着光立着一个小身材的老太太，脸看不清楚，穿一件青灰团龙宫织缎袍，双手捧着大红热水袋，身边夹峙着两个高大的女仆。门外日色昏黄，楼梯上铺着湖绿花格子漆布地衣，一级一级上去，通入没有光的所在。世舫直觉地感到那是个疯子——无缘无故的，他只是毛骨悚然，长白介绍道："这就是家母。"

世舫挪开椅子站起来，鞠了一躬。七巧将手搭在一个佣妇的胳膊上，款款走了进来，客套了几句，坐下来便敬酒让菜。长白道："妹妹呢？来了客，也不帮着张罗张罗。"七巧道："她再抽两筒就下来了。"世舫吃了一惊，睁眼望着她。七巧忙解释道："这孩子就苦在先天不足，下地就得给她喷烟。后来也是为了病，抽上了这东西。小姐家，够多不方便哪！也不是没戒过，身子又娇，又是由着性儿惯了的，说丢，哪儿丢得掉呢！戒戒抽抽，这也有十年了。"世舫不由得变了色，七巧有一个疯子的审慎与机智。她知道，一不留心，人们就会用嘲笑的，不信任的眼光截断了她的话锋，她已经习惯了那种痛苦。她怕话说多了要被人看穿了。因此及早止住了自己，忙着添酒布菜。隔了些时，再提起长安的时候，她还是轻描淡写的把那几句话重复了一遍。她那平扁而尖利的喉咙四面割着人像剃刀片。

长安悄悄的走下楼来，玄色花绣鞋与白丝袜停留在日色昏黄的楼梯上。停了一会，又上去了，一级一级，走进没有光的所在。

七巧道："长白你陪童先生多喝两杯，我先上去了。"佣人端上一品锅来，又换上了新烫的竹叶青。一个丫头慌里慌张站在门口将席上伺候的小厮唤了出去，叽咕了一会，那小厮又进来向长白附耳说了几句，长白仓皇起身，向世舫连连道歉，说："暂且失陪，我去去就来。"三脚两步也上楼去了，只剩世舫一人独酌。那小厮也觉过意不去，低低的告诉了他："我们绢姑娘要生了。"世舫道："绢姑娘是谁?"小厮道："是少爷的姨奶奶。"

世舫拿上饭来胡乱吃了两口，不便放下碗来就走，只得坐在花梨炕上等着，酒酣耳热，忽然觉得异常的委顿，便躺了下来。卷着云头的花梨炕，冰凉的黄藤心子，柚子的寒香……姨奶奶添了孩子了。这就是他所怀念着的古中国……他的幽娴贞静的中国闺秀是抽鸦片的！他坐了起来，双手托着头，感到了难堪的落寞。

他取了帽子出门，向那个小厮道："待会儿请你对上头说一声，改天我再面谢罢!"他穿过砖砌的天井，院子正中生着树，一树的枯枝高高印在淡青的天上，像瓷上的冰纹。长安静静的跟在他后面送了出来，她的藏青长袖旗袍上有着淡黄的雏菊。她两手交握着，脸上显出稀有的柔和。世舫回过身来道："姜小姐……"她隔得远远的站定了，只是垂着头。世舫微微鞠了一躬，转身就走了。长安觉得她是隔了相当的距离看这太阳里的庭院，从高楼上望下来，明晰、亲切，然而没有能力干涉，天井、树、曳着萧条的影子的两个人，没有话——不多的一点回忆，将来是要装在水晶瓶里双手捧着看的——她的最初也是最后的爱。

芝寿直挺挺躺在床上，搁在肋骨上的两只手蜷曲着像宰了的鸡的脚爪。帐子吊起了一半。不分昼夜她不让他们给她放下帐子来，她怕。

外面传进来说绢姑娘生了个小少爷。丫头丢下了热气腾腾的药罐子跑出去凑热闹。敞着房门，一阵风吹了进来，帐钩豁朗朗乱摇，帐子自动的放了下来，然而芝寿不再抗议了。她的头向右一歪，滚到枕头外面去。她并没有死——又挨了半个月光景才死的。

绢姑娘扶了正，做了芝寿的替身。扶了正不上一年就吞了生鸦片自杀了。长白不敢再娶了，只在妓院里走走。长安更是早就断了结婚的念头。

七巧似睡非睡横在烟铺上。三十年来她戴着黄金的枷。她用那沉重的枷角劈杀了几个人，没死的也送了半条命。她知道她儿子女儿恨毒了她，她婆家的人恨她，她娘家的人恨她。她摸索着腕上的翠玉镯子，徐徐将那镯子顺着骨瘦如柴的手臂往上推，一直推到腋下。她自己也不能相信她年轻的时候有过滚圆的胳膊。就连出了嫁之后几年，镯子里也只塞得进一条洋绉手帕。十八九岁做姑娘的时候，高高挽起了大镶大滚的蓝夏布衫袖，露出一双雪白的手腕，上街买菜去。喜欢她的有肉店里的朝禄，她哥哥的结拜弟兄丁玉根、张少泉，还有沈裁缝的儿子。喜欢她，也许只是喜欢跟她开开玩笑。然而如果她挑中了他们之中的一个，往后日子久了，生了孩子，男人多少对她有点真心。七巧挪了挪头底下的荷叶边小洋枕，凑上脸去揉擦了一下，那一面的一滴眼泪她就懒怠去揩拭，由它挂在腮上，渐渐自己干了。

七巧过世以后，长安和长白分了家搬出来住。七巧的女儿是不难解决她自己的问题的，谣言说她和一个男子在街上一同走，停在摊子跟前，他为她买了一双吊袜带。也许她用的是她自己的钱，可是无论如何是由男子的袋里掏出来的。……当然这不过是谣言。

三十年前的月亮早已沉下去，三十年前的人也死了，然而三十年前的故事还没完——完不了。

【注释】

①张爱玲(1920—1995)，原名张瑛，生于天津，后随家迁居上海。现代女作家，笔名梁京。1944年出版小说集《传奇》，1945年出版散文集《流言》。抗战后，改行编写电影剧本，1952年移居香港，发表《秧歌》《赤地之恋》两部长篇小说。后居美国。张爱玲小说重在展现以沪、港为背景的都市民间社会中小人物的生存状态，尤其是处于新旧交替时期的旧家族中人物的生存状态，关心家族中女性的生存状态、女性的婚姻恋爱以及女性情欲。在人物塑造方面，她以挖掘人性深度为人称道。在艺术手法上，张爱玲的创作体现了中国传统小说与西方现代手法之间的巧妙融合。

【作品提示】

小说通过曹七巧被金钱毁灭，又因复仇而毁灭他人的双重悲剧，深刻表现了对金钱的贪婪造成的对人性的巨大摧残。小说的现实意义在于给了在金钱和爱情面前进行选择的人们以深刻的启示。

小说描写人物心理的艺术手法主要表现在两方面。

1. 运用传统的小说笔法，如对话、动作、肖像、服饰描写等来剖示人物内心世界。

2. 运用意识流和心理分析等表现方法，深刻揭示人物的心理。

小说中遍布具有象征意味的意象，这也使张爱玲的小说颇具现代意味。

思考练习

你怎样理解金钱与人性的关系？

百合花

茹志鹏[①]

一九四六年的中秋。

这天打海岸的部队决定晚上总攻。我们文工团创作室的几个同志，就由主攻团的团长分派到各个战斗连去帮助工作。大概因为我是个女同志吧！团长对我抓了半天后脑勺，最后才叫一个通讯员送我到前沿包扎所去。

包扎所就包扎所吧！反正不叫我进保险箱就行。我背上背包，跟通讯员走了。

早上下过一阵小雨，现在虽放了晴，路上还是滑得很，两边地里的秋庄稼，却给雨水冲洗得青翠水绿，珠烁晶莹。空气里也带有一股清鲜湿润的香味。要不是敌人的冷炮，在间歇地盲目地轰响着，我真以为我们是去赶集呢！

通讯员撒开大步，一直走在我前面。一开始他就把我落下几丈远。我的脚烂了，路又滑，怎么努力也赶不上他。我想喊他等等我，却又怕他笑我胆小害怕；不叫他，我又真怕一个人摸不到那个包扎所。我开始对这个通讯员生起气来。

嗳！说也怪，他背后好像长了眼睛似的，倒自动在路边站下了。但脸还是朝着前面，没看我一眼。等我紧走慢赶地快要走近他时，他又蹬蹬蹬地自个向前走了，一下又把我甩下几丈远。我实在没力气赶了，索性一个人在后面慢慢晃。不过这一次还好，他没让我落得太远，但也不让我走近，总和我保持着丈把远的距离。我走快，他在前面大踏步向前；我走慢，他在前面就摇摇摆摆。奇怪的是，我从没见他回头看我一次，我不禁对这通讯员发生了兴趣。

刚才在团部我没注意看他，现在从背后看去，只看到他是高挑挑的个子，块头不大，但从他那副厚实实的肩膀看来，是个挺棒的小伙，他穿了一身洗淡了的黄军装，绑腿直打到膝盖上。肩上的步枪筒里，稀疏地插了几根树枝，这要说是伪装，倒不如算作装饰点缀。

没有赶上他，但双脚胀痛得像火烧似的。我向他提出了休息一会后，自己便在田界的石头上坐了下来。他也在远远的一块石头上坐下，把枪横搁在腿上，背向着我，好像没我这个人似的。凭经验，我晓得这一定又因为我是个女同志的缘故。女同志下连队，就有这些困难。我着恼地带着一种反抗情绪走过去，面对着他坐下来。这时，我看见他那张十分年轻稚气的圆脸，顶多有十八岁。他见我挨他坐下，立即张惶起来，好像他身边埋下了一颗定时炸弹，局促不安，掉过脸去不好，不掉过去又不行，想站起来又不好意思。我拼命忍住笑，随便地问他是哪里人。他没回答，脸涨得像个关公，讷讷半晌，才说清自己是天目山人。原来他还是我的同乡呢！

“在家时你干什么?”

“帮人拖毛竹。”

我朝他宽宽的两肩望了一下，立即在我眼前出现了一片绿雾似的竹海，海中间，一条窄窄的石级山道，盘旋而上。一个肩膀宽宽的小伙，肩上垫了一块老蓝布，扛了几枝青竹，竹梢长长的拖在他后面，刮打得石级哗哗作响……这是我多么熟悉的故乡生活啊！我立刻对这位同乡，越加亲热起来。我又问：

“你多大了？”

“十九。”

“参加革命几年了？”

“一年。”

“你怎么参加革命的？”我问到这里自己觉得这不像是谈话，倒有些像审讯。不过我还是禁不住地要问。

“大军北撤时我自己跟来的。”

“家里还有什么人呢？”

“娘，爹，弟弟妹妹，还有一个姑姑也住在我家里。”

“你还没娶媳妇吧？”

“……”他飞红了脸，更加忸怩起来，两只手不停地数摸着腰皮带上的扣眼。半晌他才低下了头，憨憨地笑了一下，摇了摇头。我还想问他有没有对象，但看到他这样子，只得把嘴里的话，又咽了下去。

两人闷坐了一会，他开始抬头看看天，又掉过来扫了我一眼，意思是在催我动身。

当我站起来要走的时候，我看见他摘了帽子，偷偷地在用毛巾拭汗。这是我的不是，人家走路都没出一滴汗，为了我跟他说话，却害他出了这一头大汗，这都怪我了。

我们到包扎所，已是下午两点钟了。这里离前沿有三里路，包扎所设在一个小学里，大小六个房子组成品字形，中间一块空地长了许多野草，显然，小学已有多时不开课了。我们到时屋里已有几个卫生员在弄着纱布棉花，满地上都是用砖头垫起来的门板，算作病床。

我们刚到不久，来了一个乡干部，他眼睛熬得通红，用一片硬拍纸插在额前的破毡帽下，低低地遮在眼睛前面挡光。他一肩背枪，一肩挂了一杆秤；左手挎了一篮鸡蛋，右手提了一口大锅，呼哧呼哧地走来。他一边放东西，一边对我们又抱歉又诉苦，一边还喘息地喝着水，同时还从怀里掏出一包饭团来嚼着。我只见他迅速地做着这一切。他说的什么我就没大听清。好像是说什么被子的事，要我们自己去借。我问清了卫生员，原来因为部队上的被子还没发下来，但伤员流了血，非常怕冷，所以就得向老百姓去借。哪怕有一二十条棉絮也好。我这时正愁工作插不上手，便自告奋勇讨了这件差事，怕来不及就顺便也请了我那位同乡，请他帮我动员几家再走。他踌躇了一下，便和我一起去了。

我们先到附近一个村子，进村后他向东，我往西，分头去动员。不一会，我已写了三张借条出去，借到两条棉絮，一条被子，手里抱得满满的，心里十分高兴，正准备送回去再来借时，看见通讯员从对面走来，两手还是空空的。

“怎么，没借到？”我觉得这里老百姓觉悟高，又很开通，怎么会没有借到呢？我有点惊奇地问。

“女同志，你去借吧！……老百姓死封建。……”

“哪一家？你带我去。”我估计一定是他说话不对，说崩了。借不到被子事小，得罪了老百姓影响可不好。我叫他带我去看看。但他执拗地低着头，像钉在地上似的，不肯挪步。我走近他，低声地把群众影响的话对他说了。他听了，果然就松松爽爽地带我走了。

我们走进老乡的院子里，只见堂屋里静静的，里面一间房门上，垂着一块蓝布红额的门帘，门框两边还贴着鲜红的对联。我们只得站在外面向里“大姐、大嫂”的喊，喊了几声，不见有人应，但响动是有了。一会，门帘一挑，露出一个年轻媳妇来。这媳妇长得很好看，高高的鼻梁，弯弯的眉，额前一溜蓬松松的留海。穿的虽是粗布，倒都是新的。我看她头上已硬翘翘地挽了髻，便大嫂长大嫂短地向她道歉，说刚才这个同志来，说话不好别见怪等等。她听着，脸扭向里面，尽咬着嘴唇笑。我说完了，她也不作声，还是低头咬着嘴唇，好像忍了一肚子的笑料没笑完。这一来，我倒有些尴尬了，下面的话怎么说呢！我看通讯员站在一边，眼睛一眨不眨地看着我，好像在看连长做示范动作似的。我只好硬了头皮，讪讪地向她开口借被子了，接着还对她说了一遍共产党的部队，打仗是为了老百姓的道理。这一次，她不笑了，一边听着，一边不断向房里瞅着。我说完了，她看看我，看看通讯员，好像在掂量我刚才那些话的斤两。半晌，她转身进去抱被子了。

通讯员乘这机会，颇不服气地对我说道：

“我刚才也是说的这几句话，她就是不借，你看怪吧！……”

我赶忙白了他一眼，不叫他再说。可是来不及了，那个媳妇抱了被子，已经在房门口了。被子一拿出来，我方才明白她刚才为什么不肯借的道理了。这原来是一条里外全新的新花被子，被面是假洋缎的，枣红底，上面撒满白色百合花。她好像是在故意气通讯员，把被子朝我面前一送，说：“抱去吧。”

我手里已捧满了被子，就一努嘴，叫通讯员来拿。没想到他竟扬起脸，装作没看见。我只好开口叫他，他这才绷了脸，垂着眼皮，上去接过被子，慌慌张张地转身就走。不想他一步还没有走出去，就听见“嘶”的一声，衣服挂住了门钩，在肩膀处，挂下一片布来，口子撕得不小。那媳妇一面笑着，一面赶忙找针拿线，要给他缝上。通讯员却高低不肯，挟了被子就走。

刚走出门不远，就有人告诉我们，刚才那位年轻媳妇，是刚过门三天的新娘子，这条被子就是她唯一的嫁妆。我听了，心里便有些过意不去，通讯员也皱起了眉，默默地看着手里的被子。我想他听了这样的话一定会有同感吧！果然，他一边走，一边跟我嘟哝起来了。

“我们不了解情况，把人家结婚被子也借来了，多不合适呀！……”我忍不住想给他开个玩笑，便故作严肃地说：“是呀！也许她为了这条被子，在做姑娘时，不知起早熬夜，多干了多少零活，才积起了做被子的钱，或许她曾为了这条花被，睡不着觉呢。可是还有人骂她死封建。……”

他听到这里，突然站住脚，呆了一会，说：

“那！……那我们送回去吧！”

“已经借来了，再送回去，倒叫她多心。”我看他那副认真、为难的样子，又好笑，又觉得可爱。不知怎么的，我已从心底爱上了这个傻呼呼的小同乡。

他听我这么说，也似乎有理，考虑了一下，便下了决心似的说：

“好，算了。用了给她好好洗洗。”他决定以后，就把我抱着的被子，统统抓过去，左一条、右一条地披挂在自己肩上，大踏步地走了。

回到包扎所以后，我就让他回团部去。他精神顿时活泼起来了，向我敬了礼就跑了。走不几步，他又想起了什么，在自己挂包里掏了一阵，摸出两个馒头，朝我扬了扬，顺手放在路边石头上，说：“给你开饭啦！”说完就脚不点地地走了。我走过去拿起那两个干硬的馒头，看见他背的枪筒里不知在什么时候又多了一枝野菊花，跟那些树枝一起，在他耳边抖抖地颤动着。

他已走远了，但还见他肩上撕挂下来的布片，在风里一飘一飘。我真后悔没给他缝上再走。现在，至少他要裸露一晚上的肩膀了。

包扎所的工作人员很少。乡干部动员了几个妇女，帮我们打水，烧锅，做些零碎活。那位新媳妇也来了，她还是那样，笑眯眯地抿着嘴，偶然从眼角上看我一眼，但她时不时地东张西望，好像在找什么。后来她到底问我说：“那位同志弟到哪里去了?”我告诉她同志弟不是这里的，他现在到前沿去了。她不好意思地笑了一下说：“刚才借被子，他可受我的气了!”说完又抿了嘴笑着，动手把借来的几十条被子、棉絮，整整齐齐地分铺在门板上、桌子上(两张课桌拼起来，就是一张床)。我看见她把自己那条白百合花的新被，铺在外面屋檐下的一块门板上。

天黑了，天边涌起一轮满月。我们的总攻还没发起。敌人照例是忌怕夜晚的，在地上烧起一堆堆的野火，又盲目地轰炸，照明弹也一个接一个地升起，好像在月亮下面点了无数盏的汽油灯，把地面的一切都赤裸裸地暴露出来了。在这样一个“白夜”里来攻击，有多困难，要付出多大的代价啊！我连那一轮皎洁的月亮，也憎恶起来了。

乡干部又来了，慰劳了我们几个家做的干菜月饼。原来今天是中秋节了。

啊！中秋节，在我的故乡，现在一定又是家家门前放一张竹茶几，上面供一副香烛，几碟瓜果月饼。孩子们急切地盼那炷香快些焚尽，好早些分摊给月亮娘娘享用过的东西。他们在茶几旁边跳着唱着：“月亮堂堂，敲锣买糖……”或是唱着：“月亮嬷嬷，照你照我……”我想到这里，又想起我那个小同乡，那个拖毛竹的小伙，也许，几年以前，他还唱过这些歌吧！……我咬了一口美味的家做月饼，想起那个小同乡大概现在正趴在工事里，也许在团指挥所，或者是在那些弯弯曲曲的交通沟里走着哩！……

一会儿，我们的炮响了，天空划过几颗红色的信号弹，攻击开始了。不久，断断续续的有几个伤员下来，包扎所的空气立即紧张起来。

我拿着小本子，去登记他们的姓名、单位，轻伤的问问，重伤的就得拉开他们的符号，或是翻看他们的衣襟。我拉开一个重彩号的符号时，“通讯员”三个字使我突然打了个寒战，心跳起来。我定了下神才看到符号上写着×营的字样。啊！不是，我的同乡他是团部的通讯员。但我又莫名其妙地想问问谁，战地上会不会漏掉伤员。通讯员在战斗时，除了送信，还干什么，——我不知道自己为什么要问这些没意思的问题。

战斗开始后的几十分钟里，一切顺利，伤员一次次带下来的消息，都是我们突破第一道鹿砦，第二道铁丝网，占领敌人前沿工事打进街了。但到这里，消息忽然停顿了，下来的伤员，只是简单地回答说“在打”，或是“在街上巷战”。但从他们满身泥泞，极度疲乏的神色上，甚至从那些似乎刚从泥里掘出来的担架上，大家明白，前面在进行着一场什么样的战斗。

包扎所的担架不够了，好几个重彩号不能及时送后方医院，耽搁下来。我不能解除他们任何痛苦，只得带着那些妇女，给他们拭脸洗手，能吃得的喂他们吃一点，带着背包的，就给他们换一件干净衣裳，有些还得解开他们的衣服，给他们拭洗身上的污泥血迹。

做这种工作，我当然没什么，可那些妇女又羞又怕，就是放不开手来，大家都要抢着去烧锅，特别是那新媳妇。我跟她说了半天，她才红了脸，同意了。不过只答应做我的下手。

前面的枪声，已响得稀落了。感觉上似乎天快亮了，其实还只是半夜。外边月亮很明，也比平日悬得高。前面又下来一个重伤员。屋里铺位都满了，我就把这位重伤员安排在屋檐下的那块门板上。担架员把伤员抬上门板，但还围在床边不肯走。一个上了年纪的担架员，大概把我当作医生了，一把抓住我的膀子说：“大夫，你可无论如何要想办法治好这位同志呀！你治好他，我……我们全体担架队员给你挂匾！……”他说话的时候，我发现其他的几个担架员也都睁大了眼盯着我，似乎我点一点头，这伤员就立即会好了似的。我心想给他们解释一下，只见新媳妇端着水站在床前，短促地“啊”了一声。我急拨开他们上前一看，我看见了一张十分年轻稚气的圆脸，原来棕红的脸色，现已变得灰黄。他安详地合着眼，军装的肩头上，露着那个大洞，一片布还挂在那里。

“这都是为了我们……”那个担架员负罪地说道，“我们十多副担架挤在一个小巷子里，准备往前运动，这位同志走在我们后面，可谁知道狗日的反动派不知从哪个屋顶上撂下颗手榴弹来，手榴弹就在我们人缝里冒着烟乱转，这时这位同志叫我们快趴下，他自己就一下扑在那个东西上了……”

新媳妇又短促地“啊”了一声。我强忍着眼泪，给那些担架员说了些话，打发他们走了。我回转身看见新媳妇已轻轻移过一盏油灯，解开他的衣服，她刚才那种忸怩羞涩已经完全消失，只是庄严而虔诚地给他拭着身子，这位高大而又年轻的小通讯员无声地躺在那里……我猛然醒悟地跳起身，磕磕绊绊地跑去找医生，等我和医生拿了针药赶来，新媳妇正侧着身子坐在他旁边。

她低着头，正一针一针地在缝他衣肩上那个破洞。医生听了听通讯员的心脏，默默地站起身说：“不用打针了。”我过去一摸，果然手都冰冷了。

新媳妇却像什么也没看见，什么也没听到，依然拿着针，细细地、密密地缝着那个破洞。我实在看不下去了，低声地说：“不要缝了。”她却对我异样地瞟了一眼，低下头，还是一针一针地缝。我想拉开她，我想推开这沉重的氛围，我想看见他坐起来，看见他羞涩的笑。但我无意中碰到了身边一个什么东西，伸手一摸，是他给我开的饭，两个干硬的馒头……

卫生员让人抬了一口棺材来，动手揭掉他身上的被子，要把他放进棺材去。新媳妇这时脸发白，劈手夺过被子，狠狠地瞪了他们一眼，自己动手把半条被子平展展地铺在棺材底，半条盖在他身上。卫生员为难地说："被子……是借老百姓的。"

"是我的——"她气汹汹地嚷了半句，就扭过脸去。在月光下，我看见她眼里晶莹发亮，我也看见那条枣红底色上洒满白色百合花的被子，这象征纯洁与感情的花，盖上了这位平常的、掩毛竹的青年人的脸。

一九五八年三月

【注释】

①茹志鹃(1925—1998)，原籍浙江杭州，生于上海，代表作品有《百合花》《静静的产院》《如愿》等。茹志鹃深受《红楼梦》的影响，善于通过细节塑造人物形象，表现人性、人情的美好，作品风格真实亲切。与同时代(20世纪五六十年代)的革命历史题材小说的宏大、严肃相比，茹志鹃的创作是文坛的一股清新之风。茅盾曾在《谈最近的短篇小说》里称赞《百合花》："这是我最近读过的几十个短篇中最使我满意，也最使我感动的一篇。"

【作品提示】

《百合花》用第一人称讲述了解放战争期间小通讯员和新媳妇之间军民互助的动人故事。新媳妇借出了自己唯一的嫁妆——百合花图案的被子，小通讯员为救战友牺牲了自己的生命。小说的主题和审美价值不止于军民鱼水情，作者对人物的动作、表情和语言等的细节描写，揭示了人物心理、情感的变化，人性向善向美的境界，令人动容；作者还运用多种意象，如月光、中秋节、百合花、枪筒里的树枝和野菊花等，使作品的主题更深厚、更丰富。

思考练习

1. 请谈谈"百合花"的象征意义。
2. 请谈谈你对《百合花》的主题的理解。

简·爱(节选)

夏洛蒂·勃朗特①

(一)爱情对白

"简，你听到夜莺在树林里唱歌吗?"

我一边听一边难以自制地啜泣，因为我再也抑制不了强忍的伤心。我情难自禁，悲痛得从头到脚都在发抖。等到终于能够开口，我只哽咽着说我希望自己从未来到人世，或者从未来到索恩菲尔。

“因为要离开索恩菲尔让你难过吗?”

我充满爱与悲哀的心里产生了一种激动的情愫，这种情愫宣称是我的主人，努力想彻底掌控我，断言自己有压倒和征服我的权利，有揭竿而起、最终统治我的权利，是的，还有说话的权利。

“离开索恩菲尔让我伤心，我爱索恩菲尔，我爱它，因为我在这里拥有美满快乐的生活。反正暂时拥有过。没有人糟践我。没有人虐待我。我没有被埋没在下等人中间，而是有幸经常和一个欢乐、活泼和高尚的人交往。我曾经和我尊敬的人，和我喜欢的人，和一个特立独行、才华出众、见闻广博的人面对面聊天。我已经认识了你，罗切斯特先生，想到命运一定要将我从你身边拖走，永远再也见不到你，我又害怕又生气。我看见了离开你的必要性，那对我来说还不如去死。”

“你从哪里看到那种必要性?”他突然问。

“这还要问?是你，先生，是你亲手把它摆在我面前。”

“它长什么样?”

“它长得像英格拉姆小姐，像一个高贵美丽的女人——像你的新娘。”

“胡说八道!什么新娘?我没有新娘!”

“但你会有的。”

“对，我会有的!我会有的!”他坚决地说。

“所以我必须走，你自己刚才也说了。”

“不，你必须留下!我发誓要让你留下，我说到做到。”

“我跟你说了我必须走!”我怒火攻心，朝他大吼道，“你认为我能够留下来，变成一个对你无关紧要的人吗?你认为我是一个自己会动的工具吗?是一台没有感情的机器吗?我能忍受嘴上充饥的面包被夺走、杯里活命的水被泼掉吗?你认为我没有钱财、家世寒微、长相普通、身材矮小，所以我没有灵魂没有心是吗?你想错了!我的灵魂和你的一样高贵，我的心和你的一样完满!如果神曾经赐给我一点美貌和许多财富，我早已让你无法离开我，就像我现在无法离开你一样。现在我跟你说话，并不借助什么习俗传统，甚至也不借助肉身。现在是我的灵魂直接和你的灵魂对话，就当我俩已经死了，站在神的跟前，平等地站着——因为我们确实是平等的!”

“我们确实是平等的!”罗切斯特先生喃喃说。

“没错。”他又说，说着搂住我，将我紧紧抱在胸前，吻上我的嘴唇，“没错，简!”

“是的，没错，先生。”我回答说，“但你不能这样，因为你是一个已婚的人，反正你跟结了婚差不多，你娶了一个不如你的人，一个和你心意不通的人，我不信你真的爱她，因为我曾经看到和听见你嘲笑她。我鄙视这种结合，所以我比你好——让我走!”

“你要去哪?简，去爱尔兰吗?”

“对，就去爱尔兰。我已经说出心里的想法，现在去哪里都可以。”

“简，乖乖的，别挣扎得这么厉害，活像一只绝望中把自己的羽毛磨掉的疯狂野鸟。”

“我不是鸟，也没有陷入罗网。我是一个自由的人，有着独立的意志，现在我要用我的独立意志来离开你。”

我又挣扎了一阵，离开他的怀抱，直挺挺地站在他面前。

“你的意志将决定你的命运，”他说，“现在我要把我的手、我的心给你。我要和你共享所有的财产。”

“你在演一出闹剧，我看了只会发笑。”

“我请你余生和我一起度过，成为我的第二个自己，和最好的人生伴侣。”

“关于人生伴侣，你已经做出了选择，一定要坚持到底。”

“简，你再冷静一会吧，你太激动了。我也需要冷静一下。”

一阵风沿着月桂小径吹过来，颤抖着穿过七叶树的枝条：它飘远了，飘远了，不知道飘了多远，然后彻底停了。当时只剩下夜莺的歌声，我听着听着又哭起来。罗切斯特先生静静地坐着，温柔地、严肃地望着我。他沉默良久，最后说：“到我身边来，简，我们来相互解释、相互理解吧。”“我再也不会到你身边。我已经被拖走了，回不去了。”

“可是，简，我求你当我的妻子，因为你是我唯一想要的人。”我没说话。我以为他在戏弄我。“来啊，简，到这里来。”

“你的新娘站在我们中间。”

他站起来，朝我迈上一大步。

“我的新娘在这里，”他又一次把我拽到怀里说，“因为和我平等的人、和我相似的人在这里。简，你愿意嫁给我吗？”

（二）简·爱返回庄园寻找她心中的爱人罗切斯特

我从她手里接过托盘，她给我指了客厅的门。托盘在我手里晃了一下，玻璃杯里的水洒了出来，我的心怦怦地剧烈跳动。玛丽替我打开门，客厅光线阴暗，一小堆遭到忽略的火在炉栅里低低燃烧。站在壁炉边、脑袋靠着很高的老式壁炉架的，便是失明的主人了。他的老狗阿头趴在角落，没在他脚边，蜷成一团，好像害怕被他不经意间踩到。我一走进去，阿头立刻竖起耳朵，然后大叫一声，哼哼地往上跳，朝我扑过来，几乎打翻了我手里的托盘。我把托盘摆到桌子上，然后拍拍它，轻轻地说：“躺下！”罗切斯特先生机械地转过身，想看到底怎么回事，但什么也没看见。他转回去，叹了口气。

“水给我，玛丽。”他说。

我拿着只剩半杯的水向他走去，阿头跟着我，还是很兴奋。

“怎么回事？”他问。

“去那边，阿头！”我又说。他将水杯凑到唇边，似乎在听。他喝了水，放下杯子。“这是你吧，玛丽，是不是？”

“玛丽在厨房。”我回答说。

他的手猛地往前一伸，但因为看不见我站在哪里，他没碰到我。

“是谁？是谁？”他追问。他似乎想用那双失明的眼睛去看，多么徒劳和痛苦的尝试啊！“回答我，再说话。”他大声逼问。

“你还想再喝一些水吗，先生？我刚才洒掉了半杯。”我说。

“你是谁？你是什么东西？谁在说话？”

“阿头认识我，约翰和玛丽知道我来了。我今晚刚到。”我回答说。

“天哪！我产生幻觉了吗？怎么会这么美好？我是疯了吗？”

“不是幻觉，不是发疯，先生。你的头脑很清醒，不会产生幻觉；你的身体很强壮，不会发疯。”

“说话的人在哪里？只是一个声音吗？唉！我看不见，但我一定要感觉到，否则我的心脏会停止跳动，我的脑袋会爆裂。反正不管你是谁，让我摸一摸吧，否则我要死了！”

他摸索着。我抓住他茫然的手，将它囚禁在我的手里面。

“这正是她的手指！”他高兴地喊着，“是她又细又长的手指！如果是这样，肯定还能摸到她更多部位。”

那只结实的手挣脱了我的管束，我的胳膊被抓住了，然后是肩膀、脖子和腰部。他把我整个人给抱住了。

“这是简吗？这是什么？身形和她一样，大小也一样……”

“声音也一样，”我说，“她整个人都在这里，心也在这里。愿神保佑你，先生！我很高兴又离你这么近。”

“简·爱！简·爱！”他激动得只能喊我的名字。

“亲爱的主人，”我回答说，“我是简·爱。我找到你了，我回到你身边了。”

“真的吗？是真人吗？是活生生的简吗？”

“你摸摸我，先生，你抱抱我，赶紧；我不像尸体般冰冷，也不像空气般虚无，对吧？”

“活生生的宝贝！这些肯定是她的手，这些肯定是她的面庞，但我已经这么惨了，不可能有这种福气。这是在做梦，我夜里常常做这种梦，梦见再次紧紧抱着她，像现在这样，亲吻着她。在梦里我觉得她是爱我的，我相信她不会离开我。说永远不会的是幻影吗？但每次梦醒后，我总是发现这是嘲讽，我很凄凉，被抛弃了。我的生活阴暗、孤独、绝望；我的灵魂很渴却喝不到水；我的心很饿却吃不到饭。温柔的梦啊，落在我怀里休息吧，等下你会飞走的，你以前那些姐妹也都飞走了，但请你在走之前亲亲我，拥抱我，简。”

“我亲你这里，先生，还有这里！”

我把嘴唇贴上他曾经明亮如今无光的眼睛。我抹开他额前发，也亲了那里。突然间他似乎醒过来了，他终于相信一切都是真的，整个人惊呆了。

【注释】

①夏洛蒂·勃朗特(1816—1855)，19世纪英国著名女作家，作品有《简·爱》(1847)、《谢利》(1849)、《维莱特》(1853)和《教师》(1855)。夏洛蒂的作品主要描写贫苦的小资产者的孤独、反抗和奋斗，属于被马克思称为以狄更斯为首的“出色的一派”。《简·爱》是她的处女作，也是代表作，至

今仍受到广大读者的欢迎。其二妹艾米莉·勃朗特创作了长篇小说《呼啸山庄》，三妹安妮·勃朗特创作了《阿格尼斯·格雷》。夏洛蒂的文笔华丽，以想象力的自由驰骋见长；艾米莉充满幻想和激情，甚至有现代主义的某些特点；而安妮则完全按生活的原貌再现生活，没有过分的夸张，绝不把生活浪漫化或情节剧化。勃朗特三姐妹是英国家喻户晓的女作家，她们是英国文学史上三朵艳丽的奇花。

【作品提示】

《简·爱》是英国女作家夏洛蒂·勃朗特的代表作，也是英国文学史上的一部传世之作。它成功地塑造了一个对爱情、生活、社会都采取独立自主、积极进取态度，敢于斗争、敢于争取自由平等地位的女性形象。小说以其真切感人的情节和细腻传神的笔法深受广大读者喜爱。

简·爱不是一个漂亮的女孩子，她因为外表普通而遭到别人不公正的待遇。童年时她住在舅妈家里，因为长得不漂亮而得不到大家的喜爱。她从不因为自己的外表而自怨自艾，相反她的心胸开阔，意志坚强，敢于追求属于自己的真爱，而作者特意在刻画简·爱平凡普通的外貌的同时，更注重刻画她的人格美。这是对传统的反叛。罗切斯特先生是一个正直、善恶分明而又带有幽默感的人，他与简·爱真心相爱了。然而在他们的婚礼上，梅森先生揭露了罗切斯特先生是个有妇之夫的秘密后，简彻底失望了，她怀着万分悲痛的心情离开了他。然而他们最终又走到了一起。

本文选择了罗切斯特大胆向简表白爱情的场景对话，并劝解简不要离开索恩菲尔庄园。虽然简爱着罗切斯特，可是为了自己的尊严，为了人格的彼此平等，简决意离开这里。选文对话简洁真切，情感真挚，语气急促，展现了罗切斯特的痛苦煎熬与简的痛苦决绝的告别。节选的第二部分是简多年后再次回到罗切斯特身边的情景，庄园被烧毁了，罗切斯特成了盲人。简与罗切斯特的对话，再次证明了简是一个自尊自爱、自强自立、敢于抗争、敢于追求的新女性，她始终拥有诚实的本性、自由的意志和独立的人格。

思考练习

分析简·爱的人物形象。

第四章　戏　剧

一、什么是戏剧

戏剧，是以语言、动作、舞蹈、音乐等形式达到叙事目的的舞台表演艺术的总称。真正的戏剧艺术应该包容诗(文学)、音乐、绘画、雕塑、建筑以及舞蹈等多种艺术成分，因而被称为综合艺术。文学上的戏剧概念是为戏剧表演所创作的脚本，即剧本。戏剧的表演形式多种多样，常见的有话剧、歌剧、舞剧、音乐剧等。

戏剧作品中，人物与人物之间，由于性格和追求目标的不同，而展开的矛盾斗争叫戏剧冲突。戏剧作品总是由一个冲突的提出、发展和解决而得以完成的。戏剧冲突的成功与否是戏剧成败的关键，所谓戏剧性正是由于戏剧冲突解决得独特、新颖、有丰富内涵而形成的。受演出时间、空间和观众的限制，戏剧的矛盾冲突应当更集中、更简练、更尖锐地反映现实生活中的矛盾和冲突。

二、中国戏剧发展概述

中国传统戏剧主要类型是戏曲。它通过舞台人物的科介、宾白、歌曲、舞蹈来表演一个完整的故事，同时有音乐伴奏。中国的戏曲经过了漫长的孕育和发展，直至宋代才完全成熟并定型。

表演是戏曲最根本的要素。探讨戏曲的起源，则可以上溯至上古时期的巫术表演和祭祀活动。春秋战国时期，在专司祭祀的巫觋以外，又产生了专门供人娱乐的俳优。俳优以诙谐的语言、滑稽的动作，或婉转进谏，或当面嘲讽，并常供君王取乐。在俳优的调笑讽谏中，也有装扮表演一类，俳优的各种摹拟表演是后世戏剧表演的先声。

汉代“百戏”异常兴盛。“百戏”是汉代各种技艺的总称，包括歌舞、杂技、杂耍、魔术、幻术、武术、角抵等。尤其值得重视的是，角抵戏《东海黄公》已经具备了由演员装扮人物，用代言体以演故事的戏剧本质特征。我国的戏剧是从“百戏”中产生，一开始和杂技、武术等有密切关系，这对以“唱、念、做、打”为特色的中国戏曲的形成影响极大。

由三国时期至隋代，戏剧的发展总体上是缓慢的，主要还是角抵戏，但演出已更加舞蹈化，更为重要的是歌舞戏和参军戏都开始产生。歌舞戏和参军戏的表演在唐代蔚然成风，成为唐代戏剧的两大品种。唐代产生了一些歌舞结合角抵打斗的情节小戏，其中最流行的有两个。一个是《兰陵王入阵曲》，又称“代面”或“大面”，是头戴面具表演的一种歌舞戏。从一些记载来看，“大面”有故事情节，有人物扮演和动作，还讲究化装和道具，有无唱白则说不清楚。另一个是《踏摇娘》，又名《苏中郎》。《踏摇娘》是标准的歌舞戏，化装比较考究，用假面，开初是男扮女，后则女扮女，而且歌、舞、科、白皆全，虽然情节比较简单，但显然已是成熟的戏剧了。除歌舞戏之外，唐代还盛行以滑稽取胜的参军戏。参军戏是俳优表演形式的一种发展。优原来是可以戏君的，皇帝威权大振以后，即反过来用俳优去戏弄、嘲讽臣僚。三国时期以来即有用优人嘲弄犯官的传统，经过演变最终形成有固定演员的参军戏。

宋代城市经济繁荣，市民阶层迅速壮大，急剧增长的市民娱乐需求催生了戏曲的形成。为适应庞大的市民文化生活的需要，宋代的大城市出现了瓦舍，每个瓦舍之中又有若干勾栏——剧场。勾栏、瓦舍的出现，是中国戏剧成熟的标志。它促进了中国戏剧的高度发展，使戏剧走向专业化，在戏剧发展史中有划时代的意义。

宋代最流行的一种戏剧形态是宋杂剧。宋杂剧是继承参军戏的传统，又广泛吸收其他技艺的表演特长，经过进一步综合而形成的一种滑稽戏，因此有了很多变化发展。首先是上场角色增加到五个。《都城纪胜·瓦舍伎艺》说明了这五个角色的名称和职能：“末泥色主张”，指末泥色在演出中负责指挥和安排调度；“引戏色分付”，指引戏色先上场发动剧情；“副净色发乔”，指副净色在演出中要装痴作呆地表演；“副末色打诨”，指副末在演出中专事戏谑嘲弄；“装孤”即扮演官员。宋杂剧的角色体制是后世戏曲艺术行当的雏形。此外是每场三部分的演出模式：“艳段”，正戏前招徕观众加演的小节目；“正杂剧”，是宋杂剧表演的主体部分；“杂扮”，正戏后开玩笑的段子。金人入主中原，留在北方的杂剧演员和原金之艺人汇合，形成了北方派的杂剧——金院本。金院本与杂剧在性质上相同，表演体制与宋杂剧也没有太大的差别。我国戏剧经过宋金一百多年的迅速发展，为即将到来的中国戏曲的繁荣做好了充分的准备。

元代迎来了戏剧的空前发展。元代戏曲繁荣的原因，除戏曲发展的内部规律外，主要还有三个方面的原因：第一，知识分子的地位一落千丈，被人为地打入社会的最底层；第二，儒倡合流，促使戏剧勃兴；第三，都市繁荣，为戏剧的发展提供了物质条件。元代的戏剧主要有两种形式，北有北杂剧，南有南戏，占统治地位的是北杂剧。元杂剧是以宋杂剧和金院本为基础，融合宋金以来的音乐、说唱、舞蹈等艺术而形成的戏曲艺术。它是以北方流行的曲调演唱的，因此也称北曲或北杂剧。元代杂剧名家辈出，佳作迭见。首屈一指的当属关汉卿，他与马致远、白朴、郑光祖被并称为“元曲四大家”。王实甫剧作不多，但他的《西厢记》被认为是元杂剧的夺魁之作。南戏在南宋初产生于浙江温州，又称“永嘉杂剧”或“温州杂剧”。南戏的代表作品是“荆”(《荆钗记》)、“刘”(《刘知远白兔记》)、“拜”(《拜月亭》)、“杀”(《杀狗记》)四大传奇，高明的《琵琶记》也是南戏的重要代表之作。南戏在体制上与北曲有四点不同：其一，杂剧由金院本、诸宫调、北方地方曲调等发展而成，用北曲演唱；南戏由宋杂剧、诸宫调、宋词、南方地方小调等发展而成，用南曲演唱。其二，杂剧一般一本四折演出一个完整故事，折是音乐组织单位，也是故事情节发展段落，每折由同一个宫调的若干曲牌组成一套曲子，一韵到底；南戏无定出，可长可短，一出中不限用同一宫调曲牌，不限通押一韵。其三，多数杂剧有“楔子”，在全剧前相当于“序幕”，在折与折之间相当于“过场”；南戏相当于“楔子”的称“副末开场”或“家门引子”，也简称“引子”，只能用在全剧开头，一般用两首词，一首概括剧情，一首说明作者创作意图。其四，南戏与北杂剧在风格面貌上也迥然不同：北杂剧高亢劲切，南曲清柔婉折。

明初杂剧出现了贵族化、典雅化的倾向，题材内容上多是歌功颂德、粉饰太平、宣扬道德教化；形式上受南戏的影响，戏曲体制变得更加自由灵活。从弘治、嘉靖年间开始，杂剧创作打破了前期的局狭局面，题材不断拓宽，思想渐次深化。到了万历朝前后，更出现了以徐渭为杰出代表的杂剧创作高潮期。然而，彪炳一世的元杂剧进入明代，其正统地位便让位于由南戏发展而来的传奇。南戏吸收了北杂剧的成果，开创了戏曲的传奇时代。明初的传奇与明初的杂剧类似，带有浓厚的伦理教化的意味，形式上趋于骈俪化、典雅化。经过一个多世纪的发展，明代传奇在嘉靖时期盛行起来，成为剧坛的主流艺术形式。作家的创作也更为自觉，更能直面现实，更有战斗精神。到了明代后期，则出现了传奇创作的高潮。“吴江派”和“临川派”之争，是明代后期传奇繁荣的标志。

南戏由于在各地流传，促成了各种声腔剧种的形成。明中叶以前已形成弋阳、海盐、昆山、余姚四大声腔。至明正德、嘉靖间，魏良辅等音乐家对昆腔做了两方面的改革。一方面，在唱曲上吸取海盐、弋阳两大声腔的长处，同时发扬昆山腔“流丽悠远”的特点；在曲调运用上吸取北曲结构谨严的长处，对宫调、板眼、平仄等也多加考究。另一方面，丰富和改进昆山腔的音乐伴奏，将弦索、箫管、鼓板三类乐器合在一起，集南北之所长。经过革新的昆山腔，曲调清柔宛折，优美动听，逐步取得了居首的地位，并产生了许多与之相适应的优秀作品。明代戏剧的一枝独秀——汤显祖的《牡丹亭》，以及清代剧坛的双璧——孔尚任的《桃花扇》和洪昇的《长生殿》，都是依昆腔演唱的。昆腔在戏曲舞台上的统治地位，从明中叶一直持续到清中叶。

清代中叶以后，地方戏逐渐兴起，主要包括四大声腔，即弋阳腔、梆子腔、皮黄腔和弦索腔。这些声腔剧种多是在民间小调的基础上形成并发展起来的，曲调粗犷，语言通俗自然，有强烈的乡土气息，故称之为“花部”，而昆山腔被称为“雅部”。然而，正是这些扎根于民间文化土壤的“花部”诸腔，获得了广大民众的喜爱，迅速发展，四处流布，并挑战昆腔的主导地位，形成了清代剧坛诸腔竞唱、共抗昆曲的“花雅之争”。“花雅之争”不仅带来了地方戏的全面繁荣，而且各声腔剧种之间相互交流、相互促进，出现了很多各具特色的地方剧种。其中，梆子腔和皮黄腔流传最广，影响最大。尤其是在皮黄腔基础上形成的京剧，对后世剧坛产生了巨大的影响。

新文化运动之后中国文坛的戏剧样式主要是话剧，传统戏曲在文学革命的过程中逐渐衰落。中国现代话剧史上第一个发表的剧本是胡适的《终身大事》。中国现代话剧的三大奠基人是田汉、洪深和欧阳予倩。

中国现代话剧到20世纪30年代，终于以一位大师级剧作家的出现而迎来了成熟局面，这位剧作家就是曹禺。《雷雨》《日出》《原野》《北京人》这四大名剧，以其独特的思想和艺术价值，形成了现代话剧艺术的高峰，在中国乃至世界话剧史上都占有重要地位。《雷雨》《日出》等剧作的出现，使中国读者、观众真正认识到话剧这种外来剧种的独特魅力。它们以卓越独特的艺术成就，满足了剧本文学在人物、冲突、结构、语言等方面的艺术要求，标志着中国话剧文学的成熟。20 世纪 30 年代左翼话剧的最高成就以夏衍的《上海屋檐下》为代表。

20 世纪 40 年代国统区出现了一个讽刺喜剧的创作高潮，以陈白尘的《升官图》、宋之的的《雾重庆》为代表。20 世纪 40 年代还有郭沫若、阳翰笙、阿英的历史剧创作。这一时期，解放区诞生了民族新歌剧《白毛女》，以新的艺术形式，表达了解放区的时代主题。

新中国成立后，话剧以歌颂为主旨。历史剧以老舍的《茶馆》为杰出代表。“文化大革命”时期戏剧出现了“八亿人民八个样板戏”的局面(代表作有《红灯记》《沙家浜》《海港》等)。

新时期，话剧艺术开始了复兴与探索。白桦的《曙光》勇开先河，苏叔阳的《丹心谱》《左邻右舍》等现实主义话剧注重在典型环境中塑造典型性格而赢得了观众。沙叶新的十幕话剧《陈毅市长》，采用了“冰糖葫芦”式的结构形式，内容上立足现实，影响广泛。沙叶新的幽默喜剧《寻找男子汉》提出了重铸民族性格的重大社会课题，引人深思。

汉宫秋·灞桥送别

马致远[①]

(尚书云)陛下，不必苦死留他，着他去了罢。(驾唱)

〔**七弟兄**〕说甚么大王，不当，恋王嫱[②]，兀良[③]怎禁他临去也回头望。那堪这散风雪旌节[④]影悠扬，动关山鼓角声悲壮。

〔**梅花酒**〕呀！俺向着这迥野[⑤]悲凉。草已添黄，色早迎霜[⑥]。犬褪得毛苍[⑦]，人搠[⑧]起缨枪，马负着行装，车运着糇粮[⑨]，打猎起围场[⑩]。他他他伤心辞汉主，我我我携手上河梁[⑪]。他部从[⑫]入穷荒，我銮舆返咸阳[⑬]。返咸阳，过宫墙；过宫墙，绕回廊；绕回廊，近椒房[⑭]；近椒房，月昏黄；月昏黄，夜生凉；夜生凉，泣寒螀[⑮]；泣寒螀，绿纱窗；绿纱窗，不思量！

〔**收江南**〕呀！不思量，除是铁心肠，铁心肠也愁泪滴千行。美人图今夜挂昭阳[⑯]，我那里供养，便是我高烧银烛照红妆[⑰]。

【注释】

①马致远(约1250—约1321)，号东篱，大都(今北京)人。他与关汉卿、郑光祖、白朴四人被元人周德清称为“元曲四大家”。元末明初的贾仲明又称他是“战文场，曲状元”。明臧晋叔编《元曲选》，把《汉宫秋》刊为首篇，由此可见马致远在元代曲坛上的重要地位。马致远早年曾热衷功名，然仕途不顺。他在大都先后生活了大约二十年，又大约过了二十多年的漂泊生活，中年时期曾一度出任江浙行省官吏，晚年隐居江南。

②王嫱：字昭君，汉元帝时宫女，后封为贵妃。她本为南郡秭归(今属湖北)人，汉元帝时以良家女被选入宫，数年未得宠遇，乃自请远嫁匈奴和亲。

③兀良：衬字，无义，有加强语气的作用。

④旌节：古代使者所持的作为凭信的符节。节，竹节，以旄牛尾作饰。

⑤迥野：辽阔的原野。

⑥迎霜：指白色。

⑦犬褪得毛苍：秋天犬毛变厚，颜色变深。

⑧搠(shuò)：执，持。

⑨糇(hóu)粮：干粮。

⑩围场：围起来供打猎用的场地。

⑪携手上河梁：《文选》载有李陵《与苏武》诗：“携手上河梁，游子暮何之。”表示惜别之意。

⑫部从：随从。

⑬銮舆：皇帝的车驾，因车上有銮铃，故称銮舆。咸阳：故址在今陕西咸阳东北二十里，渭水以北。

⑭椒房：汉代后妃居所用花椒子和泥涂壁，取其温暖而多香气，兼取椒多子之义。

⑮寒螀(jiāng)：即寒蝉，蝉的一种，似蝉而小，青赤色。

⑯昭阳：汉宫昭阳殿。

⑰高烧银烛照红妆：苏轼《海棠》诗："只恐夜深花睡去，高烧银烛照红妆。"此处红妆指昭君画像。

【作品提示】

《汉宫秋》是元代著名的悲剧，也是现存最早讲述王昭君故事的戏曲剧本。剧中写大夫毛延寿奉元帝之命，在全国搜选宫女。由于王昭君没有贿赂毛延寿，被他点破美人图，打入冷宫。元帝偶然发现昭君本是国色天香的绝代佳人，极为宠幸，封其为明妃，并下令捉拿毛延寿。毛延寿逃至匈奴，献上昭君图像。匈奴单于陈兵边境，派使臣到汉朝指名索要昭君和亲。汉元帝和满朝文武百官束手无策，只有让昭君和番以息刀兵。昭君依依不舍离别汉元帝，行至边境投江自尽。汉元帝送走昭君后，在秋雁声中彻夜难眠，思念昭君。昭君自尽后，匈奴送毛延寿回汉朝伏法，两国重修旧好。从故事内容看，马致远对历史做了改写，虚构了汉元帝与王昭君的爱情悲剧。作者意借历史上的兴亡聚散，书写现实的感情与思考。

本篇选取了《汉宫秋》第三折中汉元帝送别昭君后所唱的三支曲子。这三支曲子先写实景，后写虚景，即写人物的实感、幻觉的交错，形象地表达出汉元帝寂寞悲伤、无可奈何的心情。曲词文情并茂，哀婉动人，达到了意境美与旋律美的和谐统一，颇能代表马致远戏曲的艺术风格。

思考练习

1. 这折戏表现了汉元帝送别王昭君后怎样的复杂心理？
2. 分析三支曲子的意境美和音律美。

牡丹亭·寻梦

汤显祖[①]

咳！寻来寻去，都不见了！牡丹亭，芍药阑，怎生这般凄凉冷落，杳无人迹？好不伤心也！（泪介）

〔**玉交枝**〕是这等荒凉地面，没多半亭台靠边，好是咱眯睎色眼寻难见[②]。明放著白日青天，猛教人抓不到魂梦前。霎时间有如活现，打方旋再得俄延[③]，呀！是这答儿压黄金钏匾[④]。

要再见那书生呵，

〔**月上海棠**〕怎赚骗，依稀想像人儿见。那来时荏苒[⑤]，去也迁延。非远，那雨迹云踪才一转，敢依花傍柳还重现。昨日今朝，眼下心前，阳台一座登时变[⑥]。

再消停一番。（望介）呀！无人之处，忽然大梅树一株，梅子磊磊可爱。

〔**二犯幺令**〕偏则他暗香清远，伞儿般盖的周全。他趁这，他趁这春三月红绽雨肥天[7]，叶儿青。偏迸着苦仁儿里撒圆[8]。爱煞这昼阴便，再得到罗浮梦边[9]。

罢了，这梅树依依可人，我杜丽娘若死后，得葬于此，幸矣。

〔江儿水〕偶然间心似缱[10]，梅树边。这般花花草草由人恋，生生死死随人愿，便酸酸楚楚无人怨。[11]待打并[12]香魂一片，阴雨梅天，守的个梅根相见。(倦坐介)

(贴上)佳人拾翠[13]春亭远，侍女添香午院清。咳，小姐走乏了，梅树下盹。

〔川拨棹〕你游花院，怎靠着梅树偃[14]？(旦)一时间望，一时间望眼连天，忽忽地伤心自怜。(泣介)(合)知怎生情怅然，知怎生泪暗悬？

(贴)小姐甚意儿？

〔前腔〕(旦)春归人面，整相看无一言，我待要折，我待要折的那柳枝儿问天，我如今悔不与题笺。(贴)这一句猜头儿[15]是怎言？

(合前)(贴)去罢。(旦作行又住介)

〔前腔〕为我慢归休，缓留连。(内鸟啼介)听，听这不如归[16]春暮天，难道我再，难道我再到这亭园，则挣的个长眠和短眠！[17](合前)

(贴)到了，和小姐瞧奶奶去。(旦)罢了。

【注释】

①汤显祖(1550—1616)，字义仍，号若士、海若，别署清远道人，晚年自号茧翁。汤显祖出身于书香门第，14岁进学，21岁中举，文名震天下。因谢绝首辅张居正的笼络，两次会试皆名落孙山。直到万历十一年(1583)，即张居正去世次年，汤显祖方中进士，在南京先后任太常寺博士、礼部祠祭司主事。万历十九年(1591)上《论辅臣科臣疏》，抨击朝政，贬为广东徐闻县典吏。两年后升浙江遂昌县知县，颇有政绩。万历二十六年(1598)乘赴京述职之机，向吏部告归，回到故乡临川，开始了隐居著述的生活，直到去世。汤显祖受王阳明学派和李贽的影响，反对程朱理学，具有强烈的追求个性解放的思想倾向。汤显祖是中国古代戏曲史上最杰出的戏剧家之一，其戏曲作品有《紫钗记》《南柯记》《牡丹亭》《邯郸记》，合称“临川四梦”。其中《牡丹亭》是他的代表作。

②好是：正是。眯睎：眯眼。

③打方旋：徘徊。俄延：拖延。

④匾：同“扁”。全句意为，原来这就是幽会的所在。

⑤荏苒：时间慢慢地过去，即下句迟延的意思。

⑥阳台：宋玉《高唐赋》写楚怀王与巫山神女在阳台相会，后来便以阳台指男女欢会的地方。登时：顿时。

⑦红绽雨肥天：梅熟的季节。语出杜甫《陪郑广文游何将军山林十首》之五：“绿垂风折笋，红绽雨肥梅。”

⑧偏迸着苦仁儿里撒圆：梅子是圆的，它的果仁是苦的。全句意为：怨梅子偏在苦命的人面前结得圆圆的。

⑨再得到罗浮梦边：意指能和柳梦梅再在梦里相会。罗浮梦，传说隋人赵师雄在罗浮山下酒店与一美人对饮，醉醒后发现自己睡在大梅树下，原来那美人是梅精。

⑩缱：缱绻，情意缠绵。

⑪“这般”句：如果要爱什么就爱什么，生死都由自己决定，那么就没有人哭哭啼啼、怨天尤人了。

⑫打并：拼着。

⑬拾翠：拾取翠鸟的羽毛，这里指游园。
⑭偃：倒下。
⑮猜头儿：谜语。
⑯不如归：古人用“不如归去”拟杜鹃鸟叫声。
⑰“难道”三句：难道除了梦中(短眠)、死后(长眠)，我就不能再到这亭园里来吗？

【作品提示】

戏剧《牡丹亭》共55出。南宋年间，南安太守杜宝有一女儿丽娘，家中管教甚严，请来腐儒陈最良，教丽娘读书。丽娘因不满礼教束缚，终日苦闷。在婢女春香的怂恿下，私出游园，由大好春色而萌动情思，在梦中与书生柳梦梅幽会。梦中的爱情是如此美好，以致杜丽娘又不由自主地到花园去寻梦。梦不可寻，丽娘便相思成疾，伤情而死。杜宝升任安抚使，镇守淮扬，离开南安时，在女儿的墓地建造梅花观。柳生进京赶考，卧病梅花观中，拾得杜丽娘自画像，并与丽娘幽灵欢会。柳生掘墓开棺，杜丽娘起死回生。两人结成夫妇，同往临安。柳生在临安应试后，恰逢金兵南下，延迟发榜。受丽娘之托，柳生去淮扬探望岳丈，却被杜宝误认为盗墓贼，备受侮辱拷打。敌兵退后，柳梦梅高中状元，杜宝仍不肯与女儿、女婿相认。后由皇帝传旨，方才认可婚事，全家团圆。这部传奇以浪漫主义的表现手法，热情歌颂了超越生死、冲破礼教束缚的至真至深的爱情，具有动人心魄的艺术力量。

本篇节选自《牡丹亭》第十二出《寻梦》。寻梦是惊梦的延续和发展。惊梦的中心是一个“惊”字，突出的是杜丽娘青春的觉醒，对爱的发现。寻梦的中心是一个“寻”字，突出的是杜丽娘对爱的追寻。《寻梦》一出，具有感人至深的力量。清人焦循《剧说》卷六引《蛾术堂闲笔》云：“杭有女伶商小玲者，以色艺称，于《还魂记》尤擅场。尝有所属意，而势不得通，遂郁郁成疾。每作杜丽娘《寻梦》《闹殇》诸剧，真若身其事者，缠绵凄婉，泪痕盈目。一日，演《寻梦》，唱至‘待打拼香魂一片，阴雨梅天，守得个梅根相见’，盈盈界面，随身倚地。春香上视之，已气绝矣。”可见这出戏引起了青年女性强烈的共鸣。

思考练习

1.《寻梦》刻画了杜丽娘怎样的爱情心理？
2. 细读此文，摘选一些富于表现力的曲词，加以赏析。

潘金莲(节选)

魏明伦[①]

楔子

帮腔 才子编野史，
戏台塑武松。
天堂刀光闪，
血溅孝衣红。

[大幕徐启，灯光渐明，映出一组雕像——“武松杀嫂”场面。

[素烛白帷，武松横刀怒视潘金莲，两名士兵押着王婆，一邻居笔录供词，三邻居惊骇旁观。

[帮腔一止，群雕即活。

武松 (疾呼)杀!

[王婆怪叫一声，夺门欲逃，被士兵拖回，“托举”奔下。

[邻居纷纷作鸟兽散，下。

[武松杀嫂，按传统戏招式，刀光与水发飞舞，轻功随椅技翻滚。武松口含短刀，撕开潘金莲孝衣领襟，对准胸膛一刀捅去，潘金莲惨叫抚胸，身如落叶徐徐飘落。

[切光，四周黑暗，只留潘金莲“卧鱼”合目于血泊，渐隐没。

[惊堂木响，台侧云阶映出一位手捧线装书的古代文人。

古代文人 青竹蛇儿嘴，
黄蜂尾上针。
两般犹小可，
最毒妇人心。

诸位客官，话说本书二十六回，武松杀了淫妇，直奔狮子楼而去……欲知后事如何，且听下回分解。

[另侧云阶映出一位手拿望远镜的现代女郎。

现代女郎 谁在说书?

古代文人 谁在问话?

现代女郎 谁?云遮雾障……

古代文人 欲穷千里目?

现代女郎 借助望远镜!

[二人看——

[穿云拨雾寻视，台中相遇

现代女郎 你！

古代文人 你！

现代女郎 你是谁呀？

古代文人 听我道来。（唱昆曲）

吾笔下雄兵百万，
吾巨著流传千年。
颂好汉，
反贪官，
树忠义，
立圣言，
草泽才子施耐庵，
草泽才子施耐庵。

现代女郎 啊，原来是《水浒》作者，我久闻才子大名，正要向先生请教。（握手）你好！

施耐庵 （拱手）男女有别，你是何人？如此放浪？

现代女郎 你问我？（唱流行歌曲风味）

我来自崭新的山水，
我来自文明的社会，
女儿甜，
青春美，
思敏锐，
志腾飞。
八十年代新一辈，
八十年代新一辈。
（拉施耐庵跳起交谊舞）

施耐庵 荒唐，荒唐已极！（打量现代女郎）你姓甚名谁？

现代女郎 吕莎莎。

施耐庵 家住哪里？

吕莎莎 花园街五号。

施耐庵 花园街！（抚髯）贵府离紫石街远否？

吕莎莎 （笑）太远了，我要张开想象的翅膀，跨越时空的界限，飞到先生面前，表达几分敬意，附带一点遗憾！

施耐庵 有何憾事？施某洗耳恭听。

吕莎莎 先生写作《水浒》，歌颂梁山，不愧是农民起义的代言人。遗憾的是，你书中对妇女贬得太低、杀得太多……

施耐庵 住口！一群荡妇淫娃，经我口诛笔伐，声名狼藉，早已盖棺定论，你若不信，随我一观——

[施耐庵登上云阶，手指处，四女人蹁跹舞蹈而上。

吕莎莎 什么人?

女人甲 阎惜姣!

女人乙 潘巧云!

女人丙 贾氏!

女人丁 白秀英!

吕莎莎 哎呀,一个模式,女人坏,坏女人,谁是头号代表?

施耐庵 潘金莲——

[潘金莲以传统戏荡妇面貌出现,莲步妖娆,手绢轻抛,四女人伴舞,亦步亦趋。

[四女人退下,潘金莲执扇半遮,回眸荡笑,“定格”。

施耐庵 祸水,祸水,唯女子与小人为难养也!

吕莎莎 老先生,这是你的“主观镜头”!

施耐庵 何为“主观镜头”?

吕莎莎 传统偏见!

施耐庵 正统高见。

吕莎莎 我承认,你的“高见”至今还有一定市场,可我们现代人不能老是被你古人牵着鼻子走啊!

施耐庵 你莫非想替潘金莲翻案吗?

吕莎莎 不,“翻案”二字,太简单化了!(登上云阶)我是站在八十年代的角度,重新认识潘金莲,思考这一个无辜弱女是怎样一步一步走向沉沦……

[锣鼓大作,四个男人掩袖而上,莎莎与施耐庵隐没。

[四个男人收袖“亮相”——张大户、武大郎、西门庆、武松。

[四个男人环绕一个女人舞蹈。

[潘金莲移扇霸面——神态与前不同,变作“青衣”声调。

潘金莲 (呼吁)苦——啊!

——切光

反 抗

帮腔 暗室红颜劫,
明堂法华经。
不见屠刀影,
只闻木鱼声。

[积善人家小佛堂,主人张大户背向观众,默诵法华。

[静场,只有单调的木鱼声……

家院 (内呼)武大郎,随我来啊!

[家院引武大郎上,武大郎前瞻后顾,忐忑不安。

武大郎 (引)大户传见我,小人抖双脚。(随家院进)小人武植,叩见员外。(五体投地)

张大户 不用多礼,赐过矮座。

武大郎　谢过员外。(矮凳打坐，心情稍安)

张大户　武大近日生意如何?

武大郎　托员外洪福，小买卖，单身汉，日子过得去。

张大户　既然家境小康，为何不娶妻室?

武大郎　这……不瞒员外说，人到四十五，衣烂无人补，何尝不想成家啊！奈何小人这般模样，软弱无能，哪个看得起我啊?

张大户　休得自暴自弃，你忠厚老诚，安分守己，此乃顺民之美德也。(一揖)恭喜你——(唱)

鸿鸾星，照玉台，
桃花春运老来开。
野姑娘进府为奴已十载，
流光催出玉人来。
巧，描鸾绣凤针线快，
妙，洋琴唱曲有诗才。
好咧好，多愁多怨锁眉黛，
怜婢女，主人求签问如来。
却原是前生欠你姻缘债，
到今生红线一牵白头偕。
神差鬼使，
鬼使神差，
卖饼郎独占花魁呀——
天安排!

武大郎　啊呀!(唱)

光棍几十载，
老婆天上来，
又喜又奇怪，
又乐又疑猜。
武大矮，
良心在。
扪心问，
可和谐?
姑娘嫁给丑八怪!
员外吔——
对我是福，
对她是灾!

张大户　天意安排，休得推辞，先叫她出来见上一面，再说下文吧。(呼)家院!

家院　(上)员外。

张大户　叫金莲打茶待客。

家院 是。(呼)金莲听着，打茶待客。

潘金莲 (内应)来——了！

[家院下，张大户又默诵佛经，武大郎不敢多问，独坐一旁，打起盹来。潘金莲徐上。

潘金莲 (唱)

昨夜秋光浸园庭，
独倚栏杆看双星，
童年早失天伦爱，
青春渴望伴侣情，
厌作豪门寄生草，
爱听长街卖花声，
心随彩蝶飞墙外，
梦游人海觅知音。

张大户 怎么还不来呀！(拍案)

[锣鼓作"云里白"，潘金莲应声，捧茶进堂。

潘金莲 员外请用茶。

张大户 那旁有位客人，快去献茶。

潘金莲 是。(上前，低头献茶)客人请用茶。

[武大郎接茶，抬头仰望，如遇天仙，傻眼僵化。

[潘金莲俯视侏儒，把杯发呆，忍俊不禁，嫣然一笑。

幕内 (帮腔)啊，对比鲜明——

武大郎 (背唱)天上降下大美人！

潘金莲 (背唱)地头冒出土行孙。

张大户 (背唱)那一个老丑侏儒矮三寸，这一个回眸一笑百媚生。

潘金莲 (背唱)笑矮客为何满脸窘？

武大郎 (背唱)窘得我无地可藏身。

张大户 (背唱)这一朵带刺玫瑰有野性，那一坨软弱且渣是顺民。

武大郎 (唱)入梦境！

潘金莲 (唱)起疑心？

武大郎 (唱)推一推……

潘金莲 (唱)问一问……

张大户 (唱)引而不发，听回音。

武大郎 (欲推辞)哎呀，员外……

张大户 回家去好生想想，明天到此定局。

武大郎 遵命，告辞。

潘金莲 客人，茶杯！

[武大郎始知茶杯在手，奉还，欲言又忍，苦脸出堂，下。

张大户 金莲，你看此人如何？

潘金莲　丑人多作怪，好笑！(抿嘴而笑)

张大户　笑嘛，老夫就把你赐予武大郎，陪他"笑"一辈子！

潘金莲　(惊)啊！(不信，天真地)员外，你老人家说的戏言吗？

张大户　戏言，哼哼，你不是口口声声厌倦高门贵府，甘愿嫁给贫家小户吗？老夫成全你——三寸丁好配你三寸莲步，打烧饼打断你几根傲骨！

潘金莲　(杯盘落地，长呼)天——哪！(唱)

恶作剧，乱点鸳鸯谱，
残酷心，假充慈悲佛，
阎王簿换成姻缘簿，
换个绝招害女奴，
奴好比，哑巴吃了黄连苦，
吞不下，
说不出，
一腔愤怒，
两行泪珠。

张大户　唉，啼哭无用，只要你好商量，这姻缘簿儿可以变通变通，更改更改嘛！

潘金莲　请问怎样变，如何改？

张大户　(声调一变)你不与武大为妻，便与老夫为妾！二者必居其一，金莲，你来看啊——(唱)

半城山水归我有，
如夫人宝座为你留。
土皇帝随带土皇后，
春游芳草地，
夏泛木兰舟，
秋饮黄花酒，
冬披台狐裘，
一辈子百般享受……
织女星长伴我啊——
皓首牵牛！

潘金莲　(唱)

威胁利诱，
冷笑问我嫁哪头？
一边是侏儒丑陋！
一边是衣冠沐猴！
丫环可有三条路？
有，投进荷塘万事休！

[潘金莲奔出佛堂，一阵夜风吹来，金莲门前止步。

张大户 风吹树摇，你要清醒些哟！

幕内 (帮腔)树摇头，枝摆手，

风拉袖，月挽留……

潘金莲 (触景生情，唱)

草木有情，风月好！

妙龄如花，才开头！

人生路上再走走，

苦酒和泪吞下喉……

张大户 (催促)你嫁与谁家？

潘金莲 (唱)宁与侏儒成配偶，

不伴豺狼共枕头！

张大户 (技穷，唱)

玫瑰刺手！

美人鱼偏不上钩。

唉，文说不如武动手——

积善堂化成欢娱楼！

[锣鼓音乐大作，潘金莲见势不佳，夺门欲走，张大户拉转潘金莲，退身关门，淫笑逼近，欲行非礼。

金莲挣扎反抗，狠咬大户手腕，举起烛台自卫。

张大户 (痛呼)哎哟！(咬牙切齿)执迷不悟，好嘛，老爷先来玩你一通，然后赏给侏儒，定教你苦海无边。

[张大户饿虎扑羊，击倒烛台，强奸金莲……

[切光，琵琶声起。

[云阶映出一位金冠华服少年。

金冠少年 (唱越剧风味)

女儿是水做的骨肉，

丫头有更多的忧愁。

女儿忧，丫头愁，

愁似那——

遮不断的青山隐隐，

流不尽的绿水悠悠……

[另侧云阶再现吕莎莎。

吕莎莎 哟，这位公子好面熟，我在哪部电影里见过？

金冠少年 我乃怡红院贾宝玉。

吕莎莎 呀！(失笑)宝二爷走错了门，从《红楼》串到《水浒》里来了！宝二爷，你一出场，就使人想起悲金悼玉的曹雪芹先生！

贾宝玉 提起曹先生，对比施先生，两位大文豪，对待女人，褒贬迥然不同。

吕莎莎 刚才这场戏，是小作者的习作，你看怎样？

贾宝玉 素材取自《水浒》，而描写却仿效《红楼》啊！

(唱)

抗婚的鸳鸯沉苦海，

投井的金钏魂归来，

潘金莲若进《红搂梦》，

十二副钗添一钗！

吕莎莎 (唱)

比较学，跨朝代，

巴金之《家》联想开——

冯乐山可似张员外？

鸣凤与金莲同悲哀。

贾宝玉 (唱)三少爷觉慧今何在？

吕莎莎 (忽生灵感)不用寻了，你就是觉慧呀！

贾宝玉 我？

吕莎莎 (接唱)二爷三爷共一胎！

贾宝玉 (唱)冲进《水浒》救弱女……

吕莎莎 迟了！(唱)弱女飘到紫石街——

[二人分上云阶观望。

【注释】

①魏明伦(1941—)，四川内江人，一级编剧，著名剧作家。20世纪80年代初期魏明伦的成名作《易胆大》《四姑娘》《巴山秀才》三获全国优秀剧本奖；80年代中期探索作品《潘金莲》引起全国讨论，波及海外；90年代代表作《夕照祁山》《中国公主杜兰朵》《变脸》在海内外反响较大，分别获得文华优秀编剧奖、曹禺戏剧文学奖、全国“五个一工程”奖、四川省“五个一工程”奖、中国戏剧节优秀编剧奖、巴蜀文艺特殊贡献奖、振兴川剧优秀编剧奖。

【作品提示】

本文选择的是《潘金莲》的楔子与第一幕。

该剧至今还是川剧的经典剧目，在各地长演不衰，它的大胆和创新让人津津乐道。魏明伦告诉记者，改革开放之前的川剧创作，延续着传统的套路，讲究的是“三突出”并以歌颂英雄人物为主。创作《潘金莲》，魏明伦完全打破了这些套路。创作过程中，他借助当代比较学的方法，以《金瓶梅》对照《水浒传》，以施耐庵对照曹雪芹，又以潘金莲对照古今中外一系列具有相似性的女性——《苔丝》中的苔丝、《原野》中的金子、《复活》中的玛丝洛娃，再以不幸的潘金莲比较幸福的吕莎莎，以紫石街比较花园街……这样的纵横比较，让魏明伦的思路豁然开朗。

剧作在内容和形式上都大胆突破创新，特别是魏明伦对中国妇女问题的强硬立场，使该剧突破了戏剧的边界而楔入了社会历史领域。尽管有人称《潘金莲》为“妖异之作”，尽管有人给它下了“短命戏”的定论，尽管魏明伦几乎成了“剧场中胡乱冲撞”

的代名词，但《潘金莲》硬是在一片激赏与贬伐声中“南征北战”，让观众欲罢不能。全国几十个剧种、一百多个剧团纷纷实行“拿来主义”搬演《潘金莲》，座谈不断、见报频频……余波浩浩，经久不息。魏氏之“潘金莲”，是越来越被人接受了，就连电视连续剧里的潘金莲，亦有“移植”魏氏的版本。魏明伦的《潘金莲》不仅不是昙花一现，反而生命力越见旺盛，最终成为无可置疑的新时期探索文学的经典。

为了表现一个全新的潘金莲形象，魏明伦借鉴了布莱希特的间离效果，艾略特的象征技巧，魔幻现实主义的时空纵横法，还加进了比较美学、交叉科学。于是，武则天、安娜·卡列尼娜、吕莎莎、七品芝麻官、贾宝玉等人物纷纷出现在剧本中，他们或跳出“剧”中思辨争议，或跳进“剧”中交流融合。“是罪归沉沦女人，还是罪归封建根子？是反思古代妇女的命运，还是联想当代家庭问题？通过各种人物跨时空的出场，我将整出戏引向了思想大解放、大讨论的层面。因此，可以说，这出戏是当时思想解放的产物，而戏里要表述的，更是对中国女性的一次思想大解放。”

思考练习

本剧的荒诞性表现在哪些方面？有什么作用？

青春禁忌游戏

柳德米拉·拉苏莫夫斯卡娅[①]

人物介绍

叶莲娜·谢尔盖耶夫娜——十年级毕业班数学教师，40岁左右的单身女人，与母亲同住，生活简朴但坚持理想和信仰。

瓦洛佳——叶莲娜的男学生，父亲是政府官员，家庭条件优越。理想是报考国际关系学院，最终成为外交官和政治家。

巴沙——叶莲娜的男学生，典型知识分子家境，文学素养深厚，热爱写作。理想是成为大文学家。

拉拉——叶莲娜的女学生，巴沙的女友，生活在单亲家庭里。希望嫁一个有钱人来保证生活的富足，但又希望获得纯真的爱情。

维佳——叶莲娜的男学生，蔬菜站站长的儿子，生活在底层社会，与父亲一样嗜酒。热爱大自然，想考林业学院，与森林打交道。

第一幕　您好，老师

这是一个看似普通的夜晚，四个十年级学生瓦洛佳、巴沙、拉拉和维佳结伴来到他们的数学老师叶莲娜家中。为了庆祝老师的生日，同学们还带来了贵重的礼物和香槟酒。他们一起歌唱、舞蹈，融洽的师生关系让人羡慕不已，但事情却并非这么简单……

1980 年春。

一列少先队员迈着整齐的步伐，敲着军鼓经过洒满夕阳余辉的街道；四名中学生出现在街道的另一头，维佳手捧一大束鲜花，合着鼓点声蹦蹦跳跳地走在最前面；巴沙牵着拉拉的手一前一后地走在中间，两人似乎还在小声嘀咕着什么；瓦洛佳走在最后，一支怒放的玫瑰被他把玩在手中，他脚步缓慢，神情自若，不时将玫瑰置于鼻子下面，深情地嗅着。

当少先队员们的鼓队经过他们四人身边时，维佳突然跳上路边的台阶，冲着少先队员们高呼："俄罗斯的青年们，努力吧！"巴沙和拉拉也随着欢叫起来，只有瓦洛佳的脸上流露出一丝不易察觉的冷笑……

女教师的一居室，傍晚时分。门铃声响起来了。叶莲娜·谢尔盖耶夫娜打开门，只见门口站着三个男生和一个女生，其中一人手里捧着一大束鲜花。他们是她的学生。

学生们：您好，叶莲娜·谢尔盖耶夫娜！晚上好，叶莲娜·谢尔盖耶夫娜！

叶莲娜：天啊，孩子们……你们？对不起，我没有想到。

巴沙：亲爱的叶莲娜·谢尔盖耶夫娜！……

维佳：(打断他)以十年级二班全体同学的名义……

巴沙：你别插嘴！亲爱的叶莲娜·谢尔盖耶夫娜！我们受十年级二班全体同学的委托，在我们即将跨入美好生活的时候，请允许我们向您祝贺生日快乐，并祝您——亲爱的叶莲娜·谢尔盖耶夫娜，未来的日子就像这束春天的鲜花一样充满幸福，事业有成，我甚至要说，祝您长命百岁，好再培养出几代像我们一样傻头傻脑的青年来。一句话，祝您长寿！万岁！

(所有人一齐喊了一声并鼓掌。)

巴沙：(递过花)叶莲娜·谢尔盖耶夫娜，请允许我吻您。

维佳：还有我，还有我，叶莲娜·谢尔盖耶夫娜！我们祝贺您！

拉拉：我们祝贺您，叶莲娜·谢尔盖耶夫娜！这也是给您的。(把花交给她)

瓦洛佳：叶莲娜·谢尔盖耶夫娜，发自灵魂，也发自内心地祝贺您。(吻她的手，递给她一个纸包)

瓦洛佳的嘴唇还没有离开叶莲娜老师的手背，巴沙和维佳就已经迫不及待地将叶莲娜老师纤弱的身体举了起来，拉拉用相机及时捕捉下了这个欢快的瞬间。

喜悦的学生们将叶莲娜簇拥在他们当中，如同一群可爱的小天使簇拥着他们的圣母一般。维佳喷撒了艳丽的彩带，接着是片刻的宁静，学生们和叶莲娜老师一起凝视着五彩缤纷的彩带从空中缓缓落下……

停顿。叶莲娜·谢尔盖耶夫娜突然哭了。孩子们神情慌张地转过身来，他们手足无措地相互打量着，似乎在埋怨着：谁？谁惹亲爱的叶莲娜老师难过了?!

学生们：叶莲娜·叶尔盖耶夫娜，您怎么了？我们是诚心诚意代表全班来看您的，叶莲娜·谢尔盖耶夫娜！真心的！……

叶莲娜：亲爱的同学们，你们……你们简直想象不出我现在的心情……我真的没想到。谢谢你们。你们怎么知道我今天过生日？

维佳：侦察队搞到的情报。

叶莲娜：不可思议……你们请进吧。

巴沙：谢谢，亲爱的叶莲娜·谢尔盖耶夫娜，我们该走了。您知道的，还得复习准备其他几门考试呢。

叶莲娜：巴沙，什么考试？我的数学你们不是今天刚考完吗？我不能让你们就这么走了。

维佳：不方便吧？我们会打搅您，您家也许有客人……

叶莲娜：哪儿来的客人，维佳？我妈妈住院了，家里就剩我一个人。你们别想溜，我可不放你们走。

瓦洛佳：好吧，叶莲娜·谢尔盖耶夫娜，谢谢。我们坐一会儿，不过请您别太张罗了。

叶莲娜：太妙了……我们先得把花插进花瓶里。拉拉，从那边的餐柜……这是什么？(终于注意到她一直拿在手里的一个纸包)

拉拉：全班送您的礼物。

就在叶莲娜走进厨房给花瓶加水的同时，在瓦洛佳的指挥下，拉拉迅速将一个礼盒取了出来，维佳守在厨房门边放哨。巴沙和拉拉小心地打开盒子，将六只晶莹的水晶高脚杯小心翼翼立在了桌上。然后，他们用自己的身体有意遮挡起精心准备的礼物，心情忐忑地期待着叶莲娜老师的惊喜……

叶莲娜：(摇头)亏你们想得出。这是什么？

维佳：(自豪地)水晶高脚酒杯，一共六只。这可是老古董。这里都刻了“叶莲娜·谢尔盖耶夫娜”，就在这儿，您看看。

叶莲娜：你们疯了！(包上纸包)

拉拉：您别，叶莲娜·谢尔盖耶夫娜，您别，亲爱的。

叶莲娜：知道这要花多少钱？浪费这么些钱为老师买礼物……你们觉得这样就体面了？

瓦洛佳：行贿——是不体面，可如果我们是发自内心的呢？

叶莲娜：(些许的慌张)是吗？可到底……

维佳：上帝！向十字架保证，我们是诚心诚意的！

叶莲娜：孩子们，我明白。可说实话，我不能接受。

维佳：怎么样！我不是说了吗，应该送书。咱们应该送陀思妥耶夫斯基的文集。偏偏你们把玻璃杯拿来了。

巴沙：现在我们怎么办？扔到臭水沟里？可怜可怜我们吧！叶莲娜·谢尔盖耶夫娜！

瓦洛佳：(坚定地)这不好，叶莲娜·谢尔盖耶夫娜。同学们会生气的。

叶莲娜：(惊慌失措)可是，瓦洛佳，你们去向父母要钱，他们心里该怎么想你们的老师？

巴沙：他们不会往坏处想，叶莲娜·谢尔盖耶夫娜。别担心，我们的父母都有收入，三卢布还不至于让他们破产。所以您就收下得了！（把杯子摆开放在桌上）

叶莲娜：你们可是给我出了一道难题，头都晕了……我去弄点儿吃的，待会儿咱们喝茶。你们先坐，那儿有些照片……玩一会儿……我的唱片棒极了。有马特薇耶娃、阿库扎瓦……

拉拉：要我帮您吗？

叶莲娜·谢尔盖耶夫娜和拉拉出去。停顿。

维佳坐在沙发的扶手上，有点兴奋地颠着脚尖；巴沙表情严肃地盯着瓦洛佳，只见瓦洛佳坐在留声机边，十分从容地挑选着仅有的几张唱片，巴沙无奈地耸了耸肩；瓦洛佳终于从唱片盒里取出了一张放进唱机里，优美的旋律顿时充满了这间狭小的客厅……

维佳：好像上钩了？啊？（巴沙耸肩）都是一路货！你们不知道，上回她在教研室里闹着要给自己加课，正好让我听见了。就为了多挣几十卢布的课时费，她差点儿吼起来了。

瓦洛佳：维佳，为酒杯的事儿你父母没大发雷霆吧？

维佳：我这么干可是为了神圣的事业！他们知道了还会对你们说谢谢呢。又不是天天……

瓦洛佳：遗憾，这是才开始。生活中我们不得不给人送礼。

巴沙：叶莲娜不吃这套。礼物收买不了她。这类人必须激起她们的慈悲心才行。

维佳：我老爸说，如果你得不着，只说明你给的不够量。

巴沙：你老爸没坐牢？

维佳：（挑战地）你老爸呢？！

巴沙：我老爸没有偷偷摸摸的。

瓦洛佳：所有的手段都不妨试试。说到底，每个人都有一个致命的弱点。我们找准它在哪儿，在适当时机按下去：吱扭，门就开了！

瓦洛佳说着用一个极其坚定而又冷酷的动作停止了留声机的演奏……

在厨房里。

拉拉：您家很温馨！我今生最大的梦想，就是拥有一套自己的房子。直到现在我们还和人家合住，想象一下有多惨。其实，我们的房间倒是挺大的，屋顶也特高……沙拉里放香肠吗？我们的房子快要大修了，可是我和妈妈还是只分给一间，因为我们是母女，属于单性家庭。黄油在冰箱里吗？……住房——当代一大问题。

叶莲娜：是啊，遗憾。

拉拉：和妈妈住一间屋可没有什么乐趣，对吗？

叶莲娜：为什么？……

拉拉：您尝尝。（给她尝一勺沙拉）

叶莲娜：如果关系处得好的话……

拉拉：在一间屋里住着，关系好得了才怪！你觉得自己已经长大，可她还把你当个孩子似的。您说气不气人。

叶莲娜：我不知道，我一辈子和母亲一起生活，有时候的确很难受，可有什么法子……

拉拉：她还老想教导我呢。我都能读纳博科夫小说的英文原著了！她还教导我？可笑！

叶莲娜：就是这些了。小吃可不够你们吃的。

拉拉：瞧您说的！叶莲娜·谢尔盖耶夫娜，我们是来大吃大喝的？要不是咱们之间善良、真诚的师生关系，您就是桌上摆满了山珍海味，我们还没胃口呢！（她们走进房间。）

叶莲娜：孩子们，在我这儿觉着闷不闷？我和拉拉做了沙拉。

维佳：叶莲娜·谢尔盖耶夫娜，就当是您预定的。（取出香槟酒）给您一个意外惊喜！

叶莲娜：哟，你们可不能喝酒！

学生们：（齐声）为什么？跟您说，叶莲娜·谢尔盖耶夫娜，这是香槟！小孩子都能喝！一个、两个、三个……一共五个人，五只杯子。叶莲娜·谢尔盖耶夫娜，最后的考试结束了！为了您的生日！

巴沙礼貌地接过叶莲娜老师手中的沙拉盘，瓦洛佳殷勤地为老师拉出就餐的椅子，拉拉热情地示意叶莲娜坐下，而维佳则激动地摇晃着那瓶大号的香槟酒瓶。叶莲娜在这群天真的学生面前，含着笑意无可奈何地坐下了……

叶莲娜：叫我拿你们怎么办？坐下吧！

维佳用拇指紧紧地压住香槟酒的瓶塞，他那双单纯的灰眼睛扫过每个同学的面颊，随即四个孩子同时爆发出欢呼……

学生们喊：乌拉！

维佳：大伙儿坐到桌子前！都坐到桌子前！（众人纷纷落座）注意！（瓶塞飞向天花板，发出刺耳的声音）动作麻利点儿！叶莲娜·谢尔盖耶夫娜，您的杯子……拉拉！……（给每个人倒酒）

白色的香槟酒沫从狭窄的瓶口里喷射而出，四个孩子用最短的瞬间交流了他们得意的眼神……

巴沙：（站起身）亲爱的叶莲娜·谢尔盖耶夫娜！请允许我再一次祝您身体健康，万事如意！

拉拉：发自内心地祝贺您！叶莲娜·谢尔盖耶夫娜。

叶莲娜：谢谢，孩子们，谢谢。（饮酒）现在最好先吃菜，不然你们可就……

维佳：哪儿的话！我们还得每人再来一杯，对吗？

叶莲娜：维佳！

瓦洛佳：开玩笑，叶莲娜·谢尔盖耶夫娜。他爱开玩笑。我们平时都不喝酒——

维佳：啊哈，就睡不着觉。都是……考试闹的。

拉拉：对了，你们知道吗，世界上每四个人中就有一个是低能儿？

维佳：那么，（开始数）一、二、三、四！

维佳的第四下数在了自己的头上，他迅速用举着香槟酒的另一只手掩饰住自己的错误，换成逆时针的方向又数了一次，遗憾的是，最后，手指依旧停在自己的身上……

大家笑了。

拉拉：原因就是环境污染，外加父母酗酒。(高兴地)我们现在连生育都有风险，想象一下吧！

叶莲娜：(严肃地)拉拉！人类的确是到了某种可怕的边缘。战争、灾难、疾病。我们对大自然都做了什么！可怕！问题成堆。都是些无法解决的、悲剧性的问题。我的孩子们，是啊，不幸快要降临了。

维佳：(他忍受不了)叶莲娜·谢尔盖耶夫娜，咱们放点儿音乐，您觉得呢？

叶莲娜：我？放吧，放吧，维佳。咱们老提阴暗面干吗？今天是生日！(挑唱片)糟糕，我这儿只有华尔兹舞曲。你们大概不跳华尔兹吧？

瓦洛佳：我们跳。叶莲娜·谢尔盖耶夫娜，能请您跳舞吗？

叶莲娜：我？瓦洛佳，您怎么了？我可有一百岁了。您和拉拉跳吧。

瓦洛佳：拉拉只和巴沙一人跳。他们俩之间，怎么说呢？

叶莲娜：既然这样，好吧。(他们走过去跳舞)

瓦洛佳用极为绅士的姿态邀请叶莲娜老师。他的舞姿高贵典雅，舞步奔放自如，叶莲娜几乎像一只被他牵着的线偶。巴沙和拉拉跳得很拘谨，巴沙似乎怎么也合不上拉拉的步子，他也随之越发急躁起来，舞步就更加凌乱了。只有维佳孤独一人，自我解嘲地抱着一件叶莲娜老师的外套翩翩起舞，但神情却一丝不苟……

巴沙：(和拉拉跳着舞)情绪不好？

拉拉：我开始讨厌这个主意了。

巴沙：有多久？

拉拉：从刚一进这个门就开始了。

叶莲娜：(和瓦洛佳跳舞)给自己找到支撑点，找到自己的位置，瓦洛佳，这一点很重要。

瓦洛佳：那您找到了吗？

叶莲娜：我爱这份职业，在学校里有我全部的生活。

瓦洛佳：(微笑)您爱这份职业，这很好，但不妨，也让这份职业爱您。

叶莲娜：我明白，您指教师的待遇问题。可是每当我看到经过我们的悉心培养，优秀的、有着良好素养的青年们走向生活，就像你们现在一样，我就感到幸福。

叶莲娜终于从瓦洛佳舞步的带领中摆脱出来，她忘情地接连舞动了几个有难度的舞蹈动作，仿佛自己再次回到那火热、激情的青春岁月……

他们靠近桌子。瓦洛佳颇具绅士风度地送女士坐下，并吻她的手。叶莲娜·谢尔盖耶夫娜窘住了，像个小姑娘似的红了脸，用手绢扇着风。

叶莲娜：我好久没跳舞了！这是支难忘的华尔兹舞曲。常常是这样，在你们一生中，最深切的感受往往和某个音乐的旋律是联系在一起的。只要你们一听到它……

拉拉：(在桌旁坐下)这就叫情绪联想记忆。

叶莲娜：对，对。我看着你们，听着音乐，就回忆起我年轻的时候，当时正在恋爱。爱上一个人的感觉多么好啊！遗憾的是，我的恋爱最终没有成功。

拉拉：为什么？

叶莲娜：(笑)我的意中人宁愿挑选一桩有利可图的婚姻。

拉拉：您当时就该马上给自己再找一个。这样问题不就解决了。

叶莲娜：遗憾的是，在这点上我很保守。

只有拉拉是叶莲娜老师爱情回忆的最忠实的听众，而维佳早已不耐烦了，他用求助的眼神看了一眼瓦洛佳，但从瓦洛佳平静的表情中他什么指示也没有得到。于是，维佳只好鼓起勇气试探着开口了……

维佳：怎么，叶莲娜·谢尔盖耶夫娜，我们的卷子明天判吗？

叶莲娜：对，维佳。

维佳：是委员会来判？

叶莲娜：嗯，照例，委员会成员要由选举产生。

维佳：那分数什么时候通知？

叶莲娜：明天判卷的时候，你们可以到学校来，成绩午饭后就出来了。

维佳：我觉得两腿发软！

叶莲娜：怎么了，维佳？又没考好？

维佳：噢，不知道。叶莲娜·谢尔盖耶夫娜，好像这次我在卷子上面什么也没写。

叶莲娜：怎么，没写？

维佳：是的，什么也没写。

面对叶莲娜老师惊讶的神情，维佳羞涩地耷拉下脑袋，嘟囔出上面那句无奈的回答；拉拉同情地看着维佳，撇了撇嘴角；巴沙耸了耸肩，走到拉拉身后，和她一起注视着叶莲娜老师的反应；只有瓦洛佳轻轻地转过身去走到一旁，仿佛与此事无关一般冷静和超然……

停顿。

叶莲娜：可您这个学年得了三分，实打实的三分。

维佳：那是我——反正现在可以跟您说实话了，所有的数学考试全部都是抄的。

叶莲娜：怎么……抄的？

维佳：什么怎么！您不懂抄是怎么回事？今天我也想抄来着。可玛丽亚·瓦西里耶夫娜盯得我那么紧，不错眼珠地盯着看我……请原谅，叶莲娜·谢尔盖耶夫娜，所以我一个得数都没抄着……没有回头的机会嘛。

叶莲娜：维佳，考试中间我不是走到您桌边好几次吗？

维佳：您是过来了。

叶莲娜：我还提示了您。

维佳：您是提示我了。

叶莲娜：结果呢？

维佳：没用。(叹气)

叶莲娜：(从桌边站起，停顿)怎么搞的？一个数没写？连一道题都没答？

维佳：没有。

拉拉：(轻声)他能得几分，叶莲娜·谢尔盖耶夫娜，两分？(叶莲娜·谢尔盖耶夫娜沉默)

叶莲娜：不知道。

停顿。

瓦洛佳：(平静地)不会打两分的。毕业考试从不打两分。这是非常事件，我说得对吗，叶莲娜·谢尔盖耶夫娜？您妈妈住哪个医院？

叶莲娜：妈妈？住在瓦西里耶夫斯基大街第二十五医院。

瓦洛佳掏出钢笔记录。

拉拉：如果他一道题都没做呢？

瓦洛佳：照样也是三分。

拉拉：白卷也是？

巴沙：叶莲娜·谢尔盖耶夫娜，您给解释一下，您了解情况。

叶莲娜：巴沙，我不知道委员会该怎么打分。我个人什么也决定不了。

巴沙：对了。嗯，委员会决定打三分。他们才不舍得因为这个维佳，就把我们学校好好的百分之百及格率给毁了呢。

叶莲娜：不，不，巴沙，您说得不对。委员会集体讨论后……

瓦洛佳：请告诉我主治医生的姓名？

叶莲娜：谁的？啊……好像是拉甫洛夫。您问这个干吗？不，维佳，您不可能什么也没写。连最差的二分学生都……

维佳：(高兴地)那我就是最最差的了！你们都不知道吧？我伪装得多成功。十年里我什么也没学会啊！

巴沙：你得了吧，没瞧见叶莲娜·谢尔盖耶夫娜伤心了吗？我干嘛把礼物藏到生日这天，委员会会让你得三分的，坐着吧你。

叶莲娜：孩子们，你们这么不严肃……

巴沙：正相反，我们非常严肃。

叶莲娜：我可以尽量争取……但遗憾的是，维佳也得做好心理准备……

维佳：(对巴沙，轻声)酒杯她还嫌少，抬价码呢！

巴沙：叶莲娜·谢尔盖耶夫娜，您会帮我们的，这一点我们不怀疑。但我想说的是……

维佳：别生气，叶莲娜·谢尔盖耶夫娜。普希金数学是零蛋，可他到底还是——天才。

瓦洛佳：在他那个时代人和人不同。要么你是戈尔加科夫将军，用巩固国防的方法，为沙皇和祖国服务；要么你是普希金，用破坏国家机器的方法为祖国服务。

维佳：我们现在倒像是文艺复兴。学物理的会写抒情诗，反过来也一样。

巴沙：维加，住嘴！同学们，让我说！叶莲娜·谢尔盖耶夫娜，要知道这不公平。比如我吧，要当文学家，非要我数学得五分才行，可笑！我从八年级起就研究院思妥耶夫斯基，我的论文送去参加竞赛，我有证书。现在就因为倒霉的数学——请原谅，叶莲娜·谢尔盖耶夫娜，我就得失去也许是惟一的机会。

叶莲娜：您在研究陀思妥耶夫斯基？在您这个年纪？我不知道。

瓦洛佳：敢情！他是未来的陀思妥耶夫斯基专家，受家庭的熏陶。

维佳：别林斯基！黑暗王国的一线光明！

拉拉：你自己才是黑暗王国呢。那是杜勃罗留波夫的文章！

巴沙：叶莲娜·谢尔盖耶夫娜，我正在研究恶的起源。

叶莲娜：难以置信！巴沙，说说看。

瓦洛佳：噢，叶莲娜·谢尔盖耶夫娜，这得说到夜里去了。

维佳：不，你说吧，说吧，别不好意思。

巴沙：那么，让我们搞清楚，恶的起源是什么。

叶莲娜：不知道。

巴沙：如果说恶源自上帝，那么他不是尽善尽美，如果说恶不是源于上帝，那么他也不是全知全能。是不是？那么再进一步说，谁都知道，陀思妥耶夫斯基不是不接受上帝，而是不接受上帝创造的世界。为什么？因为世界上有太多的罪恶。为什么会有罪恶？该由谁来负责？

叶莲娜：由谁来负责？

巴沙：我们！上帝给了我们自由。明白吗？自由！他并不打算把我们变成奴隶，强制我们向善。我们不是乌合之众，叶莲娜·谢尔盖耶夫娜！它给了我们选择的自由，在善恶之间选择。

叶莲娜：那么为什么有时候人们选择恶呢？

瓦洛佳：因为恶——叶莲娜·谢尔盖耶夫娜，给人带来愉快。而在这个世界上，让人愉快的东西太稀少了。

年轻人围在叶莲娜老师的周围，各自使出他们的“长短兵器”，围剿着这个瘦弱单薄的女人。他们的理论闻所未闻，论点和论据是那么详实和充分，亲爱的叶莲娜·谢尔盖耶夫娜老师仿佛成了他们的教育对象……

叶莲娜：你们说的这些，我们当年想都不敢想。这是受过现代教育的青年人最让我吃惊的地方。

巴沙：叶莲娜·谢尔盖耶夫娜，这也很自然。新一代应该胜过上一辈。进化的法则嘛！但您想象一下，因为空洞的形式主义，因为数学没考够分数，我就得失去心爱的事业，我能甘心吗！先生们，这跟我的陀思妥耶夫斯基有什么关系？要知道我对维佳想要的三分都不能满意，我必须得优秀。

叶莲娜：巴沙，您不会也什么都没写吧？

巴沙：(窘住)我……没有，怎么会？我多少写了点儿，不过……

维佳：(打断他)真有意思，凭什么我对三分就满意了？当然，人得讲点儿良心，我也不像某些人似的指望五分，可怎么也得四分才过得去。

巴沙：别要无赖，维佳！你还是向上帝祈祷得三分吧，是不是，叶莲娜·谢尔盖耶夫娜？

停顿。

叶莲娜：维佳，您也要考文学系？

维佳：我?！您说什么呀，叶莲娜·谢尔盖耶夫娜？我打算报考那个……林业学院，今年考那儿的人不多。我可是从小就热爱大森林。每年夏天我都去农村看奶奶。浆果、蘑菇——叶莲娜·谢尔盖耶夫娜，真是一个美妙的世界啊！等我毕业考试全结束了，您和我一块去？去吗，啊？路程不算太远。

叶莲娜：谢谢，维佳，但我妈妈……

维佳：谢什么！一路上野兔在跑，小鸟在唱，教堂的钟在敲。空气别提多新鲜了！四周呢，遍地都是野花。

叶莲娜：不，不，谢谢，考试后……我妈妈还出不了院。

维佳：早上一醒来，新鲜的牛奶送到床前……

维佳喋喋不休的唠叨早已使瓦洛佳不耐烦了，他摇晃着水晶高脚杯中的香槟，又捎带着审视了叶莲娜老师的表情，仿佛轻描淡写般地开口了……

瓦洛佳：咱们能不能——叶莲娜·谢尔盖耶夫娜，把剩的酒喝完？（举起香槟酒杯）

叶莲娜：你们不能再喝了……

瓦洛佳：只剩杯底儿了。大家注意！举起酒杯。为叶莲娜·谢尔盖耶夫娜！

叶莲娜：瓦洛佳，请让我说几句……维佳，你……您……

维佳：（摇手）用"你"！用"你"！可以称"你"！

巴沙：我们饮酒结盟怎么样？您都可以用"你"来称呼我们，叶莲娜·谢尔盖耶夫娜。

叶莲娜：谢谢。您……你让我失望了，维佳，很失望。巴沙也是。但我希望最后你们一切都会好起来。秋天你们就要考大学了。有的人今年上不了大学不要紧，要紧的是，你们要在各种人生境遇中洁身自爱。无论如何，我们从你们一入学就给你们树立的理想，你们要始终在心中保存。为你们未来纯洁、勇敢的生活，干杯！

学生们情不自禁地放下举起的酒杯。

维佳：本来嘛，今年还是明年……还是十年以后都不要紧，要紧的是做人！太正确了！唉，考不上大学，我只有去技校，让我妈妈骂吧！

巴沙：你呀，亲爱的，去技校都成问题，只能参军了。

叶莲娜：孩子们，有什么办法？现在世界还不太平……保卫祖国是男子汉的职责。从来如此。

维佳：看准敌人的火力点！冲啊！

维佳突然跳到椅子上，面向叶莲娜老师和他的同学们，摆出一副电影中红军战士冲锋的造型，嘴里高喊着。所有的人都诧异地待在那儿，各自的表情多少有些不自然。叶莲娜老师也不例外，她缓缓地垂下脸去，无法直面维佳那副英勇的姿态。维佳挥动的手臂碰着了餐桌上的吊灯，当他固定下自己的造型时，整个屋里都静止了，只有摇晃的灯影来回划过每个人的面庞……

停顿。

瓦洛佳：叶莲娜·谢尔盖耶夫娜，给您提个建议。能占您一分钟时间吗？

叶莲娜·谢尔盖耶夫娜和瓦洛佳走到厨房去。

维佳：重炮上去了。瞧瞧咱们外交家的手腕。

巴沙：和理想主义者打交道最麻烦，我早就说过。他们可以同情你，为你流泪，可帮忙——没门儿！

拉拉：(嘲弄地)是啊，看来没戏了。小伙子们白忙活。

维佳：为什么？你从哪里知道的？

拉拉：直觉。

维佳：去你的吧。你和巴沙一个德性。没有信念！

拉拉：那你的信念是什么？

维佳：我？我相信瓦洛佳。相信我们能成功。

拉拉：(轻蔑地"扑哧"一笑)巴沙，咱们走！

维佳：听着，本来……没你什么事，你偏来掺和！

拉拉：维佳，我就是好奇心特别强，我也许能通过这件事研究生活。

维佳：(嘴里不清楚地嘀咕一句)干吗不在你们家后院里研究！嘿，你俩干吗去？

拉拉：接吻去。

叶莲娜·谢尔盖耶夫娜和瓦洛佳在厨房里。

瓦洛佳：叶莲娜·谢尔盖耶夫娜，您想不想把您母亲转到波波夫教授的诊所治疗呢？

叶莲娜：瓦洛佳！……波波夫教授！……我母亲……世界知名的诊所！……不可能的事。

瓦洛佳：嗯，是这样，波波夫教授给我父亲治过病，我请他为您说说。我保证我父亲会同意的。

厨房的灯光尤其昏暗，叶莲娜老师坐在一把已经摇晃了的椅子上，仰着脸打量着自己这个身材高大的学生；瓦洛佳也同时用他犀利的目光盯着她，仿佛他提出的不是建议而是一条命令……

停顿。

叶莲娜：瓦洛佳！这合适吗？我该怎么谢你呢？

瓦洛佳：小事一桩。

叶莲娜：等等，我可以跟你一起准备考试，做家教，辅导你复习。你要考技术院校？

瓦洛佳：谢谢，叶莲娜·谢尔盖耶夫娜，我考莫斯科国际关系学院。

叶莲娜：莫斯科国际关系学院？

瓦洛佳：是的。

叶莲娜：太难考了，太难考了，瓦洛佳！可惜，这方面我……但是，你知道，我姨妈住在莫斯科。您没地方住宿，我可以给她写信、打电话，考试期间欢迎您到她家住，她家里就她一个人，您别不好意思，她人好极了，善良极了，您去她只会高兴的。我今天——现在就打电话给她！

瓦洛佳：您别客气，叶莲娜·谢尔盖耶夫娜。我在莫斯科一切都安排好了。

叶莲娜：那我还能……另外帮上什么忙？

瓦洛佳：您多好笑啊，叶莲娜·谢尔盖耶夫娜。实际上我不需要您帮忙。可能看上去挺奇怪的，可我确实没有什么问题要您帮助解决。(嘲讽地)最起码，我没有解决不了的问题。

叶莲娜：不行，瓦洛佳，这样不行。我会难受的。

瓦洛佳：嗯，好吧，好吧！如果您一定要为我做点儿什么的话，也许，我想请您费点儿心。说实话，是我的同学们有点儿事求您帮忙，和我没关系。谁让我们大家——怎么说呢，这么说吧，在学校里亲如兄弟。

叶莲娜：没问题！我很高兴！什么事都行！我听听。

瓦洛佳：(微笑)真的是什么事都行？您不害怕我从字面上理解？……叶莲娜·谢尔盖耶夫娜，我的朋友们——是一群光荣、优秀、善良的人，您同意吧？聪明、有天分、品行端正，可是我们有时不得不妥协……比方说，崇高的目标要求我们暂时地修改一下为人处世之道……您懂吗？在这种情况下，一定要从包容一切的观点来衡量我们。假如我们的行为为世俗所不齿的话，那么真正的人，因为他拥有更加自由、广阔的视野，是不会大惊小怪的，对吗？您——叶莲娜·谢尔盖耶夫娜，在我们看来，正好是这样的人。所以我们决定找您来解脱我们的苦难，坚信您能正确理解我们并真心帮助我们。您会帮我们吗？

叶莲娜：(点头)我尽力。我还不太清楚……但毫无疑问……

亲爱的叶莲娜老师不得不做出承诺，因为这是她做人的原则，她是必须知恩图报的！并且她也只有这一种方式能满足她的这个什么也不缺的好学生了……

瓦洛佳：谢谢。谢谢，叶莲娜·谢尔盖耶夫娜！(大声地)同学们，叶莲娜·谢尔盖耶夫娜答应帮我们。

响起吃惊和狂喜的呼喊声："怎么，已经答应了？真的？叶莲娜·谢尔盖耶夫娜！叶莲娜·谢尔盖耶夫娜万岁！嘿，你个外交家！乌拉！"

瓦洛佳带着叶莲娜老师的承诺回到客厅，这个振奋人心的消息使孩子们欢呼雀跃。欢呼声把叶莲娜老师从厨房引了出来，她还没有明白怎么回事，就被激动的维佳抱了起来。叶莲娜被维佳抱着转了一个大圈，她也只好随着学生们的喜悦一同笑了起来……

叶莲娜：先别忙着谢我，我还不知道是什么事呢！

巴沙：怎么，不知道？瓦洛佳没对您说？

瓦洛佳：我只是打好了基础，巴沙，但是叶莲娜·谢尔盖耶夫娜承诺我了。叶莲娜·谢尔盖耶夫娜，是不是承诺我了？

叶莲娜：是的，不过……

瓦洛佳：看您的行动了！

停顿。

拉拉：(微笑)叶莲娜·谢尔盖耶夫娜，是不是保险柜的钥匙由您保管？

叶莲娜：哪个保险柜？

拉拉：存放我们考卷的保险柜。

叶莲娜：在我这儿，怎么了？

拉拉：您能不能把它交给我们暂时用一下。

叶莲娜：为什么？

拉拉：(带着迷人的微笑)怎么跟您解释呢？

巴沙：(模棱两可地)叶莲娜·谢尔盖耶夫娜！我们都考文科大学。数学考试的题嘛，我们做是做了，可没来得及做完……嗯，错儿还不少。问题是，除了维佳，我们不幸都需要五分的成绩。

瓦洛佳：对不起，我不需要。我再说一遍，我没有任何问题。我只不过是为你们，对不起。

拉拉：(极度天真地)叶莲娜·谢尔盖耶夫娜，您能不能把钥匙暂时借我们一会儿？我们改了错就还给您，啊？

维佳：啊哈！我们有正确答案。(从怀里掏出一叠纸)我们……只要一……调换就行。(停顿)怎么了？要是不考大学，成绩爱多少都无所谓。

巴沙：这么做关键是没人知道，没人受害。我们考人文学院，所以不会挤掉哪个数学天才。我们不跟他们竞争。

瓦洛佳：如果您——叶莲娜·谢尔盖耶夫娜，害怕的话，我们向您保证严守秘密。

维佳：天衣无缝。不必怀疑！

巴沙：得五分的学生多了，领导还会表扬您呢。

面对维佳手中的已经填完答案的试卷、巴沙看似合乎情理的解释和拉拉单纯直接的请求，叶莲娜老师几乎被震惊了，她好像渐渐明白了这四个学生今天真正的来意……

停顿。

维佳：您干吗这么瞧着我们？

叶莲娜：(缓缓地)这么说，你们到我家来是为了拿钥匙？

维佳：是啊……为什么？

巴沙：不是这么回事！

拉拉：不仅仅……

瓦洛佳：叶莲娜·谢尔盖耶夫娜，我们当然是给您过生日！

叶莲娜：可你们还是把想要作弊的考卷带来了！

拉拉：噢，您怎么这么说，叶莲娜·谢尔盖耶夫娜！我们想和您交个朋友才来找您。我们真的以为可以和您沟通！您会理解的。

叶莲娜：卑鄙无耻！

叶莲娜老师终于从四个学生的包围中挣扎了出来。她站起身来，将这群孩子甩在身后。她激动的内心在不断绞痛着，她或许在自责：这就是我培养的学生？与此同时，四双满怀期待而又惶恐不安的眼眸在她的身后闪烁着，四个学生似乎也感觉到了问题的严重性。但是他们是新时代的年轻人，他们是有信仰的，他们不达目的是不会罢休的……

巴沙：(苦闷地)瞧，叶莲娜·谢尔盖耶夫娜，我们早料到了。现在您会跟我们讲所有的响亮的空话，我们对这些空话烦透了。

叶莲娜：不，巴沙，这不是空话，我很遗憾你们不明白。(声音颤抖，但她控制住自己)那么，亲爱的同学们，收起你们的礼物，然后出去。我能为你们做的顶多是——不向学校汇报你们的行为。再见！

停顿。

瓦洛佳：(温柔地)叶莲娜·谢尔盖耶夫娜，您大可不必指责我们道德上的不检点。我们不是小孩子，我们很清楚我们的要求极容易被误解。所以我在一开始就声明了，您也马上同意帮我了。许多人——叶莲娜·谢尔盖耶夫娜，受到一般的道德局限……

叶莲娜：我不想再听你的辩证法，瓦洛佳。请你也别为我母亲费心了。

瓦洛佳：想不到您这么聪明的人，会这么解释……

叶莲娜：我母亲的病，国家会管的。病情需要的话，不用你帮忙就会送她去波波夫的诊所。

瓦洛佳：我毫不怀疑，您相信全体社会成员在理论上享有平等就医的权益。反正我不这么认为。除此之外，我一开始就声明，我本人对您没有要求。我仅仅为朋友办事，同情有天分的人，他们的个人生活道路中总是充满障碍，而他们自己却总是无能为力。

叶莲娜：不对！真正的天才都能为自己的人生开辟道路。

瓦洛佳：对不起，怎么开辟？……叶莲娜·谢尔盖耶夫娜，您多大了？

叶莲娜老师堂而皇之的说教被无情的学生打断了。瓦洛佳和自己的老师对峙着，他第一次在亲爱的叶莲娜老师面前显示出如此的不尊重。这个场面却没有让其他的孩子有任何的不自在，叶莲娜老师在一张张冷漠的脸庞上已无法找到先前的热情。她失落地将身体背向她的学生们……

停顿。

叶莲娜：你们能不能坦诚地告诉我，如果钥匙在玛丽亚·瓦西里耶夫娜手上，你们也会这么去她家，向她要钥匙吗？还是只对我才这样，因为你们对我……不尊重？……

维佳：我们尊重您，叶莲娜·谢尔盖耶夫娜，我们甚至热爱您。

巴沙：如果钥匙在玛丽亚·瓦西里耶夫娜手里，问题倒简单了。玛丽亚·瓦西里耶夫娜是我们的班主任，她可能和我们一样，关心班里的考试成绩和升学率。我们能和玛丽亚·瓦西里耶夫娜谈拢的。

叶莲娜：教务主任家你们也去？

维佳：怎么了，难道薇拉·伊万诺夫娜就不是人？她的儿子也要考大学嘛。

巴沙：有什么区别，叶莲娜·谢尔盖耶夫娜？我们所有人的目的和任务都是一致的，都为了出好成绩。

叶莲娜：你们肯定不会遭到拒绝？

瓦洛佳：毫无疑问。

叶莲娜：这样的话，你们在我这儿可没那么走运。

瓦洛佳：(不清楚他是开玩笑还是认真的)这得看立足于什么观点了。优势在我们一边，叶莲娜·谢尔盖耶夫娜。您一个人居住，问题就简单了。我们和您谈话，没有证人在场，谈上一整夜也没关系。

叶莲娜：这个你们就别指望了。

瓦洛佳：为什么？我看，这会儿不会再有人来做客，我们也对家里都说了，今晚我们可能不回家。

叶莲娜：你们留下看住我？

瓦洛佳：我们希望能和您友好地告别。

停顿。

叶莲娜：听着，你们不怕我明天向学校告发你们？

瓦洛佳：您不会。

叶莲娜：凭什么？

瓦洛佳：因为您会给我们钥匙。

叶莲娜：如果我不给呢？

瓦洛佳：我们会说服您。

叶莲娜：你肯定？

瓦洛佳：或者强迫您给我们钥匙。

叶莲娜：(强压住愤怒)现在就从这儿滚出去！

瓦洛佳依旧隔着餐桌与自己的老师对峙着，他高大魁梧的体魄与桌子对面瘦弱单薄的叶莲娜老师形成巨大的反差，我们不难从他的脸上看出一丝的兴奋和得意，似乎好戏才刚刚开始……

瓦洛佳：(严肃地)叶莲娜·谢尔盖耶夫娜，我们哪儿都不去。叶莲娜·谢尔盖耶夫娜，您拒绝了他们，也许就是逼他们犯罪。

叶莲娜：我?！犯罪？您疯了！你们能干出什么坏事来？

维佳：我们无恶不作。

叶莲娜：唉，维佳，别跟我这儿张牙舞爪的，你根本不会，说实话。听着，也许，你们是跟我闹着玩儿的？啊，巴沙？不可能是真的。先生们，多么荒唐！……就像做一场噩梦似的，我都快喘不过气来了……拉拉，你怎么不吭声？不要开这种愚蠢的玩笑，孩子们，这样不好……

维佳尴尬地表演着他的"无恶不作"。

停顿。

瓦洛佳：我们没开玩笑，叶莲娜·谢尔盖耶夫娜。

停顿。

叶莲娜：遗憾。

瓦洛佳：怎么，我们就这么站着？时间在一分一秒地过去，而我们站着。(微笑着走近叶莲娜·谢尔盖耶夫娜，伸出手)把钥匙给我，叶莲娜·谢尔盖耶夫娜，像朋友似的分手吧。

叶莲娜：走开吧！现在走还不晚！难道你还不明白？

瓦洛佳：我们哪儿也不去。

停顿。

叶莲娜：那么，这样的话，我走。

巴沙：对不住，叶莲娜·谢尔盖耶夫娜，我们不能放您走。

叶莲娜·谢尔盖耶夫娜冲向门口，但维佳和巴沙挡住她。

叶莲娜：怎么？想用暴力?!

瓦洛佳：(温柔地)我们本不愿意。

叶莲娜：我……我报警。(拿起话筒)号码是多少？

维佳：(机械地)02。

瓦洛佳：劝您别这么做，叶莲娜·谢尔盖耶夫娜。(看着维佳)嗯，何必……叫警察呢？……

叶莲娜·谢尔盖耶夫娜拨电话号码。

维佳：噢，不要这样！没有必要，叶莲娜·谢尔盖耶夫娜。(扯断电话线)我可是说了！唉！

停顿。

扯断了的电话线还攥在维佳颤抖的手中，话机被砸在地面上，巴沙张开手臂挡住了去路。叶莲娜无法接受眼前的这一幕景象，我们分明可以从她眼中的湿润里找到“失望”……

叶莲娜：知道吗，我原先觉得这一幕只有在恐怖片里才有……上帝保佑别让我真的遇到。你们刚才还口口声声说是我的朋友来着。(停顿)奉劝你们想一想，然后走人。现在还不晚！

叶莲娜走进厨房把门关上。学生们有点慌张。瓦洛佳在聚精会神地思考着什么。拉拉开始穿外衣。

维佳：你去哪儿，拉拉？

拉拉：回家，找我妈去。

维佳：你怎么，想走？那我们怎么办？

拉拉：不知道。(嘲笑地)我还以为，你的头头不至于这么傻呢。

维佳：你等等……瓦洛佳！

拉拉：还等什么！我劝你们也走吧。对不起，告诉她，说我们醒悟了，从这儿走吧。

维佳：就是说，我就只能得两分了，啊？

拉拉：两分总比蹲两年大狱好。(对巴沙)走啊！

巴沙：可能，的确不值得？……有时候理智地收手……

瓦洛佳：(轻声)滚！你们全都滚！

没有了老师的客厅显得格外冷清，维佳和巴沙都似乎有些迷茫了。拉拉在一边用冷冷的眼光打量着他们。维佳又一次下意识地咽下一口香槟；巴沙摘下眼镜取出手绢仔细地擦拭着，没有了镜片的掩饰，他的眼中暴露的只有惶恐；瓦洛佳察觉到了一丝不祥的预兆，他必须给他们希望，但此刻他也觉得自己力不从心。毕竟他也只有十八岁啊……

维佳：你怎么了，瓦洛佳！兄弟们，不能走！这算怎么档子事儿？明天她会兽性大发！狠狠教训我们！瞧她最后那大喊大叫的样儿。瓦洛佳，告诉他们。

巴沙：(对瓦洛佳)听着，你不怕……事情闹大了？

瓦洛佳：(眼睛不看拉拉)别管我们男人的事，女孩儿。我干一件事就要干到底。不管我会付出什么代价。明白了？

维佳：对，瓦洛佳！怕她干吗？她又不能把我们怎么样！她心灵高贵又讲原则。甚至，我们的成绩该是多少，她明天一分也不会少给我们。是不是，瓦洛佳？

瓦洛佳：他是对的。我们的叶莲娜·谢尔盖耶夫娜有安提戈涅情结。

维佳：什么什么？

瓦洛佳：这就是说，对现实理想化的认识上升为做人的原则。也就是说，对他们个人和他们所持的信念施加暴力，他们就会英勇地起来抗争。这里的关系是这样成正比的。你施加的压力越大，遇到的抗争就越积极和越明确。这个天性造就出革命战争中的领袖和具有钢铁意志的英雄。但在和平年代的日常生活里，他们就是一群不食人间烟火的怪人。大家嘲笑他们，没人和他们较真。所以，被批判、围攻的场景对他们来说都是求之不得的，因为你给了他们展现心灵力量的舞台呀！叶莲娜·谢尔盖耶夫娜真是应该——从原则上说，感谢我们，正是我们找她要钥匙，反倒让她实现了自我。

巴沙：那下一步呢？

瓦洛佳：我以为绝不能现在从这儿离开。问题倒不在于她明天是不是告发我们，我们即便现在走了，这个风险也是有的。我们的任务是把她从原告变成同谋。

巴沙：如果她是像你说的那样——安提戈涅，那么她永远不会成为我们的同谋。

瓦洛佳：嗯，第一，现实生活中根本不存在纯粹的安提戈涅；第二，对每一个心理类型都可以选配一把开启的钥匙。我多说一句。我已经找到了摧毁“安提戈涅”的办法——(停顿。所有人好奇地看着瓦洛佳)用暴力。

维佳：如果我们把她……那个了，谁给我们钥匙？

瓦洛佳：再说一遍：用暴力。不是对安提戈涅本人，那样做毫无意义。而是当着安提戈涅的面对她亲近的人使用暴力。

维佳：怎么对她亲近的人使用暴力？

瓦洛佳：(嘲讽地)是这样，维佳，我们抓着你对她说：叶莲娜·谢尔盖耶夫娜，要么给我们钥匙，要么，我们把他从七层扔下去。

维佳：你呀，哲学家，开什么玩笑！

瓦洛佳：为什么是玩笑？(严肃地)但这招用的时候得极其慎重。当对手的心理和道德防线崩溃以后，我们再给她致命一击，最终战胜她。

维佳：怎么……你还真的想把我扔到楼下去？

瓦洛佳：别激动，我会见机行事。但一开始我们得完成摧毁对手的道德防线的任务。

维佳：我们？瓦洛佳，怎么摧毁法儿？

瓦洛佳：说实话，你们像小孩子！拉拉！(微笑)嗯，看起来，拉拉明白我的意思。

拉拉：(微笑)不明白。

巴沙：一般来说，所有的理想主义者都对现实认识不清。

瓦洛佳：正确！应该让她睁开眼看世界。让她知道她生活在——这么说吧——社会的底层。给她看现实生活中的人，以我们为代表。(面带笑容)让我们这副脸孔在她眼里像狼的嘴脸！说得俗一点儿，就是扮演社会败类的角色。

维佳：这招他妈的太棒了！我们给她展示现实主义！可不可以……咱们先喝足了？为了演的时候自然一点儿。

巴沙：怎么，你还用演？

瓦洛佳：看情况，需要的话——你就是喝个烂醉也行啊。

维佳：明白了。我包里还有红酒呢。

瓦洛佳：(皱眉头)噢，维佳，不可救药的酒鬼。

维佳：你想啊，为了办成事儿。喝不喝，你看着办！

瓦洛佳：拉拉，你反对我们制定的行动计划吗？(拉拉耸耸肩)你觉得这计划不是很蠢吧？(拉拉沉默不语)那么，非常好，我很高兴。所有留下来的，自然都是投"赞成"票的，不用表决了。我们可不是一帮官僚。

瓦洛佳像一个在游说的政客，他几乎使出了浑身的解数——哲学的、社会的、艺术的等等，他又一次捍卫了自己的核心地位。最终，他伸出手心摆在大伙面前，维佳的手，巴沙的手，还有拉拉的，四个人又一次回到了一条战线上。当四只年轻的手握在一起时，瓦洛佳的脸上显出久违了的优越感和自信……

门出乎意料地开了，传出叶莲娜·谢尔盖耶夫娜的声音："拉拉，能和您说句话吗？"学生们沉默着面面相觑。停顿。拉拉动作犹疑不定。

维佳：喂，拉拉，去啊！

巴沙：你和她，主要是从女人角度。把所有女人的问题提出来向她施压。

瓦洛佳：分寸要把握好。她是聪明人。她自己会明白的。(轻轻地推拉拉)嗯？

拉拉看了一眼伙伴们，微笑着独自走向厨房。

维佳：咱们偷偷……听他们说些什么。

同学们聚在门拉手边。

叶莲娜：你为什么不走？我给你离开的机会！难道你不明白？你知道后果吗？我想至少你——你是女孩子！

拉拉：我不是女孩子。

叶莲娜：嗨，这不重要。这是一场丑闻。如果你们现在还——现在还不离开，后果不堪设想。知道等着你们的是什么吗？你们连毕业证书都拿不到！你们的行为触犯了法律。

拉拉：您过高估计了自己的力量。

叶莲娜：怎么叫过高估计了自己的力量？坐牢！姑娘，明白吗，是坐牢！

拉拉：凭什么？

叶莲娜：什么凭什么？我简直糊涂了。到底发生了什么事？怎么你们天不怕地不怕？

拉拉：不知道。

叶莲娜：你们……不怕？

拉拉：您我们是不怕的。

停顿。

叶莲娜：好吧，在这种情况下，你们需要挽救。你们像一群瞎了眼的小猫，还不知道自己惹了多大祸呢。

拉拉：叶莲娜·谢尔盖耶夫娜，我想给您一个朋友式的劝告。您跟他们是白费劲，说实话。您给他们钥匙。早这么做了，他们现在都干完还给您了，消消停停的。您也省心。

叶莲娜：拉拉，怎么，你是认真的？这是卑鄙的勾当！卑鄙！

拉拉：可生活本身就是卑鄙无聊的玩笑，叶莲娜·谢尔盖耶夫娜，您没发现？(停顿)请问，您每天都得挤公交车吧？嗯，不用问，因为您自己没有私人轿车嘛。您当然也没留意过我们学校的女教师、女职工，她们那些个锈迹斑斑、眉头紧锁着的脸。人人脸上都是痛苦、沉重的表情，好像手里都拖着多少斤重的面口袋似的。尤其是每天早晨送孩子去幼儿园的时候，看她们那脸苦相！我看到生活中有另外一些女人，人家什么样儿？从五颜六色的小汽车上下来，从忙着维持秩序、汗流浃背的警察身边走过，到首都电影院看国际影展的参赛影片，这些影片，普通百姓是看不着的。噢，她们那一张张脸，又滋润又光洁，就像是玻璃纸包的礼物！

这些话语是从拉拉的心里自然流淌出来的，她无需去整理、修饰或者加工什么。她神情自若、循循善诱，如同一个博学的教师在向学生传输着自己的独到见解。而我们亲爱的叶莲娜老师只是静静地坐在那里听着……

停顿。

叶莲娜：那又怎么了？

拉拉：我说完了。

叶莲娜：我明白了。你是想过安逸的生活。

拉拉：为什么不想？如果有这样的生活，为什么我过不上？好像我也有这个资本。

叶莲娜：难道这就是幸福？

拉拉：幸福——本来嘛，在于争取财富的奋斗中。顺便说一句，我们已经安于现状、麻木不仁了。比如我妈妈——她是图书管理员——就爱说："应当克制需求。"

叶莲娜：照你看这么说错了？

拉拉：可我妈妈只是克制了她自己的需求。对我的需求呢，她总是变着法儿地满足。当我需要买新衣服时，她就赶快出去找哪儿有清扫工的零活。这年头，衣装——叶莲娜·谢尔盖耶夫娜，就是进入上等生活的一张通行证。

叶莲娜：那是过寄生生活，您不害臊？

拉拉：有人运气好，为什么不能靠他？……叶莲娜·谢尔盖耶夫娜，咱们像女人对女人似的谈次话。您自己看看您穿的是些什么……

叶莲娜：(不知所措)怎么……

拉拉：您是全校的笑料！

叶莲娜：不对。

拉拉：您是有品位的女人，可您穿的天知道是什么。如今有谁还像您这副打扮？还有您的发型，您最后一次去美发厅是好久以前了吧？……您用的香水四卢布一瓶！……

叶莲娜：够了！我母亲有病，治病需要钱。

拉拉：我不明白，您怎么能这么漠视自己呢？您是怎么生活的？没人疼爱，没人关心，凡是能减轻生活痛苦、带来愉快的小玩意儿一概没有，没有欢乐，没有爱情！您不是女人，叶莲娜·谢尔盖耶夫娜，您是报纸上穿裙子的先进工作者！而您谴责我们，我们不过是想过人的生活。

叶莲娜：人的生活？

拉拉：您知道，所有人都想分得更多的社会财富。

叶莲娜：(有力地)不对，不是所有人。

拉拉：想——是所有人都想，但不见得所有人都能够做到。那些得不到的人才说不想，拿道德做借口，撒谎！您也能看见，不可能看不见发生的事，可您也在撒谎。为什么？

叶莲娜：现在发生的事情在任何一个时代都发生过。一些人苟且偷安，但还有另外一些人守着自己的价值观和理想，自古以来就是这样。为什么您断定这些人就不再存在了呢？让恶势力猖獗吧！……假如全世界所有人都站在恶的一边，即使到了那一天，还可以独善其身呢！哪怕只有一个人对这广大世界说“不要恶”，仅仅是一个人——恶就会退却，善与公正就会胜利。

拉拉：(响亮地哈哈大笑)嗯，您知道吗……怪不得我们的瓦洛佳说您是安提戈涅呢！

叶莲娜：什么？什么人？

拉拉：(止住笑声)神话人物……

叶莲娜：那好，请告诉我，对你来说，荣誉、良心、怜悯这些词还有什么意义呢？

拉拉：您怎么不问问仁慈、自尊，现在它们时髦。我讨厌应声虫！您不觉得无聊吗？先把什么都践踏了，现在又唠叨什么良心。您想不想知道，叶莲娜·谢尔盖耶夫娜，您和我们之间有什么不同？您一生是为过上最基本的生活而奋斗，而我们是为过上上等的生活而奋斗。是的，我工于心计，我不得不计算自己人生的每一步，就怕重演妈妈的命运。甚至，连我至今没有失身也是有考虑的。有朝一日它会卖个更好的价钱。卖给肯出高价的人！

叶莲娜：可你……爱巴沙。

拉拉：没爱到非他不嫁的份儿上。将来，说不定还有比他更有前途的人呢。

在门后，男孩子们憋不住“扑哧”一声笑了。巴沙的脸通红，他冲进厨房，冲向拉拉，打了她一记耳光。

巴沙：坏蛋！

停顿。

这是一个可怕的停顿，屋里所有的人都是静止的，静止在那记耳光声中。片刻，我们可以听到泪水从拉拉眼中流淌出来的声音，只是泪水的声音，没有抽泣，没有哽咽，因为没有人在这里哭泣……

拉拉：现在，别说我嫁给你，跟你坐一起都不可能了。

巴沙：你不是和我说过……

拉拉：说过，怎么了？

巴沙：你说过。

拉拉：我说过嫁给你，可是有条件的，你忘了？

巴沙：我没忘。

拉拉：那你激动什么？努力吧！我们是自己幸福的创造者，叶莲娜·谢尔盖耶夫娜，您说是不是？

叶莲娜：能不能知道，你在什么条件下才嫁巴沙？

拉拉：条件是我们不能过穷日子。

巴沙：你知道，你知道，我们不会。

拉拉：我只知道一点：这年头要想过好日子，就得成为无耻的人。可我不能肯定，当你变成这样的人，我那时还会不会爱你。

巴沙：那你现在爱我吗？现在？我还没变得无耻！我需要知道你现在爱我吗？嗯？

拉拉：(喊叫)是的，是的，是的！我怎么会不爱你，你这么痴情，这么听话，条件又这么好，有房子！我呢，一个没钱没势没关系的女孩儿，就指望着你的爱情！没有你我活不下去！

巴沙：你在说什么？闭嘴。

拉拉：我恨你！恨你！

这一幕不是瓦洛佳期待的，“爱情”?！这个荒唐的东西使他顷刻间损失了两个伙伴。他惟一能指使的只剩下了维佳，他又能对这个酒鬼、废物抱多大的希望呢……

瓦洛佳：(在门后)他们俩演砸了。喂，维佳，再喝一口壮壮胆，冲上去！

维佳：(喝了几口酒瓶里的酒)这我办得到，瞧好吧。

维佳跑向厨房，双手拿着打开的半瓶波尔特温酒瓶。他有点醉了。

维佳：噢，伙伴们，我不能忍了！我再也忍不住了，伙伴们！叶莲娜·谢尔盖耶夫娜，您家的杯子在哪儿？(在橱柜里摸索着寻找)我已经经不起这种家庭悲剧了，我的力气没了！我老爸是一个严厉的人，但就是他也得躲开这种惊雷和闪电。我有一次亲眼看到他哭了，真的哭了，要知道他是个什么人！蔬菜站站长！所有的亲戚靠他养活！蜂巢的王后！可他怕我妈妈。只要我妈妈一跟他闹，上帝啊！天啊！我们家过的不是人的日子，就像是渔夫和金鱼的童话故事里讲的似的，我们的家当从洗衣盆开始，结局呢……结局还没有呢，反正得是世袭贵族的水平。老爸一想到结局就害怕……那么谁是我们家的金鱼姑娘呢？老爸的职权。(笑)嗯，谁和我一起喝？

叶莲娜：(使劲抢下酒瓶)你敢！我不允许！在我家里！(把葡萄酒倒进盥洗盆)

维佳：噢，噢，您干了什么？我为了它已经站三个小时了！噢，叶莲娜·谢尔盖耶夫娜，我神经脆弱。我本来思想很正统，可有时也能……对人……施暴。我有癫痫病，发作起来就像陀思妥耶夫斯基，巴沙，是不是？要展示一下吗？瞧着！(突然倒在地板上痉挛性地颤抖)我有病，看到了？阵发性的。其实我是残疾人，受不得一点儿刺激。每次我得了二分儿以后，都会是这样子。

叶莲娜：(缓慢地)我不知道你酗酒……可怕！

维佳：(从地板上站起来就像什么事也没有发生)不，您看，我酗酒！可我其实忍受不了这个讨厌的东西，哪怕它在世上从来就没有才好！我老爸有时候无节制地狂喝滥饮。老爸他本来是个画家，自学成才的，做市场装潢，设计各种各样的橱窗，后来不知怎么，不知不觉变成蔬菜站的站长了。每当他酗酒，你就听吧，他那一大套的哲学！关于生活的方方面面，关于艺术……他说，“维佳，我是恶棍”。啊哈，把大实话都吐出来了。他说：“我为了三十银币出卖了自己的灵魂，把自己所有神圣的理想出卖了，喝光了。但你不能这样干!”这是他对我说的。“不然我从阴间出来找你，记住。”我说，老爸，现在理想是什么呀？他浑身就哆嗦了。他说：“人们成了恶棍、资本家和卖苦力的。活着哪还有原则。”他说：“我们为了他们都把生命贡献出来了。”我说，那是谁把生命贡献出来了？老爸，不就是你吗？我说，献出生命的人已经被人忘记了。我说，老爸，你别生气，现在是什么样的时代啊……

叶莲娜：时代是人造就的。这是我们的时代，它与我们联系在一起。

维佳：叶莲娜·谢尔盖耶夫娜，我也这么说，不管怎么样，日子还得过下去。老爸还说，从所有的征兆来看，世界末日要到了。根据《圣经》，怎么说的来着……啊哈，妇人不孕——第一条，男人不工作——第二条。没有能源，海洋里的鱼死了，周围是化学污染和辐射。这一切普通人还不知道呢，全部过程静悄悄地在人们不知不觉中发生着，只有学者们看得明白，但他们也把消息隐藏不对外公布，怕引起大恐慌。想象一下，世界末日来临的消息要是传开了，会是什么样？到时候恐怕连一根火柴都买不到了。反正，整个世界不久将变成一个大的臭垃圾场，到处只有苍蝇，苍蝇……据说原子弹爆炸后只有苍蝇能幸存下来……

叶莲娜：奇谈怪论！你的父亲是混蛋！

维佳：不！如果说他是酒鬼、小偷，我同意。他不是混蛋，他是好人，受过很多苦。我爱我爸爸。如果我的父亲造孽了，那他会忏悔的。而对于忏悔的人……

叶莲娜：忏悔的罪人就不再有罪了。只有犹大……

维佳：犹大是不忏悔的，他上吊了。我爸爸他真可怜，他说：“哪天我也要上吊了。等到这一天，她也得像所有人一样出去干一天活，那时她就知道一磅香肠值多少钱了!”他这是说我妈……我现在把你这个坏东西抓住！(追赶一只苍蝇，摔倒了，把餐具“轰”的一声从桌上碰掉了)

如果说小丑的表演是拙劣的，那我们千万别把维佳的举动也当作表演，因为他说的每一句都是真的，是他心里的大实话。但是，他的举动太像一个小丑了。谁会仔细琢磨一个小丑的言语，尽管他说的也是肺腑之言……

叶莲娜：上帝啊，你完全醉了。

巴沙：我可是没喝醉，叶莲娜·谢尔盖耶夫娜，对吗？可关于我的家长，我也没好话。您想，安德烈夫斯基教授——我父亲的科研领导，他的儿子怎么没找您提分数？低声下气地求您？因为他一出生就已经在大学定好了位子，就因为他父亲恬不知耻地抄袭别人的成果。而我父亲，您瞧，从不拿论文来谋私利。为什么我得给每一个过路人让出位子？这是我的位子！我的！如果需要的话，我会和敌人拼个刺刀见红。不这样没法生活！

叶莲娜：住嘴！听听你们都说了些什么！明天——你们全都到学校来！天啊！全是混账话！伪君子！我们培养了什么人？

巴沙：我们应该反问你们才对：伪君子，你们培养了些什么人？

瓦洛佳：(向厨房张望，快乐地)什么声那么大，打架了吗？叶莲娜·谢尔盖耶夫娜，您这样该把左右邻居们吵醒了。在这儿坐的工夫，我把您的集邮册翻了一遍。这些邮票是您在黑市上买的？花了多少钱？叶莲娜·谢尔盖耶夫娜，您知道现在几点了？

叶莲娜：我不能给你们钥匙，瓦洛佳。不给。

瓦洛佳：(打哈欠)对不起，我困了。多无聊！先生们，就你们那点儿办事能力，差远了。一丝儿灵气儿都没有。让我说你们什么好呢？平庸透顶，不讲效率。(停顿)叶莲娜·谢尔盖耶夫娜，您不反对我们在您家里搜查搜查吧？

叶莲娜：怎么……搜查？

瓦洛佳：就像对嫌疑犯。

叶莲娜：你们敢！别过来！

维佳：(走近叶莲娜·谢尔盖耶夫娜)别害怕，叶莲娜·谢尔盖耶夫娜。(停住，停顿，对瓦洛佳)是不是太过分了，啊？

瓦洛佳：(耸肩，冷漠地)主人就是老爷。我吩咐，你照办。

维佳：明白。一分钟。对不起，叶莲娜·谢尔盖耶夫娜。我动作很文明，您甚至都感觉不到。(双手出其不意地在叶莲娜·谢尔盖耶夫娜身上迅速地摸索一遍)这就完了，叶莲娜·谢尔盖耶夫娜，对不住。(对瓦洛佳)没有。

瓦洛佳：我就知道！怎么着，房间里也找一找？

维佳：怎么？这个……行啊。(敲一下巴沙的肩膀)你张着大嘴站着干吗？走啊！

巴沙慢慢地走出厨房，瓦洛佳和维佳跟在后面。

拉拉：(迅速走近叶莲娜·谢尔盖耶夫娜)给他们钥匙！我警告过您！给他们！

叶莲娜：(含着泪，固执地来回摇着头)不，不，不！

仅仅是一把钥匙，但叶莲娜的回答却是那么坚定。先前还热闹异常的客厅，现在只余下了一股悲凉的氛围。这个瘦弱单薄而又坚定不屈的身躯更加重了这种悲凉的寒意……

年轻人在房间里到处搜寻。

年轻人是新时代的缔造者，也是旧时代的终结者。他们正毁灭着一个他们不齿的旧世界，但是，他们能缔造出一个更新、更好的新世界吗？此刻，他们就在终结着他们的生活、未来、青春……

第二幕　再见，老师

软语相求、摇尾乞怜、威逼利诱、粗暴搜查甚至犯罪……有谁会相信，这一夜的争斗和折磨仅仅只是为了一枚小小的钥匙？而这钥匙的分量竟是如此沉重！在黎明前的黑暗中，附着在这枚小小的钥匙上的人生意义、价值观甚至信仰在激烈交锋。当黎明的曙光划破夜空，当孩子们心中罪恶的种子膨胀到了顶点时，终于，我们看见了善的萌发……

我们不舍得为您拉开这一幕的幕布，因为这幕布后的狼藉是每个善良的观众所无法面对的。先前还充满欢笑和生机的屋子此刻完全沉寂了，倦意写在每个人的脸上，只有时钟的滴答声不知疲惫地在印证着生命的顽强。我们当然相信，亲爱的叶莲娜老师一定还没有交出她保管的钥匙；同时我们也明白，这群俄罗斯的青年们也不会轻易放弃。但幕布是必须被打开的……

午夜两点钟。

房间里一片狼藉。物品被翻乱，家具被移动，柜子门大敞，书桌抽屉拉开了。不眠之夜的气氛很沉重，人们已无力再证明、要求或是争执什么了。

叶莲娜·谢尔盖耶夫娜、瓦洛佳和巴沙坐在桌子旁。拉拉蜷在沙发上，维佳一个人满屋子转悠——他醉了。留声机里传出阿库扎瓦轻柔、沙哑的歌声——“让我们互相赞美”。

叶莲娜：不，不，不，明天我就向学校交辞职报告，再当教师没有任何意义，要是都把孩子们培养成你们这样的怪胎！我一生致力于把善良、公正、人道主义的理想灌输给你们，结果呢？作为教师，我做到头了。

瓦洛佳：您怎么不明白，叶莲娜·谢尔盖耶夫娜，我们对您个人没有恶意。相反，我们一直觉得您很迷人，您数学教得好又是个好人。可是命里注定钥匙在您手里，所以您不得不——这么说吧，首当其冲。

巴沙：亲爱的叶莲娜·谢尔盖耶夫娜，我们不是冲您来的，而是为我们自己。您懂这其中的区别吗？

拉拉：(在沙发上，声音带着朦胧睡意)噢，您别听他们的，叶莲娜·谢尔盖耶夫娜！别急，明天我们会把屋子打扫干净，归置整齐。您的电话维佳能修好，他是大拿。现在咱们睡上一会儿。

叶莲娜：问题不在电话，拉拉。像这种坏主意只有法西斯才想得出来，可你们是苏维埃的中学生！

巴沙：(叹息)主意就是主意，没有好坏之分。在生存竞争中，什么样的主意想不出来！

叶莲娜：你们当然是无耻……对不起，我头疼，怎么想就怎么说。

瓦洛佳：请便，这样更有趣。

叶莲娜：我不懂，告诉我，瓦洛佳，你为什么要这样呢？

瓦洛佳：您知道，出于嗜好。是的，纯粹是一种兴趣。我用您来算卦。

叶莲娜：怎么算卦？

瓦洛佳：如果我从您手里顺利得到钥匙，我未来的一切就会成功。

叶莲娜：什么——一切？

瓦洛佳：官运、生活、爱情。

叶莲娜：难道你对前途没信心？

瓦洛佳：当然有。但是要想成为真正的大人物，光有后台不够，还要靠自己的能力和意志。从您这儿要钥匙对我来说算是个考验。作为未来的外交官，我得学会达到自己的目的。

叶莲娜：不择手段？

瓦洛佳：毫无疑问。道德——人的意识范畴，因此也是相对的。我要从政治的立场出发，对我来说，主要考虑的就不是道德，而是利益。比如谈到彼得一世，谁的脑子里会想到道德！

叶莲娜：彼得一世、拿破仑、为所欲为的暴君……这早过时了！

瓦洛佳：真理没有过时的。

这是一段艰难的沟通过程，老师和学生彼此试着让对方理解自己的选择。瓦洛佳的声音是低沉的，当然也不乏年轻人的激动；而叶莲娜的嗓音早已沙哑了，甚至有时她还会显得有些宽容。但是，他们之间的差异太大了，这种距离不是一个晚上可以跨越的……

停顿。

叶莲娜：在你看来这是一场游戏？

瓦洛佳：实验。

叶莲娜：拿活人？

瓦洛佳：总不能用家兔。

叶莲娜：你打算在我家一直这么厚颜无耻下去？

瓦洛佳：您不也是一直和我们鼓吹道德学说吗？

叶莲娜：知道吗，反正你的实验没有结果。

瓦洛佳：是吗，为什么？

叶莲娜：因为我不会给你们钥匙。

瓦洛佳：会的，叶莲娜·谢尔盖耶夫娜。当然会。

叶莲娜：不，瓦洛佳，这次你失算了。我不给。

瓦洛佳：我的个性比您的强大得多。叶莲娜·谢尔盖耶夫娜。我会迫使您给我们。

叶莲娜：我也不是弱者，瓦洛佳。

瓦洛佳：可能。不过您做事不讲究策略，没有章法。不像我，有随机应变的智慧，层出不穷的手段。(微笑)我是个大阴谋家，叶莲娜·谢尔盖耶夫娜。我会像伊阿古一样用诡计战胜您。

叶莲娜：说实话，你可让我吃惊不小，瓦洛佳。像你这么个聪明、能干的人，做起事来这么愚蠢！你应该知道，明天全校都会知道，就算是你和这件事没牵扯，你不仅不能考莫斯科国际关系学院，而且，可悲的是，你最终还要进拘留所。

瓦洛佳：亲爱的叶莲娜·谢尔盖耶夫娜，您还不了解我，我是个浪漫主义者。当官——不错，但我会不顾一切，为了……

叶莲娜：为了什么？

瓦洛佳：为了权力。为了能觉得自己控制局势，觉得别人的命运攥在我手心儿里。噢，您不知道这是多么大的享受——感觉自己无所不能！

叶莲娜：是啊，我大概是弄不懂了。六十年代的人，是另外的样子。知道吗，我们有理想、有奋斗的目标。我们不想自己，我们想生活的意义、历史和未来。

瓦洛佳：但是你们这些六十年代的好人做了些什么大事情？你们在哪儿？嘿！既看不到也听不到。有一些会钻营的，他们飞黄腾达；另外一些人消失了，没影了！没了！小鸽子飞向大洋大海不回来了；第三种人在过着自己的苦日子，是不是这样？

叶莲娜：（平静地）很多人成了诚实的人、正派的人、善良的人，这难道还少吗？他们普普通通，可正是他们保存着真、善、美的元素。没有这些元素，俄罗斯民族是会衰亡的！只要有正派的人在，社会就能进步。

巴沙：应该给正派的人洒点杀虫剂，免得他们繁殖得太快。

瓦洛佳：（微笑）您这是念抒情诗，叶莲娜·谢尔盖耶夫娜。对不起，时代变了。

叶莲娜：怎么变了？

巴沙：怎么变了？没事的时候读读报纸。

瓦洛佳：现在是另外一个时代了，更残酷、更有活力、更功利。它需要新一代的人具备新时代的个性。直截了当地说吧，我们要干事情，我们要有干事情的钱。等价交换。

叶莲娜：等价交换？……这就是你们的生活原则？

瓦洛佳：俄罗斯吃老好人的亏还不够吗？幼稚的知识分子太多，清醒的铁腕人物太少。没人瞧得起实干家，当一个实干家，自己都觉得不光彩。可我们相信，能够拯救俄罗斯的只能是我们新一代的实干家。

叶莲娜：（笑起来）老天爷，瓦洛佳，这么一说，你们是我们的救星？你们是吗？

巴沙：当然，不过维佳不算。

叶莲娜：是吗？他跟你们不一样？

瓦洛佳：社会总有它的弃儿。

叶莲娜：弃儿？

巴沙：遗传基因决定的。实际上，他的生命已经完结了。

瓦洛佳：就摆在您眼前，您怎么就看不到？

停顿。

叶莲娜：（轻声地）不对。他是个好孩子，很有才华的孩子，我看过他五年级时参加比赛的绘画。（两个孩子哈哈大笑说：没什么新东西）你们是冷酷、恶毒、没有心肝的个人主义者！俄罗斯要靠你们拯救?！别这么看着我！我可不怕你们！

维佳进来，踉跄了一下。

维佳：叶莲娜·谢尔盖耶夫娜，对不起。我无权……搜您身……对不起……我爱您，叶莲娜·谢尔盖耶夫娜，当我还是毛孩子的时候，您就是我最喜欢的老师……您的一双眼睛像湖水，在里面可以捞……鱼……

瓦洛佳：(哈哈大笑)太棒了！咱们的维佳——罗密欧！

维佳：叶莲娜·谢尔盖耶夫娜，把您的手给我……噢，我难受得要命……我从五年级开始就……把您的手给我……

瓦洛佳：还有心，蠢货。可以把手和心一起给你。

维佳：(喃喃低语)我可以，可以……您让我得三分，我可以……

子夜的倦意似乎随着维佳的到来被打破了。瓦洛佳放纵着自己的笑意，他肆无忌惮地作践着自己的老师，也作践着自己。一个真正的跳梁小丑刚刚出场，他的表演只有让我们恶心……

瓦洛佳：别信他，叶莲娜·谢尔盖耶夫娜，看他醉的那样儿。他骗您，等您给了他三分，他早跑没影了。而我……不会骗您。(笑得喘不上气)我可以向您保证。您多大了？三十二……三十三……三十四？要么四十四？随便问问，其实无所谓。我是唯美主义者，叶莲娜·谢尔盖耶夫娜，我现在正式向您求婚。当然啦，前提是您得先给我们钥匙。(继续在笑)啊？我没听见？您同意吗？这是为什么，您脸上可没有未婚妻应该有的喜悦和激动呀？遗憾！没有男人的关爱，女人就不叫女人，跟工作的奴隶差不多。下决心吧，叶莲娜·谢尔盖耶夫娜，我不会让您失望。

叶莲娜：瓦洛佳，说这种话，上帝会惩罚你。

瓦洛佳：什么？怎么扯到上帝那儿去了？上帝不存在！您在说什么，叶莲娜·谢尔盖耶夫娜？我们可是无神论者，怎么了？我们是无神论者，这是您教的。

维佳：兄弟们，兄弟们，那个什么……在哪儿？我难受，兄弟们……(摇晃着走进厨房，他要吐)

维佳又暂时退出了这场闹剧的舞台，他的上场不单单是为了证明弱者的可怜，他让我们看到最渺小的小人物身上单纯的可贵。他带来的是一个诚实的忏悔，可是谁会在意一个醉鬼的心声？厨房里传来呕吐的声音，一丝难过的表情显现在叶莲娜老师的眉头……

巴沙：知道吗，诸位，在这件事上，最让我震惊的是什么？就是叶莲娜·谢尔盖耶夫娜可怜我们之中最坏的一个。俄罗斯的怪现象，同情酒鬼、刑事犯，就是不同情知识分子。(停顿)您为什么可怜维佳，叶莲娜·谢尔盖耶夫娜？他配吗？他哪点儿值得您同情？他把您电话弄坏了，搜您身，可您还是立刻原谅他了，维佳只配叫弃儿。

叶莲娜：(闷声地)他是替罪羊。他听信你们的话，你们利用了他，这点儿聪明你们已经有了。

巴沙：噢，民粹主义的陈词滥调，人民——替罪羊，就该受到国家的保护。他是什么替罪羊？难道他肩膀上就没长脑袋？我们本来不想要他，是他自己缠着我们，还偷了家里的水晶酒杯。他说："让我也入伙吧。"还得感谢拉拉替他求情。拉拉和您一样心软，她说维佳一道题也没做出来，准得给他打两分，怪可怜的。为什么只有毫无价值的人才能博得您的关心和同情呢？您还不如——叶莲娜·谢尔盖耶夫娜，可怜可怜我呢。不管怎么说，我们家几代都是知识分子，我将来也有希望成为——可以说，俄罗斯学术界的精英。您现在扼杀天才，到时候历史会找您算账的。那时您就是后悔也晚了，留下一个千古骂名。

叶莲娜：你说什么？

巴沙：我是说您会留下千古骂名。

叶莲娜：你，年轻人……无耻！坏蛋！

巴沙：感——谢上——帝，您是个女人，要不然……

叶莲娜：要不然怎么样？打我？那就打啊！谁拦着你了?!

巴沙：我是男人，从不对女人动手。

可笑的谎言，几个小时前的那记耳光声还没有从我们的耳边消失呢！巴沙说这句话时显出一副知识分子特有的自恋，叶莲娜老师无情地提醒了他的健忘……

叶莲娜：撒谎！撒谎！还有你越不过去的界线？

瓦洛佳：可不是，叶莲娜·谢尔盖耶夫娜，《圣经》十诫呀？我们并不是您说的怪胎。不杀人、不偷窃、不通奸……

叶莲娜：啊！不杀人！……你们当然不会像拉斯柯尔尼科夫那样拿斧子杀人。你们在什么地方！胆量还不够……可是用谎言，用背叛杀人——你们连眼睛都不眨一下！

瓦洛佳：您很适宜，知道吗？

叶莲娜：(不解)什么？

瓦洛佳：您很适宜愤怒。怒火把您的眼睛点亮了，脸烧红了。您怎么从没想到学表演？您可以找个合适的角色演一演，我说，准是悲剧角色。

叶莲娜：听着，你们也许现在都这样……没人味儿？就连上帝都有致命的弱点，你们反倒刀枪不入。你们怎么活得这么心安理得？像无父无母的人……心就从来不痛？或者干脆就没有心？

巴沙：我们没有心？我们没有，是吗？

瓦洛佳：你消停一点儿吧。反正她是理解不了我们了。没看见吗，这是机器，机器人儿。

巴沙：我恨用自己的胸膛去堵枪眼儿的英雄们！恨那些需要人的胸膛去堵的枪眼儿！凭什么，凭什么永远该我们堵枪眼儿！现在，我们在您家，把自己作践成社会的败类、无赖，为的是把毕业成绩提高一档好考大学。也许就差这一分我们被淘汰了，到时候，为了一张免服兵役卡，我们就得假装是白痴进精神病院。为了满足我们最基本的要求——能从事自己心爱的事业，我们付出的精力是否也太多了？愚蠢的傻瓜可以拿这种游戏当真，稍稍有一点儿脑子的人只是玩玩而已。您还不明白，您捍卫的不是什么崇高的人道主义理想，只不过是官僚主义机器，连同它彻头彻尾的虚伪、狭隘的道德？

叶莲娜：闭嘴！闭嘴！我不想听！(用手捂住耳朵，低声哼唱“当我们还燃烧着自由之火”)

巴沙：您抱怨我们是冷血动物，可怎么不剖开您自己的心看看，用过时的、虚伪的口号，僵死的原则、感觉和言词浸泡的心？如果我们不相信您在学校里的教导，那是因为连您自己都不相信自己，不相信您不得不灌输给我们的那套东西！

瓦洛佳：太棒了！太棒了！你是我们的大演说家西塞罗。您听听！您听听！叶莲娜·谢尔盖耶夫娜！

巴沙：学您的样子，我们从小就会伪善、表里不一、言行不一。这都是从童年开始，你们十几个教师加上生活本身教的。叶莲娜·谢尔盖耶夫娜，丢开这一套吧，我们可是您的孩子。不是别人的，我们是你们自己亲生的孩子。

瓦洛佳：(亲切地)把钥匙给我们，叶莲娜·谢尔盖耶夫娜，安静地睡吧，您累了。看，已经午夜两点多了，明儿还得早起判卷子呢。嗯，做个聪明人，趁自己活着并有能力的时候要多行善事。(用笼罩一切的声音)不要对您的学生落井下石，人非圣贤，孰能无过？这也是老师教我们的一句话。

这里似乎是一个平常的私人聚会，人与人之间的关系仿佛就是普通的朋友，瓦洛佳完全将自己等同于叶莲娜老师的密友一般体贴关怀，而巴沙也不过就是一个持不同观点的聊客，是非曲直在他们眼中变得无足轻重。但是，叶莲娜老师却再也无法忍受了……

叶莲娜：(突然厉声地)站起来！和老师讲话的时候要站起来！(瓦洛佳不自觉地欠起身)你们几个小崽子想教导我怎么生活，是不是?！我是三岁小孩、瞎了眼的小猫吗，要你们指点——千万小心，可别踩上垃圾！……那种旧社会里动不动就用喷香的手绢捂着鼻子，一见脏东西就要晕过去的娇小姐！罪恶、卑鄙、庸俗、虚伪的勾当我见的难道比你们少？想教导我？就你们！除了五颜六色的小轿车、金首饰、让人头晕眼花的零七八碎的摆设，这些东西整天在你们脑子里转，馋得你们心发痒。除此以外，你们的眼里还有什么？我恨不得朝所有的这些破烂都啐上一口！新人们！你们学会用现实世界的缺陷给自身的卑鄙包装了！你刚才不是引证《圣经》吗？记住，《圣经》里还有一句呢，就是：人不仅仅靠面包活着！你们算什么，长大了的、学会偷偷吸血的小寄生虫！自以为穿了厚底靴就能上台表演的、不知天高地厚的鸡脑子侏儒！一心想打家劫舍的强盗。你们的愿望其实很简单，和当年爪哇猿人所想的没什么两样——吃喝要甜一点儿的，兽皮要暖和一点儿的。道德的低能儿！趁早儿从我这里滚开！别让我点火烧着你们的狐狸尾巴！到时候你们身上的臭味儿就该散发出来了！

瓦洛佳：(震惊)叶莲娜·谢尔盖耶夫娜……

叶莲娜：闭嘴！你的话我听够了！你真的想把我逼进死胡同？你自封什么小拿破仑，拿罪恶抬高自己的庸俗小人。我见过穿各式衣服的无耻之徒。你们是什么无耻之徒？你们是小市民。无聊、迷糊、腻味，从头到脚——小市民，你们的上帝不就是钱嘛，我鄙视你们散着铜臭的灵魂。从我家滚出去！不然我就喊了，现在不是还没把你们的耳膜震破吗？等我喊起来的时候你们再来试试。我会打碎玻璃，放煤气，连房子都烧了。你们想跟可以当你们妈妈的女人斗，先把鼻涕擦干了再说。给我滚！(把他们的物品胡乱抛掷)

瓦洛佳：叶莲娜·谢尔盖耶夫娜，请听我说完！

叶莲娜：你还能干什么？杀了我？下手啊！我到时还是要说，下流——这仅仅是下流；丑恶，这仅仅是丑恶；杀戮，这仅仅是杀戮。

瓦洛佳：只听我说一句话。

叶莲娜：谎言——这仅仅是谎言；卑鄙——这仅仅是卑鄙。

我们实在无法想象这个弱小的女人会爆发出如此强烈的反抗，她将自己的每一寸肌肤和血液都调动了起来，那排山倒海的气势完全将学生们征服了。我们甚至惊诧她是哪里来的如此的力量？这气势改变着现场的局面，但是，却无法改变一个人的本质……

瓦洛佳：(叫嚷着)您赢了，叶莲娜·谢尔盖耶夫娜！您赢了！(停顿)实验的结果是您取得了彻底胜利。祝贺您！巴沙的问题也没有了，我们再不需要用您证明什么。现在请您看在上帝的份上原谅我们。我真高兴没看错您的人品。

叶莲娜：没看错……什么？

瓦洛佳：游戏出格了，我甚至不知道在让您这么激动和不安之后，还能否得到您的谅解。但是，请相信我们，做这个残酷的实验也是万不得已。通过您，我们想为我们的同志找回对生活、对人的信仰。好长时间了，他在绝望中挣扎，信仰危机使他快要自杀了。所以我们作为他的朋友，走了这一步险着。我们决心向他证明，生活并非他想象的一片漆黑，不见光明，还是有善良、真理、公正，有崇高的理想的。原谅我们，叶莲娜·谢尔盖耶夫娜，我们只能对您这么残酷，可也许，您为拯救了一条年轻的生命而欣慰。为此我们将终生感谢您，叶莲娜·谢尔盖耶夫娜。

停顿。

这是一个恶毒的谎言。所有的谎言都在寻找一件美丽的外衣，瓦洛佳寻找到了最整洁的一件，有谁能抵挡这样的赞美和奉承？特别是在经历了这样的一场动荡之后。叶莲娜是无法接受这样突然的一个转变的，但是，善良的人们在思考时总是从善的角度出发的……

叶莲娜：我……不相信……你。

瓦洛佳：(声音震颤了一下)怎么……不相信我？巴沙，你自己说吧！

巴沙：(惊慌失措)是的，的确……我是想来着……但是现在我终于明白了……我……再也不这么糊涂了。

停顿。

狗在乞求它的主人时总是摇晃着尾巴的。此刻，瓦洛佳和巴沙就在向叶莲娜老师乞求着宽容，他们又会做出怎样的举动呢？只有天知道！但愿亲爱的叶莲娜不要再被这无耻的伪装所蒙蔽……

瓦洛佳：(小声)请叶莲娜·谢尔盖耶夫娜原谅。

巴沙：我……我请您原谅……请原谅。

叶莲娜：不可能。

瓦洛佳：难道您不肯原谅我们，叶莲娜·谢尔盖耶夫娜？

叶莲娜：不。

瓦洛佳：您把我逼到这样的境地……可怕……我们刚才卑鄙无耻，但我们的目的是好的，拯救朋友！我们还能怎么样？叶莲娜·谢尔盖耶夫娜，理解我们！我跪下来求您得了，(双膝跪下)您还没原谅？(对巴沙)你就站着吧。

巴沙也在瓦洛佳旁边跪下来。

叶莲娜：起来，你们做什么？起来……

瓦洛佳：叶莲娜·谢尔盖耶夫娜，您原谅我们了？告诉我——原谅了……您还是不原谅！

叶莲娜：(痛苦地)我……不知道……如果真是这样的话……放开！(意欲走开，但瓦洛佳抱住了她)

瓦洛佳：叶莲娜·谢尔盖耶夫娜，请允许我们再跪一会儿，这样我们心里好过些……

叶莲娜：不必了。起来吧……

瓦洛佳：但我们让您痛苦，想起来就心如刀割……

叶莲娜：没什么……起来……

瓦洛佳：您是神圣的。巴沙，你现在相信理想的存在，相信把理想的大旗高高举起的人存在了吧？

巴沙：相信。

瓦洛佳：好样的！你不想寻死了？……(用手在脖子上绕了一圈)

巴沙：不了。

瓦洛佳：您看到了吗，叶莲娜·谢尔盖耶夫娜，您创造了奇迹！(唱起来)“让我们互相赞美，不要怕说崇高的字眼。”(互相拥抱着肩膀，跪着，摆动着)

这对搭档的表演可谓精彩巧妙，他们匍匐在叶莲娜老师的膝前百般逢迎着。就在叶莲娜善良的防线即将被攻破的这个瞬间，在一旁沙发上早已醒来的拉拉终于按捺不住了……

拉拉：(从沙发上跳起来，喊叫)伪君子！骗子！小丑！你们两个叫我恶心！

瓦洛佳：早上好，你醒了？小心别把嗓子喊破了。去厨房找维佳吧——他吐出来就好了！

拉拉：小人，坏蛋！我恨你！(对叶莲娜·谢尔盖耶夫娜)您也太傻了！您怎么能容忍？怎么敢容忍?！您难道还看不出他们像捉弄个——对不起——傻瓜似的捉弄您吗？其实早该把我们掐着脖子给轰出去了。有什么好争论的，从后面踹上一脚就完了，让我们想都别想！……老天爷，您没有一点儿对自我的尊重！有人踩您的头，您还和他们一块儿唱？唱什么“互相赞美”！

看到拉拉歇斯底里了，叶莲娜·谢尔盖耶夫娜走进厨房。

瓦洛佳：这就是结局，好极了！(对巴沙)我的朋友，永远别跟女人打交道。两分钟以前我还以为一切都泡汤了，可现在我有一个绝妙的主意。(把巴沙拉到一边解释着什么)

叶莲娜：(拿着一杯茶走进来，递给拉拉)喝口水，平静一下。

拉拉：您相信他们了，是吗？他们可会装了。他们有各式各样的打击对手的花招。我不是一开始就提醒您给他们钥匙吗？您怎么啦？……唉，您呀，真是的！……为什么相信他们？您为什么怜惜一切人？不能怜惜一切人！永远不能这样！

叶莲娜：（平静地）现在几点了？

瓦洛佳：三点，叶莲娜·谢尔盖耶夫娜。（朗诵腔）黎明就要来到这个笼罩着白夜的城市，初升的太阳那血红色的光芒……

叶莲娜：感谢。（对拉拉）对不起，我要去躺一会儿。

拉拉：请吧，叶莲娜·谢尔盖耶夫娜！叶莲娜·谢尔盖耶夫娜——

叶莲娜：嘘！别出声，再也没有叶莲娜·谢尔盖耶夫娜了，叶莲娜·谢尔盖耶夫娜已经死了。

叶莲娜悄声宣告着自己的灭亡，但这可怕的讯号只被拉拉一个人收到了。叶莲娜老师完全懈怠地向外走去。这一夜的斗争使她仿佛老了十几岁，她的背影显得苍老、疲惫而又不堪一击。我们亲爱的叶莲娜老师的确需要休息了。就在此刻，瓦洛佳却又在策划着另一个恶毒的计划……

停顿。拉拉恐惧地看着叶莲娜·谢尔盖耶夫娜。

巴沙：（对瓦洛佳）你疯了！天知道，你疯了。

瓦洛佳：（平静地）为什么？

巴沙：因为这是卑鄙下流的。

瓦洛佳：什么什么？这话可不像是你说的！

巴沙：反正以后我不再敬重自己，我不是男人。

瓦洛佳：唉，你呀，我纯洁的！唉，正派的！唉，规矩的！

巴沙：别再说下去了！你知道我和拉拉的关系。

瓦洛佳：那又怎么了？你也明白，不到最后的一步就没戏。而且我们又不来真的，只是吓唬吓唬。叶莲娜——你自己也看到了，再进攻一下她就彻底垮了。

巴沙：反正都一样。我不行，对不住。

瓦洛佳：笨蛋，十足的傻瓜。跟个娘儿们似的！

拉拉：叶莲娜·谢尔盖耶夫娜！我们这就走了，叶莲娜·谢尔盖耶夫娜。您听见了吗？我把他们带走。我们走了，走了。全结束了！巴沙，穿衣服吧。

拉拉走进厨房，试图推醒酣睡中的维佳，巴沙在屋里找到短外套，穿上。

瓦洛佳：（双臂交叉抱在胸前，冷眼旁观）巴沙，穿衣服吧。简单明了。（巴沙停住了）穿衣服吧。穿衣服吧，娘儿们。（轻声在笑）你到现在还这么听她的话！

巴沙：你得明白我不能那么干。我们约定好将来结婚的。这等于出卖了我最宝贵的。

瓦洛佳：想一想！出卖最宝贵的，让自己活下来。事业需要我们！明白吗？这是事业的需要。

巴沙：为了哪个事业？让它完蛋吧！我已经不懂了，我们为什么来这里？也许你能给我解释，我们为什么要搞这些鬼名堂？

瓦洛佳：啊，你问这个?! 我看，你合着把什么事业都忘光了，合着我一个人瞎忙活。谁求我来着？搞不懂。你为他们使出浑身解数，他们非但不感激你，反而朝你脸上吐唾沫。谁也不想把手弄脏，胆小鬼！

巴沙：和胆小鬼有什么关系？

瓦洛佳：为什么我和你们搅和到一块儿去了？白痴！丑道德家！你首先是侮辱我作为艺术家、美学家的感情！你破坏了我一整套战略战术，傻瓜！

巴沙：我，瓦洛佳……

瓦洛佳：闭嘴。我早看透你了，一辈子只想着和老婆睡觉。感谢上帝！每个人都有他的需求。可是以后甭想着再求我爸为你开后门。懂了吗？我还得看看，你要是考不上大学，被充军发配或是去了职业技术学校，被拉拉甩了，到时候还有什么脸见人。(笑)你自己也听到了，人家女孩儿便宜了不卖。

停顿。

瓦洛佳的嘴贴近巴沙的耳朵，用近乎嘲讽的语气告诫着。他终于找到了最有效的炮弹，成功地打垮了巴沙的最后一道防线。是的，什么爱情、未来，统统要从现实出发，“人家女孩儿便宜了不卖”。巴沙在这一回的交易中选择了放弃，他软软地瘫坐在椅子上。这或许是他十八年的人生里程中最艰难的一个决定……

巴沙：(闷声地)算了。

瓦洛佳：什么——算了？

巴沙：见你的鬼！我同意。

瓦洛佳：噢！我还等什么！我一直认为：把自由给自由的人，把权力给老爷。从最高的原则立场看，我做这一切……

巴沙：瓦洛佳，我理解你。只是你要记住，万一拉拉以后……

瓦洛佳：听着，你什么时候变得这么婆婆妈妈的？她可是第一个就把你出卖了。实话跟你说吧，我在九年级的时候也喜欢上她了，但我及时认清了她——坏女人！

停顿。

巴沙：不知道为什么，我现在特想扇你一耳刮子！

瓦洛佳：(笑)这是因为你的犹大情结在作怪。

巴沙：要知道我清楚得很，我同意了一个无耻的行动。我将要咒骂我自己。

瓦洛佳：行了，行了。少来陀思妥耶夫斯基那一套。我为什么喜欢日本人，因为他们善于隐藏自己的感情，有礼貌地微笑，绝对深不可测。

拉拉：(把维佳拖进房间)他的衣服在哪儿？

维佳：你拉我干吗？我想睡觉。

拉拉：我让你睡觉。我让你睡觉！你在哪儿睡？回家在家睡！收拾你的破烂。巴沙，帮帮他。

瓦洛佳：小姐，你好像是在管你不该管的事。你本来是个茶花女式的人物，却偏要干女政委的事。

拉拉：我根本不想理你。

瓦洛佳：你看她多忘恩负义。噢，上帝，这个女人对我多没良心！

拉拉：(对巴沙)你站着干吗？帮个忙！你没看他困得都快站不住了。

瓦洛佳：小姐，别瞎嚷嚷！要静一点儿。

拉拉：要么你现在穿衣服和我一起走，要么……

瓦洛佳：要么？

拉拉：我没跟你说话。

瓦洛佳：那我就告诉你：你收拾你的，我们还得待一会儿。对吧，巴沙？（巴沙不做声）

拉拉：巴沙，我最后一次和你说……

瓦洛佳：（粗暴地）够了，闭上你的乌鸦嘴！说过了——不走！

停顿。拉拉从近处凝视着巴沙。

这对恋人就这么对视着，拉拉好像是第一次这样仔细地打量巴沙，眼前这个文学天才让她觉得如此的陌生。巴沙几乎不敢直视对面的拉拉，他努力将头垂下。如果他的心里还装有廉耻的话，此刻的巴沙应该是愧疚的。瓦洛佳在远处静静地等待着这个僵局的打破……

拉拉：这么说你们是一伙的？和这个败类一伙了？那好啊，有你后悔的时候。（像得了疟疾似的慌乱地穿衣）

瓦洛佳：（挡住拉拉的去路）等一等，别急啊，还有件事，小姐。

拉拉：把手拿开！（挣脱，瓦洛佳抓住她的手，差点把她推到椅子上）你怎么回事？你怎么回事……傻瓜！

瓦洛佳：安静地坐下。得由男人们做主。明白了？现在我们又回到父权制。（走到维佳跟前，后者趴在凳子上睡着了。瓦洛佳把他推了一下，维佳站起来，迷迷糊糊地睁圆了眼睛）

维佳：什么？啊？你干什么？

瓦洛佳：起来，老兄，号角吹响了。（维佳嘴里发出含混不清的声音）别哼哼唧唧的，听着！……你倒是站好了！（在他耳边大声喊叫）你还想不想得三分了？

维佳：什么？嗯……（重新又试图坐下。这时，瓦洛佳忙喝一口长颈玻璃杯里的水，朝他头上喷去）嘿，嚯！你发呆呀你？你呀！（打喷嚏，清醒了些）

瓦洛佳：如果你再坐下，我们就把你扔到窗外去，明白了？

维佳：明白，瓦洛佳。别往窗外扔！（摇晃脑袋）见——鬼了！给条毛巾也好啊。

瓦洛佳：仔细听好，当你在厨房打盹的时候，我和巴沙把事情办妥了……看到了？（用头指叶莲娜·谢尔盖耶夫娜的方向）睡得像个死人。

维佳：啊哈，干得利落。

瓦洛佳：所以我们决定进行最后的致命一击。

维佳：什么？扔到窗外，是吗？我不干！

瓦洛佳：别害怕。没那么严重……顺便说一句，这不严重。你的任务是：当行动开始的时候抓住拉拉，让她——这么说吧，总之抓住就行，明白了？

维佳：明白。只是我有点不明白，瓦洛佳，什么行动？

瓦洛佳：这不用你操心，明白了没有？你只管抓住不放。

维佳：抓住不放，懂了。

瓦洛佳：噢，你看，维佳，可是别要滑头。

维佳：放心吧，我永远靠得住。

瓦洛佳：好了，各就各位。巴沙，你准备好了吗？嗯，好样的，战士们！要和敌人拼刺刀了！我们没有退路——身后是莫斯科！那么，(舒了一口气)开始最后一个战役。(走向叶莲娜·谢尔盖耶夫娜)亲爱的叶莲娜·谢尔盖耶夫娜，请允许我做一个声明。我最后一次建议您给我们钥匙，否则的话，您将成为在您眼前发生的罪行的证人或者说是同谋。(沉默)我等一分钟。(拿出手表，微笑着注视秒针的走动，然后挥了一下手)我的良心是干净的——我预先警告过的……

如果一个罪犯还愿为自己的罪行寻找掩饰的理由，我们只能理解他尚未丧尽天良；同样，每一个伪善的罪行都会为自己寻找一个牵强的借口，好让他那颗肮脏的灵魂得到一丝所谓的解脱。但罪行就是罪行！赋予它一千个借口都不会变成善举。瓦洛佳就是这样虚伪地站在那里，等待着良心的宽慰……

拉拉：如果你敢伤害叶莲娜·谢尔盖耶夫娜……或维佳……

瓦洛佳：喂，巴沙，给她检查检查身体，这可关系到我们的前途。

巴沙：(几经停顿之后)我现在……还做不到。

瓦洛佳：明白。你自己还没有成熟，是够难的。要是先来个脱衣舞节目如何？(对维佳说)音乐！(维佳放唱片，把拉拉猛地从椅子上拉起来，几乎强迫地带着她跳舞，然后突然把她推向巴沙的怀抱，可巴沙呆呆地站着。他俩站了一会儿，彼此看着对方)

拉拉：(缓慢地)完了？我可以回家了？还是得他先点头才行？(朝瓦洛佳示意)

瓦洛佳：(不出声地从后面抱住拉拉的肩膀)现在——瞧我的。

拉拉：放开！放开！别碰我！……巴沙！

瓦洛佳：巴沙帮不了你。

拉拉：(挣脱开)你到底要把我怎么样？

瓦洛佳：难道你真的不懂？来吧，来吧，……在哪开始呢？沙发占着呢？……我不想惊扰叶莲娜·谢尔盖耶夫娜。椅子能折叠。(对巴沙)合适吗？……维佳，拉开！

维佳：干吗，瓦洛佳，啊？

瓦洛佳：啊！您怎么总犯傻？按我说的做。(维佳把折叠椅支开)干活儿！维佳，干你的活儿！

拉拉：你想干什么？

瓦洛佳：实施小小的暴力。

拉拉：败类！肮脏的败类！……我就不信！

瓦洛佳：白费劲。应该相信人。(对维佳)你怎么回事？维佳，张着大嘴光站着。你是要我改主意，把你扔到窗外去？

维佳：我怎么了？我准备好了。

瓦洛佳：没有床单，倒霉，得有床单才行。叶莲娜·谢尔盖耶夫娜，您家的床单在哪儿？巴沙，去找找。应该是在衣柜里。

维佳：行了，瓦洛佳，我给支好了。

瓦洛佳：好样的，维佳！你能办事，了不起，我可以带你去执行任务。你再瞧一眼，维佳，衣柜里面。谁让你刚才大谈自己多么贞洁来着……那里有什么？……臭美……找到了吗？嗯，拿过来，铺在这里，行了。(用法语)请吧，女士。巴沙，帮女士解衣服。(停顿)我亲爱的，你今天可有点让我失望。动手啊！当然，我也可以自己来。不过，咱们刚才约好的事，你不能反悔。拉拉，现在你知道要你做什么了吧？把衣服脱了。既然叶莲娜·谢尔盖耶夫娜不肯帮忙，只好让你当牺牲品了。宰杀一只羔羊——这么说吧，为了全社会得救……嗯，快点，快点，否则男人的粗手……来吧，你的外衣、长丝袜还有……嗯？(伸出手去，拉拉后退)嗯，巴沙，你无动于衷？应当多补点儿铁。事事都得教你们……喂，孩子，为了激起欲望……(把拉拉的裙子稍微提起一点儿)

拉拉：滚开！

瓦洛佳：哈——哈——哈！大美人儿！我都忍不住了。巴沙，难道你看着这天生丽质就不动心？看，你待会儿就得后悔。可惜！可惜！……维佳，他会后悔吗？(维佳傻笑)那么，只好由我拿起这复仇之剑了。嘿，维佳，帮个忙。

维佳：什么？

瓦洛佳：小姐马上要开始反抗了，咱们说好的……你把她的手抓住！

维佳：拉拉？

瓦洛佳：是的。(扑向拉拉，把她推倒在椅子上，粗暴地)把衣服脱了！嗯？(猛地一扯拉拉的短衫，扣子纷纷下落，拉拉喊叫了起来)手！抓住！快！

拉拉：放开手！放开呀！坏蛋！你干什么！我疼！

维佳抓拉拉的手，她挣扎着。叶莲娜·谢尔盖耶夫娜从沙发上坐起，睁大眼睛看着。

维佳：(带着奇怪的微笑)瓦洛佳，咱们故意这样，是吗？你说，是故意的？

拉拉在叫喊。

瓦洛佳：把她的嘴捂住！

维佳：我们这不是真的，瓦洛佳？给我个眼色，我就明白了！你听到没有，瓦洛佳！

瓦洛佳：小姐，别扑腾！安静点儿吧。

拉拉：(叫喊)巴沙！巴沙！

瓦洛佳：(拽她的裙子)你的巴沙是软骨头！小爬虫。娘儿们！

维佳：(继续机械地抓着拉拉)拉拉，别害怕，他是故意这么着。听见吗，别害怕！

拉拉：妈妈！

拉拉痛苦地发出撕心裂肺的呼喊，身体挣扎着；懦弱的巴沙却依旧不敢转过头来看上一眼，只是颤抖着；维佳慌乱得手足无措；惟有瓦洛佳是亢奋的。多么拙劣的游戏，多么庸俗的表演……

维佳：我不行了，瓦洛佳。我松手了。你也是故意做做样子的。我松手了。

瓦洛佳：(咬牙切齿地)再抓紧点儿，垃圾！

维佳：我又不欠你们的，你是不是有病啊？去你们的吧！(放开拉拉，她挣脱出来)

瓦洛佳：抓住！(追拉拉)

维佳：(试图挡住他)瓦洛佳，别这样！瓦洛佳！见鬼，瓦洛佳！

瓦洛佳：你还在这里碍事儿！

维佳：(抓住瓦洛佳的袖子)听着，住手，瓦洛佳！我们走！我决不允许！(瓦洛佳回身一记重拳把他打倒在地)

瓦洛佳冷笑着慢慢走近拉拉。她盯着他的脸，眼神中充满恐惧。突然拉拉跑到巴沙跟前。摇晃他的身子，用拳头捶打他的胸膛。

拉拉：怎么了！怎么了！怎么了！

巴沙处于半昏迷状态。拉拉明白了，此刻巴沙不能保护她，她不知怎的身体一阵发软，瓦洛佳双手托起她，抱到沙发边。

罪恶撕去了自己最后的伪装。瓦洛佳带有一种成就感地解开自己的衣衫，一个赤裸的小丑战战兢兢地将在众人面前实施自己的暴行……

叶莲娜：(用苍老的、没有一丝情感色彩的声音)放开她，听见没有？我说——放开她！给你钥匙。(把钥匙抛在地板上，弯着腰慢慢走出房间，把自己关在卫生间里)

正义在此刻做出了最无奈的妥协！把一颗善良正直的灵魂交给魔鬼，是升华，还是堕落?！那把金属钥匙撞击地板的巨响，也撞击着每一颗心灵……

一阵沉默。面色苍白的瓦洛佳浑身颤抖，含着笑激动地从地上拣起钥匙，在头上胜利地挥动。

瓦洛佳：成功了！奏乐吧！放礼炮吧！鼓掌欢呼吧！国王胜利还朝！

维佳：(从地板上站起来)放回去！

瓦洛佳：什么？谁在那儿吱吱叫呢？咕咕咕，快到母鸡翅膀底下来！(笑起来)拉拉，还躺着干吗？穿上衣服！把破衣服还给你！(把短衫扔给她)你还以为我当真要把你……哈！哈！好了，别生气，(用英语)对不起。

维佳：把钥匙放回原地！

瓦洛佳：听着，我欢呼的时候，可别扫我的兴。

维佳：把钥匙放回去，土匪！

瓦洛佳：我还是先把这位叫醒吧……巴沙，朋友！你可是我们的神童！怎么身子站得笔直？嗯，拿出男子汉的样子！振作起来！一切都会OK！(做耳语)过去安慰安慰自己的女人。

维佳：(走近瓦洛佳，紧靠着他，以异乎寻常的力量抓住瓦洛佳的前胸)交出钥匙，听见没有？看你再敢碰它一下！给我扔掉！不然我现在就……打死你，土匪！

瓦洛佳：臭垃圾！你还威胁我！你们全是垃圾！在自己的垃圾堆里淹死得了。我为你们的钥匙……你们上吊去吧！现在你们自己把钥匙吃下去吧！我反正得到了深深的道德满足，也欣赏了你们的麻木和无能，哪怕是采取一丁点儿行动的能力都没有。别了，亲爱的同学们。唉，你们呀，一群木偶！一生都被线提着，由别人操纵。有空想一想生活的意义和个人在历史中的作用吧。向叶莲娜·谢尔盖耶夫娜转达热烈的问候！(用法语)再见！(下场)

长时间的停顿。

巴沙从麻木中苏醒，走到拉拉跟前。

巴沙：拉拉……总有一天……总有一天！……

拉拉默不作声。巴沙跑出屋子。拉拉没有穿衣服，仍保持着刚才的坐姿。

维佳：(疲惫地)走不走，啊？我把钥匙放在显眼的地方了，咱们走吧。你怎么了，拉拉？穿衣服啊。已经晚了。见鬼，全乱套了。(试图把物品归位，然后挥挥手)瞧啊，太阳出来了。明天学校里会是什么样！上帝，最好别去想，对吧？拉拉，怎么不说话？你总不会找叶莲娜·谢尔盖耶夫娜诉苦吧，啊？你怎么想的，走还是不走？打算一直坐到天亮？算了，你大概不好意思，那我在街上等你，我就在街的拐角，行吗？穿好衣服就出来吧，我送你回家，好吗？嗯，就这样。(离去)

拉拉一动不动地坐着，倾听维佳远去的脚步声。然后她迅速跳起来，小心翼翼地，像猫一样靠近大门，从门缝向楼梯处看一眼，确信没有人后，“啪”的一声关上房门，走进厨房。

拉拉依然记得叶莲娜老师传递给她的可怕信号，心中充满焦虑。她呼唤着叶莲娜老师，从心底里呼唤着……

拉拉：叶莲娜·谢尔盖耶夫娜！叶莲娜·谢尔盖耶夫娜！您在哪儿？(试图打开卫生间的门)叶莲娜·谢尔盖耶夫娜，您在里面吗？您听着我说话吗？叶莲娜·谢尔盖耶夫娜，他们没拿！您听见了吗？他们没拿！他们没拿您的钥匙！(叶莲娜·谢尔盖耶夫娜没有回答。拉拉的欢叫转为哭泣)叶莲娜·谢尔盖耶夫娜，他们没拿。没拿，他们没拿钥匙，叶莲娜·谢尔盖耶夫娜。

(剧终)

【注释】

①柳德米拉·拉苏莫夫斯卡娅，毕业于列宁格勒戏剧学院戏剧文学系，20世纪80年代俄罗斯戏剧新浪潮的主要代表人物之一，著有戏剧集《无土的花园》(1989)。《青春禁忌游戏》(原名《亲爱的叶莲娜·谢尔盖耶夫娜》)是她最富盛名的剧作。

【作品提示】

《青春禁忌游戏》创作于20世纪80年代，在最近的十几年里，它几乎被搬上了欧洲所有国家的舞台，也在美国和加拿大上演。它在哪里上演，就在哪里引起轰动。《青春禁忌游戏》是俄罗斯女作家柳德米拉·拉苏莫夫斯卡娅创作的一部有强大力量和世界性影响的剧作。

思考练习

谈谈欧美现当代戏剧的特点。

第五章 电 影

我国早期电影导演郑君里曾说：一部好电影给观众的教育胜过二三百教师，一部坏的电影比一群强盗坏人唆使还要坏。他强调了电影的宣传功能，无论是道德教育、伦理教育还是爱国主义教育，电影的确能感染人的精神。观赏电影，既是我们了解世界的过程，又是自我心灵得到净化与观照的过程。电影除了“寓教于乐”的作用外，优秀的电影还能给观众带来审美的愉悦。那么，怎样欣赏一部电影呢？

对电影主题的欣赏。一部电影是否成功，最主要的是是否好看，而好看的关键在于电影会讲故事，即电影文学主题性的表现。很多优秀的电影之所以改编于文学作品，就是追求电影的文化精神及主题深度。主题是电影所表达的中心思想，是作品的核心精神及导演哲学、美学、世界观、人生价值追求的镜像表现。主题是作品的灵魂，蕴含在具体的画面、声音、情节和人物形象中。无论何种类型的电影，如伦理片、爱情片、喜剧片、战争片、动作片、武侠片、灾难片、魔幻片及动画片，优秀的电影在主题上总是高扬人性，在其中揭示人性中的崇高、正义、勇敢、坚强、美丽、善良、友情、爱情等人性之美。人性是艺术作品永恒的话题，一部成功的艺术作品，无论是电影还是小说，戏剧还是绘画，必须通过不同的艺术语言形式，表达对真、善、美的追求，对假、恶、丑的揭露与鞭笞。但是人的感情与欲望充满着变化与矛盾，优秀的艺术作品除可对人性的真、善、美加以表现外，还应该表达人性中异化、困惑、迷茫与自我挣扎的复杂性。在欣赏电影的时候，应把握电影主要形象的个性特征与命运表现，通过电影人物关系与情节矛盾冲突，去把握作品的主题。在主题方面，还可以欣赏一些电影的民族或地域特色，通过民族特有的风情风物来感受其精神和追求。

对电影艺术表现的欣赏。电影通过镜头的蒙太奇组合对视觉产生冲击而带来审美感受，因此，首先要欣赏电影的镜头美。优秀的电影镜头剪辑思路清晰，富有内在的连贯性和逻辑性。剪辑成功，电影才算真正成功。其次是对电影色彩的欣赏。不同的导演根据电影表达的故事、主题及风格，选择的电影色彩也大相径庭。中国导演张艺谋钟情于红色，冯小宁喜欢明朗的蓝天、白云等。除色彩外，还有摄影的角度、光线、运动、景深、变焦等。再次是对电影音乐及音响的欣赏。优秀的电影，无论是文艺风格还是通俗大片，其音乐带来的审美愉悦都是非常震撼人心的。最后，对电影的欣赏最重要的元素之一是演员的表演，优秀演员卓越的表演技巧，对角色的理解与把握，自然而生动的角色创造都是我们的审美对象。总之，主题与电影艺术表现是我们欣赏电影的基本环节。

了解电影的文化思潮有助于我们对电影更多地理解和欣赏。中国、日本、韩国、欧洲及美国电影在主题与表现上是有一些区别的。欧洲电影非常注重艺术细节和艺术创新，强调艺术精神和人文主义思想，其艺术追求经历了意大利的新现实主义电影、法国的先锋主义及新浪潮电影、德国的表现主义电影等，至今这些国家的电影依然有一些现代主义的元素。美国的电影注重娱乐与制作的大场面，以惊险、刺激、情节曲折、形象感人的好莱坞模式而获得世界观众的喜爱。中国电影与中国传统文化紧密相连，非常注重儒家道德伦理教育及当代政治教育的审美功能，电影的主流是追求与弘扬主旋律。日本电影则很好地传达了本民族文化，风格追求多变。韩国的电影追求画面的精致和故事的完美。

《嘎达梅林》(中国)

导演：冯小宁

导演冯小宁的系列战争电影《大气层消失》《战争子午线》《红河谷》《黄河绝恋》《紫日》《嘎达梅林》都是非常优秀的战争片，他是一位擅长将情感表达与战争场面完美结合起来的导演，其电影故事性强，浪漫曲折，残酷悲怆。

以他的《嘎达梅林》为例证，足以看到其在人性挖掘上的深入。电影里叙述的情节有嘎达对王爷从忠心耿耿到叛逆，带领蒙、汉、回族同胞为了土地而与王爷艰苦地斗争；有嘎达亲自拿着枪，把曾经挽救了自己生命但无辜伤害百姓的朋友处死的冲突；有荡气回肠的爱情故事及妻子牡丹亲自端着枪流着眼泪把无辜的女儿射杀的揪人心扉的场面；有牡丹被绑着砍杀前刹那间“我要我的男人站着死!”的震人心魄的怒喊。电影里有一望无垠的草原，碧蓝明净、万里无云的天空，嘎达与牡丹骑马追逐，晚霞垂照的幸福美景。电影将亲情、友情、爱情、乡亲之情、正义之情、复仇之情交杂纠缠在一起，让每一个主要人物的人性在战争面前经历着严酷的考验。

蒙古族歌曲与音乐以长调著称。《嘎达梅林》最早是一部英雄史诗，后来被谱写成一首广泛传唱的民歌，这部电影中以民歌的调子改编的交响音乐，配合着电影画面，饱含着无奈、愤懑与悲怆的情感，苍凉孤独，回肠荡气，呜咽嘶喊，处处泣血。动人的故事与空旷的音乐，让《嘎达梅林》犹如一首古老、哀怨、悲伤的夜曲，使人在情感的体验中痛彻心扉。

《人生》(中国)

导演：陆天明

20世纪80年代的电影中，人们很难忘掉《人生》里的女主人公刘巧珍的形象，她美丽、善良，犹如黄土地上一朵质朴的野菊花，散发着纯净清新而又浓郁、带有一点野辣味的芬芳。在她那火热的胸膛里，跳动着一颗金子般的心。刘巧珍是中国电影史上一个近乎完美的女性形象，她对爱情的追求和善良的品性，令人感动。什么是爱情？什么是发自肺腑的真爱？当刘巧珍最后无可奈何地嫁给她并不爱的马栓时，无数

的乡亲簇拥在乡村土路两边，吹吹打打的送亲队伍将长号直对蓝天猛吹，穿着红袍的新娘子巧珍骑在马上，突然一串眼泪打湿了罩在她脸上的纱巾，晶莹透明的泪珠在红色的纱巾上闪烁。这行泪水，包含着她多少痴爱，多少委屈，多少隐忍！她一刻也无法忘记她的加林哥，愿为他生，为他死，甚至为他献出生命，高加林在她单纯的心中，伟岸得犹如一尊男神。然而，面对高加林的变心，她一筹莫展，但她一点不怨恨她的加林哥，埋怨的是自己的不识字、没文化，独自默默忍受对高加林爱的痛苦。她的朴实，她的温柔，她的善良，她的勤劳，足以证明她才是黄土高原乡间真正的“善良女神”，但是她传统的观念与善良也让她的爱情成了一曲悲歌。

路遥在小说《人生》里写道：“人生的道路虽然漫长，但紧要处常常只有几步，特别是当人年轻的时候。没有一个人的生活道路是笔直的、没有岔道的。有些岔道口，譬如政治上的岔道口，事业上的岔道口，个人生活的岔道口，你走错一步，可以影响人的一个时期，也可以影响一生。”《人生》中的男主角高加林高中毕业后，面临着人生的艰难选择。这种选择是非常痛苦与艰难的，让人感叹命运的无奈与苦涩。高加林有朝气、有理想、有魄力、有闯劲，他不愿像父辈那样面朝黄土背朝天地过一辈子，他郑重宣言：“你们有你们的活法，我有我的活法，我不愿意再像你们一样，在咱们高家村的土地挖刨一生。”外面色彩斑斓的生活不断地向他招手，城市文明之风不断地滋润着他，时代前进的步伐促使他前进。但是，在复杂的现实面前，心高气盛的他却在生活的大海中连呛苦水，屡受折磨。他的选择让他失去了心爱的女友，被城市所排挤，最终成了一个遗弃了故土又被城市所遗弃的人。电影《人生》简洁流畅的叙事，经典的情节暗示，淡漠的色调，仿佛都表达着主人公心中沉重的人生感悟。

茅盾文学奖获得者路遥以小说的形式创造了《人生》，让 20 世纪 80 年代的年轻人找到了精神归宿。而著名导演陆天明则以电影《人生》为当时的电影筑造了一座里程碑！

《霸王别姬》(中国)

导演：陈凯歌

电影《霸王别姬》改编自香港作家李碧华的同名小说，荣获1993年戛纳电影节最高奖项金棕榈大奖，也是目前唯一一部获此殊荣的中国大陆影片。

边缘人指在人性欲望、个人情感及个性表现方面不符合大众或道德要求的人群，他们经常被排斥在主流之外，或者遭到人们的嘲笑，于是把自己真实的情感与个性压抑起来，内心常常感到矛盾、痛苦、孤独、压抑，最后人性有的被扭曲，甚至异化。《霸王别姬》描述程蝶衣自小被卖到京戏班学唱青衣，对自己的身份是男是女产生了混淆之感。师兄段小楼跟他感情甚佳，段小楼唱花脸，程蝶衣唱青衣。两人因合演《霸王别姬》而成为名角，在京城红极一时。不料小楼娶妓女菊仙为妻，此后兄弟俩又互相出卖，蝶衣对毕生的艺术追求感到失落，终于在再次跟小楼排演本戏时自刎于台上。电影里程蝶衣“人戏合一”、“雌雄不辨”、热爱京戏、执着痴迷，为他的“霸王”而“疯魔”。通过程蝶衣的形象，影片表现了京剧艺术家对京戏的捍卫和保护，以及在时代风云变化之际人物命运的坎坷，更表现了环境对人性的扭曲和变异，对“理想霸王”的热烈追求与现实“舞台霸王”的拒绝带来的内心的矛盾、悲哀、痛苦、痴情、执着、无奈、埋怨，最终走向毁灭的极端复杂的情绪。各种戏曲表演元素的运用使《霸王别姬》的人物形象与个性的塑造达到了“羽化而登仙”的境界。全片制作精良，兼具史诗格局与细腻的男性情谊。国际影评联盟评委认为：“《霸王别姬》一片深刻挖掘中国文化历史及人性，影像华丽，剧情细腻。”影片展现了中国的京剧艺术及其艺人的生活，有人性的思考和对人生存状态的表述，透射出一股中国传统文化的哲学意味。

《十七岁的单车》(中国)

导演：王小帅

当代导演到“第六代”的王小帅、贾樟柯、章明、张扬等人，都自觉地以平实的叙事手法，真实地再现当代社会变革中普通百姓的生活，记录当代普通人的各色性格与各色形象。当代导演们对苦难意识与文化意识的自觉，反映出他们浓厚的人道主义精神和悲天悯人的人文情怀。正是这种以中国式“新写实主义”的镜头去展现时代与历史的方式，使中国当代电影在国际影坛上获得了独立的一隅。“第六代”导演在20世纪70年代读完小学，改革开放后读完中学和大学，他们生活在相对开放和自由的时代，因此他们的电影镜头更具有个人色彩，一般被称为“独立电影”或“小众电影”。

“第六代”导演对人性中的恶予以了坚决的批判与否定，对其给别人带来的痛苦进行了鞭挞。他们对弱者表示了怜悯、同情，而对弱者在苦难面前进行抗争表示敬仰。人性有软弱的一面，惟其软弱而尤能承担起苦难，才显出人的尊严。王小帅是一位颇具才华的优秀导演，其作品充满了弱者与恶势力的对抗，但最终弱者以坚强的意志获得了人的尊严。在表现人性恶与善的同时，他的影片也表现了青年成长时期的迷茫与困惑。《十七岁的单车》是王小帅的代表作品，有许多人会将其与意大利导演德·西卡的新现实主义经典之作《偷自行车的人》联系起来，两部电影同样关注小人物的命运，他们为了生存用尽全力奋斗。王小帅的《青红》、顾长卫的《孔雀》、陆川的《可可西里》等“第六代电影”在人的生命历程与生命状态中，在生命冲动与理想追求中展示人性的善恶，非常真实地表现了普通人的生存状态。

《哪吒之魔童降世》(中国)

导演：饺子

自1926年万氏兄弟拍摄第一部动画片《大闹画室》以来，中国动画已经走过了近百年历程，之后的《铁扇公主》(1941)、《小蝌蚪找妈妈》(1960)、《大闹天宫》(1961)、《哪吒闹海》(1979)等动画片更是让中国电影受到了世界的瞩目。尤其《铁扇公主》和《大闹天宫》更是对两位日本动画大师——手冢治虫和宫崎骏产生了很大影响，前者创作了日本第一部多集电视动画片《铁臂阿童木》，后者则创立了日本顶级动画工作室——吉卜力工作室。1978年后的十年是中国动画的黄金时期，产生了如《雪孩子》(1980)、《猴子捞月》(1981)、《女娲补天》(1985)、《不射之射》(1988)等优质动画电影，还生产出诸如《阿凡提的故事》(1981—1988)、《黑猫警长》(1984)、《葫芦兄弟》(1986)、《邋遢大王奇遇记》(1987)等一系列电视动画片。这一时期的动画片题材广泛，内容深刻，不乏上乘之作，生产动画片的上海美术电影制片厂也一度成为很多动画制作者的心中圣地。20世纪90年代中国动画片继续产出高质量的作品，如《蓝皮鼠与大脸猫》(1993)、《海尔兄弟》(1995)、《西游记》(1999)等。但这之后，中国动画则逐渐走上下坡路，尤其在抛却本土传统元素，大量引入日本、西方动画元素后，国产动画质量更加下滑。可以说，20世纪90年代末至21世纪的前十年这段时间是中国动画的低谷期。随着《大圣归来》(2015)、《大鱼海棠》(2016)等动画电影的出现，中国动画片在挖掘传统文化元素的基础上，逐渐找到了适合自身发展的道路，尤其是2019年出产的几部动画电影，票房、口碑双丰收，大有一扫国产动画之前的阴霾之势。《哪吒之魔童降世》便是其中的佼佼者。

哪吒的故事出自于中国著名的神魔小说《封神演义》和《西游记》，早在1979年，就被上海美术电影制片厂制作成我国第一部彩色宽银幕动画片《哪吒闹海》，该片主要讲述了哪吒见义勇为杀掉东海龙王三太子，为救百姓舍生取义的故事。上映后，《哪吒闹海》在国内外屡次获奖。2019年的《哪吒之魔童降世》既不是1979年动画片的前传，也不是后续，而是一改前作的国画画风和故事框架，塑造了一个全新的“生而为魔”却“逆天改命”的哪吒，取得了很好的票房与口碑成绩。

《哪吒之魔童降世》能够获得观众认可，有以下几个原因。其一是改变了传统的神仙造型。传统的太乙真人是仙风道骨的形象，哪吒则是可爱的小孩子。然而，在这部动画片中，太乙真人和哪吒两个角色的造型极具陌生化效果：太乙真人是个满嘴“川普”的大胖子，坐骑不是仙鹤，而是一头肥猪；哪吒形象则更具颠覆性，从一个乖小孩儿变成一个黑眼圈、鲨鱼牙、“丧”气十足的“丑”魔头。这些变化都给观影者带来极强烈的视觉冲击。其二是融合了众多经典影片的造型和动作，如哪吒的双丸子头和敖丙的武器双锤便来自1979年的《哪吒闹海》；真假申公豹的桥段借鉴了成龙主演的《双龙会》的情节；敖丙的武打动作极具李连杰主演的《黄飞鸿》系列电影中黄飞鸿的飘逸潇洒，哪吒的穷追猛打则颇有鬼脚七的做派。其三是作品既有笑点也有泪点，在插科打诨、巧妙设计的故事情节中体现真情。李靖对哪吒深沉的爱掩藏在严厉的外表之下，他甘愿代替儿子遭受天雷轰顶；哪吒看似顽皮过度、“蹂躏”乡里，实则正义感十足，敢于“逆天改命”，一句“命运不公，就和它斗到底”，更是将有胆有识、有担当、有魄力的哪吒形象展现得淋漓尽致。此外，精彩的特效和角色台词也都是该片的加分项，特效如“万鳞甲”“火焰莲花”“踢毽子”等，台词如“我是小妖怪，逍遥又自在”“人心中的成见就像一座大山，任你怎么努力也休想搬动”等。此外，该片也折射出当前中国的某些家庭问题，如父母忙于工作，忽略了对孩子的陪伴；哪吒内心的孤独一方面来自于周围人的偏见，另一方面也是李靖夫妇极少陪伴的后果。哪吒在勇敢迎接天雷劈顶之前对着父亲说的那句话，令无数观影者落泪：“我最遗憾的事就是没能和您一起踢毽子！”这不就是长时间缺少父母陪伴的孩子的心声吗？

将一部受到不同年龄、不同背景的观影者喜爱和认可的《哪吒之魔童降世》视为中国动画重新崛起之作，可能还为时过早，但将之当作中国动画人在创作上既接续传统又果敢创新的突出成就则是未尝不可的。哪吒的斗争过程，也是中国动画不断奋斗的艰辛历程，套用《人民日报》评论文章中的话就是：“哪吒的不认命，就是中国动画的命！”

《阿甘正传》(美国)

导演：罗伯特·泽米吉斯

《阿甘正传》是一部主打励志的故事片，是20世纪90年代美国社会因反智情绪高涨而推出的一批贬低现代文明、崇尚回归原始的“反智电影”中最具代表性的影片。《阿甘正传》通过对一个智商仅为75的智力障碍者生活的描述，反映了美国生活的多个层面，以独特的构思，展示了美国各个时期的重大政治事件，如“越战”“水门事件”，与中国的“乒乓外交”，甚至涉及真人“猫王”埃尔维斯·普莱斯利与“披头士”约翰·列农。

阿甘于第二次世界大战结束后不久出生在美国南方亚拉巴马州一个闭塞的小镇，他先天智力不高，但却有一双“飞毛腿”。他的妈妈是一个性格坚强的女性，她要让儿子和其他正常人一样生活，她常常鼓励阿甘“傻人有傻福”，要他自强不息。阿甘是诚实、守信、勇敢、真诚等美德的化身，对人只懂付出不求回报，也从不介意别人的拒绝，他豁达、坦荡地面对生活。他擅长跑步，在人生道路上，他跑过了儿时同学的歧视，跑过了大学的球场，跑过了炮火纷飞的越战泥潭，跑过了“乒乓外交”，跑遍了全美国，并且最终跑到了他的终点。阿甘形象的塑造颠覆了正常世界中的英雄形象，与传统观念背道而驰，具有强烈的反传统、反主流性。在美国现实社会中，那些头脑健全的人们对现实失望，找不到生存的动力与意义，只好无望地把命运寄托在别人身上。而阿甘总能以乐观的态度面对现实，勇敢地跑下去，激励着人们。

阿甘一生都在奔跑，但每一个阶段的奔跑代表不同的生命旅程。他用跑步丈量着人生。生命无论有多少困难，未来有多少不可预测的命运，只要不畏困难、坚持奔跑，终能达到自己的目标。犹如电影里阿甘的一句经典台词：“生活就像一盒巧克力，你永远不知道你会得到什么。”电影最后阿甘的独白里还有这样一句话：“不过，我跟你说，朋友，有时候到了晚上，我仰望星星，看见整个天空就那么铺在那儿，可别以为我什么也不记得。我仍旧跟大家一样有梦想，偶尔我也会想到换个情况人生会是什么样儿。然后，眨眼之间，我已经四十、五十、六十岁了，你明白吧?”是啊，当我们仰望星空，我们感觉夜空星光灿烂，时光却在静寂中悄然流转，恍惚间我们或许就步入中年、老年，因此需要珍惜时光，让自己的生命过得更加美好充实。犹如电影结束时阿甘儿子的书中落下的一根羽毛，一阵风吹来，羽毛又开始在空中轻快地迎风飘舞。

《罗拉快跑》(德国)

导演：汤姆·提克威

1998年由汤姆·提克威导演，弗兰卡·波滕特、哈伯特·奈普主演的《罗拉快跑》是世界上最成功的“后现代主义”电影之一。它彻底颠覆了传统电影的表现形式，同时，其围绕命运、爱情、人性及道德等主题展现多层面的思考和不同的诠释，是一部十分紧张而富有哲理的电影，在全世界影响很大。“后现代主义”的主要方法是解构和游戏，反对权威阐释，而这部电影运用了很多动漫镜头，从开始就有一种“游戏”的感觉。电影的结构也解构了传统的故事发生、发展、高潮及结局的过程，通过罗拉拯救男朋友的三次奔跑，导演给出了三种不同的结局，也许在观众头脑里还会生成更多的结局。电影的画面、音乐、取景及各个细节都独具匠心，不愧是一部“后现代主义”杰作。

这是一部十分令人兴奋的影片，混混曼尼不小心把黑老大的钱丢在了地铁，被流浪汉拾走。黑老大规定他二十分钟内必须交回这十万马克，否则就没有命了。他十分着急地求助女友罗拉。罗拉以一个强者与保护者形象出现，电影设计了罗拉三次奔跑去找做银行董事长的父亲借钱救男友的不同结局，每次奔跑的细节及结局充满了变化，表达了对人生及生命的多种阐释。电影表现出多种哲理：命运是无常的，充满了太多的偶然性，生命就是一场赌注，有时是难以把握的。第一次结局是罗拉因警察手枪走火而被射中；第二次则是男友在回望罗拉的时候被车撞死；第三次结局则是大团圆，男友追回了钱袋，而罗拉也赢得了十万马克的赌注。在三种结局的叙事中，充满了偶然性细节，撞车、受伤及死人的画面，折射出生与死、成功与失败的巨大偶然性。罗拉一头红色的头发，极具感官刺激，是女性桀骜不逊的象征之一。电影画面富有视觉震撼力，音乐节奏急促，很好地切合了“奔跑”主题。在罗拉看到赌场及赢得巨大赌注的时候，短暂的一个男中音“啊”字两次分别清唱，犹如空旷的沙漠上传出来的歌声，辽远苍凉，悲切神秘，非常生动地传达出无奈与渺茫的情绪。

《小鞋子》(伊朗)

导演：马基德·马基迪

《小鞋子》又名《天堂的孩子》，是马基德·马基迪执导的伊朗电影，讲述了一对兄妹与一双小鞋子的故事，是献给成人的童话，唤醒人们对童年遥远的记忆，进而想到贫穷生活与单纯、天真、善良、快乐之间的关系。

哈里的眼睛中充满了倔强和忧郁，还有与其年龄十分不相称的成熟。影片通过一双小鞋子，透视出哈里不懈的努力，这双眼睛也成就了伊朗电影的一个经典形象。两个在贫困中挣扎的孩子，一双小鞋子是他们的全部理想。为了这双鞋子，他们经历了挫折、苦恼和困惑，但每一次他们都能坚强地站起来。故事的结尾很大胆，得了冠军的人却满眼噙着失望的泪水，两双完全报废的鞋子加上一脚的水泡，简直让人失望到了极点，但是父亲自行车后面的两双新鞋却又给人们带来了温情与欣慰。

第六章　科学小品和科幻文学

本章主要介绍科学小品和科幻文学。

科学小品。顾名思义，科学小品是科学题材与散文小品相结合的样式。所谓表现科学的题材，并不单指讲解、传播科学知识，也包括弘扬科学精神、科学思想，提倡科学方法。因此科学性是科学小品最主要的特征。科学小品具有散文的形态，其文学性是科学小品必备的基本特征。所谓文学性，是指科学小品须采用文学的表现手法，要通俗易懂，要有滋有味，要趣味盎然，要采用多种文学手段，达到寓教于乐的目的。科学小品也应具备人文精神。科学小品同其他科学文艺一样，也须通过对科学的介绍和思考，以仁爱之心，激发人们关注身心健康，关注社会和谐，关注人类的未来。总之，科学小品须用生动活泼的形式，在精巧的构思中，引导读者探索科学，反思人与自然、人与社会、人与自我等多方面的关系，探寻人类的美好家园。最后，科学小品在形式上要"小"，要短小灵活，它不追求知识的全面系统，而追求在多元视角和形象活泼的语言中，自由灵活地表现相对集中紧凑的主旨和内容。

科学小品可以运用多种表现手段，追求科学性、文学性和人文性的完美统一。

科幻文学。科幻文学是通过幻想来理解、探索和表现未知世界的文学样式。科幻文学主要是通过科学题材的表现，遵循科学逻辑，反映人类文明在前行的过程中，人的理性对人类及地球家园带来的影响。因此，科幻文学除具有一般文学作品的基本特征外，还明显地具有科学性和警世性。所谓科学性，是指科幻文学应在科学逻辑、科学认知、科学预见方面表现科学技术对社会的影响。所谓警示性，表现在科幻文学在描绘科学技术对社会和人类的各个方面产生的影响时，应遵循一定的道德伦理标准，正确地揭示科学发展带来的正面和负面效应，人性、科学与人类未来的健康发展之间的关系。

西方科幻文学。西方现代科幻文学起源于工业革命。19世纪，当科学发明和发展浪潮滚滚而来，人类有史以来第一次面临社会的急剧变化。社会发展将达到什么样的高度，科学技术将带给人类什么样的影响，这些问题刺激了人们的好奇心，也引发人们深入的思考。于是，科幻这一崭新的文学样式应运而生。对前瞻性的最新科学技术的理解与把握，对这些新的知识和技术将对人类社会的发展带来何种积极和消极影响，就成为一部优秀科幻文学所要表现的主旨。1818年，玛丽·雪莱(著名英国诗人雪莱的妻子)创作了科幻小说《弗兰肯斯坦》，小说描写了科学家与自己制造的怪物之间的恩怨仇杀。小说以"人造人"为题材，以此警示现代科学可能带给人类的负面影响。随后出现了两位科幻文学大师。一位是法国的儒勒·凡尔纳(1828—1905)。儒勒·凡尔纳创作了《气球上的五星期》《地心游记》《格兰特船长的女儿》《海底两万里》《八十天环游地球》《从地球到月球》等60多部作品，组成“奇异的旅行”系列。另一位是英国的H. G. 威尔斯(1866—1946)。他的作品追求科学上的准确和预见，被后来的研究者看作“硬科幻”的开创者。威尔斯是英国著名生物学家赫胥黎的学生，著有《时间机器》《隐身人》《伏战火星人》等。威尔斯注重揭示科技发展对社会的影响，奇特的科学想象与深刻的社会批判结合在一起，奠定了现代科幻小说的基本形式。

西方的科幻文学界习惯将科幻文学分为“硬科幻”和“软科幻”。最初人们把以物理学、化学、生物学、天文学等自然科学为基础，以描写新技术、新发明给人类社会带来影响的科幻作品称为“硬科幻”。“软科幻”小说则主要指表现哲学、心理学、政治学或社会学等人文社会科学倾向的科幻小说，因为它涉及的题材往往被归类为“软科学”或人文学科。后来，人们对上述作品分类的理解产生了一些变化，将偏重于科学技术的准确描写和科学预测的作品看作“硬科幻”，将偏重于描绘科学给人类社会和心理带来的影响的作品看作“软科幻”。

第一次世界大战以后，科幻小说的重心逐渐移到美国，在这里完成了通俗化和市场化，出现了科幻文学的黄金时代。把科幻小说推进黄金时代的两个关键人物是雨果·根斯巴克(Hugo Gernsback，1884—1967)和约翰·W. 坎贝尔(John W. Campbell，1910—1971)。雨果·根斯巴克是美籍卢森堡人，电气工程师。他在读者支持下把《科学与发明》杂志改为科幻杂志《惊奇故事》，使科幻小说第一次有了专门的发表作品和探讨理论的阵地。他的努力对科幻小说黄金时代的到来产生了决定性的作用，以他的名字命名的“雨果奖”是世界科幻的顶级大奖之一。约翰·W. 坎贝尔也是科幻小说的作家和卓越的组织活动家。他主编《惊人科幻小说》几十年，发现和培养了大批科幻作家。

黄金时代名作纷呈，大师迭出。最著名的有阿西莫夫、海因莱因、西马克、布雷德伯里、克拉克等。科幻大师阿瑟·C. 克拉克(1917—2008)是著名科学家，国际通信卫星的奠基人，也是出色的太空题材作家。其史诗巨著《2001：太空漫游》是该题材的里程碑，被誉为“硬科幻”小说的王牌，据此拍成的电影获得奥斯卡金像奖。这一时期，苏联、日本等国的科幻小说也取得了很高成就。黄金时代的科幻小说，融合了许多西方传统和流行小说的特长，如言情小说、推理小说、哥特小说、流浪小说等，并且在不同时期与当时流行的文学思潮合流，如19世纪与浪漫主义文学的结合，20世纪与黑色幽默文学的相互吸纳，成为现代西方文化的有机组成部分之一。

经受第一次、第二次世界大战影响后，20世纪60年代的西方经历了世界观的重大起伏。1965年，米切尔·莫考克(1939—　)出任英国《新世界》杂志主编，他推出了一批把思考重点从自然科学转移到人文科学的科幻小说，这些小说充满批判和悲观色彩，与主流文学进一步接近，并开拓了更多样的题材。这批作品被称为“新浪潮”(New Wave，电影界术语)作品。新浪潮作家在英国有巴拉德、布莱恩·奥尔迪斯，在美国有菲力普·T. 法玛、狄兰尼、鲍勃·肖和迪克森等。

到了20世纪70年代后期，新浪潮运动过分忽视科技内涵，使科幻小说有丧失自身特点之虞，于是，一场以回归传统为表面现象的新变革发生了，这就是“赛伯朋克”

(Cyberpunk)运动。Cyberpunk 一词通常指的是超越传统的新时代计算机工程师。

“赛伯朋克”运动的两个主要代表人物是美国科幻作家威廉·吉布森和布鲁斯·斯特灵。吉布森1984年问世的《神经浪游者》囊括了当年所有科幻小说的大奖，斯特灵的《心内海》等作品也好评如潮。这类作品在信息爆炸的科技背景下，对人类生活的文化价值进行了嘲弄和反讽。“赛伯朋克”运动很快传播到其他国家，而且超出了科幻小说的领域，成为一种普遍的亚文化现象。随着时空虚拟技术的发展和经济全球化时代的到来，西方科幻小说正在迎接更加纷纭繁复的前景。

中国科幻文学。在严格的意义上，中国科幻文学始自20世纪初。当时的文化启蒙者出于“新民”和开启民智的需要，首先通过翻译，将科幻文学引入中国。据目前掌握的资料，最早被译成中文的外国科幻小说是法国著名作家儒勒·凡尔纳的《八十日环游记》(逸儒译，秀玉笔记)，1900年由世文社发行出版。1902年，由卢藉东译的《海底旅行》发表在《新小说》杂志上；同年，饮冰子翻译《世界末日记》；1903年，流亡日本的著名学者梁启超将凡尔纳作品《两年假期》(日译本)，翻译改写成章回体小说《十五小豪杰》出版，产生了很大的影响，深为青少年读者喜爱；同年，正在日本留学的鲁迅，亦将凡尔纳小说《从地球到月球》由日译本译出。这一年，还有包天笑译的《铁世界》问世。

在大量科幻译著的熏染下，中国作家们开始了科幻小说的创作。1904年，在《绣像小说》杂志上连载了署名荒江钓叟的原创科幻小说《月球殖民地》，被称为中国科幻小说的“破晓之作”。小说约13万字，明显模仿了凡尔纳的《气球上的五星期》。其后《小说林》的创刊人之一徐念慈创作的《新法螺先生谭》逐渐摆脱了模仿的痕迹，初具中国风味。小说写一名为新法螺的人驭风而起，游历月球、水星、金星，最后返回地球的故事。他还发表《小说林缘起》，提倡科幻小说。这一时期，中国陆续出现了20多篇科幻作品，如萧然郁生的《乌托邦游记》、吴趼人的《光绪万年》、包天笑的《空中战争未来记》、碧荷馆主人的《新纪元》、许指严的《电世界》、肝若的《飞行之怪物》、陆士愕的《新野叟曝言》、无名氏的《机器妻》等，这些作品具有鲜明的时代特征，饱含强烈的民族爱国情感，标志着当时科幻创作所能达到的最高成就。自1939年起，顾正均创作了《和平的梦》《伦敦奇疫》《在北极底下》《性变》四篇科幻小说，奠定了他在科幻小说界的地位。他们的作品深受凡尔纳与威尔斯影响，一面追求科学原理的准确合理和推理的严谨周详，展现出扎实的科学素养；另一方面，受威尔斯科学悲观主义影响，对科学带来的负面影响进行渲染。一些主流文坛作家也曾涉笔科幻领域，如老舍(《猫城记》)、许地山(《铁鱼底鳃》)。

随着20世纪50年代中期“向科学进军”的热潮和1978年的全国科学大会的召开，中国的科幻文学分别迎来两次高潮。新中国成立初期，由于新中国建设的需要，中央发出“向科学进军”的号召，中国自行创作的科幻文学应运而生，1950年，张然发表的科学童话《梦游太阳系》被认为是新中国科幻的初始之作。紧接着出现郑文光、迟叔昌、童恩正等一批优秀科幻文学家。1954年郑文光的《从地球到火星》被看作新中国第一篇科幻小说。随后，他的《第一个月亮》《征服月亮的人们》《太阳历险记》《火星建设者》等发表，成为新中国科幻文学的拓荒之作。作为新中国科幻小说的奠基者，郑文光的作品反映了同时期中国科幻小说的整体风貌：具有鲜明的科普意识和儿童文学特色。在这一热潮中，童恩正的《古峡迷雾》和肖建亨的《布克的奇遇》也共同为中国科幻文学的成熟做出了贡献。理论上，童恩正旗帜鲜明地提出科幻创作的宗旨是“宣扬科学的人生观”，他本人也成为“成人化”科幻创作的中坚。考古题材的《珊瑚岛上的死光》为当年全国优秀短篇小说，创下了第一篇由文学界最高权威刊物《人民文学》发表的科幻小说，和国内第一篇被改编成电影的科幻小说两个纪录。

1978年，科学大会的召开，标志着科学春天的到来。中国的科幻创作也有了良好的土壤和机遇。第一个发展高潮中，被誉为“四大金刚”的叶永烈、郑文光、童恩正和刘兴诗是这一时期的代表作家。1976年，叶永烈的《石油蛋白》和《世界最高峰上的奇迹》的发表引起反响和争议。叶永烈的《小灵通漫游未来》的问世则风行一时，小说描写“小灵通”畅游未来世界的新奇见闻，全景式地展示了高科技、现代化的未来。作品兼具科学性和趣味性，成为当时家长买给孩子们的必读书，影响了整整一代人。随着郑文光的长篇科幻小说《飞向人马座》、童恩正的《珊瑚岛上的死光》、刘兴诗的《美洲来的哥伦布》等一系列作品的出现，科幻文学迎来了自身发展的大好时光。

20世纪80年代后期至今，是所谓的“新生代”创作时期。出于科学兴国和科学普及的需要。主流意识形态对科幻文学表现出尊重和扶持的态度。一大批从大学校园中走出的青年，以极大的热情从事科幻文学创作，代表作家有吴岩、星河、王晋康、绿杨、韩松等。其中吴岩是双栖型人物，他不仅进行科幻作品创作，也是最早的科幻理论研究者，首次在北京师范大学开设科幻文学选修课，培养了一大批中国的科幻文学作家。同时致力于科幻文学研究和普及的还有阿来、星河等。阿来主编的科幻杂志《科幻世界》在成都诞生，为科幻文学的发展起到很大的推动作用。星河曾提出衡量优秀科幻文学的五条标准：(1)构思应该新颖独特；(2)文字应该简洁优美；(3)故事应该引人入胜；(4)科技应该没有硬伤；(5)展现科学的美感，或者抒发对科学自身的思考。这些标准的提出，为我们提供了鉴赏和研究科幻文学的理性原则。

没有蜜蜂的春天

刘旸　张伟

1

谁也不知道蜜蜂去了哪里，但是它们真的不见了。从美国，到欧洲，一份份报告传来相同的消息。

即使是在这个炎热的夏天，美国宾夕法尼亚州的养蜂人戴维·哈肯伯格，一边急急火火地四处奔波着运送蜜蜂，一边仍旧为此困扰。

“我和它们生活在一起40年，它们是我生活的一部分。我很悲伤。”7月18日，一大早，他守着电话，对一位中国采访者长吁短叹。从1962年起，他就开始与这些小东西打交道。

如今，作为美国东海岸最大的商业养蜂人之一，戴维·哈肯伯格拥有3000只蜂箱，每只蜂箱里都有4万～5万只蜜蜂，多的时候可以达到9万只。每年，这些大块头的木箱子要追随各地的花期，坐上卡车被来回搬运。

2006年10月的一天，戴维·哈肯伯格打开其中一只蜂箱，只看到了蜂后和几只年轻的工蜂。蜂箱空空荡荡，几万只工蜂不知去向。其他许多箱子里，情况大体相似。有的蜂箱中，只剩下蜂后守着刚刚出生的一窝幼蜂。

“人才会把小孩儿单独搁着，自然才不习惯这么干呢。”老戴维说。

他进一步解释：一个蜜蜂群体是由一只蜂后、工蜂(雌性)和几百只雄蜂组成的，雄蜂的作用就是受精，春天才有，然后会被工蜂都杀掉。因为蜂后有外激素，只要她在，就能吸引工蜂不到处乱跑按时回巢。

而如今，蜂后寂寞地守着空巢，蜜蜂们却不见了。一个个完整的蜜蜂社会，迅速凋零。

戴维情知不妙：在这以前，他从来没见过蜜蜂走丢。尽管有时候，有敌人入侵，会把整个蜂窝和蜜全部吃掉，但这次，蜜蜂们连具尸体也没留下。

他用电话，把这个消息通知了佛罗里达养蜂协会、宾州农业部以及联邦农业部。很快，农业部门从其他蜂农那里，也得到了同样的消息。

蜜蜂失踪了。这个消息很快传遍全美国。根据美国农业部相关人员提供的数据，在2006年11月到2007年3月间的那个冬天，蜜蜂消失突然爆发，波及美国23个州的许多蜂农。原本健康的工蜂突然大量消失在蜂巢外，而剩下的蜂后和老幼蜜蜂也随之死去。有些人一下损失了超过50%的蜜蜂。

然后，在法国、瑞典、德国等欧洲国家，以及澳大利亚和部分亚洲国家，也出现了蜜蜂大量消失的现象。被认为拥有最严密社群结构之一的蜂群，纷纷崩溃。

记者和专家们蜂拥而至。美国国内，与戴维·哈肯伯格相关的报道和书籍连篇累牍地出现。远在亚洲的日本和韩国，也通过各种途径前来采访美国专家，“特别认真，专访好几次”。而不久后，中国的研究人员在一篇论文的结尾也不无担忧地写道：“我国的养蜂业能否避免这场浩劫，现在下结论还为时过早。”

在喧闹声中，所有蜂农、专家、记者和官员似乎只对一个问题感兴趣：蜜蜂到底去哪儿了？

2

面对发生在秋天的这场灾难，蜂农们猜测纷纷。美国许多养蜂人不无内疚地表达如下观点：蜜蜂之所以失踪，可能是因为它们“压力太大了”。

在美国，为了给大面积的农作物授粉，许多蜜蜂不得不常年过着“颠沛流离”的生活，随季节不同，在各地奔波采蜜。许多蜂农由此相信，这种长距离的运输，再加上补充不到优质花粉，会造成蜜蜂“营养不良”，以致影响蜜蜂免疫系统，最后出现生病以及整体麻痹的现象。按照这种猜测，人们也许可以担忧，蜜蜂们是否在辛苦的工作中，突然晕倒路旁。

而戴维·哈肯伯格则怀疑，罪魁祸首是农药。他认为，新农药采用的化学配方，可能通过“一系列说不清楚的作用”，让蜜蜂最终失去了记忆。

也许是为了产酒精，人们种玉米种得太多？也有人这样猜测。人们给这些玉米喷杀虫剂，可能导致蜜蜂去采蜜和授粉时被杀虫剂毒害。

蜂农们的嘀咕，只是关于蜜蜂失踪原因的种种猜测中的几种。短短时间中，由各色人等组成的庞大研究群体，已经对此提出了十几种可能。所有可能性都被罗列在一起，末尾标注道：尚无最终结论。

有几份研究，在众说纷纭中显得比较权威。2007 年年初，美国农业部和宾州几所大学共同成立研究小组，专门研究他们称为“蜂群崩溃紊乱”(colony collapse disorder)的现象。目前，这个小组提出的研究结果发表在著名的《科学》杂志上。来自几所大学的科学家们比较了健康和染病群体的基因组，发现大多数基因都相同，只有一个不一样——那就是以色列急性麻痹病毒。这份研究怀疑，该病毒的感染，降低了蜜蜂社会性学习与记忆的能力，所以染病的成年工蜂采食过程中可能迷失巢外。

美国农业部蜜蜂病毒学家、华裔博士陈彦平也马上加入小组开展了研究。针对一些猜测，陈彦平认为，蜜蜂的失踪，起码不单是因为农药——农药造成蜜蜂中毒，往往在蜂箱附近被发现。而关于压力的猜测尽管也有道理，却得不到有力的证据，无法全盘采纳。

另一种比较流行的说法，则认为蜜蜂的失踪，与一种叫做“瓦螨”的寄生虫有关。据研究表明，这种寄生虫早在 20 世纪 80 年代就曾被发现，并曾导致蜂群数量的稳步下降。不过，有人认为，感染瓦螨的蜜蜂，往往会在巢内死亡，与目前所发生的失踪现象不同。因此，关于瓦螨的猜测，也只是众多没有根据的猜测中的一种。

关于蜜蜂失踪的原因分析，几乎变成一场创意大赛。有人认为，全球气候变化导致春季开花期改变，影响了蜜蜂。有人认为，用部分转基因或基因改良作物来辅助饲养蜜蜂，比如高果糖玉米糖浆，可能影响蜜蜂。最有创意奖也许该授予这样一种猜测：手机信号传输和高压线辐射也许干扰了蜜蜂的导航能力。

当然，不要忘了，“这些还未被证实”。

围绕着蜜蜂失踪之谜，人们已经争执着度过了两个春天。尽管相关资金早已下拨，养蜂人也在自筹资金支持研究，不过，问题却始终悬而未决。失去耐心的人们，开始用自己的方式思考问题。

一名蜂农对网上一些养蜂组织给出的“建议”深感不满。有的建议从 2007 年 3 月以来从未变过，而有的干脆只写着“保持健康”。

在中国，科幻作家从中得到了无穷的创意。一篇科幻小说有模有样地编造称：消失的蜜蜂，全部被手机制造商“绑架”了。每一部手机里都关着一只蜜蜂，而我们平时打电话，靠的并不是“通信网络”，而是靠着蜜蜂的无线电导航系统。

为什么要选蜜蜂？作者煞有介事地说，那是因为如果用鸽子的话，手机的个头儿就会太大了。

3

人们倾注心血，却未能挽留蜜蜂离去的脚步。

夏天本来是蜜蜂最健康的季节。但戴维·哈肯伯格几天前从农业部的人那里得知，今年损失的蜜蜂“比往年又多了10%”。

很久没有这么多人，如此关注这种小生物的命运。长久以来，它们提供着蜂蜜，为人们派上各种用场，而很少有人注意到，蜜蜂们一直食用着按比例调配好的糖类和蛋白质，而这被认为可能是蜜蜂消失的原因之一。

对人类来说，蜜蜂有什么妙用？掠夺它们的口粮以供给自己享乐？点缀在花间供人欣赏？或者在被困深谷的时候，在它们翅膀上刻上“我在绝情谷底”来求救？

……

你可别指望一位科学家会这样告诉你。美国科学家会用很严肃的口吻声明：蜜蜂养殖最主要的作用是为农作物授粉。而一位中国的专家则可能这样介绍：“蜜蜂主要用于生产蜜糖和蜂王浆。”

“中国人重视养生”，陈彦平介绍，而在美国，蜜蜂每年创造的相当于150亿美元的产值中，生产蜜糖创造的价值只有1.5亿美元。

戴维·哈肯伯格是典型的美国养蜂人。他虽然也生产蜂蜜，但更主要是用蜜蜂授粉。对他来说，蜂蜜只是“利用了蜜蜂的自然属性”的副产品。

从1907年起，这个国家的商业养蜂人就开始靠出租蜜蜂赚钱，并形成巨大的产业。在美国的250万只蜂箱中，有200万只属于商业化养蜂人。他们负责着几乎整个美国非自花授粉植物的授粉工作。

年复一年，他们将蜜蜂在不同地区间运来运去，一个地方授粉季节结束了，直接运到另一个地区。

在一个开花周期里，一只美国蜜蜂可能会有这样一个匆忙的旅程：1月份和2月份，它还在加利福尼亚的杏树边忙活，到3月份时，它却已经在伺候华盛顿的苹果了。到了5月，北达科他州是它产蜜的好地方，而11月一到，它就得赶回爱达荷州过冬天。几千英里的行程，蜜蜂们都是在卡车里晃悠着度过的。

当然，并非所有美国的蜜蜂都这么狼狈。在芝加哥的某处院落里，人们也许也能找到一两个私人蜂箱，主人养蜜蜂的目的只是为了生产蜂蜜。不过，这样浪漫的生活，并不属于大多数蜜蜂。

如今，蜜蜂成群减少，让养蜂人和他们的蜜蜂变得比以前更加忙碌。戴维·哈肯伯格整天忙活着把蜜蜂运来运去。结果，他的蜜蜂不得不忍受更多的旅途劳顿。

而蜜蜂仍旧在不断失踪。许多蜂农由于损失太严重，只好放弃了养蜂。在开花季节，许多果园已经找不到用来传粉的蜜蜂。2007年2月，产杏量占世界85%的加州杏树开花，连忙从全国征集蜜蜂。结果，全美国60%的蜜蜂都应征前来帮忙。

戴维·哈肯伯格担忧：“如果蜜蜂消失了，我们也许就没有什么可吃的了。”这个担忧已经开始散播。有的记者郑重其事地警告人们：“蜜蜂数量减少将加剧全球粮食危机。”而一句据说是来自爱因斯坦的名言也被许多人挂在嘴边：“没有蜜蜂，将没有人类。”

有人甚至开始担心，美国将如何度过那些“没有蜜蜂的春天”。

蜜蜂们没有因此停止忙碌。这个季节，美国东海岸的蜜蜂们，要给许多农作物授粉，包括黄瓜、葫芦、南瓜。每天，它们像往常一样离开蜂巢，离开蜂后和年幼的工蜂，奔向花间。人们不知道，这一次，它们要去哪儿，会不会一去不回。

【作品提示】

科学小品的功能并不一定要告诉人们关于某些科学知识的定论，而是激发读者探索科学的强烈愿望。科学研究无止境，即使在科技非常发达的今天，也还不断有新问题出现，需要人们进一步去认知和解决。《没有蜜蜂的春天》便达到了这一效果。这篇小品以蜜蜂大规模的消失为话题。由果溯因，由此探讨蜜蜂消失的原因及令人担忧的后果。小品最终并没有告诉我们蜜蜂消失的具体原因，只是通过个案的探讨，由此及彼，列举出蜜蜂消失的种种可能性，探讨生物链被破坏的现实及忧虑，提醒科学家进一步探索的方向和人们对人类生态环境的保护意识。

这篇小品具有很强的可读性，原因在于作者将文学创作中悬念设置的手法引入小品。开篇便抛出一个疑问，然后借鉴新闻文体纪实、准确的风格，将相关信息进行步步深入的报道，既增强了小品丰富的信息量，又对涉及的现象进行逻辑归纳，引导人们层层追踪和思考蜜蜂大量消失背后的原因，激发人们进一步探究的热情和科学精神。

这篇小品更可贵的地方在于，在自然科学研究中灌注了强烈的人文精神。作者在看似不经意对蜜蜂作用的认识叙述中，接触到东西方文化差异的重大话题，为人们从不同角度认识自然现象提供了多层面的思考方向，使得小品的文化内涵在更高层次上得以提升。

思考练习

简析《没有蜜蜂的春天》的基本主题，分析其构思的精妙之处。

太阳请假了

郭以实[①]

神经病院第一九四一号病室，突然闯出个一身横肉、斜眼睛、小胡子的壮年男子，他衣服鞋子都没穿，直向戈培尔先生的病室奔去，一路上就在喊：“Das ist recht! Das ist recht!”(对了！对了!)

此时时钟正敲了两下，戈培尔正梦见自己在军乐声中走上克里姆林宫的演讲台，行了一个所谓黑猩猩民族的举手礼。军乐一停止，等他正要开口讲“英勇的文明战士们”的时候，已被小胡子先生吼醒了。小胡子先生还在叫“Das ist …”，戈培尔连忙说：“英勇的文明战士们！伟大的文明战士们！神圣的文明战士们！今天是……”

小胡子大声地说：“刚才上帝跟我说：‘历史上的强盗，很少在白天抢人的。不然即不合乎逻辑！’我想这话很对。因为在进攻莫斯科时，阳光照着我们的一切动静，那不是间接地成了苏联的探照灯吗？所以，如果我们要在闪击战中去抢劫莫斯科，就得先请太阳滚蛋！”

果然，太阳得着这个消息，第二天便请假了。

小胡子一看，正是五点二十三分七秒，便即刻命令国防部长戈林和曾经击落敌机百架以上的茂尔得斯，出动三千架速度既快又能持久的轰炸机和俯冲轰炸机，再配合两千四百辆坦克和六百万大军，要在五天之内闪击莫斯科！

在飞机和坦克引擎的嘶叫声中，宣传部长戈培尔开始向国际播音。可是，突然电灯灭了，飞机场的探照灯马上也被黑暗吞没，戈培尔的讲演也只能在播音室里响着。

戈培尔连忙打电话去问电力公司，谁知喊了半天，总喊不应。正在着急的时候，电力公司来了个传令兵报告说：“人造坝流水停止，全国水力发电厂无法继续工作。”

传令兵报告完以后，又急忙向小胡子报告。

小胡子马上大怒：“真是岂有此理！这是他们在罢工捣蛋！快去把厂长枪毙！”

厂长被枪毙了。

过了一会儿，传令兵又来报告说，发电站还是无法工作。

小胡子便问他的顾问卡德尔和豪斯荷弗，这是怎么回事。

他们都不知道，说是要问蒲兰克才知道。

小胡子便叫传令兵把德国物理学权威蒲兰克叫来。

蒲兰克来了，问明事由后，他答道：“没有了太阳，现在温度降到摄氏零度以下，人造坝上面的水也就结成冰，不再往下流了。”

小胡子说：“拿风力发电！”

“这是可以的，但还得去问一下气象学家，在太阳请假的时候有没有风呢？”

物理学家说完，小胡子就下了一道命令，召见法西斯气象学权威。

气象学权威慌忙来见，他问清楚情况后回答道：“现在太阳请假，没有风。”

小胡子气得拍桌大骂：“什么没有风?！现在命令你，赶快召集全国的气象学家，在六点五十七分以前，把风召唤过来。”

气象学权威没有办法，只好垂头丧气地走出精神病院。

小胡子呢？他紧张地看着手表，坐等着风。

六点五十六分——一点儿动静也没有。

六点五十七分——连树叶也不曾抖动一下。

七点钟——风还没有来。

小胡子等得着急，又发脾气了。他叫警察把气象学权威抓来用鞭子抽。一阵毒打以后，气象学权威昏倒过去。

小胡子问豪斯荷弗，为什么没有风？

豪斯荷弗说：“平常有风，是因为太阳把空气一边晒得很热，而另一边却没有晒到。被太阳晒过的空气，热即膨胀，分子间距离大了，压力就变小。没有晒着的空气，分子挤得很密，压力就大。因此，压力大的空气便压向压力小的地方。这种转移过去的现象就是风。现在太阳请假了，到处空气都是冷的，分子间的距离相同，压力也就一样，哪还有什么风呢？”

小胡子问：“那怎么办？”

豪斯荷弗说：“用蒸汽机发电。”

于是，小胡子命令所有的工人去挖煤运煤。

可是寒冷已冻坏了很多工人，而且还在冷下去，工人怎样能做工呢？

突然，警报响了。

小胡子立即将电钮一按，他那间房子马上降落到地下。

三十分钟后，精神病院第九五二号中弹起火。

“哨！哨！哨！”救火车开来了。八九岁的小救火员翻身下来，把水管接在街上的水龙头上，接着把开关一开，只见那管口射不出水来。原来是水结了冰，体积胀大，胀破了自来水管。

好在他们平时训练有方，及时扭开灭火筒，只见烟雾似的碳酸气直往火堆里喷，顷刻之间，火已熄灭。

太阳请了假，所以时间虽然已快到中午，可是天上却布满星斗。这些大大小小的星全像死人的眼睛一样，星光一点都不闪动了。因为平常星光的闪动是由于空气的波动和水蒸气的折射。现在空气没有了波动，水也完全冻结成冰，落在地面上了。

温度计的水银直往下降——

到了零下四十度，水银柱忽然不再往下降，但是天气仍是越来越冷。原来水银凝结了，所以不再往下降了，于是改用酒精温度计。

空气和土壤以至地球内部的热都在很快地发散。温度仍旧在下降，而小胡子和戈培尔、戈林等则安全无恙。他们用干电池的电气设备抵御了寒冷。飞行员和步兵虽穿着很厚的衣服也抵不住严寒，有的冻死了。至于工人，那就更不消说了。

温度计的温度下降到零下一百三十度，忽然又停止下降，可是天气仍旧在冷下去。酒精凝固了。纳粹中央气象台台长立即向小胡子报告。

小胡子听了大发雷霆，吼道：“你们这些科学家，简直是饭桶！完全在歪曲事实，歪曲真理……政治警察！”

“有！”

“把他关到集中营去！”

小胡子又把温度计的问题问个分明，才知道酒精温度计只能测到零下一百三十度，于是又改用气体温度计。

气体温度计降到零下一百五十度。

这时碳氢化合物已完全凝固，代用品也连着遭殃。小胡子的顾问和别的人都没有办法。小胡子只好求上帝保佑了！

零下一百八十度——飞机师看到上下前后左右都是一片绿色，以为沉到海里来了。原来此时氧气快要液化，成了许多细小的绿色雾点。

到了零下一百九十六度——

忽然大雨倾盆，飞行员坐的舱位也湿透了。

雨一停，三千架亥因克号轰炸机和俯冲轰炸机直往下坠。原来空气在摄氏零下一百九十六度即变成液体状态往地面上落。空中没有了空气，即没有了压力，飞机便不能浮在空中，于是往地下坠。此时纳粹飞行员一起跳降落伞，但是没有空气把伞撑开，他们就“光荣”地为“世界文明”牺牲了……

在地面的步兵、机械兵好久没有喝到水，大雨倾盆后到处灌满了水，他们不知道这是液体空气，便狂喝暴饮起来。可是液体空气到胃里遇见一点儿热即变为空气。不到五分钟，每个人的肚子都大起来，嘴张着像要呕吐。肚子装不下气，便从鼻子、嘴里泄漏出来。外面温度在零下一百九十六度，于是空气又变成液体，从嘴里流到地上，从鼻孔流到地上，那种情景是多么痛苦、多么可怜呵！

然而，他们并不让自己这样痛苦地死去，军人和工人怒吼了：

“工人军人联合起来反对侵略战争！”

“打倒使我们受苦的小胡子！”

“争回光明的太阳呵！”

军人们转回了枪口，转回了炮口，对准精神病院——放！

可是都打不响，坦克也开不动。原来是太冷了，钢铁这些物质都收缩起来，变得大小不一了，所以枪打不响，坦克开不动。

军人、工人以及一切受小胡子压迫的人围拢来了，他们汇合成钢铁般的洪流，向着精神病院奔腾过去……

小胡子这时正悲哀地向上帝祷告。

“打死小胡子！”

这个吼声，如决堤后的潮水奔涌而出……

第三天，太阳回来了。

她抚摸着每一个从苦难中成长起来的人。人们的身子虽然还在阳光下发抖，睁不开眼睛，然而心里却正燃烧着太阳一样不可磨灭的火焰呵！

人工坝上的冰雪融化了，水从高处流下又不停地推动着水轮，发电机又转动起来了。

风磨重新磨起那没磨完的小麦。

飞机、火车、电话、无线电也复活了。

工厂的烟囱又开始冒烟……

虽然一切光复如初，然而这已不是小胡子的世界了！

从此，科学是真正用于谋求大众的幸福，而不是去为着个人。科学真正走上了广阔的发展道路，走上了光辉灿烂的理想前途。

【注释】

①郭以实(1926—)，四川广安人，儿童文学作家。1940—1943年在陶行知创办的重庆育才中学的自然科学组学习，1947年主编《科学儿童》半月刊，并创作和翻译科普作品。新中国成立后

在北京出版总署工作，后在商务印书馆等多家出版社任编辑，先后主编《少年科学画报》，编辑《少年科学丛书》等。1981年调至中国科普创作研究所从事科普创作和研究。他的代表作品有《太阳请假了》《孙悟空大闹原子世界》《在科学的世界里》《金娃娃》等。

【作品提示】

《太阳请假了》是一篇科学童话。这类文体既需要大胆想象，又需要科学逻辑。作者成功将两者结合在一起。作品首先从希特勒的强盗逻辑中，大胆设计出太阳请假的情景。然后在这一假定性前提基础上，进行科学的推理和描述。没有太阳，水结成冰，风停止流动并液化，星星不再眨眼，空气竟然变成雨珠落地……作者从反面结果来介绍太阳的作用，展现了物质在绝对零度状态下的形态。荒诞奇妙的前提，引发了小朋友的好奇心，科学描绘的结果，又让读者自然地获取了许多知识。达到了双重的效果。

这篇童话写于1941年11月，德军第四次进攻莫斯科时，具有非常重要的现实意义。作者将法西斯主义的代表者"小胡子"的战争叫嚣暗喻为神经病患者的疯狂举动，非常合理地解释了侵略者让太阳隐去的荒谬逻辑，同时也巧妙地赋予了太阳象征意义。太阳是光明、温暖、正义的象征。正是法西斯侵略战争带给世界以黑暗，使人类生存受到严重威胁。当人们认清了侵略战争的实质，奋起反抗法西斯之后，光明的太阳又重新照彻大地。这一巧妙的寓意使作品较完美地达到了人文精神与科学精神、思想性与艺术性的统一。

思考练习

结合课文，谈谈科幻作品中奇异的想象与科学逻辑之间的关系。

闹鬼的航天服

阿瑟·克拉克[①]

卫星控制中心给我打电话时，我正在观察舱里写当天的进展报告。观察舱是从航天站的轴上突出来的一个玻璃圆顶办公室，好像是轮子的毂盖。

这并不是一个真正理想的工作场所，因为视野太开阔了。我可以看到建筑队在距离只有几码的地方建航天站，就像在拼凑大型拼板玩具，他们工作的时候像是在跳慢动作芭蕾舞。下方20000英里外，欣欣向荣的蓝绿色地球在错综复杂的星云衬托下飘浮着。

"我是站长，"我回答道，"什么事情？"

"我们的雷达显示，两英里外有一个小小的回波，几乎是固定不动的，大约位于天狼星西五度，你能为我们提供有关这一物体的直观报告吗？"

和我们的轨道如此准确吻合的物体不大可能是流星，一定是我们的什么东西掉了——也许是某一个器材没有固定好，从航天站里飘出去了。这是我的想法，可是当我拿出望远镜，在猎户座周围天空进行搜索时，我马上发现自己的想法错了。虽然那一航天物体是人造的，但是它和我们毫无关系。

"我找到了，"我向控制中心报告，"是一个试验卫星——呈锥形，有四根天线。从设计判断，说不定是20世纪60年代初期美国空军的试验卫星。我知道，当时由于发报机损坏，他们有好几个试验卫星失踪了。他们做了多次努力，最后才进入了这一条轨道。"

控制中心查了档案，证实了我的猜测。过了一会儿，他们又发现，到了1988年，华盛顿对我们这类发现还是一点不感兴趣。要是这种试验卫星再次失踪，华盛顿方面也无所谓。

"我们不能让它再失踪了，"控制中心说，"即使没人要它，它对航行也是个威胁。最好有人出去把它拿进来，使它离开轨道。"

我意识到，他们说的"有人"一定是指我。我不敢从组织严密的建筑队中抽出一个人来，我们已经落后于计划，而工程每拖延一天就要多耗费100万美元。地球上所有的广播和电视网都在急切地等待着，希望早日通过我们播送节目，提供第一次真正的全球性服务，从南极到北极，跨越整个世界。

"我出去把它拿进来。"我回答道，虽然，我把话说得好像是要为大家做一件大好事，但私下里我一点也没有不高兴。我出来起码有两个星期了。

在通往过渡密封室途中，我遇到的唯一的工作人员是汤米，它是我们最近刚得到的一只猫。在离开地球成千上万英里的地方，养点动物对人有着重大的意义。但是能适应失重环境的动物不多。当我离开它，爬进航天服时，汤米悲伤地"喵喵"叫个不停。可是我因为太匆忙了，没有时间和它玩。

现在，也许我应该提醒你，我们在航天站所使用的航天服，和人在月球上活动时穿的柔韧航天服完全不同。我们的航天服是一种很小型的航天船，只能容纳一个人。航天服呈粗短圆柱形，大约七英尺长，装有小功率喷气发动机，上端有一对像手风琴一样的袖子，供操作人员放手臂之用。

我在只供我一人使用的航天服里安顿好之后，马上打开动力，检查小型仪表板上的各种仪表。所有的指针都在安全区里。我对汤米眨了眨眼。表示祝它好运，然后把透明的半球状物罩在头上，把自己密封起来。因为这一次的旅程很短，所以我没有检查航天服内部的各个小柜子，那些柜子是在执行持久任务时用来装食品和特殊设备的。

当传送带把我送进过渡密封室时，我觉得自己像一个北美印第安人的婴孩，被他的母亲背着走。接着，抽气机使压力降到零，外门打开，最后的一丝空气把我吹到群星中去，我慢慢地翻了个筋斗。

航天站离我只有十几英尺，但是现在我已经是一个独立的行星了——我自己的一个小天地。我被密封在一个微小的机动圆柱体里，对整个宇宙一览无余，但是我在里面实际上完全没有行动自由。所有的操纵装置和柜子，我的手脚虽然都够得着，但是加垫椅和安全带使我不能转身。

在太空里，太阳是大敌，它可以在一瞬间把你的眼睛烧瞎。我小心翼翼地把航天眼“夜间”一侧的黑色滤光器打开，然后转过头去看星星。同时，我还把头盔上的外部遮篷转到“自动”的位置上，这样，我的航天服无论转到哪一个方向，我的眼睛都能得到保护。

过了一会儿，我找到了我的目标——一个银色的光斑。它的金属闪光使它和周围的群星明显区别开来。我踩了一下射流操纵脚蹬，小功率火箭使我离开航天站的时候，我可以感到加速的轻微冲击。经过十秒钟稳压推力飞行之后，我切断了动力源。靠滑翔飞完剩下的旅程还要五分钟，要把我打捞上来的东西带回来，所需的时间也多不了多少。

就在我飞往茫茫太空的那一瞬间，我发觉出了严重问题了。

在航天服里面，从来不会完全没有声音。你随时可以听到氧气的轻微“咝咝”声，风扇和马达的微弱“飕飕”声，你自己呼吸的“沙沙”声。如果你仔细听，甚至可以听到自己心脏跳动的有节奏的“怦怦”声。这些声音在航天服里到处回响，无法逃逸到周围的真空中去。在宇宙空间，它们是不受注意的生命的伴音。只有当这些声音出现异常时，你才会意识到它们的存在。

现在这些声音发生了变化。除原有的声音之外，又增加了一种我无法辨认的声音。是一种时断时续的低沉的“乒乒乓乓”声，有时还伴有“叽里呱啦”的声音。

我一下子愣住了。我屏住气，想用耳朵找出这种陌生声音的来源。控制台上的各种仪表看不出什么问题，刻度盘上的所有指针都一动不动，预示灾难已经迫在眉睫的红灯忽亮忽灭的情况也没有出现。这算是一点安慰，但不是很大的安慰。我很早以前就懂得，碰到这种事情时，要相信自己的本能。这时，它们的报警信号在忽闪，通知我要及早赶回航天站……

即使到了现在，我也还是不喜欢回忆后来那几分钟的情况。恐慌像涨潮一样，慢慢充满了我的脑袋。在宇宙的奥秘面前，人人都必须构筑的理智和逻辑的堤坝被冲垮了。这时我才明白面临精神错乱是怎么回事。再没有其他的解释更适合当时的实际情况了。

把干扰我的声音说成是某种机械装置出故障造成的，已经是不可能的了。虽然我处在完全孤立的境地，远离人类或任何物体，但我并不孤单。无声的真空给我的耳朵送来了微弱的、然而是确实无误的生命活动之声。

在那令人胆战心惊的最初时刻，好像是有什么东西想要进入我的航天服——某种看不见的东西，企图摆脱冷酷无情的太空真空，寻找一个庇护所。我一边坚持工作，一边疯狂地急速旋转，仔细察看周围的整个视野，除了面对太阳的耀眼锥形禁区以外，当然什么也没有找到。太空中不可能有什么东西，但是那有意乱抓的声音却听得更加清楚了。

尽管有人写了不少废话来攻击我们宇航员，但是说我们迷信是不切合实际的。可是当我丧失理智的时候，我突然想起伯尼·萨默斯死亡的地点并不比我离开航天站更远，你能责怪我吗？

伯尼发生的那次事故是“绝无仅有”的。同时发生了三个故障：氧气调节器失去控制，压力迅速上升；保险阀门不能喷气；一个不良焊接点熔化。在不到一秒钟的时间内，他的航天服向太空敞开了。

我过去不认识伯尼，但是因为我产生了一个可怕的想法，他的命运突然对我具有极大的重要性。这类事情是秘而不宣的，但是航天服毕竟太值钱，损坏了也舍不得扔掉，即使穿某一件航天服的人死了，人们也会把它修理好，重新编号，然后发给另一个人穿……

一个人远离他原来的世界，在群星之间死去，他的灵魂将会怎样呢？伯尼，你还在这里，还依附在这件航天服上吗？

四面八方好像都响起了乱抓乱摸的声音。我与周围可怕的声音搏斗着，心中只剩下一个希望。为了保持神志正常，我必须证明这不是伯尼用过的航天服，这些紧紧把我封闭起来的金属壁从来没有充当过另一个人的棺材。

我试了好几次，才揿对了按钮，把发报机转到紧急波长上。“我是航天站！”我气喘吁吁地说，“我已陷入困境！请查一下档案，核对我的航天服——”

我讲个没完，他们说我把麦克风都嚷坏了。一个人在太空里，处于孤零零的绝对孤立状态，突然有什么东西在他的脖子后面轻轻拍打，他能不叫嚷起来吗？

尽管绑着安全带，我一定是向前撞了，狠狠地撞在控制板的上缘上。几分钟后，营救队赶来时，我还没有恢复知觉，前额上横着一条愤怒的伤痕。

在整个卫星中继系统中，我最迟知道真实情况。一小时后，我才苏醒过来，所有的医务人员都聚集在我床边，但是过了好久，医生们——当然还有那位漂亮的太空护士小姐——才看了我一眼。他们都在忙着和三只小猫玩儿，那是被大大叫错了名字的汤米在我的航天服第三贮藏柜里生下来的。

【注释】

①阿瑟·克拉克(1917—2008)，最伟大的英国科幻作家之一。他同时也是一位科学家——国际通信卫星技术的奠基人。克拉克的主要作品有《童年的末日》《城市与星星》《2001：太空漫游》《与拉玛相会》《天堂的喷泉》等。他创办了阿瑟·克拉克奖，评选英国优秀科幻小说。

【作品提示】

这篇短小的故事讲述了一位宇航员在太空执行太空垃圾回收任务时，航天服里出现异常响动的瞬间事件，作者吸收了悬疑小说的某些手法，采用悬念制造、营造氛围的文学手段，将描绘的重心放在宇航员在特殊状态下的心理活动。宇航员的恐慌心理与有惊无险的结局形成强烈反差。一个简单的故事由于人物丰富复杂的心理活动而变得惊险曲折，令人期待。

一般说来，科幻小说大都比较关注科学技术发展及对未来社会的影响。事实上，这一影响不仅仅是对外部社会，还有对人类心理的影响。随着科技的发展和人类生存环境不断改变，人类的心理问题日益凸显。目前先进的航天技术将人类送上太空，但与广阔无垠的宇宙相比，人仍然显得渺小和孤独。正是在对人类这种心理深刻洞察的基础上，作者顺着这种心理逻辑，构思了这篇短小生动的科幻故事。这篇故事的价值在于对科幻题材的突破。作品的关注点不在科学技术本身，也不在人与科学技术之间的矛盾，而在人类离开地球这一自然家园后，在陌生的太空生存和工作时的心理状态。这个故事提醒人类在挑战自然的同时，也在挑战自身的心理极限。

思考练习

阅读选文，思考这篇小说在构思上有什么独到之处，并谈谈这篇科幻小说与西方传统小说的传承关系。

从地球到月球(节选)

儒勒·凡尔纳[①]

第二章
巴比凯恩的报告

10月5日晚8点，联合街心公园21号枪炮俱乐部所有的厅堂里挤满了人。住在巴尔的摩的所有的会员应主席之邀，全都参加了会议。至于通讯会员，有数百人之多，全都搭乘快车拥入该城。尽管会议厅很大，但这些科学家仍然无法觅得一个座位。因此，他们只好挤到隔壁的厅室里，或待在走廊尽头，甚至拥到庭院中去。庭院门口站着一群群的普通民众，人人都试图挤到院门前。他们彼此拥来挤去，互不相让，急切地想听到巴比凯恩主席的重要报告，因为他们都受到自治政府的教育的影响，采取的正是他们的这种独特的自由方式。那天晚上，一个待在当地的外地人，即使出再高的价钱也无法获准进入会议大厅。会议大厅是专供当地会员或通讯会员进入的，其他各色人等均不得入内，甚至该城的名流、民选的市政官员也不例外，他们不得不挤在市民中间，竖起耳朵来听大厅里传来的报告声。可是，这个宽敞的大厅呈现出的竟是一个奇怪的景象。宽大的会场与其用途相得益彰。高大的柱子是用大炮码放成的，基座则是粗大的迫击炮。这些柱子支撑着穹顶的精美铁架，那是一些用冲头冲制成的铸铁花边。墙上陈列着老式短铳、老式火枪、喇叭口火枪、卡宾枪等各种各样的旧式的和新式的火器，错落有致，蔚为壮观。由上千支手枪拼成的一顶顶枝形吊灯用煤气点燃，光照大厅，同时，用手枪组成的多枝烛台和用步枪捆成束组成的大烛台燃起，让大厅更加灯火辉煌。大炮模型、青铜炮样品、被子弹打成千疮百孔的靶子、被俱乐部的大炮炮弹击碎的钢板、一套套的送弹棍和炮膛刷、一排排的炸弹、一圈圈的火箭炮、一串串的炮弹。总之，炮手的所有工具都摆放得十分醒目，令人大开眼界，并且也让人联想到这些武器弹药摆放在那儿更多的是为了装饰而非杀戮。在荣誉展台上，可以看到一只漂亮的玻璃柜里放着一个被火药炸毁后的破碎且扭曲了的炮栓，那是J.T.马斯顿的大炮的珍贵残骸。

大厅的顶头，俱乐部主席在四位秘书的陪同下，占了很大的一个地方。他的椅子高踞于一个雕花炮架上，整体看去，呈现出一个32寸[①]的迫击炮的强大形象。它可以转动90°，是装在转轴上的，主席因而可以像坐在转椅上似的左右转动，这在炎热天气之中，是很舒服的。在以六个大口径短炮身的海军大炮支撑着的宽大的铁皮办公桌上，可以看到一个精心雕刻的远程大口径火铳炮弹制成的别具一格的墨水瓶，和一只形似手枪般的可以摇出当当响声的铃铛。在争论激烈时，这只新颖别致的铃铛勉勉强强地可以盖过情绪激动的炮手们的嚷叫声。

宽大的桌子前面摆放着一条条长凳，宛如防御工事的封锁壕，呈"之"字形排列，形成一座座碉堡和碉堡护墙，坐着枪炮俱乐部的全体会员。那天晚上，可以说，"碉堡上坐满了人"。大家比较了解主席，知道没有严重的情况，他是不会惊扰他的同事们的。

巴比凯恩年已四十，他沉着，冷静，严肃刻苦，思维严谨，专注，犹如一架精密计时器一般。他性格坚强，坚韧不拔，经得起各种考验，虽然缺少骑士风度，但却不失冒险精神，并且，即使是在最大胆的行动中也很注意实事求是。他是新英格兰的一位杰出之人，是北方殖民者，是斯图亚特人的灾星——寸头派[②]的后裔，是祖国旧时的骑兵，是南方绅士们的不共戴天的敌人。总之，他是一个地地道道的美国佬。

巴比凯恩曾经营木材生意，大发其财，战争期间被委任为制炮业的主管，创造力极其丰富。他想法大胆，为大炮这种武器的发展做出了巨大的贡献，为试验大炮付出了非常多的精力。

此人中等身材，这在枪炮俱乐部的所有会员中是一个罕见的例外。他面部轮廓分明，好似角尺和直线笔勾画出来的一般。如果真的要猜测一个人的本性就必须看他的侧影的话，那么，从侧面看过去，巴比凯恩则显现出最明显的特质是坚毅、大胆和冷静。

此时此刻，他坐在扶手椅里，一动不动，沉默不语，全神贯注，眼睛被一顶似乎是美国人常戴的黑缎圆形高顶礼帽所遮住。

同事们在他身边大声地交谈着，可他却并未分心。他们在彼此询问，热烈地设想着，同时也在打量着他们的主席，想从他那毫无表情的面部猜想出他脑子里在想些什么，但却一无所获。

大厅里的钟当当地敲了八下时，巴比凯恩像身上装有弹簧似的突然站了起来。大厅里顿时鸦雀无声，演说家巴比凯恩便用一种略带夸张的声调说道：

"正直的同事们，很久以来，一种毫无意义的和平让我们枪炮俱乐部的会员们陷入恼人的无所事事之中。在几年的事故不断之后，我们只好撇下我们的工作，在前进的路上戛然停下。我不害怕大声宣布，任何能让我们重新拿起武器的战争都是很受欢迎的……"

---

① 此系法寸，为法国古长度单位，约合27.07毫米。

② 系17世纪美国内战期间议会派的支持者，因全都剪短发而得名，是查理一世的支持者的对立面。

“对，战争!”急躁的J. T. 马斯顿嚷叫道。

“别插话！好好听！”全场一片指责声。

“可是战争后，”巴比凯恩说道，“在目前的形势下，战争是不可能的。无论刚才打断我的话的我尊敬的先生怎么盼望，我们的大炮在战场上怒吼起来之前，还将等待很长的岁月，因此，我们必须拿定主意，改变一下思路，以解决缠绕在我们心头的严重问题。”

全体听讲者都感觉到他们的主席就要谈及那个敏感的问题了，所以大家便竖起耳朵，注意听下去。

“几个月来，我正直的同事们，”巴比凯恩继续说道，“我一直在想，我们是不是可以在我们的专业领域搞点什么无愧于19世纪的伟大试验？我们是不是可以把弹道学的进步引向成功的目标？于是，我进行了研究、探索、计算，从而坚定了自己的信念，那就是我们将能够在一项任何其他国家似乎无法实现的事业中获得成功。这个计划我已拟出很久了，我今天就要向大家汇报。该计划无愧于诸位，无愧于枪炮俱乐部昔日的辉煌，它肯定会在全世界引起轰动!”

“引起轰动?”一位热衷于大炮的人大声嚷道。

“确实如此，绝非戏言。”巴比凯恩回答道。

“别打断主席!”好多人齐声喊道。

“请你们，我正直的同事们，”主席继续说道，“集中精力听我说。”

全场的人都感到心情十分紧张。巴比凯恩动作麻利而坚定地戴好帽子，用平静的语气继续他的报告：

“正直的同事们，你们中间没有任何人没有见过月亮?起码没有谁没听说过它的。我在此跟你们谈论月亮，请你们不要感到惊讶。它也许能让我们成为这个未知世界的哥伦布。请大家理解我，竭尽全力帮助我，我将带领大家去征服它，让它的名字加入组成我们这个伟大的合众国的36个州中来。”

“月亮万岁!”枪炮俱乐部的会员们齐声欢呼道。

“人们对月球进行过大量的研究，”巴比凯恩继续说道，“它的质量、密度、体积、结构、运行、距离以及在太阳系中的作用等都完全被确定了。人们已经绘制出了月面图，即使不超过地面图，至少也与后者一样完美。所拍摄到的月球照片显示出这颗地球卫星之美不胜言。总而言之，关于月亮，数学、天文学、地质学和光学所能告诉我们的我们全都一清二楚了，但是，迄今为止，我们还从未与月球进行过直接的联系。”

主席的这番话引起了与会者们强烈的兴趣和惊讶。

“请允许我，”巴比凯恩继续说道，“简短地对大家回顾一下一些头脑发热、一门心思幻想着做月球旅行的人，是如何吹嘘已经探测到这颗地球卫星的秘密的。17世纪时，一位名叫大卫·法布里丘斯的人，大言不惭地说自己亲眼见到了月球上的居民。1649年，一位名叫让·博杜安的法国人发表了西班牙探险家多米尼克·贡萨雷斯的《月球旅行记》。同一时期，西拉诺·德·贝热拉克出版了一本《月球游记》，在法国获得巨大的成功。这之后，另一位名叫丰特奈尔的法国人(这些人都非常关注月球)，写了一本名为《宇宙的多样性》的书，成为当时的一本名著，但是，发展中的科学却使这本书一下子丧失辉煌。1835年左右，从《美国的纽约》上翻译出版的一本小册子①中叙述道，被派往好望角搞天文学研究的约翰·赫歇尔②先生借助一架可以内部照明的天文望远镜把月球的距离缩短到了80码③。因此，他有可能清晰地看到一些岩洞，里面有河马、金边镶嵌的青山、长着象牙角的绵羊、白色的狗子、长着类似蝙蝠膜翅的居民。这本小册子是一个名叫洛克的美国人的作品，获得很大的成功。但是很快，人们便发现这本小册子是科幻小说，法国人随即便对它嗤之以鼻，不屑一顾了。”

“敢对美国人嗤之以鼻!”J. T. 马斯顿嚷叫道，“这正是一个开战的理由!”

“您先别激动，我尊敬的朋友。法国人在嘲笑我们之前，先就被我们的那位同胞给糊弄了。在结束这个短短的回顾之前，我还想补充一点：鹿特丹的一位名叫汉斯·普法尔的人，钻进一只灌满从氮中提取的气体的气球中(这种气体比氢气要轻37倍)，在飞行了19天之后，到达了月球。这次飞行如同前面所讲的那些尝试一样，纯属幻想，但是那却是美国的深受读者欢迎的作家的作品，一位奇异的、爱幻想的天才的作品。他叫爱伦·坡!④”

“爱伦·坡万岁!”与会者们被主席的演讲鼓动得大声呼喊道。

“这些我认为是纯文学性的探索，我已经说完了，它们根本就无法达成与月球的真正联系。不过，我应该补充一句，有几位认真求实的人是试着与月球进行真切的联系的。比如，几年前，一位德国几何学家就建议过，派遣一个专家学者代表团前往西伯利亚大草原，在那辽阔的原野上，建起一些巨大的用反射灯光映现出的几何图形，其中包括法国人俗称的‘勾股定律’的弦的正方形。这位几何学家说：‘但凡聪明的人都应该懂得这个图形的科学用途。如果真的存在月球居民的话，他们就会用相似的图形来回答，而交流一旦建立起来，就将很容易地创造一个字母表，就能与月球居民进行沟通了。’这位德国几何学家这么说了，但他的计划却并未付诸实行，而直至今日，地球同它的卫星都从未建立起任何的直接联系。这正好让美国人的应用才能得以发挥，去同星辰世界建立联系。达到此一目的方法既简单、容易，又可靠且万无一失，它将是我的建议目标。”主席的这番话引得全场欢声雷动，与会者没有一个不为演讲者的话所折服，所鼓舞和吸引。“注意听！注意听！肃静!”会场四处传来这种叫喊声。当乱哄哄的会场安静下来之后，巴比凯恩用更严肃的语调继续他那被打断的演讲。“大家知道，多年来，弹道学取得了什么样的进步，如果战争继续下去的话，武器将会达到什么样的完美程度。大家也同样知道，一般来说，大炮的后坐力和炸药的爆炸力是无限的。喏，根据这一原理，我曾想过，如果借助一个具有一定后坐力条件的合适装置的话，是否可能将一颗炮弹打到月球上去。”听他这么一说，从众人那呼吸急促的胸膛里发出了一片惊愕的“啊”声，随即便是一片寂静，仿佛雷鸣前的沉寂一般。确实，过了一会儿，雷鸣声突然爆发，不过那是掌声、叫喊声、嘈杂声混合而成的“雷

---

① 约翰—赫歇尔(1792—1871)，祖籍德国的英国天文学家。

② 一码约为0.91米。

③ 该小册子在法国由共和党人拉维龙出版；此人在1840年罗马围城中阵亡。

④ 爱伦·坡(1809—1849)，美国小说家、诗人、批评家，还被认为是侦探小说的鼻祖。

鸣声”，震颤了整个大厅。主席想继续讲下去，但却无法办到。直到十分钟之后，他才终于让大家安静下来，听他继续往下讲。“请让我讲完，”主席冷静沉着地说道，“我把这个问题的方方面面全都考虑过了，并且认真细致地进行了研究。我的缜密的计算表明，任何一颗射向月球的炮弹，如果其初速度达到每秒12000码的话，就肯定可以到达月球。因此，我荣幸地建议大家，我正直的同事们，来尝试一下这个小小的试验!”

第三章
巴比凯恩报告的影响

我们无法描述尊敬的枪炮俱乐部主席的最后一席话所产生的影响。呼喊声，叫嚷声，喝彩声，“噢”“啊”声，以及美国英语中的各种象声词响成一片，声震屋瓦！会场上的混乱、喧闹难以形容！人们嘴里喊着，脚在跺着。即使这座大炮博物馆的所有武器一起开火也不会造成这么大的声响。这倒也不足为奇，因为有些炮手的嗓门儿几乎同他们的大炮一样响。

在这片情绪亢奋的喧闹声中，巴比凯恩保持着冷静。他也许还想向他的同事们说点什么，因为他还在做着手势，让大家安静下来，他把声音清脆响亮的铃铛当当地摇个不停。大家根本就听不见他那铃声。很快，他便被人从座位上拽起来，高高地抬起，忠实的同事们激动不已地将他从人群中传递开去。

美国人是不信邪的。人们常常说法语中不存在“不可能”这个词，他们想必是查错了字典。其实在美国才是这样，一切都很容易，一切都很简单，至于那些所谓的机械难题，没等它们出现便已胎死腹中了。在巴比凯恩的计划与实施之间，没有哪个真正的美国佬会感到存在着困难。他们一言既出，万难皆消。

巴比凯恩的英雄式的游行一直延续到深夜。那是一次真正的火炬游行。爱尔兰人、德意志人、法兰西人、苏格兰人，住在马里兰州的各个种族的所有居民都在用各自的母语叫喊着，激情昂扬地欢呼着，亢奋不已。

月亮好像明白了这一切与自己相关似的，它皎洁、平静地照耀着大地，让它周围的星辰暗然无光。美国佬们全都抬头望着那光亮闪闪的月亮。有的人在向它挥手致意，另一些人则用最温馨的名字呼唤它，一些人在用目光打量它，另一些人则挥动拳头威胁它。从晚八点到午夜，琼斯富尔街的一位光学仪器商靠卖望远镜大发其财。从望远镜看过去的月亮宛若一名贵妇。美国人俨然以贵妇的主人自居。似乎这位金发菲贝①是属于这帮狂妄的征服者，已经是合众国的版图的一部分了。其实，只不过是在讨论向它发射一颗炮弹而已，这种建立关系的方式未免粗暴了一些，即使是对一颗卫星来说也是如此，不过在各文明民族中，这可是司空见惯的。

午夜的钟声已经敲响，但激奋的情绪并未减退，各阶层的群众均如此。法官、科学家、批发商、零售商、搬运工、聪明人和稚嫩者，都感到触动了自己的心弦。这是一个全国性的大事，因此，上城、下城、帕塔普斯科河码头上和船坞里停泊着的船

① 菲贝：希腊神话中月亮女神阿耳忒弥斯的别名。

只，全都被灌满了杜松子酒和威士忌的欢快兴奋的人群给挤得满满当当。无论是懒散地躺在酒吧的长沙发上喝着雪利酒的绅士们，还是在费尔波因的阴暗小酒馆里被低廉的烈酒灌得醉醺醺的水手们，全都在交谈着、讨论着、争论着，大吹大擂，掌声热烈，赞扬声不断。

到了凌晨两点钟光景，激动的人们平静了下来。巴比凯恩总算回到家里，他已精疲力竭，疲惫不堪，快要散架了。即使是一位大力士也经不住这样的狂热。人群渐渐地从广场和大街上散去。从俄亥俄州、萨斯奎汉纳河、费城和华盛顿通往巴尔的摩的四条铁路把这些各个种族的人送到美国各地之后，巴尔的摩城才较为安静了些。

如果以为在这个难忘的夜晚，只有巴尔的摩城在沸腾的话，那就错了。合众国的其他一些城市，如纽约、波士顿、奥尔巴尼、华盛顿、里士满、克瑞桑城(新奥尔良的别名)、查尔斯顿、莫比尔，从得克萨斯州到马萨诸塞州，从密歇根州到佛罗里达州，各个城市都在欢腾。其实，枪炮俱乐部的三万名通讯会员早已大致了解了他们主席的报告精神，所以他们都在以同样的急切心情等待着那10月5日的著名演讲。因此，当天晚上，当主席发表讲话时，他的每句话语都立即以每秒248417①英里的速度，通过电报传到了合众国的各个州去。我们可以非常肯定地说，在这同一时刻，面积10倍于法国的美利坚合众国，举国上下齐声发出了相同的欢呼声，2500万颗心充满着豪迈在跳动着，每个人的脉搏都在激烈地搏动着。

翌日，1500家报纸、期刊、半月刊或月刊都在专注于这个问题。它们以政治优势或文明优势的观点，从物理学、气象学、经济学或伦理学等方面对之进行了分析研究。它们在探讨月球是否已经完善，是否不再会有任何变化。它是不是类似于大气层尚不存在时期的地球？它那从地球上看不到的那一面是什么样子？尽管只是想向月球发射一枚炮弹，但是大家都从中看到那是一系列试验的开始。大家都在期盼着有一天，美国能探测到这个神秘的星球的最后的秘密，有些人甚至好像还很担心征服月球会不会明显地打破欧洲的平衡。

经过分析讨论，没有哪家报纸杂志对成功地征服月球心存疑虑。各种汇编、小册子、简报以及由科学家、文学家或宗教人士等团体出版的杂志，都在强调指出这一计划的闪光点。而波士顿的“自然史协会”、奥尔巴尼的“美国科学艺术协会”、纽约的“地理统计协会”、费城的“美国哲学协会”、华盛顿的“史密斯协会”则向枪炮俱乐部发出了上千封祝贺信，并表示愿意立即提供人力和资金的援助。

因此，可以说，从未见到过哪一个方案会得到这么多人欢迎。根本就没有人有所犹豫、怀疑或担忧。在欧洲，特别是在法国，向月球发射一枚炮弹的想法必然会遭到嘲讽，漫画纷至沓来，甚至被编进歌曲受到挖苦，而在这里这一切都不可能，那样肯定会惹来众怒，受到口诛笔伐。在新大陆，有些事情是容不得嘲讽的。因此，因比·巴比凯恩从当日起，便成了美国最伟大的公民之一，有点像是科学界的华盛顿，而这一例证是众多例证之一，它将表明一国民众对某一个人会致以多么崇高的敬意。那次枪炮俱乐部著名的会议之后没几天，一家英国剧团的经理宣布在巴尔的摩剧场演出

---

① 相当于电流的速度。——原注

《无事生非》①。巴尔的摩的市民们发现此剧有影射巴比凯恩主席的方案之嫌，便闯入剧场，砸毁座椅，并逼迫倒霉的经理改换剧目。经理是个明白人，顺从了公众的意愿，用《皆大欢喜》②替换了前面那个不合时宜的剧目。一连数周，这位经理都获得了很高的票房收入。

第四章
剑桥天文台的回复

不过，巴比凯恩并未因受到众人的欢呼而忘乎所以。他首先要做的是把他的同事们召集到枪炮俱乐部的办公室里来。在那儿，经过一番讨论，大家同意就方案的天文方面请教一下天文学家。等天文学家的回音一到，大家就将讨论机械装备的问题，为保证这一伟大试验的成功，任何细节都不可疏忽。于是，一份包括一些专业问题的十分明确的纪要便拟好了，寄给位于马萨诸塞州的剑桥天文台。剑桥城是美国第一所大学的诞生地③，也正是因为它的天文台而享誉世界。那儿聚集着一些顶尖的科学家，那里的一台功率强大的望远镜使得邦德④解析了仙女座星云，使得克拉克发现了天狼星。这座著名的天文台完全值得枪炮俱乐部依赖。两天后，焦急不安地等待着的巴比凯恩主席终于收到了对方的回信。内容如下：

剑桥天文台台长致巴尔的摩枪炮俱乐部主席：您本月6日以巴尔的摩枪炮俱乐部全体会员的名义，寄给剑桥天文台的信函我台业已收悉。我们立即开了会，并做出如下我们认为较为合适的答复。您提出的问题归纳如下：

1. 可不可能向月球发射一枚炮弹?

2. 地球与它的这颗卫星的精确距离是多少?

3. 在给炮弹以足够的初速度的情况下，它能飞行多长时间？而为了让它落在月球上的某一个特定地点，应该何时发射为好?

4. 炮弹落在月球上的最佳位置应该是什么时候?

5. 发射炮弹的大炮应该对准天空中的哪一个点?

6. 炮弹射出时，月球是在天空中的什么位置？就第一个问题(可不可能向月球发射一枚炮弹?)现回答如下：

可以。如果炮弹的初速度达到每秒12000码的话，就可以向月球发射。经过计算，这一速度足够了。随着物体离开地球，地心引力的作用与距离的平方成反比，因而在逐渐减少，也就是说，如果距离增加三倍，这一引力就将减小到九分之一。因此，炮弹的重量在迅速减小，到月球的引力与地球的引力持平的时候，也就是说，在射程达到五十二分之四十七的时候，炮弹的重量就完全消失了。这时，炮弹不再有重量了，如果它超越了这个点，它就将在月球的唯一的引力之下落在月球上。试验的理论性完全得到了验证。至于成功与否，那就只取决于发射装置的大小了。就第二个问

---

① 《无事生非》，莎士比亚的名剧。

② 《皆大欢喜》，莎士比亚的名剧。

③ 哈佛大学于1936年在马萨诸塞州的剑桥城创立。

④ 威廉·邦德(1789—1859)，美国天文学家。

题(地球与它的这颗卫星的精确距离是多少?)现回答如下:

月球围绕地球运转的轨迹并不是圆形的，而完全是个椭圆形，我们的地球占据着这个椭圆中心中的一个，因此，导致月球有时离地球较近，有时又较远，或者，用天文学术语来说，时而在远地点，时而在近地点。可是，最大距离与最小距离之间的差距是较大的，大到我们不能忽略。确实，在远地点时，月球距离地球247552英里，而在近地点时，距离则只有218657英里，相差28895英里，亦即射程的九分之一。因此，近地点的距离应该作为考虑的基础。就第三个问题(在给炮弹以足够的初速度的情况下，它能飞行多长时间？而为了让它落在月球上的某一个特定地点，应该何时发射为好?)现回答如下:

如果炮弹始终保持发射时的初速度——每秒12000码的话，它大约只需9个小时便可到达目的地，但是，由于这个初速度将逐渐降低，经过推算，炮弹将要花费30万秒，亦即83小时20分，才能到达地球引力和月球引力相抵消的点，然后，从这个点起，它将在5万秒之后，亦即13小时52分20秒之后落到月球上。因此，应该在它将到达月球上的那个瞄准点之前的97小时13分20秒之前发射它。就第四个问题(炮弹落在月球的最佳位置应该是什么时候?)现回答如下:

根据刚才上面所说的，必须首先选择月球在近地点的时刻，同时也要是它通过天空最高点的时刻，这将能够减少相当于地球半径的距离，亦即3919英里，这样的话，最终射程则为214976英里。不过，如果说月球每月都经过其近地点的话，那它并不是在这一时刻总是在天空的最高点的。而这两个条件同时具备的话，必须有一个很长的间隔。因此，必须等待月球又在近地点又在天空最高点的时刻的到来。不过，巧得很，明年12月4日，月球将正好具备这两个条件：午夜时分，它将到达它的近地点，也就是说离地球最近的时候，与此同时，它又经过天空的最高点。就第五个问题(发射炮弹的大炮应该对准天空中的哪一个点?)现回答如下:

根据上述认定的看法，大炮应该瞄准天空最高点①，这样，炮弹飞出时与地平线呈垂直状，它因此也就能更快地摆脱地球引力。不过，要使月球到达天顶的最高点的话，就必须让这个地方的纬度不高于地球的赤纬，也就是说，它必须位于北纬或南纬的0°至28°之间。在其他任何地点，就必须倾斜发射，而这就可能影响试验的成功。就第六个问题(炮弹射出时，月球是在天空中的什么位置?)现回答如下:

当炮弹将向天空发射的时刻，每天向前运行13°10′37″的月球，将必须远离天顶最高点四倍于这个度数的地方，亦即52°42′20″的地方，这一空间正好符合炮弹射出的途径中月球的运行路线。由于必须同时考虑到地球自转所引发的炮弹的偏差，且还由于炮弹只是经过一个相当于16个地球半径的偏差距离之后才到达月球(从月球轨道来看，大约为11°)，因此，我们必须把这11°加到所提及的月球离天顶最高点的距离中去，变成为64°整。这样一来，在发射炮弹时，月球视线方位将与发射点的垂直线构成一个64°角。这就是剑桥天文台对枪炮俱乐部会员们提出的问题的回答。概括起来，就是:

---

① 天空最高点亦即正对观测者头顶上方的空中垂直点。——原注

1. 大炮必须安放在一个北纬或南纬0°至28°之间的地方。

2. 它必须瞄准天空最高点。

3. 炮弹的初速度必须达到每秒12000码。

4. 炮弹应该在明年12月1日晚上10点46分40秒发射。

5. 炮弹发射的第四天，即12月4日午夜时分，在通过天空最高点时到达月球。因此，枪炮俱乐部的会员们应该立即着手进行这样的一次试验所必需的工作，做好在规定时刻发射的准备，因为如果错过了12月4日这个日期的话，那就必须等18年零11天才能遇上月球同时符合位于近地点和天空最高点的条件。剑桥天文台愿意毫无保留地回答有关天文学理论方面的问题，并与全美国人民一起共祝诸位马到成功。剑桥天文台台长J. T. 贝尔法斯特。

第二十七章
云层厚重

当炽热的烈焰冲上云霄时，迸发出来的光芒照亮了整个佛罗里达州，在那无法计算它有多长的那个瞬间，在这一大片地区，白昼代替了黑夜。这么巨大的一团火焰在墨西哥湾和大西洋上都可以看见，并且好多位船长都在自己的航海日志上记下了这个壮观的大气现象的出现。

哥伦比亚德炮轰然一声响，大地都像是遇上了地震一般。连佛罗里达州的地底深处都在颤动。火药爆炸所产生的气体，因高温而扩散，以无可比拟的威力冲击大气层，而这股人造的飓风要比暴风雨中的飓风更加迅猛上百倍，像一股龙卷风似的在空中掠过。

观看者中无人能站得稳。男人、女人、儿童，全都像被暴风雨击打的麦子一般倒伏在地，随即传来一阵阵撕心裂肺的惨叫声，很多人受了重伤，而J. T. 马斯顿因为太掉以轻心，竟然站得太靠近，结果像一发炮弹似的从他的同胞们的头顶上方飞过，被抛出20托瓦兹开外去。霎时间，30万观者惊呆了。什么也听不见了。

那股气浪冲翻了棚屋，击毁了窝棚，把方圆20英里内的大树连根拔起，把铁轨上的火车一直吹回到坦帕城，然后，它便像雪崩似的扑向该城，摧毁了上百幢房屋，包括圣玛丽教堂在内，而新建起的证券交易所的墙壁，从上到下裂了一个大口子。港口里有几条船互相挤碰撞击，径直沉入海底，还有十几条停泊在港湾里的船只像是扯断棉线似的挣脱缆绳，撞到岸边。

破坏的范围还扩大到更远的地方，越过了美国的国境。后坐力的作用借助西风，在大西洋上，一直波及离美国海岸300多英里的洋面。这场连菲茨—罗伊海军上将都未曾遇到过的人造风暴，它大发淫威，无比疯狂地扑向他的船只；有好几艘军舰被这场可怕的旋风卷挟，来不及逃脱，整个儿沉入海底，包括利物浦的“恰尔德—哈罗德”号。这是一场令人痛心疾首的大灾难，遭到来自英国的强烈怒斥和责难。

最后，还要补充一点，炮弹发射之后半小时，戈雷岛①和塞拉利昂的一些居民都

① 塞内加尔的一岛名。

声称听到了一声沉闷的声响，这是声波在越过大西洋之后在非洲海岸消失的最后的地点，但是除了几个当地的土著人说是亲耳听见以外，并没有其他任何的确凿证据。

现在，得回到佛罗里达来。最初的一阵混乱平静下来之后，伤者、失聪者等所有的人全都惊醒过来，拼命地在叫喊着："阿尔当万岁！巴比凯恩万岁！尼科尔万岁！"狂热的欢呼声直冲云霄。好几百万人抬头仰望天空，举起望远镜，仔细地搜索着，全然不顾扭伤、摔伤和疼痛，只顾追踪那炮弹车厢，但是他们什么也找不到。他们看不到它了，只有耐心地等待来自朗斯峰的电报了。剑桥天文台台长正在落基山上坚守着自己的岗位，而观测的使命正是交给这位才智横溢、坚韧不拔的天文学家的。

不过，有一个尽管是很容易预料，但却并未预见到的而又无能为力的现象，很快便在严重地考验着公众的耐心了。

此前一直晴空万里的天空骤然变坏，浓云密布。大气层被猛烈地冲击之后，在40万磅低氮硝化木棉素燃烧后所产生的大量烟雾的弥漫之下，天空不被浓烟所遮蔽，还会是什么样子呀？大自然的所有秩序统统被扰乱了，可这并没有什么可惊讶的，在海战中，常常可以看到大炮的发射所引发的大气层的突然改变。

第二天，太阳照常升起，只是天边浓云密布，仿佛天地间挂着一块厚重而无法透过的巨大幕布似的，遗憾的是，这块幕布一直延伸到落基山地区。这可是一个沉重的打击。全球各地一片声讨，但大自然却无动于衷，因为是人类用大炮扰乱了大气层，就应该喝下自酿的苦酒。

在第一天里，每个人都千方百计地想要穿透这浓云层，但是全都徒劳无益，再说，人人都抬头望天，实在是大错特错，忘了由于地球的转动，炮弹必然是沿着相反方向飞行的。

不管怎么说，反正当黑夜笼罩大地，伸手不见五指的时候，当月亮从地平线上升起的时候，是不可能看见它的。它像是存心躲开朝它开炮的那些胆大冒失的人的目光似的，所以什么也别想观测到，而朗斯峰的电报也证实了这个恼人的意外情况。

不过，如果试验成功了，那么12月1日10点46分40秒出发的旅行者们就该在4日午夜抵达目的地。在这之前的几天里，反正是在这种条件之下很难看到像炮弹这么小的一个东西，所以嚷嚷也没有用，只能是耐心地等待着。

12月4日，从晚上8点到午夜，本可以跟踪追寻炮弹车厢的踪迹，它本应该像一个黑点似的出现在闪亮的月面上的，但是，天空依然麻木不仁，阴沉沉的，令公众愤怒到了极点。大家纷纷怒斥躲着不出来的月亮。实在无可奈何，这简直就是报应！

沮丧绝望的J. T. 马斯顿出发去朗斯峰了。他想要亲自观测一番。他并不怀疑他的朋友们最终会到达此行的目的地。再说，并没有人听说炮弹掉落在某个岛屿或陆地上了，J. T. 马斯顿绝不相信炮弹可能掉在覆盖着地球四分之三面积的海洋里。

5日，天气仍与前几天一样。欧洲大陆的那些巨型望远镜，如赫歇尔的、罗斯的、富科的，全都一直在对准着黑夜星球，因为欧洲的天气恰恰相反，格外地好。不过，这些仪器相对来说功率较差，妨碍了有效的观测。

6日，天气仍一样坏。地球上四分之三的人焦躁不安着。

有人甚至想出一些最异想天开的办法来驱散堆积在空中的阴云。

7 日，天空好像稍微有了点变化。大家都在企盼着，但这种希望并未维持多久，厚厚的云层仍然遮满天空，挡住人们的视线。如此看来，情况变得严重了。确实，11日上午 9 点 11 分，月球将进入其下弦期。此后，它将倾斜，那么，就算天清气朗，观测的机会也变得极其渺茫了。事实上，这之后，月亮的月面显现得越来越小，最后变成新月时期，也就是说，它将与太阳同息同起，它将被太阳的光亮完全遮掩住。必须等到 1 月 3 日中午 44 分才能看到满月，重新开始观测。

报纸纷纷地刊载这些带有各种评述的情况，毫不掩饰地全都告诉公众，让大家做好心理准备，拿出天使般的耐心来。

8 日，仍无变化。

9 日，太阳又露出了一会儿小脸儿，像是在嘲讽美国人似的。大家冲着太阳骂骂咧咧，它大概是因这种对待而大伤自尊，便更不愿抛洒它的光芒了。

10 日，无变化。J. T. 马斯顿几乎要疯了，大家都替这位可敬之人担心着，生怕他脑子会出问题，而此前，他的那颗马来树胶制成的脑壳一直都在很好地保护着他的脑袋的。11 日，一场可怕的热带风暴刮了起来。猛烈的东风把聚集了很长时间的阴云吹散，到了晚间，被吞噬了一半的月面庄重地显现在清澈的星空之中。

第二十八章
一颗新星

当天夜里，让人焦急地企盼的那个激动人心的消息霹雳一声，响彻合众国每一个州，并从美国越过大洋，在全球各条电报线上传送着。多亏了朗斯峰的那架巨型望远镜，炮弹车厢被隐隐约约地看到了。

下面便是剑桥天文台台长所作的记录。它对枪炮俱乐部的这次伟大的尝试做出了科学的结论。

朗斯峰 12 月 12 日

致剑桥天文台的先生们：

12 月 12 日晚 8 点 47 分，贝尔法斯特先生和 J. T. 马斯顿先生在月亮进入下弦月时，观测到了哥伦比亚德炮从石岗发射的炮弹。

这颗炮弹并未到达目的地。它从月球近旁飞过，不过，几乎是擦肩而过的，但是它还是被月球的引力吸住了。

这时候，它的直线运动变成了一种令人头晕目眩的高速圆周运动，并被吸附在环绕月球的一个椭圆形轨道上，成了月球的一颗名副其实的卫星。

这颗新的星球的情况尚无法确定。我们既不了解它的移动速度也不知道它的自转速度。它与月球表面的距离估计有 2833 英里。

现在，可能会有两种假设出现，它们可能会改变现状。或者月球的引力将占上风，炮弹车厢上的旅行者们将到达目的地；

或者炮弹车厢被固定在一个一成不变的轨道上，围绕着月球运转，直到世界末日。

天文观测有一天将会得出结论的，但是，在这之前，枪炮俱乐部的尝试除了为太阳系增添了一颗新星而外，并无其他任何硕果。

J. M. 贝尔法斯特

这个意外的结局引出了多少的问题啊！未来留待科学研究的将会有多少的奥秘啊！由于那三位旅行者的勇气与忠诚，这次向月球发射炮弹的尝试表面上看来无甚价值，但却有着巨大的意义，影响是无法估量的。被关在一颗新卫星里的旅行者们，如果说未能到达目的地，但至少成为月球的一部分了。他们在围绕黑夜星球运转，而人类的眼睛第一次能够窥探到许许多多的秘密。尼科尔、巴比凯恩、米歇尔？阿尔当的名字将永远标榜在天文学大事记里，因为这几位英雄勇于拓展人类知识领域，不畏艰险地飞向太空，不怕牺牲生命去进行那现代最难以置信的试验。

不管怎么说，朗斯峰的报告一经公布于众，立即在全世界引起一片惊讶与恐惧。有没有可能帮这三位地球居民一把？想必是没有，因为他们已经越过上帝为地球生物划定的界线，跑到人类以外的地方去了。他们还有两个月的空气可供自己呼吸。他们尚有一年的余粮，可是，这之后呢？……一想到这里，即使最冷漠的人也会心跳不已的。只有一个人不愿承认情况已经到了绝望的程度。

只有一个人仍有信心，那就是他们的忠实朋友，同他们一样勇敢坚定的正直的 J. T. 马斯顿。

再说，他的眼睛仍一直在盯着他的朋友们。从今往后他的家就定在朗斯峰天文台了，他的视野就是那架巨型望远镜的反射镜。只要月亮一从地平线上升起，他就将它框在望远镜的视野里，目光一刻也不离开它，执着地紧紧盯着它穿过星空在运行。他矢志不渝地耐心地观测着炮弹车厢经过月面。这个可敬可爱的人真的在与他的三个朋友保持着永远的联系，他坚信总有一天会再见到他们的。

“我们会与他们联系上的，”一有机会，他逢人便说，“我们会有他们的消息的，而他们也将得到我们的消息！再说，我了解他们，他们是才智出众的人。就凭他们三个人，就能将艺术、科学和技术的精华带到太空。有了这种本领，一个人就能心想事成，而你们将看到，他们会摆脱困难，克难呈祥！”

【注释】

①儒勒·凡尔纳(Jules Verne，1828—1905)，法国著名科幻小说作家。凡尔纳出生于法国南特的一个法官家庭，从小喜欢旅行，酷爱幻想。1863年，凡尔纳发表第一部科幻小说《气球上的五星期》，此书出版后，立即成为一部畅销的小说。此后，凡尔纳的创作激情大增，一生创作60多部科幻小说，总题名为“在已知和未知的世界中漫游”。其中代表作有《地心游记》《格兰特船长的女儿》《海底两万里》《八十天环游地球》《从地球到月球》等。儒勒·凡尔纳是中国译介作品最多的科幻作家。

【作品提示】

《从地球到月球》出版于1865年，是最早介绍到中国的科幻作品之一。1903年，鲁迅为播下科学的火种，根据日文将此书翻译成中文，并称赞这部小说“经以科学，纬以人情”。这部小说以人类希望飞向太空、到外星球去的强烈冲动为心理基础，以幻想的形式，描绘人们实现这一梦想的伟大尝试。小说以大胆奇特又合乎逻辑的科学构想为主线，同时展开人与人之间矛盾冲突的描绘，引导人们对战争与和平、人类的未来发展等许多重大问题进行思考。

小说将登上月球的伟大实验安排在南北战争结束后的美国，在真实的时代背景和民族精神的基础上展开幻想，以主席巴比凯恩为代表的大炮俱乐部计划铸造一门奇特的大炮，可以向月球发射炮弹和人。这一提议得到全体美国人的赞同和支持，同时一群决心献身科学事业，造福于人类的科学家也积极参与其中，如法国天才的探险家米歇尔·阿当、自由洒脱的俱乐部秘书马斯顿等。尽管后来登月计划失败，这些先驱者留在太空无法返回地球，但他们无私无畏、不折不挠的英雄气概和严谨冷静、大胆细心的科学精神为我们树立了宇宙英雄的典范，激励着后人探索太空的热情和信心。小说以科学技术为依据，在探索炮弹上月球的过程中，对很多需要解决的科学技术问题进行深入细致的探讨，对火箭发射和人类登月提出了合乎科学逻辑的预测和推断，因此被看作“科学的预言书”，成为西方“硬科幻”的代表性作品。

思考练习

以这篇科幻小说为例，说说科幻文学创作中科学精神与人文精神的关系。

第七章　网络文学

网络文学是由互联网催生的一种文学现象。网络文学包括三层含义：一是网络文学并不是由人定义的，只是一种载体的革命。网络文学不仅是以网络为载体的文学，仅从载体的意义上看，网络媒体可以扩大文学的传播空间，但并不能给文学带来质的变化。譬如，现在几乎所有的文学名著，都有了电子版本，载体变了，文学还是原来的文学。二是网络文学也不是一个新兴的文学体裁，或新出现的文学门类。网络文学无论多么丰富多彩，都没有改变传统的文学分类，诗歌、小说、散文、戏剧四大文体的划分方法仍然适用于网络文学。三是网络文学同网络应用技术紧密相关，网络技术的发展不断丰富文学的创作手段和交流手段，运用这些新的手段创作和发表文学作品已成为一种普遍的社会现实，网络文学是一种因互联网而出现并依赖互联网而存在的文学现象。因此，我们所说的网络文学，指的是网络原创文学。

中国网络文学的发展已有二十多年历史。1998 年，痞子蔡在网上完成了一部长达三十四章的长篇小说《第一次亲密接触》，这是我国网络文学的开山之作。此后，网络文学迅速发展，一发不可收。到现在，除了众多的专门文学网站外，还有很多综合性网站都开辟了文学专栏，另有博客、个人主页、个人空间等，每天都有难以计数的网络文学作品问世。

网络的特点决定了网络文学的特性。一是网络手段的多样性，决定了网络文学样式的丰富性。网络文学在文字叙述之外，还有可能采用独特的网络语言，如使用一些网络上流行的特殊符号等，以及音乐、绘画等多重手法进行创作。二是网络的互动性，决定了网络文学的创作过程中读者的参与性。网络文学既可以是作者的一部完整作品，也可以分部分发表，由读者参与到创作过程中来，作者根据读者及时的意见反馈，进行下一部分的创作。还有甚者，由读者用接龙的方式完成作品创作。三是网络的开放性，决定了网络文学的自由性。网络文学的发表限制较少，因此创作上也顾忌不多，创作者可以较自由地挥洒才情，宣泄情感。正如网络作家邢育森所言："说实在的，在没有上网之前，我生命中很多东西都被压抑在社会角色和日常生活之中。是网络，是在网络上的交流，让我感受了自己本身一些很纯粹的东西，解脱释放了出来成为了我生命的主体。"四是网络的平民性，决定了网络文学的大众性。文学曾经被认为是严肃的事业，担负着教化大众的神圣责任，长期以来都是社会精英的作为。网络是平民的盛宴，网络文学更是大众的狂欢，无论谁都可以写作，只要轻点鼠标，作品就可以面世。五是网络的时效性，决定了网络文学的短暂性。网络改变了人们的时空观念，大大提高了时间效率，这影响到创作的心态和阅读的态度。网络文学虽然也产生了不少经过深思熟虑、精心构思的优秀作品，但大多数作品，作者往往抱着娱人娱己的单纯目的，凭一时的性情一蹴而就；读者也往往怀着审美消遣的简单意图进行快餐式消费，因而绝大多数的网络文学作品生命十分短暂，主要是供一次性消费的文学快餐。因此，网络文学又可分为三类。一是虽然发在了网络上，但质量过关，又以印刷方式发表的作品；二是虽然有一定文学质量，却因带有另类色彩而暂不被印刷媒介接纳的作品；三是完全依赖网络而存在的作品。

为你吹笛

鲁鸣

好吧，我为你吹笛
夜已寂静了
你可以全神贯注地倾听
你准备好一把锁吧
这是我交出的秘密

山里的空旷常让我幻想
幻想有一天我能飞翔
如风中之笛响遍天宇
如今我真的有了翅膀
笛声果然爬上了月光
此时，你在任何一个地方
都可以听到我袅袅的笛音
而我可以深居山外
为你吹笛到天明

我并不是一个最出色的笛手
而我本人更喜欢钢琴
只有它才是我最能忘己的秋地
可惜我不会弹琴
于是我用笛声来代表我的童心
让你能进入我的意境

我相信这是注定的安排
为此我感谢不尽
我用我无限的虔诚
一夜又一夜地为你吹笛
只希望这样的努力
造就我们一生的绵绵细雨

思考练习

结合本诗谈谈网络诗歌的特点。

百年之后——致妻

大解

百年之后　当我们退出生活
躲在匣子里　并排着　依偎着
像新婚一样躺在一起
是多么安宁

百年之后　我们的儿子和女儿
也都死了　我们的朋友和仇人
也平息了恩怨
干净的云彩下面走动着新人
一想到这些　我的心
就像春风一样温暖　轻松
一切都有了结果　我们不再担心
生活中的变故和伤害

聚散都已过去　缘分已定
百年之后我们就是灰尘
时间宽恕了我们　让我们安息
又一再地催促万物　重复我们的命运

思考练习

谈谈本诗的特点。

致友人

丁泓

远远近近
就像脚下的牧场和触不到的远山
画成了一幅真实的秋天

也许是在异乡
记忆尤其希望珍惜
心也才容纳了不同的天空

相逢是在一条狭长的小路
正如每一天的风
会从各个方向吹来季节的消息

就像柔轻的蒲公英
花瓣如音符一样轻轻地飘落
季节也许会开放出一个春天
也许会将记忆悄悄地藏起

思考练习

谈谈本诗的特点。

南方八月

安妮宝贝

到达另一个城市是黎明。潮湿温暖的夏天早晨。刚下过一场雨。

矿泉水和药片都在。买的那件棉织的开襟上衣，旧旧的玫瑰红，在火车卧铺上，把它整夜地盖在腿上，还能闻到棉的淡然清香。想着我还能为你流浪多久，为你美丽多久。

这个城市，是我宿命中飘忽的线索。空旷的街道，高大的法国梧桐。

似乎恍然。悄然无声。它负载太多的前世和今生。

好大的雨。在豆浆店里，看着玻璃门外暗淡陈旧的砖墙。

在这样的午后，是离你这样遥远的一个女孩。

我的南方八月。

午后突如其来的大雨。从街对面跑到百货公司的那一段路程，听到自己畅快的心跳。感觉像一只鸟，裙子湿湿地裹在身上。店里的冷气扑面而来的时候，冻得笑了。

二楼有个咖啡走廊，到处弥漫着咖啡浓郁的芳香。放着音乐。是一个男人温柔的声音，在那里低声地唱，谢谢你曾经爱过我。重复的。在试衣镜里看到自己眼睛。

送给你的戒指你很喜欢。戴在手指上直到它磨出戒痕。

收藏一个细细的银戒指。想等它很久的时候，再看看爱情是不是苍老得面目全非。

有时候，我想你只是在身边，看着我。安静的，平淡的。

也许我已经苍老。

火车在夜色中穿行辽阔空旷的田野。窗外偶尔有疾驶而过的火车，在交会时发出刺耳呼啸，好像闪电一样明亮。

沉寂的绿色山脉，小小村落的灯火，在拂晓的薄雾中隐约闪烁。

裹着毯子，把脸靠在玻璃上，凝望着田野无法言语。

深夜的时候，不断地惊醒。火车停靠过一个个站台。继续前行。

有时火车停在那里，看到对面的轨道上也有一列，缓缓地开动了。

一些人在生命里出现过，然后消失了。还有一些人，停留了很久，然后也消失了。

八月南方。阳光充沛，雨水清凉，空气中有茉莉和木槿的清香。

天蓝蓝的日子。我为你停留。

思考练习

安妮宝贝被评价为“梦醒的绝望的歌者”，她的作品充满孤独与颓废的情绪，被认为不适合学生阅读，你如何看待安妮宝贝的作品价值？

对不起

大冰

不管是欠别人，还是欠自己，你曾欠下过多少个“对不起”？

时间无情第一，它才不在乎你是否还是一个孩子，你只要稍一耽搁、稍一犹豫，它立马帮你决定故事的结局。

它会把你欠下的对不起，变成还不起。

又会把很多对不起，变成来不及。

(一)

先从一条狗说起。

狗是一条小松狮，蓝舌头大脑袋，没名字，命运悲苦。

它两三岁时，被一个玩自驾的游客带来滇西北。狗狗长得憨，路人爱它，抢着抱它，拿出各种乱七八糟的零食来胡喂乱喂。

女主人分不清是憨是傻，或者严重缺乏存在感，竟以自己家的狗不挑食为荣，继而各种嘚瑟，动不动就让它表演一个。

狗比狗主人含蓄多了，知道人比狗更缺乏存在感，它听话，再不乐意吃也假装咬起来嚼嚼。

女主人伸手摸摸它下颌，说：乖孩子，咽下去给他们看看。

它含着东西，盯着她眼睛看，愣愣地看上一会儿，然后埋下头努力地吞咽。

它用它的方式表达爱，吃来吃去到底吃出病来。

一开始是走路摇晃，接着是吐着舌头不停淌口水，胸前全部打湿了，沾着土灰泥巴，邋里邋遢一块毡。

后来实在走不动了，侧卧在路中间，被路人踩了腿也没力气叫。

那时，古城没什么宠物诊所，最近的诊所在大理，大丽高速没开通，开车需要四个小时。

狗主人迅速地做出了应对措施：走了。狗主人自己走了。

车比狗金贵，主人爱干净，它没机会重新坐回她的怀抱。

对很多赶时髦养狗的人来说，狗不是伙伴也不是宠物，不过是个玩具而已，玩坏了就他妈直接丢掉。

她喊它孩子，然后干净利索地把它给扔了。

没法儿骂她什么，现在虐婴不重判打胎不治罪买孩子不严惩，人命且被草菅，遑论狗命一条。

接着说狗。

小松狮到底是没死成。

狗是土命，沾土能活，它蜷在泥巴地里打哆嗦，几天后居然又爬了起来。命是保住了，但走路直踉跄，且落下了一个爱淌口水的毛病。

也不知道那是口水还是胃液，黏糊糊铺满胸口，顺着毛尖往下滴，隔着两三米远就能闻到一股子酸溜溜的味道。

以前不论它走到哪儿，人们都满脸疼爱地逗它，夸它乖、可爱、懂事，都抢着抱它，现在人们对它视若无睹。

墨分浓淡五色，人分上下九流，猫猫狗狗却只有高低两类分法：不是家猫就是野猫，不是宠物狗就是流浪狗。

它青天白日地立在路中间，却没人看得见它。不为别的，只因它是条比抹布还脏的流浪狗。

都是哺乳动物，人有的它都有。

人委屈了能哭，狗委屈了会呜呜叫，它不呜呜，只是闷着头贴着墙根发呆。

古城的狗大多爱晒太阳，三步一岗地横在大马路上吐着舌头伸懒腰，唯独它例外。阴冷阴冷的墙根，它一蹲就是一下午，不叫，也不理人，只是瞪着墙根，木木呆呆的。

它也有心，伤了心了。

再伤心也要吃饭，没人喂它了，小松狮学会了翻垃圾。

丽江地区的垃圾车每天下午三点出动，绕着古城转圈收垃圾，所到之处皆是震耳欲聋的纳西流行音乐。垃圾车莅临之前，各个商户把大大小小的垃圾袋堆满街角，它饿极了跑去叼上两口，却经常被猛踹一脚。

踹它的不止一个人，有时候像打哈欠会传染一样，只要一家把它从垃圾袋旁踹开，另一家就会没等它靠近也飞起一脚。

人有时候真的很奇怪，明明自己不要的东西，狗来讨点儿，不但不给，反而还要踹人家。

踹它的也未必是什么恶人，普普通通的小老百姓而已，之所以爱踹它，一来是反正它没靠山没主人，二来反正它又不叫唤又不咬人，三来它凭什么跑来吃我们家的垃圾?

反正踹了也白踹，踹了也没什么威胁，人们坦然收获着一种高级动物别样的存在感。

当然，此类高尚行径不仅仅发生在古城的人和狗之间。

微博上不是整天都有人在“踹狗”吗?踹得那叫一个义正词严。

以道德之名爆的粗就是踹出的脚，“狗”则是你我的同类，管你是什么学者、名人、巨星，管你是多大的V，多平凡的普通人，只要道德瑕疵被揪住，那就阶段性地由人变狗，任人踹。

众人是不关心自己的，他们只关心自己熟悉的事物，越是缺少德性的社会，人们越是愿意占领道德制高点，以享受头羊引领羊群般的虚假快感。敲着键盘的人想：

反正你现在是狗，反正大家都踹，反正我是正义的大多数，踹就踹了，你能拿我怎么着?是啊，虽然那些义正词严我自己也未必能做到，我骂你出轨找小三是浑蛋，呵呵，我又何尝不想脚踩两只船，但被发现了、曝光了的人是你不是我，那就我还是人，而你是狗，我不踹你我踹谁?

反正我在口头上占据道德高峰俯视你时，你又没办法还手。

反正我可以很安全地踹你，然后不费吹灰之力就能获得一份高贵的存在感。

你管我在现实生活中匮乏什么，反正我就中意这种便捷的快感：以道德之名，带着优越感踹你，然后安全地获得存在感。

于是，由人变狗的公众人物老老实实地戴上尖帽子弯下头，任凭众人在虚拟世界里踢来踹去，静待被时间洗白……

抱歉，话题扯远了，咱们还是接着说小松狮吧。

于是，原本就是狗的小松狮一边帮高级灵长类生物制造着快感，一边翻垃圾果腹。

如是数年。

几年中不知道挨了多少脚，吃了多少立方垃圾。它本是乱吃东西才差点儿丢掉半条命，如今无论吃什么垃圾都不眨眼，吃完了之后一路滴着黏液往回走。那个墙根就是它的窝。

（二）

没人会倒霉一辈子，就像没人会走运一辈子一样。狗也一样。

忽然有一天，它不用再吃垃圾了。有个送饭党从天而降，还是个姑娘。

姑娘长得蛮清秀，长发，细白的额头，一副无边眼镜永远卡在脸上。

她在巷子口开服装店，话不多，笑起来和和气气的。夜里的小火塘烛光摇曳，她坐在忽明忽暗的人群中是最普通不过的一个。

服装店的生意不错，但她很节俭，不肯去新城租公寓房，长租了一家客栈二楼的小房间，按季度付钱。住到第二个季度时，她才发现楼下窗边的墙根里住着条狗。

她跑下楼去端详它，说：哎呀，你怎么这么脏啊……饿不饿，请你吃块油饼吧！很久没有人专门蹲下来和它说话了。

它使劲把自己挤进墙角里，呼哧呼哧地喘气，不敢抬眼看她。

姑娘把手中的油饼掰开一块递过去……一掰就掰成了习惯，此后一天两顿饭，她吃什么就分它点儿什么，有时候她啃着苹果路过它，把咬了一口的苹果递给它，它也吃。

橘子它也吃，梨子它也吃。土豆它也吃，玉米它也吃。

自从姑娘开始喂它，小松狮就告别了垃圾桶，也几乎告别了踹过来的脚。

姑娘于它有恩，它却从没冲她摇过尾巴，也没舔过她的手，总是和她保持着适当的距离，只是每当她靠近时，它总忍不住呼哧呼哧地喘气。它喘得很凶，却不像是在害怕，也不像是在防御。

滇西北寒气最盛的时节不是隆冬，而是雨季，随便淋一淋冰雨，几个喷嚏一打就是一场重感冒。雨季的一天，她半夜想起它在淋雨，掀开窗子喊它：小狗，小狗……

没有回音。

雨点滴滴答答，窗子外面黑洞洞的，看不清也听不见。

姑娘打起手电筒，下楼，出门，紫色的雨伞慢慢撑开，放在地上，斜倚着墙角遮出一小片晴。

湿漉漉的狗在伞下蜷成一坨，睡着了的样子，并没有睁眼看她。

她用手遮住头往回跑，星星点点的雨水钻进头发，透心的冰凉。跑到门口一回头，不知什么时候它也跟了过来，悄悄跟在她身后，见她转身，立马蹲坐在雨水里，不远不近地保持着两米的距离。

她问：你想和我一起回家吗？

它不看她，一动不动，木木呆呆的一坨。她躲进屋檐下，冲它招手：来呀，过来吧。它却转身跑回那个墙角。

好吧，她心说，至少有把伞。

姑娘动过念头要养这只流浪狗，院子里有一株茂密的三角梅，她琢磨着把它的家安置在树荫下。客栈老板人不坏，却也没好到随意收养一条流浪狗的地步，婉言拒绝了她的请求，但默许她每天从厨房里端些饭去喂它。

她常年吃素，它却自此有荤有素。日子久了，感情慢慢深了一点儿。

喂食的方式也慢慢变化。一开始是隔着一米远丢在它面前，后来是夹在手指间递到它面前，再后来是放在手掌上，托到它面前。

一次喂食的间隙，她摸了摸它脑袋。

它震了一下，没抬头，继续吃东西，但边吃边呼哧呼哧地喘气，喘得浑身都颤抖了起来。

不论她怎么喂它，它都没冲她摇过尾巴，也没舔过她的手，它一直是木木呆呆的，不吵不闹，不咬不叫。

她只听它叫过两次。

第一次，是冲一对过路的夫妻。

它一边叫一边冲了过去，没等它冲到跟前，男人已挡在自己的爱人前面，一脚飞了出去。

它被踹了一个跟头，翻身爬起来，委屈地叫了一声，继续冲上去。姑娘惊着了，它居然在摇尾巴。

没等她出声，那个女人先喊了出来。

那个女人使劲晃着男人的胳膊，兴奋地喊：这不是我以前那条狗吗？哎哟，它没死。

男人皱着眉头，说：怎么变得这么脏……

话音没落，它好像能听懂人话似的，开始大叫起来，一声接一声，一声比一声拖得长，一声比一声委屈。

它绕着他们跳圈子，叫得和哭一样难听。

那对男女忽然尴尬了起来，转身快步走开，姑娘走上前拦住他们，客气地问为什么不领走它，是因为嫌它脏吗？

她说：我帮你们把它清洗干净好不好？把它领走吧，不要把它再丢在这里了好不好？

狗主人摆出一脸的抱歉，说：想领也领不了哦。我怀孕了，它现在是条流浪狗了，谁晓得有啥子病，总不能让它传染我吧。

姑娘想骂人，手臂抬了起来，又放下了……她忽然忆起了些什么，脸迅速变白了，一时语塞，眼睁睁地看着那对夫妻快步离开。

狗没有去追，它木木呆呆地立在路中央，不再叫了。它好像完全能听懂人们的对话一样。

那个女人或许还是有那么一点点儿愧疚的吧，晚饭后，他们从饭店里拿来一个小瓷盆放在它旁边，里面有半份松菇炖鸡，是他们刚刚吃剩下的……女人叹息着说：好歹有个吃饭的碗了，好可怜的小乖乖。

做完这一切后，女人无债一身轻地走了，他们觉得自己送了它一只碗，很是对得起它了。

一直到走，女人都和它保持着距离。一直到走，她也没伸出手摸摸她的小乖乖。她喊它乖孩子，然后玩坏了它，然后扔了它。

然后又扔了一次。

事后的第二天，姑娘小心翼翼地把食物放进瓷盆，它走过去埋下头，慢慢地吃慢慢地嚼。

姑娘蹲在它面前看它，看了半天没看出它有什么异常，却把自己给看难过了。

（三）

姑娘第二次听它叫，也是最后一次听它叫。

她喂了它整整一年，小松狮依旧是不摇尾巴不舔她手，也不肯直视她，但一人一狗多了些奇怪的默契。

不知从什么时候开始，每天当她中午醒来后推开窗时，都能看到它面朝着她的方向仰着头。

一天两天三天，晴天雨天，天天如此。

她微微奇怪，于是，那天醒来后躲在窗帘后偷看……它居然焦急地在原地兜圈子，一副焦躁不安的模样。

她心头一酸，猛地推开窗子，冲它招手：小狗，小狗，不要担心，我还在呢！它吓得几乎跳了起来，想迅速切换回木木呆呆的表情，但明显来不及掩饰。隔着冬日午后明黄色的耀眼光芒，他们望着对方，一人一狗，一个在楼下一个在楼上。

……

然后，她听到了它痛苦的一声尖叫。

一群人围住了它。第一棍子打在腰上，第二棍子打在鼻子上。

阳光灿烂，棍子敲在皮毛上，激起一小片浮尘，它使劲把头往下埋，痛得抽搐成一团球。掌棍的人熟稔地戳歪它的脖子，又是一棍，打在耳后，再一棍，还是耳后。她一边尖叫一边往楼下冲，客栈的小木楼梯太窄，挂画被撞落，裸露的钉子头划伤了手臂，红了半个手掌。

她一掌推过去，殷红的掌印清清楚楚印在那个穿制服的人脸上。一下子冒出来一堆穿制服的人，她被反拧着胳膊摁在墙上。

他们怒斥她：为什么打人！

她声嘶力竭地喊：为什么打我的狗！

七八个手指头点到她的鼻子前：你的狗？你的狗你怎么不领回家去？

她一下子被噎住了，一口气憋在胸口，半辈子的难过止不住地涌了出来。第一声恸哭就哑了嗓子。

扭住她的人有些发懵，松开胳膊任她坐倒在地上，他们说：你哭什么哭，我们又没打你。

路人过来劝解：好了好了，大家抬头不见低头见的，别为了条破狗伤了和气。她薅住那人的袖口喊：……救救它救救它。

路人叹了一口气，小心地打商量：唉，各位兄弟，这狗它又没咬过人，留它一口气又何妨。

手指头立马也点到他鼻子前：回头咬了人，你负责吗？

路人挂不住面子，一把攥住那根手指头，局面一下子僵了。她哀求道：不要杀它，我负责！我养它！

有人说：你早干嘛去了，现在才说，存心找事是吧？警告你哦，别妨碍公务！她哑着嗓子骂：流浪狗就一定该死吗?！你还是不是人！

挨骂的人起了真火，棍子夹着风声抡下去，砸在小松狮脊梁上，一声断成两截。她“啊”的一声大喊，整颗心都被捏碎了。

没人看她，所有人都在看着它。

它好像对这一击完全没反应，好像一点儿都不痛。

它开始爬，一蹿一蹿的，使劲使劲地爬，腰以下已不能动，只是靠两只前爪使劲抠着青石板往前爬。

爬过一双双皮鞋，一条条腿，爬得满不在乎。她哭、它爬，四下里一下子静了。

她跪在地上，伸出的双臂揽了一个空，它背对着她爬回了那个阴冷的墙根，它背朝着这个世界，使劲把自己贴挤在墙根夹角里。

忽然一个喷嚏打了出来，血沫子喷在墙上又溅回身上，溅在白色的小瓷盆上，星星点点。

它长长地吐出一口气，然后一动不动了。好像睡着了一样。

她哭着喊：对不起，对不起，对不起……

它贴在地面上的脑袋猛地抬了一下，好像意识到了些什么，脖子开始拼命地使劲，努力地想回头看她一眼，腿使劲尾巴使劲全身都在使劲……终究没能回过头来。

震耳欲聋的垃圾车开过来了，嬉闹的游人，亮晃晃的日头。白瓷盆里空空的，今天她还没来得及喂它吃东西。

(四)

2012年年末的某天夜里，有个披头散发的姑娘坐在我的酒吧。她说：大冰哥，我明天走了，一早的车，不再回来了。我问她为何走得那么着急。

她说：去见一个人，晚了怕来不及了。

小屋的招牌青梅酒叫“相望于江湖”，我斟一碗为她饯行，她低眉含下一口，一抬头，呛出了眼泪。

我说：那个人很需要你，是吧？

她点点头，嘿嘿地笑，边笑边饮酒，边笑边擦眼泪。她说：是我需要他。

她说：我需要去向他说声对不起。

她喝干了那碗“相望于江湖”，给我讲了一个还未结局的故事。她讲故事的那天，是那只流浪狗被打死的当天。

(五)

她是普通人家的孩子，大学上的是二本，在自己家乡的小城市里走读。

她没什么特殊的爱好，也没什么同学之外的朋友，按部就班地吃饭、逛街、念书，按部就班地在小城市长大。唯一和别人不同的是，她家里只有父亲和哥哥。

她是旁人眼里的路人甲，却是自己家中的公主，父亲和哥哥疼她，疼的方式各不相同。

父亲每天骑电动车接她放学，按时按点，雷打不动。

有时路过菜市场，停下车给她买一块炸鸡排，她坐在电动车后座上啃得津津有味。她说：爸爸你吃不吃？

父亲回头瞥一眼，说：你啃得那么干净，我吃什么吃呀？

哥哥和其他人的哥哥不一样，很高、很帅气、很迁就她。她说：哥哥哥哥，你这个新发型好难看，我不喜欢看。哥哥说：换！

她说：哥哥哥哥，你的这个新女朋友我不喜欢，将来变成嫂子的话一定会凶我的。

哥哥说：换！马上换！

哥哥不是嘴上说说，是真的换，她的话就是圣旨，从小就是这样，并不觉得自己受委屈，只是怕委屈了妹妹。母亲离去时，妹妹还不记事，他心疼她，决心罩她一辈子。

他是个成绩不错的大学生，有奖学金，经常抢过电脑来翻她的淘宝购物车，一样一样地复制下地址，然后登录自己的账户，替她付款。

他临近毕业，家里没什么关系替他谋一份前途无量的工作，他也不甘心在小城市窝一辈子，于是顺应潮流成了考研大军中的一员。

有一天，他从台灯下抬起头，冲着客厅里的她说：等我考上研究生了……将来找份挣大钱的好工作，然后带你和爸爸去旅行，咱们去希腊的圣托里尼岛，碧海蓝天白房子，漂亮死了。

她从沙发上跳下来，跑过去找哥哥拉勾。她嘴里含着巧克力豆，心里也是。

浸在这样的爱里，她并不着急谈恋爱。

这个时代流行明艳，不青睐清秀，旁人眼里的她太普通了，主动追她的人不多，三拖两拖，拖到大学毕业还留着初吻，她却并不怎么在乎。她还不想那么快就长大。

若日子一直这样平平静静地流淌下去该多好。

命运善嫉，总吝啬赋予世人恒久的平静，总猝不及防地把人一下子塞进过山车，任你怎么恐惧挣扎也不肯轻易停下来，非要把圆满的颠簸成支离破碎的，再命你耗尽半生去拼补。

乌云盖顶时，她刚刚大学毕业。父亲用尽一切关系，帮她找到一份还算体面的文职工作。

哥哥却忽然崩溃了，重度抑郁症。

事情是从哥哥的一次高中同学聚会后开始变糟的。

他那时连续考了三年研究生，没考上，正在拼死备考第四次。挨不住同学的再三邀约，勉强答应去坐坐。

一切都来得毫无征兆。

哥哥赴宴前，她嚷着让他打包点儿好吃的东西带回来，哥哥一边穿鞋一边抬头看了她一眼，神情古怪地笑了一笑。

他系鞋带，埋着头轻声说：小妹，今天是别人请客，不是我埋单……

她开玩笑说：不管不管！偏要吃！反正你那些同学不是白领就是富二代，不吃白不吃！

父亲走了过来，递给哥哥50元钱让他打车去赴宴。哥哥没有接，他说：爸爸，我骑你的电动车去就好。

谁也不知道那天的聚会上发生了些什么。

半夜时，哥哥空手回到家，没给她打包饭盒。他如往常一样，安安静静走进自己的小房间。

第二天她推开哥哥的房门，满地的雪白。

满坑满谷的碎纸片，教材、书以及她和哥哥一张一张贴在墙上的圣托里尼的照片。他盘腿坐在纸片堆里，一嘴燎泡，满眼血丝。

她吓坏了，傻在门口，不敢去抱住他，手指抠在门框上，新做的指甲脆响一声，断成两片。

哥哥不说话，眼睛也不看人。从那一天起，再也没正视过她的眼睛。

从小，他就被教育要努力、要上进，被告知只有出人头地有名有利才叫有前途，被告知机会均等、天道酬勤……却没人告诉他，压根儿就不存在平等的起跑线。也没人告诉他，不论行伍还是读书，这个世界对于他这种普通人家的子弟而言，晋升的途径有多狭窄，机遇有多稀缺。

学校教育教了他很多，却从没教会他面对那些不公平的资源配置时，该如何去调整心态。

学校只教他一种办法：好好读书。

他接触社会浅，接受的社会教育本就少得可怜，没人教他如何去消解那些巨大的烦恼执着。

他们不在乎你是否会心理崩塌，只教育你两点：1. 你还不够努力；2. 你干嘛不认命。

成千上万普通人家的孩子没资本、没机遇、拼不了爹、出不了国，他们早已认了命，千军万马地去挤考研的独木桥。

努力了，考不上，怎么办？

随便找个工作再认命一次吗？一辈子就这么一次接一次地认命吗？

你教我们努力奋斗去成功，为何对成功的定义却是如此之窄？

为什么不教教我们如果达不到你们所谓的成功标准的话，接下来该怎么活？只能认命吗？

哥哥不服，不解，不想认命。

他被逼疯了，却被说成是因为自身心理素质不好。所有人都是公众价值观的帮凶。

没有人承认主谋是那套有着标准答案的价值观，以及那些冠冕堂皇的公平。就像没人了解那场同学聚会上到底发生了些什么。

（六）

祸不单行，父亲也病了。

哥哥出事后，父亲变得和哥哥一样沉默，天天闷着头进进出出，在家和医院之间来回奔波，中年男人的伤心难有出口，只能窝在心里，任它郁结成恙。人过中年，要病就是大病。医生不说，爸爸不讲，她猜也猜得出是绝症。好好的一个家就这么完了。

她自此出门不敢关灯，害怕晚上回来推开门时那一刹那的清冷漆黑。她开始早出晚归，只因受不了邻居们悲悯的劝慰，很多时候，那份悲悯里更多的是一种带着俯视的庆幸。

没人给她买鸡排，也没人给她在淘宝上付款了，她必须每天拎着保温盒，掐着工余的那点儿时间在两个医院间来回奔跑，骑的是父亲的那辆电动车。头发慢慢枯黄，人也迅速憔悴了下来。眉头锁久了，细白的额头上渐渐有了一个淡淡的“川”字，没人再说她清秀。

哥哥的情况越来越糟糕，认知功能不断地下降，自残的倾向越来越明显。一个阶段的电抽搐治疗后，医生并未给出乐观的答复，反而说哥哥已经有了精神分裂的征兆。一天，在照顾哥哥时，他忽然精神失控，把热粥泼了半床，她推了他一把，他反推回来，手掌捺在她脸上，致使她后脑勺磕在门角上，鼓起杏子大小的包。

从小到大，这是他第一次推她。

她捂着脑袋跑到街上。街边花园里有小情侣在打啵儿，她路过他们，不敢羡慕，不敢回头，眼前是大太阳底下自己孤零零的影子。

她未曾谈过恋爱，不知道上哪儿才能找到个肩膀靠一靠。

她给父亲打电话，怯怯地问：爸爸，你到底什么时候才能好起来……父亲在电话那头久久地沉默。

她哭着问：爸爸，你到底什么时候才能好起来？

事情好像永远不会再好起来了。化疗失败，父亲一天比一天羸弱，再也下不了病床。饭盒里的饭菜一天比一天剩得多，末了不需要她再送饭了，用的鼻饲管。她一天比一天心慌，枕巾经常从半夜湿到天亮，每天清晨都用被子蒙住脑袋，不敢看窗外的天光，心里默念着：再晚一分钟起床吧……再晚一分钟起床吧……

成住坏空，生死之事该来的该走的挡也挡不住留也留不住。

回光返照之际，父亲喊她到床头，嗫嚅半晌，对她说：……你哥哥，就随他去吧，不要让他拖累了你。

她低下头，不知道该如何接话。

父亲盯着她，半晌无语。终于，他轻轻叹了口气，轻声说：是哦，你是个女孩子……

又是久久的沉默，普普通通的一个父亲在沉默中离去。

她去看哥哥，坐在他旁边的床上。

哥哥头发长了，手腕上有道新疤，他依旧是不看她的眼睛，不看任何人的眼睛，他是醒着的，又好像进入了一场深沉的梦魇。

衣服和床单都是带条纹的，窗棂也是一条一条的，满屋子的来苏水味仿佛也是。她说：爸爸没了……

沉沉的眼泪噼里啪啦往下掉，她浑身轻得找不到重心，却不敢靠向他的肩头。她说：你什么时候才能好起来……

从医院出来，她发现自己没有喊他“哥哥”。

不知为什么，她害怕再见到他，之后几次走到医院的栅栏门前，几次拐出一个直角。父亲辞世后的三年里，她只去看过他四次。

命运的过山车慢慢减速，日子慢慢回归平静。只剩她一个人了。

她一个人吃饭、上班、逛街、跳槽，交了几个闺蜜，都是新单位的同事，没人知道她还有个哥哥。热心人给她介绍对象，相亲时，她几次把话咽回肚里，不想告诉人家自己有个精神病哥哥。

……

时光洗白了一点儿心头的往昔，带来了几道眼角的细纹。

她积攒了一点儿钱，爱上了旅行，去过一些城市和乡村，兜兜转转来到这座滇西北的古城。

这里是另一方江湖，没人关心你的出身背景、阶级属性、财富多寡和名望高低，也没人在乎你过去的故事。反正孤身一人，在哪里都是过，于是她决定不走了，留在了这个不问过去的小城，开了一家小店，认认真真地做生意，平平淡淡地过日子。

偶尔，她想起在电动车后座上吃鸡排的日子，想起拉过勾的圣托里尼，想起医院里的来苏水味。

她想起父亲临终时说的话：是哦，你是个女孩子……她自己对自己说：是哦，我是个女孩子……

慢慢地，哥哥变成了一个符号，不深不浅地印在往昔的日子里。越来越远，越来越淡。

然后她遇到了一只流浪狗。

直到她遇到了这只流浪狗。

(七)

2012年年末的一个午后，我路过古城五一街王家庄巷，他们打狗时，我在场。我认识那只狗，也熟识旁边恸哭的姑娘。

那个姑娘攥住我的袖子哀求：大冰哥，救救它，救救它。我为了自己的面子攥住了一根手指，而未能攥停那根棍子。

我看到棍子在它身上砸断，它不停地爬，爬回那个墙角。我听到那个姑娘边哭边喊：对不起，对不起，对不起……

我帮她把那只流浪狗掩埋在文明村的菜地，带她回到我的酒吧，陪她坐到天亮。那天晚上，她在大冰的小屋里，喝了一整壶“相望于江湖”，讲了一个未结局的故事。

故事里有父亲，有哥哥，有一个终于长大了的女孩子和一只流浪狗。她告诉我说：我要去见一个人，晚了怕来不及。

她说：我需要去对他说声对不起。

天亮了，我帮她拖着行李，去客运站买票，目送她上车离去。

我没再遇见过她。

她留下的这个故事，我一直在等待结局。

时隔一年半。

2014年春末，我看到了一条微博。

微博图片上，一个清秀的姑娘站在一片白色的世界里，她左手搂着一幅黑框照片，右手挽着一个男子的胳膊。

这是一家人的合影：妹妹、哥哥、天上的父亲。结束了，结束了，难过的日子都远去吧。

大家依偎在一起，每个人都是微笑着的，好起来了，都好起来了。

……

抱歉，故事的结局不是这样的。

2014年4月19日，江南小雨，我点开了一条没有文字只有图片的微博。

图片上她平静地注视着镜头，左手搂着一幅黑框相片，右手是另一幅黑框相片。碧海蓝天白房子，微博发自圣托里尼。

不管是欠别人，还是欠自己，你曾欠下过多少个“对不起”？

时间无情第一，它才不在乎你是否还是一个孩子，你只要稍一耽搁、稍一犹豫，它立马帮你决定故事的结局。

它会把你欠下的对不起，变成还不起。

又会把很多对不起，变成来不及。

我不确定她最后是否跑赢了时间，那句“对不起”，是否来得及。

思考练习

结合本文谈谈网络文学发展变化呈现出的特点。

第一次的亲密接触(节选)

蔡智恒

1. Plan

如果我有一千万，我就能买一栋房子，
我有一千万吗？没有。
所以我仍然没有房子。

如果我有翅膀，我就能飞。
我有翅膀吗？没有。
所以我也没办法飞。
如果把整个太平洋的水倒出，也浇不熄我对你爱情的火焰。
整个太平洋的水全部倒得出吗？不行。
所以我并不爱你。

2. 轻舞飞扬

我轻轻的舞着，在拥挤的人群之中，
你投射过来异样的眼神。
诧异也好，欣赏也罢，
并不曾使我的舞步凌乱。
因为令我飞扬的，不是你注视的目光，
而是我年轻的心。

3. 网络邂逅

其实网络上的邂逅，的确是很浪漫。
因为浪漫通常带点不真实，而网络并不真实。
所以由此观之，网络上的邂逅是具备浪漫的条件。

4. 见面

虽然已经决定要见面，
但我们很有默契地不讨论细节。
更有默契的是，
我们都会在深夜三点一刻上网。
然后聊到天亮。

5. 咖啡哲学

我的鞋袜颜色很深，像是重度烘焙的炭烧咖啡……
焦、苦不带酸……
小喇叭裤颜色更浅，像是风味独特的摩卡咖啡……
酸味较强……
毛线衣的颜色更浅，像是柔顺细腻的蓝山咖啡……
香醇精致……
而我背包的颜色内深外浅，
并点缀着装饰品，
则像是Cappuccino咖啡……
外表浮上新鲜牛奶，并撒上迷人的肉桂粉……
既甘醇甜美又浓郁强烈……

6. 距离

在网络上，
你根本无法看到对方的表情，听到对方的语气，所以只好将喜怒哀乐用简单的符号表示。
但如果喜怒哀乐真能用符号表示的话，
就不会叫作喜怒哀乐了。
因此对陌生的两个而言，
网络有时只能缩短认识的时间而已，
未必能拉近彼此的距离。

7. 泰坦尼克号

我不是个浪漫的人，
所以不被浪漫的情节所感动是可以理解的事。
除了 Jack 在沉入海底前跟 Rose 所说的对白：
"Rose，listen to me… Listen…
Winning that ticket was the best thing
that ever happened to me…
It brought me to you… And I'm thankful，
Rose… I'm thankful…"

8. 消失

你收到这封 E-mail 的同时，
我应该正在远航往台北的班机上……
你能感受到我在一万呎的高空中对你微笑吗？……）
也许今天的飞机无法爬升到一万呎，
因为我的心情很沉重……

9. 思念

原来我并非不思念她，
只是忘了那股思念所带来的激动而已。
就像我不是不呼吸，
只是忘了自己一直在呼吸而已。
呼吸可以暂时屏息，但却无法不继续。
所以，我决定去找小雯碰碰运气。

10. 最后的信

如果我还有一天寿命，那天我要做你女友。
我还有一天的命吗？没有。
所以，很可惜。我今生仍然不是你女友。

如果我有翅膀，我要从天堂飞下来看你。
我有翅膀吗？没有。
所以，很遗憾。我从此无法再看到你。

如果把整个浴缸的水倒出，也浇不熄我对你爱情的火焰。

整个浴缸的水全部倒得出吗？可以。

所以，是的。我爱你。

思考练习

这是我国网络文学的开山之作，谈谈它的文学史意义。

下编　应用文体写作

第八章　党政机关公文写作

一、党政机关公文概述

(一)党政机关公文的含义

2012 年 4 月，中共中央办公厅、国务院办公厅联合印发的《党政机关公文处理工作条例》(中办发〔2012〕14 号)指出：党政机关公文是党政机关实施领导、履行职能、处理公务的具有特定效力和规范体式的文书，是传达贯彻党和国家的方针政策，公布法规和规章，指导、布置和商洽工作，请示和答复问题，报告、通报和交流情况等的重要工具。

这一概念包含以下几层含义。

一是党政机关公文制发的主体是各级党政机关，它们依据法律或有关规定成立。其他依法成立的企事业单位、社会团体，也是公文的法定作者，但是作为个人不允许假冒机关的名义制发公文。特殊情况下，以机关领导者名义发布的公文，并不代表领导者个人，而是代表了法定机关，其制发的公文体现的也是法定机关的职权和意图。

二是党政机关公文制发目的是“实施领导、履行职能、处理公务”。这一方面强调了公文制发必须符合党政机关职权范围；另一方面说明公文的产生离不开“公务活动”，要把公文同现代传媒刊发的一般文章以及个人抒发主观感受和纯属私人交往的文书区别开来。

三是党政机关公文“具有特定效力”。公文一经发布，在它的有效范围内，有关部门和人员必须遵守执行，如果不按要求贯彻执行，就要追究有关人员的责任。

四是党政机关公文“具有规范体式”。公文的规范体式是指公文的内在结构和外在形式有特定的要求和规定。这种“规范体式”是在党政机关长期的工作实践过程中形成的。

由于党政机关公文是由中共中央办公厅、国务院办公厅以“条例”的形式发布，具有法定效力，因而我们通常也将其称为“法定公文”。

(二)党政机关公文文种

《党政机关公文处理工作条例》规定的公文种类共有 15 类，分别是：

1. 决议。适用于会议讨论通过的重大决策事项。

2. 决定。适用于对重要事项做出决策和部署、奖惩有关单位和人员、变更或者撤销下级机关不适当的决定事项。

3. 命令(令)。适用于公布行政法规和规章、宣布施行重大强制性措施、批准授予和晋升衔级、嘉奖有关单位和人员。

4. 公报。适用于公布重要决定或者重大事项。

5. 公告。适用于向国内外宣布重要事项或者法定事项。

6. 通告。适用于在一定范围内公布应当遵守或者周知的事项。

7. 意见。适用于对重要问题提出见解和处理办法。

8. 通知。适用于发布、传达要求下级机关执行和有关单位周知或者执行的事项，批转、转发公文。

9. 通报。适用于表彰先进、批评错误、传达重要精神和告知重要情况。

10. 报告。适用于向上级机关汇报工作、反映情况，回复上级机关的询问。

11. 请示。适用于向上级机关请求指示、批准。

12. 批复。适用于答复下级机关请示事项。

13. 议案。适用于各级人民政府按照法律程序向同级人民代表大会或者人民代表大会常务委员会提请审议事项。

14. 函。适用于不相隶属机关之间商洽工作、询问和答复问题、请求批准和答复审批事项。

15. 纪要。适用于记载会议主要情况和议定事项。

(三)党政机关公文的分类

将党政机关国家公文按一定的标准和实际需要分类，有利于我们正确认识和选择文种，有利于提高公文的撰拟质量和处理效率。

1. 按照行文关系和行文方向，公文可分为上行文、平行文和下行文。

上行文指下级机关向上级机关报送的公文，如报告、请示等。

平行文指平行机关或不相隶属的机关之间往来的公文，如议案、函、通知、通告等。

下行文指上级机关向所属下级机关发送的公文，如命令(令)、决定、公告、通告、通报、批复、纪要等。

公文行文方向是由行文关系决定的，而行文关系则是机关之间组织关系在公文运转中的体现。上行文体现下级机关请求上级机关的指示，接受上级机关的领导与指导；下行文体现上级机关对下级机关实施管理和指导的职能；平行文则体现机关之间的平等商洽、支持和协助。因此，按行文关系分类，在选用文种和处理公文上至关重要。

2. 按性质和作用，公文可以分为指挥性公文、公布性公文、报请性公文、知照性公文、记录性公文。

指挥性公文：是上级机关制发的，就有关事项或有关工作，对下级机关进行组织、指挥、协调和管理的公文，主要有命令(令)、决定、通知、批复等。

公布性公文：将有关事项与要求，通过新闻媒体或张贴等形式发布的公文，主要有公告、通告、公报等。

报请性公文：是下级机关用来向上级机关汇报工作、反映情况、提出意见或建议、请求批示或帮助的公文，主要有报告、请示、上行的意见等。

知照性公文：向有关方面告知情况、关照事项的公文，主要有决定、公告、通告、通知等。

记录性公文：用于记载公务活动，归纳会议精神、议定事项等情况的公文，主要有纪要。

3. 按照时限要求，公文可分为特急、加急和常规公文。

特急公文：指事关重大而又十分紧急，要求以最快速度形成、运转、处理，绝不允许有丝毫懈怠与拖延的公文。

加急公文：事涉重要事项，需快速形成、运转、处理，但相对于特急公文而言，时限又稍可容缓的公文。

常规公文：按正常速度形成、运转和处理的公文。

4. 按照是否涉密，公文可以分为涉密公文和普通公文。

涉密公文：内容涉及国家机密，需要控制传播范围、对象的公文。根据《党政机关公文处理工作条例》第九条规定，涉密公文应当根据涉密程度分别标注“绝密”“机密”“秘密”和保密期限。

普通公文：相对于涉密公文而言，也叫非涉密公文。普通公文的内容虽不涉及秘密，但传阅时也应履行相关手续，注意传阅的范围和时间。

(四)党政机关公文的格式

党政机关公文的格式主要是指构成公文的各要素，及其标注的方式方法。正确掌握公文的格式，有助于提高公文的撰写质量和公文处理的效率。中共中央办公厅、国务院办公厅印发的《党政机关公文处理工作条例》，国家标准化管理委员会颁布的《党政机关公文格式》(GB/T9704—2012)分别对公文的组成要素和标注方式方法做出了明确规定。

1. 公文纸张及排版印制

(1)公文用纸一般使用纸张定量为 $60g/m^2$—$80g/m^2$ 的胶版印刷纸或复印纸，纸张白度 80%—90%，采用国际标准 A4 型用纸(210mm×297mm)。

(2)公文双面印刷。一般每面排 22 行，每行排 28 个字，从左至右横写横排，特定情况可以做适当调整。公文格式各要素一般用 3 号仿宋体字。

(3)排版时版面尺寸标准：

幅面：210mm×297mm　　　　版心：156mm×225mm

上白边(天头)：37mm±1mm

左白边：28mm±1mm

(4)公文应当左侧装订，不掉页，两页页码之间误差不超过 4mm。骑马订或平订的订位为两钉外订眼距版面上下边缘各 70mm 处，允许误差±4mm；骑马订钉锯均订在折缝线上，平订钉锯与书脊间的距离为 3mm—5mm。

2. 公文格式要素编排规则

国家标准将版心内的公文格式各要素划分为版头、主体、版记三部分。公文首页红色分隔线以上的部分称为版头；公文首页红色分隔线(不含)以下、公文末页首条分隔线(不含)以上的部分称为主体；公文末页首条分隔线以下、末条分隔线以上的部分称为版记。

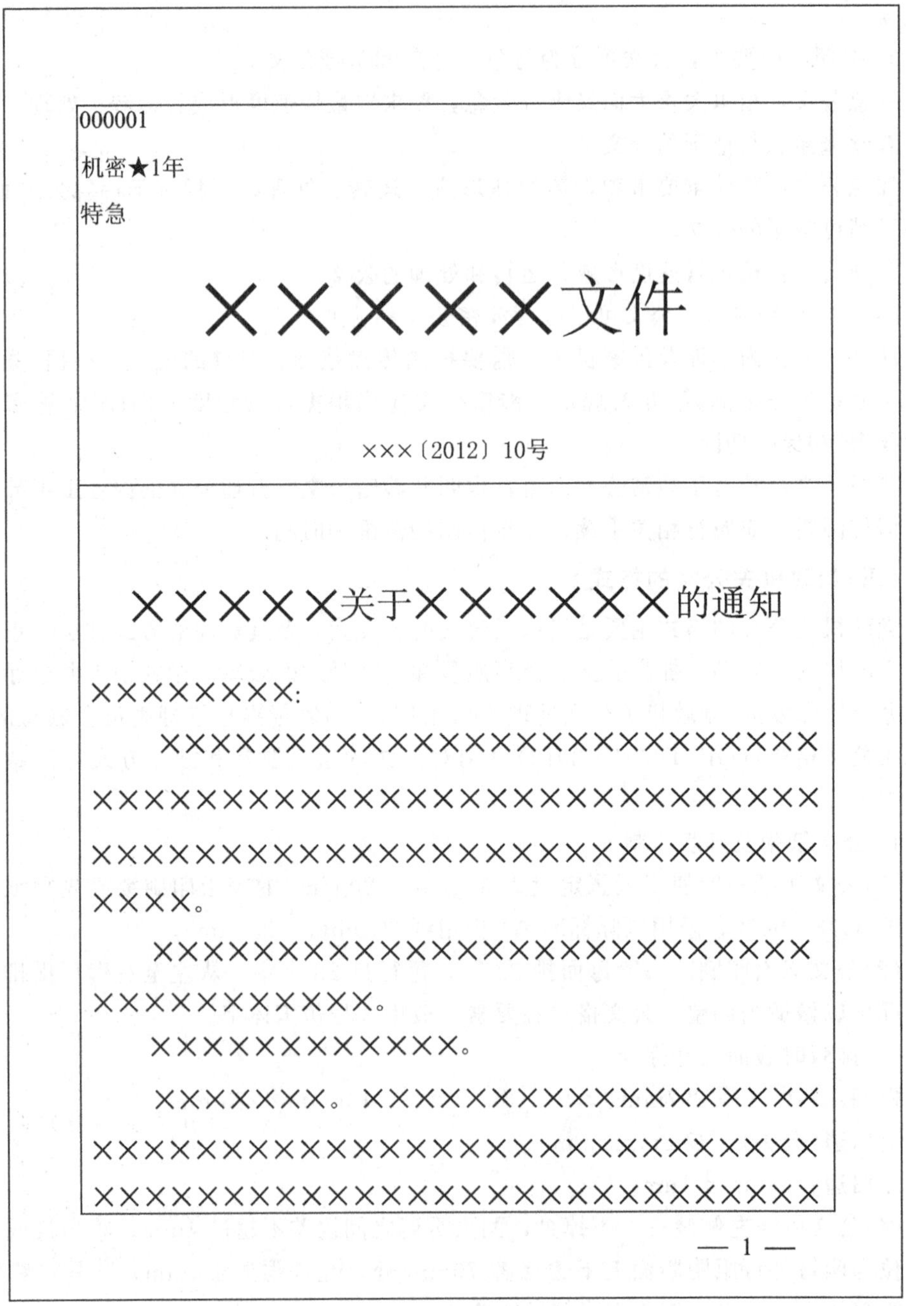
000001

机密★1年

特急

×××××文件

×××〔2012〕10号

×××××关于××××××的通知

×××××××××:

××××××××××××××××××××××××××

××××××××××××××××××××××××××××

××××××××××××××××××××××××××××

××××。

×××××××××××××××××××××××××××

××××××××××××。

××××××××××××。

×××××××。××××××××××××××××××

××××××××××××××××××××××××××××

××××××××××××××××××××××××××××

— 1 —

××××××××××××××××。

　　××××××××××××××××××××××××××

××××××××××××××××××××××××××××

××××××××××××。

中华人民共和国
××部
2014年7月1日

（×××××）

抄送：×××××××××，×××××××，××××××，××××××，
××××××。

×××××××××××　2012年7月1日印发

— 2 —

版头部分由份号、密级和保密期限、紧急程度、发文机关标志、发文字号、签发人、版头中的分隔线等要素组成。主体部分由标题、主送机关、正文、附件说明、发文机关署名、成文日期、印章、附注、附件等要素组成。版记由版记中的分隔线、抄送机关、印发机关、印发日期等要素组成。页码位于版心外。

下面我们按顺序对各要素做一简单介绍。

(1)份号

份号是公文印制份数的顺序号，即将同一文稿印刷若干份时每份公文的顺序编

号。涉密公文应当标注份号。份号顶格编排在版心左上角第一行，一般用6位3号阿拉伯数字。

标注份号有利于加强公文的管理和利用，便于掌握公文的去向，有利于公文的分发、清退、查对、借阅、统计和销毁。并不是所有公文都需要编制份号，涉密公文一定要标注份号。如果发文机关认为有必要，也可对不涉密的公文标注份号。

(2)密级和保密期限

涉密公文应当根据涉密程度分别标注“绝密”“机密”“秘密”和保密期限。保密期限是对公文秘密等级时效规定的说明。按照《国家秘密保密期限规定》：凡未标注保密期限的国家秘密事项，其保密期限按照绝密级事项30年、机密级事项20年、秘密级事项10年认定。

标注密级和保密期限，一般用3号黑体字，顶格编排在版心左上角第二行；保密期限中的数字用阿拉伯数字标注。

(3)紧急程度

紧急程度是公文送达和办理的时限要求。根据紧急程度，紧急公文应当分别标注“特急”“加急”，电报应当分别标注“特提”“特急”“加急”“平急”。

紧急程度编排在版心左上角或密级的下一行，一般用3号黑体字。“特急”“加急”中间是否空一个字，与“密级”保持一致。

公文同时标识密级与紧急程度时，份号顶格编排在版心左上角第一行，密级顶格编排在版心左上角第二行，紧急程度顶格编排在版心左上角第三行。

(4)发文机关标志

发文机关标志由发文机关全称或者规范化简称加“文件”二字组成。如“四川省人民政府文件”。

发文机关标志居中排布，上边缘至版心上边缘35mm，推荐使用小标宋体字，颜色为红色，以醒目、美观、庄重为原则。联合行文时，如需同时标注联署发文机关名称，一般应当将主办机关名称排列在前，“文件”二字置于发文机关名称右侧，以联署发文机关名称为准上下居中排布。

(5)发文字号

发文字号是发文机关按照发文顺序编排的顺序号。由发文机关代字、年份、发文顺序号加“号”组成。年份、序号用阿拉伯数字标识；年份应标全称，用六角括号“〔 〕”括入；序号不编虚位(即1不编为001)，不加“第”字。

发文字号编排在发文机关标志下空二行，居中排布。联合行文时，使用主办机关的发文字号。

(6)签发人

上行文应当标注签发人姓名。签发人是在上报的公文中批准签发的领导人姓名。签发人必须是本机关正职或主持工作的领导。

签发人平行排列于发文字号右侧。发文字号居左空一字，签发人姓名居右空一字；“签发人”用3号仿宋体字，签发人后标全角冒号，冒号后用3号楷体字标识签发人姓名。如有多个签发人，签发人姓名按照发文机关的排列顺序从左到右、自上而下依次均匀编排，一般每行排两个姓名，回行时与上一行第一个签发人姓名对齐。

(7)版头中的分隔线

版头分隔线是指发文字号之下 4mm 处与版心等宽的一条红色直线，是版头部分和主体部分的分界线。其高度一般不小于 0.5mm。

(8)标题

公文标题是对公文主要内容准确、简要的概括，具有“画龙点睛”的作用。有助于人们对公文的制发机关、内容、性质的了解，便于公文的登记、办理、整理归档等处理工作。

公文标题位于红色分隔线下空二行，用 2 号小标宋体字；标题排列应当使用梯形或菱形，不应使用长方形或沙漏形。回行时，要做到词意完整，排列对称，长短适宜，间距恰当。

公文标题有固定的格式，一般由“发文机关＋事由＋文种”组成，如《国务院关于整顿和规范市场经济秩序的决定》；也有的由“发文机关＋文种”组成，如《中华人民共和国主席令》。

(9)主送机关

主送机关是公文的主要受理机关，应当使用机关全称、规范化简称或者同类型机关统称。

主送机关编排在标题下空一行，居左顶格，用 3 号仿宋体字，回行时仍顶格。最后一个主送机关名称后标全角冒号。如主送机关名称过多导致公文首页不能显示正文时，应当将主送机关名称移至版记。

(10)正文

正文是公文的主体，用来表述公文的内容。

公文首页必须显示正文。一般用 3 号仿宋体字，编排于主送机关名称下一行，每个自然段左空二字，回行顶格。文中结构层次序数依次可以用“一、”“(一)”“1.”“(1)”标注；一般第一层用黑体字，第二层用楷体字，第三层和第四层用仿宋体字标注。一般每面排 22 行，每行排 28 字。

不同文种的公文正文有不同的写作特点和要求，但从结构上说，一般由开头、主体、结尾三部分组成。开头要简明扼要地说明制文的缘由，要文出有因，落笔扣事。主体是内容事项，或提出解决问题的指示、措施、意见、办法，或请求帮助、批准的事项，或询问和答复的问题，或商洽和联系工作。要求具体明确，层次分明。结尾主要表述发文机关对公文办理的要求，其形式一般采用尾语惯用式、说明要求式、诉求式、自然结束式等。

(11)附件说明

公文正文中的一些内容，如图表、名单、规定等，如穿插在公文正文中，往往隔断公文前后的联系而造成阅读上的不便，需将其从公文正文中抽出来作为公文的附件单独表述，即附件。公文附件是正文内容的组成部分，与正文一样具有同等效力。

公文如有附件，在正文下空一行、左空二字用 3 号仿宋体字标识“附件”，后标全角冒号和名称。如有多个附件，使用阿拉伯数字标注附件顺序号，附件名称后不加标点符号。附件名称较长需回行时，应当与上一行附件名称的首字对齐。

需要进一步说明的是，附件应当另面编排，并在版记之前，与公文正文一起装订。“附件”二字及附件顺序号用3号黑体字顶格编排在版心左上角第一行。附件标题居中编排在版心第三行。附件顺序号和附件标题应当与附件说明的表述一致。附件格式要求同正文。如附件与正文不能一起装订，应当在附件左上角第一行顶格编排公文的发文字号并在其后标注“附件”二字及附件顺序号。

(12)发文机关署名

署发文机关全称或者规范化简称。

单一机关行文时，一般在成文日期之上、以成文日期为准居中编排发文机关署名；联合行文时，一般将每个发文机关署名按照发文机关顺序整齐排列在相应位置(主办机关在前，每排最多排3个)；以机关领导人名义发文，要同时冠以领导人职务。

(13)成文日期

成文日期既是公文的生效时间，也是公文生效的重要标志。成文日期确定的原则是：会议通过的决议、决定等，以会议正式通过的日期为准；经机关负责人签发的公文，以签发日期为准；联合行文，以最后签发的机关负责人签发的日期为准。

成文日期在公文中的标注位置有两种：一是会议审议通过的公文，成文日期编排在公文标题之下，写全年、月、日，用“(　)”括起来；二是成文日期在公文正文或附件说明的右下方标注，写全年、月、日。

成文日期一般编排在正文下空四行处，居右空四字，用阿拉伯数字标全。

(14)印章

在公文成文日期和发文机关上加盖机关印章，起证实公文合法效力和信用的作用，也是对公文生效负责的凭证。

加盖印章应上距正文(或附件说明)一行内，端正、居中下压发文机关署名和成文日期，即“骑年跨月”。印章用红色，不得出现空白印章。联合上报的公文，可以由主办机关加盖印章，联合下发的公文，发文机关都应加盖印章。

(15)附注

附注是需要说明的其他事项，如公文的发放范围、政府信息公开方式、联系人和联系电话等。

公文如有附注，用3号仿宋体字，居左空二字加圆括号编排在成文时间下一行。

根据工作实践，请示、报告、函这三个文种必须标注附注(注明联系人和电话)，其他文种视情况而定，下行文也可用附注。

(16)版记中的分隔线

版记中的分隔线与版心等宽，首条分隔线和末条分隔线用粗线(推荐高度为0.35mm)，中间的分隔线用细线(推荐高度为0.25mm)。首条分隔线位于版记中第一个要素之上，末条分隔线与公文最后一面的版心下边缘重合。

(17)抄送机关

抄送机关是除主送机关外需要执行或者知晓公文内容的其他机关，可以是上级、平级、下级及不相隶属机关。抄送机关应当使用机关全称、规范化简称或者同类型机关统称。

抄送一般用4号仿宋体字，在印发机关和印发日期之上一行、左右各空一字编排。“抄送”二字后加全角冒号和抄送机关名称，回行时与冒号后的首字对齐，同一层次抄送机关之间用逗号分隔(不用顿号)，最后一个抄送机关名称后标句号。

在具体排列上，对不同级别的机关，应依先上级机关、再平级机关、后下级机关的次序；同级不同类的机关，要按党、政、军、群的顺序排列；人大、政协、法院、检察院应另起一行排列；如文件需抄送各民主党派、工商联的，则应另起一行编排。

(18)印发机关和印发时间

印发机关和印发时间指公文的送印机关和送印日期。

印发机关和印发日期一般用4号仿宋体字，编排在末条分隔线之上，印发机关左空一字，印发日期右空一字，用阿拉伯数字将年、月、日标全，年份应标全称，月、日不编虚位(即1不编为01)，后加“印发”二字。翻印公文时，翻印机关和翻印日期用4号仿宋体字编排在印发机关和印发日期之下一行位置。翻印机关左空一字，翻印日期右空一字，年、月、日用阿拉伯数字标全，后加“翻印”二字。

版记中如有其他要素，应当将其与印发机关和印发日期用一条细分隔线隔开。

(19)页码

页码就是公文页数顺序号。一般用4号半角宋体阿拉伯数字编排在版心下边缘之下，数字左右各放一条一字线，一字线距版心下边缘7mm。单页码居右空一字，双页码左空一字。版记页前有空白页的，空白页和版记页均不编排页码。公文的附件与正文一起装订时，页码应当连续编排。

(五)党政机关公文的写作要求

党政机关公文写作是一项综合性很强的工作，它不仅要求写作者具备一定的政治理论素养和专业知识水平，而且还应熟练地掌握公文写作的基本程序，了解行文的对象和目的以及公文形式的要求，从而使公文的行文方向正确，传递速度合理，保证公文能够准确、可靠、快捷、有效地到达目的，提高党政机关行政管理的效率。因而写好党政机关公文，除了要符合格式要求外，还必须做到以下几点。

1. 遵循行文规则

公文的行文规则是各级机关制发公文、处理行文关系必须遵守的规定或准则。它是根据发文机关的职责权限及行文单位间的隶属关系，本着有利于实施领导和管理的原则而确定的。其目的是抑制无价值公文的产生，避免进入不必要的流通过程，保证公文传递方向正确，能够准确、可靠、快捷、有效地到达目的地，避免公文旅行，使机关之间相互行文有法可依、有规可循。《党政机关公文处理工作条例》第四章对党的机关公文的行文规则做了规定，并提出了五条要求。

第一，行文应当确有必要，讲求实效，注重针对性和可操作性。

这是公文处理基本原则在行文中的具体体现，也是党政机关行文的总的原则。这一行文规则，主要针对党政机关文牍主义、形式主义等不良文风。长期以来，在行文中比较普遍地存在行文过多、公文过长的问题。上级机关凡事必发文，许多工作都依赖发文，下级则层层转发，陷于文牍主义。发文者忙于制发文件，收文者穷于应付，到头来只有敷衍塞责，不了了之。确立这一原则，对整治党政机关作风尤其是文风，充分发挥公文效用具有重要意义。

第二，行文关系根据隶属关系和职权范围确定。一般不得越级行文，特殊情况需要越级行文的，应当同时抄送被越过的机关。

(1)按照隶属关系和职权范围行文

隶属关系，指一个机关隶属于另一个机关。职权范围，是法律法规确定的职责任务、管辖范围和行使权力的界限。隶属关系和职权范围决定着行文关系，行文关系又决定着行文的依据、公文的内容、文种的使用、语言的组织等。

根据隶属关系和职权范围来分析，党政机关间的行文关系主要有以下四种情况。

①领导关系

这是指有隶属关系的上下级机关之间的公文往来关系。按照我国现行的政治体制、行政管理体制和组织制度，凡有隶属关系的上下级机关之间工作上是领导与被领导的关系。例如，党委与其所属的工作部门、上级党委与下级党委，政府与其组成部门和直属机构、上级政府与下级政府等。上级机关可直接向下级机关发布指示性、指挥性、指令性公文，下级机关也应该向上级机关报告情况、请示工作等。上级机关发现下级机关所发公文有不妥时，有权责令其纠正或者撤销。

需要指出的是，行文关系中的领导与被领导的关系，专指行文关系，不是指处于领导地位的党组织与其所领导的人大、政府、政协等机关单位之间的政治领导、思想领导、组织领导关系。在行文关系上，既要坚持党的领导，又要按照各自的职责范围行文，不得以党代政，也不得以政代党。

②指导关系

这是指同一组织系统内上级机关的部门与下级机关相应部门之间的公文往来关系。这种行文关系没有隶属关系，但有业务指导关系。这种行文关系与领导和被领导关系相比，行文方向一致，但行文方式、所用文种不同。具有业务指导关系的上级机关的部门，向下级机关的相关部门进行业务指导、答复问题、部署工作等，必须受职权范围的约束。下级机关的部门可以向上级机关相关部门请示问题或者联系相关工作，但重大事项，须经本级党委或者政府同意或授权后，才能向上级主管部门请示、报告。

③管理关系

这是指党政机关的业务主管部门管理职权范围内的事项与其他部门、单位的公文往来关系。部门之间，在行政级别和法律地位上是平等的，没有隶属关系，但根据部门的职权范围和工作需要或领导机关的授权，对其他部门、单位实施行政管理、归口管理、综合管理、业务管理、属地管理。被管理的部门、单位必须服从管理，不得因本部门、本单位的级别与管理部门相同甚至更高而不服从管理。这是由部门的工作性质、职能决定的。部门之间形成的管理关系，一类是综合性的，比如，党政机关的办公厅(室)、机构编制委员会、发展和改革委员会等；另一类是专业性的，比如，教育、农业、林业、卫生部门等。我国还有不少工作实行属地化管理，比如，承担重大的政治任务、抗灾救灾任务、对敌斗争任务、社会公共事务，以及公安、检察、审判、反腐败、卫生、绿化、人口与计划生育、兵役、预备役和军队转业干部安置工作等的机关、单位必须接受所在地党委、政府的统一管理。当地党委、政府及其职能部门必须依法依规在自己职权范围行使管理权，不得越权越位。

④协作关系

这是指处于同一组织系统却不相隶属机关之间的协作、处于非同一组织系统与外地机关单位的协作、异地同行业机关单位的协作等。这种工作上的相互联系、支持、协作，是经济、社会发展的需要。这种行文关系一般适用于商洽性公文文种如“函”等，而不适用于指令性公文文种。

党政机关之间的行文关系，是由多种关系组成的。有的是一种行文关系，有的有几种行文关系。在行文实践中应当正确把握隶属关系和职权范围，正确处理行文关系，不得滥用职权乱行文。

(2)一般不得越级行文

这是由党和国家的领导体制决定的。越级向上级行文，一方面，扰乱了正常的工作秩序，增加了上级机关的负担；另一方面，不利于发挥各级机关应有的职能作用，甚至造成机关与机关之间的矛盾。当然，特殊情况下是可以越级行文的，主要包括：一是遇有重大突发事件，包括重大自然灾害、重大事故灾难、重大公共卫生事件和社会治安事件等，按照逐级行文的方式不利于重大突发事件处理的，在这种紧急情况下，从有利于工作的角度出发，可采取越级上行文的方式行文；二是直接的上级机关乱作为，或者违法违纪的，可以越级行文举报上级机关。

第三，向上级机关行文的规则。

(1)原则上主送一个上级机关，根据需要同时抄送相关上级机关和同级机关，不抄送下级机关。

这是指向上级机关请示工作、报告情况、提出意见时，原则上主送一个上级机关，其他上级机关和同级机关需要周知和支持的，抄送该上级机关和同级机关。其目的是利于事项的办理，便于上级机关和同级相关机关同时了解情况，以提高指挥、决策的准确性。

“原则上主送一个上级机关”，主要是为了明确主办机关的责任，防止推诿、扯皮。当然某些特殊情况或者跨系统的工作，需要同时向上级两个机关请示工作的，下级两个机关联合行文时，可以主送两个上级机关。比如，省委、省政府联合向党中央、国务院请示工作时，可以主送党中央、国务院。

“不抄送下级机关”，是指向上级机关的“请示、报告、意见”等均不抄送下级机关。这是因为，本级机关向上级机关行文，大部分为未定事宜，有的还涉及保密、敏感或不宜向下级机关通报的事项，在上级机关决定前抄送下级机关，容易引起混乱。

(2)党委、政府的部门向上级主管部门请示、报告重大事项，应当经本级党委、政府同意或者授权；属于部门职权范围内的事项应当直接报送上级主管部门。

这是对党委、政府的部门向具有业务指导关系的上级部门行文做出的规定。一方面，如事项重大(例如涉及全局性的工作部署、重要政策的制定、重要人事安排、特殊敏感事项等)，应当经本级党委、政府同意或授权，其目的是加强党委、政府的集中统一领导，强化本级党委、政府的责任。另一方面，为避免行文升级、升格，属于部门职权范围内的事项应当直接报送上级主管部门，不再经过本级党委、政府行文，这体现了党委、政府与其部门的职权划分和责任范围。

(3)下级机关的请示事项，如以本机关名义向上级机关请示，应当提出倾向性意见后上报，不得原文转报上级机关。

这一行文规则体现了责权相适应的原则，有助于约束中间部门的行文行为，强化和落实行文责任；有利于提高工作效率和办文质量，发挥各级机关的职能作用，避免机关不作为。处理下级机关的请示事项，是本级机关的职责；对具体问题的处理、具体事项的办理，本级机关比上级机关更了解情况，应充分发挥本级机关的作用；根据政策规定和实际情况提出办理的倾向性意见，供上级机关参考，有利于提高上级机关的办理质量与效率。

(4)请示应当一文一事，不得在报告等非请示性公文中夹带请示事项。

一文一事，即一件请示公文只请示、反映一个问题，这反映了请示公文的专一性，有利于上级机关审阅、批示和答复。向上级机关请示问题，应当附有背景材料、情况说明等，以利于请示公文的办理。目前，一些地方、单位仍然存在“请示”“报告”不分的现象，在非请示性公文中夹带请示事项，影响了请示事项的办理。上级机关收到此类违反行文规则的公文，可退回来文机关。

(5)除上级机关负责人直接交办事项外，不得以本机关名义向上级机关负责人报送公文，不得以本机关负责人名义向上级机关报送公文。

公文是在公务活动中产生的，既不得以本机关名义向上级机关负责人行文，也不得以本机关负责人名义向上级机关行文。除上级机关负责人明确交办的个别事项要求报送他本人和确需直接报送审批的敏感绝密事项、重大突发事件以及部分涉外事项之外，上行公文应当以机关的名义报上级机关，由上级机关的办公厅(室)，按程序办理。落实上级机关负责人批示办理情况的报告，不属于直接交办的范畴。

(6)受双重领导的机关向一个上级机关行文，必要时抄送另一个上级机关。

“受双重领导的机关”是为有利于开展工作或者同为党委、政府的工作部门设立的。比如，纪检监察机关等。有些部门，在市、州、盟是一个部门，到县、市、区是2至3个部门，也有在市、州、盟是两个部门，到县市区是一个部门。抄送另一个上级机关的目的是沟通情况，提高相关机关的决策水平和领导管理水平。

第四，向下级机关行文的规则。

(1)主送受理机关，根据需要抄送相关机关。重要行文应当同时抄送发文机关的直接上级机关。

“主送受理机关”，即需要贯彻执行、办理公文和应当知晓公文内容的下级机关；根据工作需要，抄送应当执行或者知晓公文内容的相关机关。“重要行文”，指贯彻上级机关的重大决策、决议、决定等文件精神的实施意见，涉及全局性工作的重要部署、重大决策和重要事项的办理，处置重大事件、突发事件的预案和措施等方面的文件，在下发的同时抄送发文机关的直接上级机关。下级党委、政府涉及全局性工作的重要行文应当同时抄送上级党委、政府。党委、政府的部门涉及全局性工作的重要下行文应同时抄送同级党委、政府。

(2)党委、政府的办公厅(室)根据本级党委、政府授权，可以向下级党委、政府行文，其他部门和单位不得向下级党委、政府发布指令性公文或者在公文中向下级党委、政府提出指令性要求。需要政府审批的具体事项，经政府同意后可以由政府职能部门行文，文中须注明政府已经同意。

这是规范党委、政府的办事机构、工作部门、直属机构及其他单位如何向下级党委、政府行文的规则。党委、政府的办公厅(室)是党委、政府的办事机构和中枢机构，它参与政务、管理事务、联系上下、协调各方，辅助党委、政府决策事项、管理事项等。由党委、政府授权后，办公厅(室)行文，这是为党委、政府简政。其他部门和单位在履行职能活动中，有工作任务、政策措施等需要向下级党委、政府部署的，应当请示党委、政府，由党委、政府行文或由党委、政府的办公厅(室)行文。党委、政府的办公厅(室)授权行文的文件，也是党委、政府文件，都是要执行的。

在行政机关，由于政府部门的工作任务与党委部门不同，同级政府规定某些事项须经政府审批，仍由职能部门行文，“文中须注明政府已经同意”，是为了加强政府的集中统一管理，减少政府行文总量，又要做好经济调节、市场监管、社会管理、公共服务等工作做出的规定。政府部门除了以“函”的形式商洽工作、询问和答复问题、审批事项外，一般不得向下一级政府发布指令性公文。

(3)党委、政府的部门在各自职权范围内可以向下级党委、政府的相关部门行文。

这是党委、政府的部门如何向下级机关相关部门行文的规则。上级党委、政府的部门向下级党委、政府的相关部门行文，在行文关系中属指导关系，可以下发业务工作规划、计划、工作规范、工作部署、工作任务、批复等。凡超越部门职权范围的事项，应报请本级党委、政府行文。

(4)涉及多个部门职权范围内的事务，部门之间未协商一致的，不得向下行文；擅自行文的，上级机关应当责令其纠正或者撤销。

这是向下级机关行文，部门之间应遵循的协商规则与未协商一致、违规行文的处理规则。党委、政府及其办公厅(室)行文，党委、政府的部门行文，包括下发工作部署、政策性规定、规范性文件和规章等，公文内容涉及多个部门职权范围内的事务，必须进行协商，意见一致后才能写进公文；经协商未达成一致意见的，不得写进公文，更不得擅自向下行文。否则，有可能造成工作混乱，让人无所适从，也无法贯彻执行。未达成一致意见就擅自行文，是对工作、对事业、对上下级和人民群众不负责任的表现，上级机关发现后，应当进行批评教育，并责令其及时纠正。如果行文机关不按上级机关的要求落实的，上级机关可以撤销或废止该文，造成严重后果的，要依法依规追究有关人员的责任。

(5)上级机关向受双重领导的下级机关行文，必要时抄送该下级机关的另一个上级机关。

这一项规则的目的是使领导机关之间、上下级机关之间及时了解情况，以便于工作，防止决策失误和指挥失误。

第五，其他行文规则。

其他行文规则，主要是指联合行文、部门之间行文、内设机构行文规则。

(1)同级党政机关、党政机关与其他同级机关必要时可以联合行文。属于党委、政府各自职权范围内的工作，不得联合行文。

联合行文的机关必须行政层级相同或相近。如，同级党委、政府，同级党委、政府与上级党委、政府的部门，同级党委、政府的部门与同级军事机关的部门、人民团体机关、有行政管理职能的事业单位等。

联合行文应当确有必要，即有共同管理的事项或者有关联的事项。

联合行文时，联署单位不宜过多，应当明确主办机关，主办机关一般排列在前。

(2)党委、政府的部门依据职权可以相互行文。

这是部门之间相互行文的规则。过去，只有政府的部门依据部门职权可以相互行文。现在，党委、政府的部门依据职权都可以相互行文。部门之间相互行文的条件有以下几点。

①同级党委、政府的部门。

②依据各自的职权，有行文的必要性，不得超越职权范围。

③部门之间在各自职权范围内相互发布、传达要求周知或者执行的事项，一般用“函”行文，也可以用“通知”行文。部门之间在各自职权范围内相互联系工作和答复审批事项，应当用“函”行文。

(3)部门内设机构除办公厅(室)外不得对外正式行文。

这是规范部门内设机构行文的规则，是从部门内设机构的职能出发做出的规定，确保部门的领导管理政令统一。部门内设机构中，只有办公厅(室)是部门的办事机构，其他内设机构是业务工作机构。因工作需要，经部门同意或者授权，办公厅(室)可以代表本部门对外正式行文，答复应当由部门审批的事项。部门其他内设机构没有这个职权。部门其他内设机构在各自职权范围内可与相应机关的内设机构以“函”等形式联系工作。

2. 选准文种

能否正确选用文种，事关党政机关公文的严肃性和权威性问题。应正确认识文种在公文中的重要地位、作用，掌握文种的含义、适用范围、基本属性和特征，以及各文种之间的相互关系，严格按照《党政机关公文处理工作条例》中的规定和要求正确选用文种。否则，可能会错误使用公文，或者给收文机关的公文处理工作带来很多麻烦与不便。

党政机关公文撰制者可以依据以下标准确定公文文种。

(1)依据《党政机关公文处理工作条例》规定和要求正确选用文种。

(2)依据发文机关的职能权限正确选用文种。

(3)依据行文隶属关系或业务指导关系正确选用文种。

(4)依据行文的目的、要求正确选用文种。

(5)按照公文内容的差异正确选用文种。

3. 明确行文目的，确立公文主旨

行文目的，即公文的制发意图。公文应实际工作的需要而制发，是为解决现实问题，为“做事”而写的，有明确的目的性。行文目的是公文写作的动力因素，表现在文本中就形成了公文的主旨，它决定和制约着公文写作的方方面面，是公文快速生成的第一要素。因此，公文写作之初，第一步工作就是要明确行文目的，确立公文主旨。为什么要写这篇公文？写给谁？写这篇公文究竟是要做什么事？只有明确了这三个问题，才好下笔行文。这三个问题的答案就是行文目的和公文主旨的具体内涵。

公文写作大多都是领导授意，文秘人员执笔，领导意图是形成公文主旨的原创因素。因此“明确行文目的，确立公文主旨”，就要善于领会领导意图。领导在布置写作任务时，要认真聆听，最好能边听边记，有不明确的问题要当场请教，要善于领会和把握领导讲话的重点、要点，以便顺利形成主旨。此外，确立公文主旨还要结合实际情况和需要，迅速摸清这项工作或活动的背景、内容、要求和重点，以及它与现阶段中心工作的关系等相关情况，对工作全局做到心中有数。这样，吃透上下两头，在领导意图和实际工作需要的结合点上动脑筋，确立的主旨才会有较强的针对性和实用性。

4. 遵循思维规律，理清写作思路

公文程式化特点明显，同一文种、类型公文的写作思路大体是一致的，它们都遵循共同的思维程序和规律，给公文写作在构思环节奠定了基础，这就是人们所谓公文写作思维模式的功用。如祈使类公文的目的和作用是告知受文者：发文者欲做某事，并要求受文者有所行动(帮助、执行、遵从)，因此其写作思路就是：为什么做—做什么—怎么做。如命令、决定、大部分的通告和通知，以及请示、批复、函、意见等祈使类公文都可以运用这种方法构思。而告知类公文的目的和作用则只是让受文者知晓某事，并不要求有所行动，因此写作思路就是：为什么做—是什么—怎么样。如公告、一部分通告和通知，以及通报、报告等告知类公文可以运用此法构思。绝大多数公文的写作思路都可以分成这样前后相互关联的三个步骤，有人称之为“三段思维法”。当然，这只是就大类而言，如果具体到某一文种或某一文种小的类型，写作思路还可以划分得更细一些。如事故报告的写作思路可以分成四步：情况介绍，概述事故发生的时间、地点、严重后果以及事后的善后处理情况；分析原因，分析事故发生的直接原因和深层原因；吸取教训，采取防范措施；对事故主要责任者的处理。

5. 掌握结构模式，迅速判断套用

文章结构是作者思路的书面物化形式，公文作者的写作思路反映在文本结构中就形成了公文的层次安排。如上述“三段思维法”表现在公文结构中就形成了公文的三个大的层次(部分)，一般可概括为：缘由—事项—要求(或结语)，这就是公文内容的逻辑结构模式。它是对各公文文种结构特点的概括和总结，适用于许多文种的写作，可作为公文结构的基础范本参考、借鉴、套用。这三部分的常见写法如下。

开头缘由部分主要说明发文原因、依据、目的，开宗明义，概括地交代行文的基本意向或情况，并提起下文，让读者知道为什么发文。这部分写法有一些较固定的模式，常见的有概述式、根据式、目的式、引述式等。中间事项部分围绕行文的基本意向展开内容，叙述情况、分析问题、制定决策和解决问题的原则、方法和措施，让读者明白怎么做。常见写法有段组式、条款式、小标题式等。结尾要求部分提出要求、请求、希望、号召等，常用一些惯用语和请求式、总结式、强调式、呼应式等模式做正文的结束。也有公文不要专门的结尾，正文写完，自然结束，全文只有两部分。

与上述逻辑结构模式相对应的还有公文的篇章结构模式，也是快速写作所要掌握的。篇章结构模式也称“公文结构的体式布局”“公文结构的外形体式”，它是深层逻辑结构的要素变化在篇章文字层面的反映。它的任务是对公文的材料、段落、文字进行排列组合，寻求最佳表现形式。常见的公文篇章结构模式有：篇段合一式、撮要分条式、分列小标题式、分块式、主附件式、条项贯通式、章段条连式、并列式等。公文结构模式化特点明显，写作人员只要熟悉、掌握上述常用结构模式，紧急情况下就可以根据具体情况和需要迅速做出判断，套用某一模式，使文稿快速成型。

6. 学会公文惯用语，方便快捷表述

语言是文章的重要构成要素，文章的内容和形式都要靠语言来表现。文章要想写得快且好，作者一定要有较高的语言表达能力。公文是实用文体，写作时效性要求比较严，写作人员不能像作家搞创作那样“十年磨一剑”“吟安一个字，捻断数茎须”，而是要快速表达，下笔成章。怎样才能快速表达？除了要多读勤写，培养公文语感这个根本方法外，还应该学习和掌握公文惯用语。公文惯用语是适应公务活动的需要，在长期公文写作实践中逐渐形成的一套规范化、定型化的公文专用语，它在准确、严谨地表述公文内容的同时，还能增强公文简明、庄重的语体风格。学会运用这些惯用语，就能方便、快捷地进行表述，而无须在语言表述上太费周折。这些惯用语一般多用在公文的开头、过渡和结尾处。开头的惯用语常见的有“为了……”“根据……”“由于……”“目前(当前)……”“……收悉”“经……研究”等；过渡的惯用语有“现通知(通告)如下”“特做如下决定(规定)”“拟采取如下措施”“为此……”“综上所述……”等；结尾的惯用语主要有“特此通知(通告)”“特此批复”“此复”“特此函告”“以上报告，请审阅”“妥否，请批复”“请认真贯彻执行”等。

由于党政机关公文有着较强的时效性，因而有人认为公文是“应时之作”，不重视平时理论素养和知识水平的提升，其实这是对公文写作的一种错误认识。古人云“功夫在诗外”，这是非常有道理的。作为经常性参与公文撰制的人员，在平时工作中就应有意识地注意搜集和积累相关资料，做搜集资料的有心人，有备而无患。平时要留心各种事情，凡是与公文写作有关的事情和问题都要想一想、记下来。工作中经手的各种文件、会议记录、报表、总结、计划、报刊等文字资料都要注意保存，不要随意丢弃。这样日积月累，就能搜集到许多有用的资料。然后对资料进行分类整理，建立适合自己使用的资料库，一旦有了写作任务，马上就能派上大用场。有些资料需要根据新的写作语境进行概括、重组，有的资料则可以直接取而用之。另外，旧资料还可以帮助、启发写作者疏通写作思路，安排结构布局和进行语言表述。当然，公文写作只靠平时积累的资料是不够的，还应该辅之以写时搜集。

二、决定

(一)决定的适用范围和特点

决定适用于对重要事项做出决策和部署、奖惩有关单位和人员、变更或者撤销下级机关不适当的决定事项。

决定是具有决断性和指挥性的公文。它的特点主要有以下几点。

1. 强制性

所谓强制性，就是凡决定中写明的决定事项，有关组织、单位和人员都应认真贯彻执行，对于讨价还价、阳奉阴违或拒不执行的单位、部门和个人，可视情节轻重予以处理。

2. 具体性

决定对重要事项或重大行动做出的决策、安排都是明确具体的，因为只有具体，才便于贯彻执行；只有准确，才能在执行中不走样、不变形。

3. 广泛性

决定的适用范围广泛，各行各业，不论单位大小、级别高低，都可以运用。内容涉及面广，具有多样性和丰富性。

(二)决定的分类

决定按内容性质可分为指挥性决定、法规性决定、知照性决定。

1. 指挥性决定

指挥性决定是对某些重要事项或重大行动做出决策部署，确定大政方针，提出要求措施，要求下级认真贯彻执行。一般篇幅较长，说理成分较多。如《中共中央国务院关于坚决制止乱收费、乱罚款和各种摊派的决定》《国务院关于基础教育改革的决定》。

2. 法规性决定

法规性决定往往由国家立法机关或权力机关做出，内容涉及法律、法规，一般由重要会议通过发布，具有很强的权威性和行政约束力。如《全国人民代表大会常务委员会关于修改〈中华人民共和国道路交通安全法〉的决定》。

3. 知照性决定

知照性决定是对有关具体事项做出决定，知照下级机关及有关各方，起到通知、关照和依据作用。如召开重要会议、重大人事问题、设置或撤销组织机构、奖惩有关单位和人员、变更或撤销下级机关不适当的决定事项等。这类决定的一个显著特点，就是把决定事项简要地告诉有关单位和人员，不写执行要求。

(三)决定的基本格式与写作

决定一般由标题、成文时间、正文三部分组成。

1. 标题

决定的标题应当精准地反映决定的主要内容，发文机关、事由、文种齐全。

2. 成文时间

决定的成文时间有两种标注方式：一种是标注在正文后面落款处；另一种是“题注”，即标注在标题的下方，写全年、月、日，用“（　）”括起来，如果是会议审议通过，还应写全会议名称，后面加“通过”二字。

3. 正文

指挥性决定的正文包括决定缘由、决定事项、执行要求三部分。决定缘由需要写出决定的原因、根据或目的；决定事项要阐明对有关事项或行动的意见、安排、措施等内容，一般采取分条列项的方式写出；执行要求写执行的要求与希望，也可对决定事项内容加以补充或强调。

法规性决定的正文一般由决定缘由和决定事项两部分组成。决定缘由简略地写出决定的目的或重要性；决定事项实际上是法规性的具体条项。

知照性决定正文由决定缘由、决定事项组成，一般不写执行要求。只是在表彰性决定中以提希望、号召作为结尾。因其内容相对简单，篇幅又较短小，往往采用篇段合一的结构表述。

三、通告

(一)通告的适用范围和特点

通告适用于在一定范围内公布应当遵守或者周知的事项。

通告有以下几个特点。

1. 法规性

通告一般是国家行政机关和企事业单位根据自己职权范围发布，具有一定的法规性和行政约束力。它所通告的事项，有关单位或人员必须遵守，否则即予教育、处罚，甚至法律制裁。

2. 周知性

通告虽然是在一定范围内公布，但是它的对象往往不是特定的，在其通告的范围内，每人都必须遵守。

(二)通告的分类

通告按性质的不同，可分为制约性通告、知照性通告。

1. 制约性通告

制约性通告是政府有关部门或社会团体、企事业单位为确保某一重要事项的执行，让有关单位和人员执行遵守而发布的公文。其具有一定的法规性和行政约束力，不得违背。

2. 知照性通告

知照性通告的内容往往是向公众告知一些行业性的事务工作或临时性事项。这类通告对公众的约束力很小，写作中语气包含希望理解、支持和协作的意思，不像制约性通告那样运用“必须”“严禁”“不得”等词语。

(三)通告的基本格式和写法

通告的格式一般由标题、正文、发文机关和日期组成，通常没有主送机关。

1. 标题

通告的标题可以是三要素具备，即由发文机关名称、事由、文种三部分组成，也可以省去事由，由发文机关、文种组成。只有文种“通告”的标题是错误的。

2. 正文

通告的正文一般由通告缘由、通告事项、通告结语三部分构成。

通告缘由部分要写清楚发布通告的目的、原因、依据或意义。在缘由后面用“特通告如下”或“特做如下通告”作为过渡语，转入通告事项部分。

通告事项部分要写清具体的规定和要求，应明确、肯定。事项不多的，可以一气呵成，不分段落；事项较多的，可以分段或分条列项写出。

通告结语，或对通告内容做强调和要求，如“希遵照执行”；或对通告执行加以说明，如“本通告自发布之日起执行”；或以“特此通告”的惯用语做结语。有些通告，正文结束就完了，没有结语。

3. 发文机关和日期的标注方法同其他法定公文。

(四)通告与公告的主要区别

通告、公告都是知照性公文，都具有很强的知照作用。但它们在许多方面具有严格的区别，不可混用。

其一，重要程度不同。公告用来宣布国内外关注的重大事件；通告多用于宣布一般性的事项。

其二，受文对象不同。公告范围很广，向国内外宣布，全国公民乃至全世界周知；而通告则是就某一部分的某项问题发布的，它只适用于某一限定范围。

其三，发布权限不同。公告是国家领导机关使用的公文，一般部门和单位不得使用这一文种；而通告是基层企业单位、事业单位、街道、村民委员会等均可制作、使用的一种公文。

四、通知

(一)通知的适用范围和特点

通知适用于发布、传达要求下级机关执行和有关单位周知或者执行的事项，批转、转发公文。

通知具有以下几个特点。

1. 功能的多样性

在下行文中，通知的功能是最为丰富的。它可以用来布置工作、传达指示、晓谕事项、发布规章、转发文件、任免干部等。但通知在下行文中的规格，要低于命令、决议、决定等文体。用它发布的规章，多是基层的，或是局部性的、非要害性的；用它布置工作、传达指示时，文种的级别和行文的郑重程度，明显不如决定。

2. 运用的广泛性

通知既带有指挥性又带有知照性，既可下行又可平行，是运用最为广泛、使用频率最高的公文。通知的发文机关，几乎不受级别的限制。党政机关、社会团体、企事业单位都可以发布通知。无论是传达中央重要方针政策，还是基层单位的日常工作布置，都可以使用通知。据有关统计，通知约占行政机关下行文的80%，约占行政机关全部发文的45%。

3. 一定的指导性

用通知发布规章、布置工作、传达指示、转发文件，都在实现着通知的指导功能，都需要受文单位贯彻执行和认真办理。其内容既要提出“干什么”，即明确具体任务，让人一目了然；又要规定“怎么办”，即提出相应要求，以便让人照此办理。

4. 较大的灵活性

通知写作灵活方便，形式多样。它既可是发布重要指示的长文，又可以是转发文件的短文，有时只有一两句话；既可公开张贴，又可内部发文；既可以一家发文，也可以联合发文。

5. 较强的时效性

通知是一种制发比较快捷、运用比较灵便的公文文种，它所办理的事项，都有比较明确的时限要求，受文机关要在规定时间内办理完成。

(二)通知的分类

按照具体用途的不同，可以把通知划分为以下几类。

1. 指示性通知

指示性通告也称为指挥性通知，主要用于向下级机关发布指示、布置工作。凡是需对某一事项进行处理、对某问题做出指示，或令行禁止的事宜，但又不适合用命令、决定的形式行文时，均可用指示性通知的形式进行办理。

2. 发布性通知

发布性通知用来发布规章制度的通知。如准则、条例、规定、办法、细则、要点、规划、纲要、计划、方案等的发布，以及领导人讲话、本机关的工作总结等材料的印发。

3. 转发性通知

转发性通知一是用于批转下级机关公文，称“批转性通知”，如《国务院批转审计署关于审计民政事业费报告的通知》；二是用于转发上级机关、同级机关和不相隶属机关的公文，称“转发性通知”，如《浙江省人民政府转发国务院办公厅关于加强中小学收费管理工作的通知》。

4. 晓谕性通知

晓谕性通知一般只有告知性，没有指导性。其用途较广泛，机构和人事调整、启用和作废公章、机构名称变更、机关隶属关系变更、迁移办公地址、安排假期等，都可使用这种通知。

(三)通知的基本格式和写法

通知种类繁多、写法各异，但其基本格式还是分明的，一般由标题、主送机关、正文、发文机关、成文日期组成。

1. 标题

根据《党政机关公文处理工作条例》规定，通知标题的形式应是发文机关、事由、文种三者俱全的标准式标题，那种只有事由和文种，甚至只有文种的标题是一种错误形式。

2. 主送机关

通知的主送机关可以是一个，可以是几个，也可以是所有下属单位，发文时必须写清楚，通知周全。如果使用略称，则应写明“有关部门”的名称，如“国务院各部委、各直属机构”。

3. 正文

通知正文的基本内容，应该包括发布本通知的根据和缘由、通知的具体事项、落实通知的要求。其中，通知的具体事项是正文的重点内容。由于通知的种类不同，在写法上又略有差异。

指示性通知的正文，规范性强，文字较多，需要从实际出发，力求高视点，有预见性、针对性。写作时先概述发文的原因、目的或基本情况，再提出原则及具体明确的要求、措施、办法等。内容多是采用分条列项的方法来写。

发布性通知写法较简单，先用一两句话概述发文理由，再说明所发文件名称，将该文件作为附件附后即可。

转发、批转性通知的正文可根据实际情况写作，有时，用一句话引出转发、批转的文件，并说明转发、批转的根据和提出执行要求。也可分缘由和指示两部分来写，缘由写明发文的根据或表明态度，提出执行要求；指示部分说明所转发、批转文件的意义，并指出具体做法，提出措施和要求。

晓谕性通知是用来通报情况、传递信息、交代事项的，只要写清应知应办的事项就达到了目的。如会议通知，人数较少的一般性会议通知，只需简要写明会议的名称、目的、时间、地点、与会人员、准备事项(如准备材料、文件、论文等)即可。内容比较复杂、日期较长、与会人员较多的会议，要写清楚会议名称、目的、议题、期限、报到时间、地点、与会人员、准备事项、食宿安排、差旅费报销方法以及筹办会议单位的名称、联系人、联系地址、电子邮箱地址、电话、传真、电挂、去往会议地点的路线等，与会议有关的项目不能出现差错和遗漏。

(四)通知与通告的区别

从使用范围看，通知适用于批转下级机关的公文，转发上级机关和不相隶属机关的公文，传达要求下级机关办理和需要有关单位周知或者执行的事项，任免人员等；通告则适用于公布社会各有关方面应当遵守或者周知的事项。

从受文对象看，通知的对象一般是机关或单位；通告的对象一般是社会公众。

从行文要求看，通知的事项一般需要办理和贯彻执行；而通告的事项只需遵守和知晓即可。

五、通报

(一)通报的适用范围和特点

通报适用于表彰先进、批评错误、传达重要精神和告知重要情况。

通报具有以下特点。

1. 真实性

内容真实是通报的生命。通报所表扬或批评的情况，要求准确无误，不允许有任何虚假成分。通报的真实还必须有典型性，反映的材料能代表事物的本质特点。

2. 及时性

通报具有指导现实工作的作用，因此在时间上要求对所发生的典型事件要做出及时迅速的反应。

3. 周知范围广

由于通报所反映的情况具有典型性，能起到广泛的教育作用或需要推广，因此，一般通报下发的范围较广。

(二)通报的分类

按照内容和用途的不同，可以把通报分为三类。

1. 表彰性通报

表彰性通报是指对先进典型、好人好事进行表彰，对先进经验加以肯定、推广，以激励人们学习先进，吸取经验，进一步做好工作。

2. 批评性通报

批评性通报是批评错误，使人们吸取经验教训，引以为戒，防止类似错误发生的通报。批评性通报有的是对典型错误的批评处理，有的是对重大事故或事件的批评处理。

3. 情况通报

情况通报向有关部门人员传达重要情况，发布重要信息，使人们掌握情况，明确问题和工作意图，以指导今后的工作。

(三)通报的基本格式和写作

通报的格式由标题、正文、发文机关与成文日期组成，有时根据需要还有附件和附注。

1. 标题

通报的标题与一般公文标题大致相同，由发文机关、事由、文种组成。

2. 正文

通报的正文一般包括以下三个方面的内容。

主要事实：概述事实发生的时间、地点、涉及的单位与人员、大致过程、主要情节、结果等。叙述事实的基本情况要真实、准确、扼要。要处理好详略关系，对涉及事实本质，与反映通报意图直接有关的过程、情节等，应该详写，其他可以略写。要让人们从叙述中既可很快掌握事实梗概，又能较快悟出其中的经验教训。

事实评析：对通报的事实进行恰如其分的议论分析，指出事实的性质和产生的原因，阐明通报的意图。表彰性通报，需要分析先进事迹的意义和主要人物的可贵精神，主要经验和值得发扬与学习的方面；批评性通报，应分析产生问题的主客观原因和危害性；情况通报要围绕某个问题，全面和辩证。评析时，要注意实事求是，不要夸大也不要缩小，要观点突出、态度明确，以弘扬正气、抵制歪风。

决定和要求：针对通报事实，做出表彰决定或对错误者进行处理，并由此引申出应当吸取的经验或教训，有的放矢地提出希望和要求。这部分要简洁、概括，针对性强。

3. 发文机关和成文时期

通报的发文机关署名置于正文的右下方，署名下边标明成文日期。

(四)通报与决定的区别

通报在表彰先进、批评错误方面与有关的表彰、处分决定有明显的区别，主要体现在以下三方面。

第一，二者目的不同：通报起着教育作用，目的是要下级机关和有关人员吸取经验教训；决定则有一定的规定性，起确定作用，目的是依据职权进行表彰和惩戒。

第二，二者对象不同：通报的对象是具有典型意义的人或事，而决定则可适用于所有的人或事。

第三，二者写作内容不同：通报的内容比较宽，但不如决定具体、精细，通报可以总结经验教训，并提出要求，而决定一般不涉及此类内容。

六、报告

(一)报告的适用范围和特点

报告适用于向上级机关汇报工作，反映情况，答复上级机关的询问。

报告的特点如下。

1. 陈述性

报告主要是采用叙述手法，直陈其事，向上级机关讲明自己做了哪些工作，是如何做的，有哪些经验体会，还存在哪些问题，今后有什么打算，一般不展开推理论证，不要求上级机关答复，不使用祈使、请求笔法和语气。

2. 汇报性

所有的报告都是下级机关向上级机关或业务主管部门汇报工作，反映情况、答复上级机关的询问的上行文，是下级机关及时得到上级机关领导和指导的重要途径。

3. 总结性

报告反映的是已经做过的工作，或已经发生的事情，因此在向上级报告的时候就要对问题进行综合分析、归纳，即总结。否则写成的报告就会变成罗列现象、过程，从而失去写报告的意义。

(二)报告的分类

1. 按照内容，报告可以分为例行报告、综合报告和专题报告。

例行报告：下级机关根据工作需要，定期向上级机关所写的报告，主要是反映情况，使上级掌握、了解情况，以便更好地指导工作。

综合报告：反映本单位全面情况，以便上级机关全面指导工作的报告。

专题报告：下级向上级反映本单位的某项工作、某个问题、某一方面的情况，要求上级了解的报告。专题报告要迅速及时，一事一报。一般来说，机关日常工作中专题报告使用的频率较高，而且多数是需要领导机关给予批转的。

2. 按照性质划分，报告有呈转性报告和呈报性报告。

呈转性报告：一种针对某些涉及其他平行机关或不相隶属机关的情况或问题，提出处理意见或建议，请上级机关审阅并批转有关机关的报告。这类报告既要反映情况，又要写出具体意见，有时还要拿出切实可行的措施或办法来。经批准的呈转性报告，具有同批转机关的公文相同的效力。

呈报性报告：单纯反映情况，汇报工作，而不要求转发的报告。

(三)报告的基本格式和写法

报告由标题、主送机关、正文、发文机关和成文日期组成。根据《党政机关公文处理工作条例》有关规定，报告需标注“签发人”和“附注”。

1. 标题

报告的标题由规范化的“三要素”组成，即“发文机关＋事由＋文种”。

2. 正文

报告的正文主要写明报告的起因和报告的内容。起因即报告的根据和目的，用简洁的语言进行说明，即为什么报告。起因写完后用“现将有关情况报告如下”，作为承启下文的用语。报告的内容即主体部分是报告的核心，一般为四部分。

(1)基本情况。不论是汇报工作，还是反映情况、答复上级的询问，均应实事求是地将具体情况交代清楚，以便上级了解下情，并以此作为依据，妥善地予以处理和指导。

(2)存在问题(或具体意见)。呈报性报告写存在问题，以便于上级了解工作进展的情况，同时为报告的下一部分内容(提出要求)打下基础；呈转性报告也要根据基本情况提出具体处理意见或解决办法，以供上级机关参考。

(3)具体要求或措施，即对今后工作的设想，提出要求或准备采取的措施。

(4)结语。报告的结语，要根据报告的性质和内容而定，不能千篇一律。报告的结语一般用“特此报告”“以上报告，如无不妥，请批转有关部门贯彻执行”“以上报告，请审阅”等字样。但也有的报告结尾不写这些用语。

(四)撰写报告应注意的事项

1. 要注意与请示的区别，报告中不得夹带请示事项，结尾不得误用“以上报告妥否，请批示”等语。

2. 内容要真实可靠，做到据实报告，即“好处说好，坏处说坏”，不能“报喜不报忧”。

3. 报告的中心应明确，详略得当，文字简洁、流畅，不拖泥带水。报告中切忌使用套话、废话。

七、请示

(一)请示的适用范围和特点

请示适用于向上级机关请求指示、批准。请示的用途比较广泛，凡有不太明确的问题或工作中遇到新情况，需要上级机关表态的事项，都可以向领导机关递交“请示”。如对现行方针政策、法规制度不甚了解，需要上级机关明确答复；下级机关遇到重大或疑难问题，请求上级给予指示；下级机关要办某一件事或上级机关指示办一件事，需要一定的财力、物力、人力，自己无力解决，需要请示上级机关审核批复；对某个问题的解决的办法，不知可否；对问题有处理的有效方法，但因权限关系需要由上级机关决定；对上级机关某一决定有不同看法，需要申诉自己的意见，请求上级机关重新研究。以上情况都可以用请示行文。

请示的特点如下。

1. 请求性

请示一般涉及的是本机关、本部门打算办理或迫切需要办理的某种事情，而自己却无权自行决定，或者无力去做，或者不知应不应该去办，必须请求上级主管部门批准、同意之后才可以去办。

2. 单一性

请示都是一文一事，行文简短，着重写需要解决的问题和自己的意见、要求，不涉及其他内容，以便上级尽快答复。

(二)请示的分类

按照内容性质，请示可分为请指性请示、请助性请示、请准性请示。

1. 请指性请示

请指性请示就是请求上级给予指示、裁决的请示。其内容如工作中遇到的难以解决的关键问题，无章可循的新问题或意见分歧而无法统一执行的问题等。

2. 请助性请示

请助性请示即请求上级机关予以支持、帮助的请示。其内容如请求增补经费，增加设备，为某事拨款、拨指标等。

3. 请准性请示

请准性请示即请求上级批准、允许的请示。其内容包括本机关本单位无权处理的问题、因情况特殊需要变通处理的事项及按照上级机关规定应当请示的事项等。

(三)请示的基本格式和写法

请示由标题、主送机关、正文、发文机关和成文日期组成。作为上行文，请示还应标注签发人和附注。

1. 标题

请示的标题一般由发文机关、事由、文种三项构成。

2. 主送机关

请示一般只写一个主送机关。

3. 正文

请示的正文包括请示的缘由、请示的事项、请示的要求三部分。

请示的缘由是请示事项的基础和关键，一定要写得有理有据，实事求是，具体明白。一份请示是否能得到上级机关的同意或批准，关键在于请示的理由是否充分，因此要用心写作，抓住实质。

请示的事项是请求上级机关批准、帮助、解答的具体事项。阐述要实事求是，引用的数字要准确无误，提出的看法或处理的意见要具体明确、切实可行，符合国家的法律、法规和方针政策，让上级机关看后一目了然，能迅速决断。如涉及其他单位的问题，应当预先征询意见，并将商洽的有关情况在文中予以说明，以供上级机关做出正确判断和指示。

请示的要求是正文的结尾，是向上级机关提出肯定性要求。一般用“妥否，请批复”“以上意见是否妥当，请批示”作结。结语要尽可能根据请示的目的要求、请示类型的不同分别使用，使之更加贴切。

(四)请示写作的注意事项

1. 请示应坚持一文一事，不能多头请示。写请示必须严格遵循一文一事的原则，不能把几件事写到一份请示中去，以免在公文的处理中产生麻烦。

2. 在行文关系方面，请示应明确一个主送单位，不能搞多头请示，尽量避免越级请示。多头请示有时难免造成上级机关不好答复或互相推诿，贻误工作。

3. 因特殊情况，必须越级行文时，应抄报越过的机关，但不得抄送给下级机关。

4. 除领导直接交办的事项外，不得以机关领导人名义向上级机关非责任人报送请示。

(五)请示与报告的区别

请示和报告是两种不同的公文，应分开使用。有人把请示写成“请示报告”，这是混淆了两种公文的用法。因此，明确请示与报告的区别，把二者严格区分开来是十分必要的。请示与报告的主要区别包括以下几个方面。

1. 行文的目的不同。请示是为了解决工作中的具体问题，要求上级指示和批准而写的；报告是为了让上级了解下情，沟通和加强上下级之间的联系而写的。请示必须要求上级表明态度，做出明确答复；而报告则只是告知，大多数报告是不要求上级表态和答复的。

2. 行文的时间不同。请示必须在事前行文，在得到上级机关的批准、指示、批复以后方能行事，不允许“先斩后奏”；而报告则可根据实际情况，事前、事中、事后行文皆可。

3. 行文内容不同。请示主要写带有迫切性的，并需要上级机关指示、批准的事项；报告只着眼于汇报工作，反映情况。

正确使用报告与请示这两个文种，关键的问题是要抓住行文目的这一点，需上级机关答复的，用请示；只需上级机关了解情况或批转而无须答复的，则用报告。掌握了这一点，就不至于将报告和请示混淆使用了。

八、批复

(一)批复的适用范围和特点

批复适用于答复下级机关请示事项。

批复是上级机关针对下级机关来文中请求指示、批准的事项，给予明确的答复的公文。因此，批复与请示是党政机关公文中唯一一对相互对应的文种。

批复具有以下特点。

1. 针对性

批复与其他指挥性公文一样，都具有针对性，但其他指挥性公文的针对面较广，唯有批复是针对下级机关的请示进行批答、回复。有请必复，没有请示，批复就没有对象，没有针对性，也就不存在批复。

2. 单一性

批复既然是针对请示，那么请示是一文一事，批复也就自然是一请示一批复了。

3. 权威性

上级机关所做的批复，往往体现上级机关的意图和权威，能够解决或审批下级机关请示事项或问题。所请事项一经批复，请示单位必须严格遵守。

4. 鲜明性

批复对请示事项的批答、回复，不管是同意还是不同意、批准还是不批准，态度要鲜明，表意应准确，不允许模棱两可、语义含糊。

(二)批复的分类

根据请示的不同内容，批复可分为以下三种类型。

1. 对请求指示的批复

对请求指示的批复是针对下级机关提出的难以解决的问题和没有明文规定的实际疑难问题，做出具体的解释或答复。

2. 对请求帮助的批复

对请求帮助的批复是针对下级机关提出的人、财、物等方面的支持请求，做出具体的答复，予以相应帮助。

3. 对请求批准的批复

对请求批准的批复是针对下级机关请求批准的事项，进行认可和审批，带有表态性和手续性。

(三)批复的基本格式和写作

批复一般由标题、主送机关、正文、发文机关和成文日期组成。标题、发文机关和成文日期与一般通用公文相同，不再赘述。

1. 主送机关

批复一定要写明主送机关，而且必须是来文请示的下级机关。

2. 正文

批复正文一般由批复引据、批复意见、批复尾语三者组成。

批复引据：引叙来文以说明批复缘由。主要涉及两个方面：一是对方的请示，二是与请求事项有关的方针政策和上级规定。通过引用下级来文日期、标题，引述来文所请。如“你单位××××年×月×日的《×××关于×××的请示》(××发〔20××〕×号)收悉，现批复如下”。批复的引据较为固定。

批复意见：针对请示事项给予具体明确的答复。请示什么问题，就答复什么问题。这部分应写明态度和意见，一般有三种情况：一是予以同意或批准；二是不同意或不批准，需要说明理由或根据；三是“基本同意”或“原则同意”，此外要写明修正意见或补充处理办法。

批复尾语：一般用“此复”“特此批复”惯用语作结，也可以省略尾语。批复尾语不提执行要求。

九、意见

(一)意见的适用范围和特点

意见适用于对重要问题提出见解和处理办法。

意见既可以是下行文，也可以是上行文，还可以是平行文。作为上行文，意见可用于向上级机关报请批转或转发有关事项，上级机关应当对下级机关报送的“意见”做出处理或给予答复。作为下行文，主要用于领导机关就某些重要问题提出处理的方针、原则和措施、办法。如果文中对贯彻执行有明确要求的，下级机关应当遵照执行；无明确要求的，下级机关可参照执行。意见作为平行文使用得比较少，一般与函结合起来使用，提出的意见供对方参考。

(二)意见的特点

1. 多样性

意见既可以对工作做出指导、提出要求，又可以对工作提出建议，或者对工作做出评估，提出批评。它主要用于党政机关，但也可以用于社会团体、企事业单位。行文方向具有多向性。

2. 针对性

意见的制发往往是针对工作中急需解决的问题或必须克服的倾向，因此它提出问题要及时，分析问题要结合实际，提出见解、办法要具有可行性。

3. 原则性

意见通常不是具体的工作安排，而是从宏观上提出见解和意见，要求受文单位结合具体情况，参照文件中提出的精神来办理。下级机关在落实意见精神时，比起执行指示有更大的灵活处理的余地。

(三)意见的分类

按照性质和用途的不同，意见可以分为三类。

1. 规划性意见

规划性意见是对某一时期某一方面的工作提出的大体构想。它的特点是适用时间长，内容宏观化、整体化，类似于规划、纲要等计划性文体。它指示了一个时期内某项工作的要点、原则和方向，但一般没有具体的方法和措施。

2. 实施意见

实施意见一般是为贯彻落实某一重要决定或中心工作所制定的实施方案，它重在阐发上级的有关精神，使下级单位对上级的文件精神有更深入的理解，同时提出较为具体的行动方案和工作安排。

3. 具体工作意见

具体工作意见主要是对如何做好某项工作提出意见，所涉及的内容比较具体，有时还会有一些可操作的办法、措施等。

(四)意见的基本格式和写作

意见一般由标题、正文、发文机关和成文日期组成。

1. 标题

意见的标题属公文规范式标题，发文机关、事由、文种三要素俱全。

2. 正文

意见正文由发文缘由、意见条文、执行要求三部分组成。

(1)发文缘由

发文缘由是意见的开头部分，主要写出发布意见的背景、根据、目的、意义等，不需面面俱到。独立成段，根据具体情况可长可短。发文缘由后面以“现提出以下意见”“特制定本实施意见”等过渡性语句转入下文。

(2)意见条文

意见条文是意见的主体，要把对重要问题的见解或处理办法一一写明。写作时要注意逻辑关系和连贯性，同时要简洁明确。如果是规划性意见，往往内容繁多，可列出小标题作为各大层次的标志，小标题下再分条表述。如果是内容较单纯、集中的工作意见，主体部分直接列条即可，不必再设小标题。

(3)执行要求

有些意见需要对贯彻执行提出一些要求，可以列入条款，也可单独在正文最后写一段简练的文字予以说明。如无必要，此项免除。

十、函

(一)函的适用范围和特点

函适用于不相隶属机关之间商洽工作，询问和答复问题，请求批准和答复审批事项。

函具有以下三个的特点。

1. 使用范围广泛

函广泛用于公务活动的各个领域与各个不同级别的机关、社会团体、企事业单位。

2. 行文多向灵活

函一般不受行文关系的约束，只要公务活动需要，就可以向平行机关和不相隶属的机关发出，也可以向上级机关或下级机关发出。此外，函的篇幅短小，轻捷简便，写法也灵活。

3. 语言质朴自然

函的语言大多是陈述性、说明性的，质朴无华，平易、明白、晓畅，语气恳切平和，不像法规性、指挥性公文那样带有强制性。

(二)函的分类

函按照不同的角度可以划分为不同的类型。

1. 按应用范围分，有商洽函、答询函、请批函、告知函。

(1)商洽函

商洽函是平行机关、不相隶属机关之间商洽工作，联系参观、学习，邀请讲学或业务指导时所使用的。

(2)答询函

答询函是单位或部门之间用来相互询问和答复问题的函。

(3)请批函

请批函是向有关主管部门请求批准的函。这种函多是向业务主管部门或归口管理部门请求批准事项。请批函与请示的区别主要在于，前者是向不相隶属机关(包括同级机关)请求批准，后者是向上级机关请求批准。

(4)告知函

告知函亦称通报函，是将某一活动或事项告知对方。这种函类似于知照性通知，由于没有隶属关系，用通知不妥，因此宜用函。告知函不要求对方回复。

2. 按行文方向分，有发函、复函。

(1)发函

发函也称去函、问函，是本机关主动向对方去函的。

(2)复函

复函也称回函，是指回复询问或批准事项的函。复函既回复对方的询问，也回复对方来函所商洽的事项，还回复对方请批函中所提出的回复请求。

(三)函的基本格式和写法

函一般由标题、主送机关、正文、发文机关和成文日期组成。

1. 标题

函的标题由发文机关、事由、文种组成。如果是复函，标题上则要写明“××机关答复××问题的复函”。

2. 正文

函的正文是函的主体部分，一般由开头、主体和结尾组成。

开头：如是发函，开头简述发函的缘由和目的；如是复函，应引述来函日期、函件名称和发文字号做起首语。

主体：函的事项部分。如是发函，要写清商洽、询问或请求批准的主要事项；如是复函，要针对来函事项逐一郑重作答，答复要具体、明确，不能不置可否或答非所请、所问。

结尾：函的结语部分。结语要干净利落，或重申致函目的，或要求对方有所行动。常用的结语，发函一般用“盼复”“即请回复”“特此函达”“请予支持，并盼复”等；复函一般用“此复”“特此函复”等。

3. 发文机关和成文日期

函的发文机关和成文日期标注方法与其他公文相同。

(四)函的写作要求

1. 内容简洁扼要、语言通俗易懂

询问、商洽性的去函，语气要恳切，讲究礼貌。复函要针对对方提出的问题，及时、具体、明确地答复，便于对方处理。

2. 函要做到一文一事

函要一文一事，内容单一、集中，这样便于收文单位处理，有助于提高办事效率。

十一、纪要

(一)纪要的适用范围和特点

纪要适用于记载会议主要情况和议定事项。

纪要是会议组织、领导和主持的机关用以记载会议进程、决议事项和主要精神，并传达给有关方面的公文。

纪要的特点如下所示。

1. 纪实性

纪要是根据会议的主旨、议程、决议等概括整理成文的，对会议基本情况是纪实性的。纪要的撰写者，不能变更会议议定的事项，不能随意改动会议上达成的共识和形成的决议，更不能对会议内容进行随意的评议。

2. 提要性

纪要与会议记录不一样，不是有言必录，而是提要性的，将会议中重要的情况、重大问题的决定和决策意见简明扼要地陈述出来。

3. 多功能性和多向性

多功能性是指纪要具有记录性、知照性和指挥性。多向性是指纪要行文方向多向，可以上报、下达、横传。上报，是向上级机关汇报会议情况，让有关领导了解会议进程、具体内容和结果；下达，是向与会单位或下属单位传达会议情况和会议精神，以便贯彻执行，指导工作；横传，是与其他单位互通信息，起互相交流的作用。

(二)纪要的分类

1. 按照会议的性质，纪要可以分为以下两种。

(1)决定性纪要

决定性纪要对与会单位具有指示和指导作用，具有决定的性质。因为它反映的是会议的结论性意见，具有较强的政策性。这种会议纪要必须经过大会讨论通过，才能发布。

(2)情况性纪要

情况性纪要，只起让与会单位了解会议进程和基本情况的作用，它反映的是会议的基本情况。

2. 按照会议内容和会议形式划分，会议纪要还可分为座谈会会议纪要、工作会会议纪要、办公会会议纪要、联席会会议纪要、专题性会议纪要等多种。

(三)纪要的基本格式和写法

纪要一般由标题、成文日期和正文三个要素构成。

1. 标题

纪要的标题一般由会议名称和文种两部分组成。

2. 成文日期

纪要成文日期一般加括号标注在标题之下正中位置，也有的标写在正文之后。

3. 正文

正文是纪要的主要部分。一般由开头、主体和结尾三部分组成。

(1)纪要的开头

纪要的开头一般要写明会议的概况，包括会议召开的时间、主持召开会议的单位、开会地点、参加会议的人员以及会议的议题等。有的还写会议程序和概述会议总的情况。这一部分要写得简明扼要。

(2)纪要的主体

纪要的主体是记述会议的要点，主要写清三个方面的内容。

第一，说明议题。主要是提示会议的宗旨、中心议题，内容不宜多写，文字要高度概括。

第二，分析形势，研讨问题。主要是阐述会议讨论的重大问题，或者是对工作情况的基本估计，总结经验，提出需要解决的问题。这一部分常在段落或层次之首冠以“会议认为”或“与会代表一致认为”作为提挈语。

第三，阐述会议结果。这是会议纪要最重要的一部分，主要阐述会议讨论的意见、形成的决议、做出的决定、提出的要求、需要采取的措施等。这部分常在段落和层次之间冠以“会议要求”“会议决定”“会议强调”等词语作为提挈语，以引出会议的主要精神。写这一部分常用的结构方式有归纳式、综述式、发言记录式。

归纳式：对会议内容进行分类整理，划分出一个个问题，把每个问题作为一个部分，大的部分之下还可以再分小的部分，每个部分的前面可以加序号，也可以加小标题。然后再按内容的自然顺序或者逻辑顺序排列起来。规模较大、涉及问题较多的会议，一般采用此法写会议纪要。

综述式：也叫概述式，是把会议内容综合到一起，概括地反映出来的一种写法。这种写法比较适用于规模较小的会议的纪要。

发言记录式：这是一种写出发言者的姓名，并按发言的顺序，把每个人发言的要点如实地写出来的方法。这种写法用得不多，一般只见于某些座谈会纪要。

(3)纪要的结尾

纪要的结尾主要是提出希望和号召或列出尚未得到解决的问题，供以后继续研究探讨。

(四)纪要与会议记录的区别

纪要与会议记录有着十分密切的联系。纪要是在会议记录的基础上进行的，它要对会议记录进行分析、整理、综合、概括，按照会议的议题和宗旨，把会议的主要精神及议定的事项准确地反映出来。因此，会议记录是纪要的基础，没有会议记录就没有纪要。

纪要与会议记录虽然都是会议内容，但二者又有明显的区别。其一，二者文体性质不同。纪要是法定公文，一般具有指挥性特点，要求有关部门对会议形成的决议遵照执行或贯彻落实；会议记录则是记录会议内容的一种书面材料，既不上报，也不下发，只作为工作依据和参考材料来处理，或只起备查作用。其二，基本内容和写法不同。纪要只反映会议的主要精神和议定事项，因此它要对会议内容进行分析和综合，使之条理化和理论性；会议记录则是对会议内容做客观记录和详细记录，即使是摘录，也是较详尽的。

(五)纪要的写作要求

1. 客观整理，保证真实

纪要是会后形成的文件，是对会议情况实事求是的反映，一定要保证内容的真实性。会议纪要的撰写者在会议期间要尽量全面掌握会议的情况；在综合会议内容时，只能进行必要的归纳、概括和提炼，不能随便增减内容或想当然地修改原意。

2. 详略得当，突出要点

撰写纪要一定要抓住“要”字，紧紧围绕会议的中心议题，抓住会议要解决的核心问题，立足会议的实际情况，体现会议的主要精神。对会议材料要去粗取精，对与会者的发言要归纳出代表性、典型性的意见。对会议的一般内容不宜写得过于具体，但要注意写好结论性的意见。

第九章　事务性公文写作

事务性公文是党政机关、社会团体、企事业单位在办理公务过程中形成的非法定文件。它的主要作用是对本单位、本部门的内部管理工作实行有效的指导、引导，因此反映的内容几乎都是本单位、本部门的工作情况。计划、总结、调查报告、简报等文种是其主要的外在表现形式。

事务性公文的文种不是《党政机关公文处理工作条例》规定的正式文种，其体式、制发、效能等是在工作实践中约定俗成，并且由发文机关自身确定的，因而不具有法定效力，只有在发布机关权限范围内具有一定的行政效力。然而，这并不代表事务性公文不重要，因为这类公文使用频率高、适用范围广，在布置工作、记载信息、交流情况、总结经验教训等方面发挥着举足轻重的作用。机关内部之间的联系、沟通、协调也离不开它。事务性公文的质量高低、数量多少，直接影响着机关工作的效率，反映着机关工作的作风。

虽然事务性公文不像法定公文有着严格的体式要求，但并不是不讲章法，可以粗制滥造。掌握一定的写作方法和技巧，不仅对提高事务性公文的质量至关重要，也能起到事半功倍的效果。

需要进一步说明的是，由于事务性公文不属于法定公文，因而不能直接对外行文，只能作为法定公文的附件行文。

一、计划

计划是在预定的期间内，为了实现某一目标，完成某项工作，对一定时期的行动内容、步骤和方法做出安排和设计，并用书面形式表达出来的一种事务文书。计划具有预见性、科学性、实践性的特点。

(一)计划的分类

“计划”是计划性文体的统称，它是由计划、设想、纲要、规划、要点、方案等文种共同组成的一种文体。

在实际工作中，计划的种类很多，根据不同依据，可分为不同类别。

1. 依据计划内容，可分为生产计划、工作计划、科研计划、学习计划等；

2. 依据计划性质，可分为综合性计划、单项计划等；

3. 依据计划范围，可分为国家计划、地区计划、部门计划、单位计划、个人计划等；

4. 依据计划时间，可分为长期计划、中期计划、短期计划等。

(二)计划的基本结构和写作

计划的结构一般分为标题、正文和落款三部分。

1. 标题

计划的标题要求简明扼要、醒目恰当，一份计划的标题，一般应包括制订计划的单位名称、计划的时间界限、计划内容范围、计划名称(表示计划这一文体的特定的修饰词)。如《××大学关于2021—2022学年度学生社会实践活动计划》《2022年××学校图书馆工作人员业务培训计划》。

2. 正文

正文是计划的主体部分，这部分由目标和任务、措施和方法、步骤和安排构成。

目标和任务是制订计划的基本要求，一份计划要做什么，应该达到什么标准，这些都要在计划里得到明确具体的表述。在明确了计划的目标后，对如何实现这样的目标，应该采取什么样的措施和方法，以保证目标的顺利实施，就应该在计划中得到体现。步骤是实施计划过程中的时间安排，即完成目标的时间安排、具体的程序步骤。

3. 落款

在正文的右下方注明制订计划的单位名称或个人姓名，以及制订计划的年、月、日。

(三)计划的写作要求

1. 要认真学习与制订计划相关的政策、文件，使制订的计划有可靠的依据。

2. 制订计划要从实际出发，深入地调查研究，广泛听取各方面的意见，使计划制订得更具现实基础。

3. 制订计划时，既要体现计划的完整性，又要突出中心，突出重点。

(四)计划写作范例

××学院中、青年实验教师和实验技术人员培训计划

为了不断提高实验教学质量，提高中、青年实验教师和实验技术人员的实验指导水平和实际工作能力，仪器设备的使用能力以及科研能力，我中心特制订本中、青年实验教师和实验技术人员培训计划。

第一条　中、青年实验教师在完成实验指导教学工作任务的同时，还应该不断地继续学习和提高理论水平和实验指导水平。中心要求青年教师为自己制订出提高学历层次的计划，中年教师应尽快地提高技术职称及科研能力。

第二条　中心鼓励中、青年教师继续学习深造，有条件的可派到国内较好的兄弟院校或出国学习进修，开阔视野，提高理论水平、科研和实验能力，更好地为我中心乃至学院的发展做出贡献。

第三条　根据实际需要，中心可以委派具有实践经验、有高级职称和较高学术水平的实验指导教师，帮助中、青年教师，提高他们的实验课指导水平、科研能力。

中、青年教师应该虚心向这些教师学习，尽快提高自身业务水平。

第四条 实验技术人员要不断提高业务水平，在确保实验教学准备工作的前提下，还应提高仪器、设备的操作和使用能力、实验室的管理和建设能力。根据工作需要，中心可向学院提出申请，委派专门实验技术人员进行专项进修学习，提高业务水平。

第五条 实验技术人员要规划尽快晋升技术职称，中青年实验技术人员要有学历提高计划，尽快提高学历层次以满足实际工作之需要。

第六条 中青年专任实验指导教师，在完成实验教学指导工作任务的同时，要有学习和提高业务水平的规划，进一步提高学历层次、技术职称级别，以更好地胜任实验教学的需要。

此培训计划的实施，由本人或基础化学实验教学中心向学院师培科提出申请，经允许后施行。

××学院基础化学实验教学中心

××××年××月××日

二、总结

总结是人们在日常工作中运用得比较多的一种应用文，它是人们对某一阶段或某项工作进行回顾、分析、研究，从而找出规律性的认识，从理论的高度得出经验，用于指导今后工作的一种事务文书。

总结的目的是回顾过去、总结经验、吸取教训、指导未来，因此总结具有经验性、准确性、理论性、概括性等特点。

(一)总结的种类

总结的种类较多，从不同角度可以分出不同的种类。

1. 按总结的内容，可分为工作总结、学习总结、生产总结、思想总结等。

2. 按总结的时间，可分为年度总结、半年总结、季度总结、月总结、阶段总结、周总结等。

3. 按总结的性质，可分为综合性总结、经验总结、问题总结等。

4. 按总结的范围，可分为地区总结、部门总结、单位总结、个人总结等。

(二)总结的结构和写作

总结一般由标题、正文和落款三部分构成。

1. 标题

总结的标题，要根据总结的具体内容来确定，总的要求原则是简洁、醒目，高度概括总结的主要内容，突出中心。

陈述工作的总结、事务性较强的年度总结的标题一般由“单位＋时间＋内容＋文种”组成，如《××大学2022年工作总结》；以总结经验和揭示规律为主要写作目的的总结，一般用观点式标题，有时为了突出主题还可以在正题下加上副标题，如《继往开来，再接再厉——××学院20××年学生工作总结》。

2. 正文

总结的正文由前言、主体和结尾组成。

(1)前言

前言主要概述工作的基本情况，根据总结的内容，从全局出发，对过去的工作有一个总体认识，给人以总体印象。在具体写作过程中，可以用概括、对比、结论、综合等方式。

(2)主体

主体部分是总结写作的核心和重点。

总结的主体一般由三个方面的内容构成，一是主要成绩，二是存在的问题，三是今后的努力方向。

主要成绩的介绍是总结主体部分的核心，在具体写作中应该对工作中取得的成绩和经验进行具体的阐述，如叙述工作实绩，并做概括分析，找出规律性的东西。在介绍主要成绩和经验时，要注意实事求是的原则，注重事实概括和理论分析的结合，对涉及的事实要有充分的依据，在进行理论分析总结时，要对事实进行科学的分析，从中揭示事实的本质规律。存在的问题也要在总结中客观辩证地写出，这既是为了今后工作的需要，也是实事求是原则的体现。今后的努力方向，是在总结经验教训的基础上，提高认识，明确方向，对未来的工作提出目标。

(3)结尾

结尾是正文的收束部分。如果主体部分已经自然结束，那么，则可视为总结正文的结尾。有时在结尾部分要表示一下征求意见的态度。

3. 落款

落款包括署名和日期。在正文的右下方写明总结者名称或单位名称，写上总结成文的年、月、日。如属发表在报刊上的总结，一般将署名写在标题下。

(三)总结的写作要求

1. 认真调查研究，熟悉业务，占有材料。
2. 厘清思路，总结规律，提炼观点。
3. 突出重点，抓住典型，写出特色。
4. 语言准确，简明朴实。

(四)总结写作范例

20××年食品安全工作专项整治工作总结

根据上级部门文件精神，按照××县20××年食品安全工作责任书的要求，乡党委、政府高度重视食品安全工作，并将该项工作纳入议事日程，坚持以提高食品安全工作水平为核心，突出重点，狠抓落实，结合我乡实际情况，专门成立乡食品安全整治工作领导小组，负责开展此项工作。现将相关情况总结如下。

一、总体情况

20××年食品安全工作在“乡政府统一领导，专职干部全面负责，相关部门具体落实，社会力量共同参与”的工作机制推动下，坚持以邓小平理论和“三个代表”重要思想为指导，认真贯彻落实××县食品安全工作会议精神，切实加强对食品安全工作的组织领导，通过加强领导、强化宣传、完善各项工作制度，全面加强食品安全综合监管，食品安全工作目标责任书的各项要求得到很好的贯彻落实，食品安全形势持续好转，公众食品安全意识明显增强。

二、主要成绩

(一)组织领导得到加强，责任得到明确。被督查单位对食品安全工作的重要性、紧迫性认识明显增强，成立了食品安全工作领导小组，明确了责任人，将食品安全工作列入办公会议议事日程，定期召开会议，对食品安全工作进行部署，并对责任目标细化分解，乡政府与3个村委会、中心小学及联校签订责任书，共签订责任书4份。针对牧区监管力量薄弱的实际，我乡成立食品药品管理站，配备食品药品协管员，各村委会主任为信息员，有效解决了监管力量薄弱的问题，形成“横向到边，纵向到底”的村、组二级监管网络，实现具体事务有专人抓，彻底改变了过去基层食品安全业务没有专职人员抓落实的局面。

(二)制度建设逐步完善，长效机制基本形成。在建立工作制度的基础上，我乡制订了工作计划、宣传工作方案、应急预案等文件，为加强食品安全工作提供了制度保障。我乡将食品安全列入村规民约，通过自律的方式，全面落实牧区家庭自办宴席管理的工作责任。加强制度建设，完善监管机制。我乡结合实际和职责，制订了重大食品安全事故应急预案，进一步健全了食品安全事故应急机制，使应急处置工作更加规范化、制度化，提高了应急处置水平和能力。

(三)注重宣传教育，形成安全氛围。我乡按照《20××年食品安全宣传月实施方案》要求，以印发宣传材料、悬挂宣传标语等形式开展食品安全宣传活动。共发放宣传资料30余份，我乡结合牧区工作，利用乡党委、政府召开相关会议的时机，适时对村班子开展食品安全的即时培训，加强食品安全教育。

三、存在问题

一是村组班子领导对食品安全工作的重要性、紧迫性认识不够，不能充分履行在食品安全工作中的领导、组织和协调职能，与部门之间的沟通、协调、配合不够，监管合力不强。

二是乡镇与村委签订的《食品安全目标责任书》，部分指标不切合实际，可操作性不强。

三是各村食品安全信息报送、管理工作有待加强。

四是学校食品安全隐患仍不同程度存在。

五是食品安全宣传教育工作有待加强。

六是建议上级相关部门有针对性地对食品安全工作进行培训。

四、下一步工作建议

(一)要充分认识食品安全工作的重要性和紧迫性，做到高度重视，强化责任，狠抓落实，完善应急救援、信用管理制度等长效监管机制，提高食品安全管理的能力和水平。充分发挥工作职能，安排专职人员，落实食品安全工作的各项事务，确保食品安全工作不脱节。

(二)利用我乡便利的交通和区位优势的良好契机，在条件较好、村民接受程度高的村委，选1—2个点，作为开展食品安全工作的示范村，通过以点带面，辐射全乡。

(三)要采取多种方式，结合工作实际，广泛宣传安全知识，使食品安全宣传走进学校、牧区，不断提高广大牧民群众的自我防护意识和能力，起到预防预警作用。

(四)要加强对学校食堂的日常督查，检查是否执行食物采买索票索证制度和食物留样制度等。

(五)围绕目标责任书，逐条逐项对照收集工作痕迹材料，查缺补漏，以完整的档案，展示工作动态，迎接年终考核。

20××年××月××日

三、调查报告

调查报告具有“调查”和“报告”两种含义，是报告调查研究结果的文书，是作者对客观事物做深入细致的调查研究，用科学的方法进行认真严肃的分析研究，透过现象揭示事物的本质而写成的书面报告。

(一)调查报告的特点

1. 针对性

调查报告的目的倾向很明确，有鲜明的针对性，它要反映生活工作中实际存在的问题和矛盾，有计划、有针对性地对某一事件、经验或问题进行调查研究。同时，调查报告也能迅速地反映各个部门所取得的新经验、新成果，指导和推动其他工作。

2. 事实性

调查报告要用事实说话，要通过具体的事例、数据来反映问题，说明主旨，揭示规律，事例要有典型性，数据要真实可靠，对事实材料的选择要注意真实性、准确性。

3. 语言平实

调查报告是用科学的方法进行分析而写成的书面报告，是一种实用性的文章，在语言的要求上以平实为原则，力求事实叙述清楚，观点阐述准确。

(二)调查报告的种类

调查报告根据不同的标准，有不同的分类方法。

1. 按反映内容，可分为经验调查报告、情况调查报告、研究性调查报告、历史事实调查报告等。

2. 按功能，可分为指导型调查报告、定性型调查报告等。

(三)调查报告的格式和写法

调查报告的结构一般由标题、前言、主体、结尾四部分组成。撰写调查报告，其前提是必须做认真的调查研究，在充分占有材料的基础上进行分析研究，然后，在此基础上选择适当的结构来写作。

1. 标题

调查报告的标题要求观点鲜明，使读者见题明义。调查报告的标题从形式上来看，可以有单标题和双标题。单标题直接写明关于什么问题的调查报告或用调查报告的主题作为标题，如《关于××钢铁总厂管理经验的调查报告》；双标题即正副标题形式，用调查报告的主要观点作为正标题，下面再用副标题注明调查的内容、单位等。

关注大学生的健康消费(正题)

——当代大学生消费状况的调查报告(副题)

2. 前言

前言即调查报告的开头，要求开门见山，可就调查的一些情况做简要的说明，如调查的目的、对象、经过、时间、方式和结果等，还应该紧扣主题，使读者形成一个总的印象。

3. 主体

主体是调查报告充分地表现主题的重要部分。这一部分要用真实的事实和准确的数据反映被调查对象的实际情况，并对此做科学的分析和评价。在实际的写作中，可以通过选择恰当的结构来叙述事实和表明观点。调查报告的主体主要采取纵式和横式两种结构形式。

(1)纵式结构。根据事物发生、发展变化的先后顺序或按照时间、空间顺序来写。这种结构方法比较简单，全文脉络清晰。

(2)横式结构。可以按调查的内容分为几个部分，加以叙述和说明。这种结构不受时空限制，可以根据事物的内在联系或问题的逻辑关系安排结构，这种结构方式使论述比较全面、透彻，适合表述问题比较复杂的调查报告。

4. 结尾

结尾是调查报告的结束部分，要简短有力，在写作中是多种多样的，可以总结全文，深化主题；可以揭示问题，启发思考；可以归纳主题，强调主旨；可以表达决心，提出希望。

有的调查报告正文主体部分写完即是结尾。

(四)调查报告写作范例

××市××区中学生心理压力状况调查报告

当代中学生由于各种原因，很多人存在不同程度的心理压力，为了更清楚地了解中学生心理压力的具体情况，了解中学生的心理健康情况，我们在××市××区4所中学1000名学生中开展了“中学生心理压力状况”的问卷调查。通过问卷分析，我们对××市××区中学生的心理压力状况有了初步了解，希望能给学校更好地关注中学生的心理健康提供依据。

一、中学生心理压力的基本情况

调查结果显示，90%的学生认为有心理压力，6%的学生认为没有心理压力，4%

的学生不确定。事实上，有心理压力是正常的，也是必然的。学生多用“好烦”“太沉重”“好辛苦”等字眼来形容心理压力。

学生心理压力主要来自学习、人际关系及环境方面。

1. 学习方面造成心理压力的主要因素是：考试、成绩排名和学习方法

当谈到考试时，73%的学生出现紧张、害怕、厌烦、想逃避等消极情绪；17%的学生认为无所谓。考试时适当的紧张是正常的生理反应，但过于紧张或害怕就容易形成沉重的心理压力，不利于在考试中发挥正常的水平。

考试后，60%的学生最关心的是成绩，58%的学生最怕成绩排名。成绩是学习效果的反映，学生对成绩的关心和获得高分的愿望自然十分强烈，却畏惧成绩排名。成绩排名对优秀的学生是激励与肯定，但也会造成一定的心理负担，他们需要始终保持领先地位；而成绩排名对基础差的学生来说，意味着一次又一次地被击败，从而背上沉重的心理负担，甚至自暴自弃。可见，成绩排名对大多数学生来说是心理压力的重要来源。

是否掌握科学有效的学习方法，也是造成心理压力的重要因素。为此，学生常常感到苦恼、无助，不知所措。

2. 人际关系方面造成心理压力的主要因素是：紧张的亲子关系和同伴关系

父母对孩子的期望目标过高与孩子的实际差距太大；父母平时对孩子过问较少，一旦出问题却沉不住气，采取简单粗暴或放任自流的方法对待；父母不愿倾听孩子的诉说，而以家长权威压服孩子；父母爱把孩子与他人比较……41%的学生认为这些容易造成父母与孩子之间的矛盾，继而带来心理压力，59%的学生则认为与父母的关系是和谐的。

难以处理好同学关系也会带来心理压力。中学生内心有强烈的交友需求。30%的学生表示不知如何处理同学之间的矛盾、摩擦、误解等，为此深感烦恼。

相对而言，82%的学生认为师生关系较为和谐，而老师的批评、老师不公平对待、评价不当或对学生不够理解、不够真诚，则容易在师生关系上造成学生心理压力。

3. 环境方面造成心理压力的主要因素是：家庭环境和学校的规章制度

父母离异或突然死亡、父母经常吵架、父母性格不良、经济困难等家庭变化和不良环境会给学生带来心理压力。

学生基本认同并能认真遵守学校的各项规章制度。41%的学生对如学校里的衣物穿着、发饰等仪表的规定持有异议，在行为中形成个性的张扬与学校制度的冲突，造成心理压力。

二、中学生心理压力的调适方式

中学生有心理压力时，他们的调适方式是：48%的学生默默承受和忍让；25%的学生靠运动、游戏来转移自己的情绪；5%的学生会以发脾气、搞一些小小的破坏活动求得平衡；71%的学生选择向朋友倾诉(包括上网聊天)；19%的学生通过写日记宣泄自己的不快与抑郁情绪；13%的学生会与师长谈心；21%的学生能哭时就大哭一场；8%的学生大睡一觉或听音乐等。

心理压力的疏导与宣泄对中学生的身心发展是很重要的，他们都在以各种方式减轻或解除心理压力。学生多数选择向朋友倾诉，这符合中学生与同龄伙伴交往并建立友谊的需要日趋强烈的心理特点。

三、建议

1. 学校教师的积极引导

教师要教育学生明确学习目的、学习方向；实现从应试教育到素质教育的转变，既要重视课堂教学活动，又要重视社会实践和校园文化生活；要尽可能地减轻学生的课业负担；要“授人以渔”，教会学生掌握知识、形成能力的最佳学习方法和途径；帮助学生树立正确的考试观和分数观。

2. 建立和谐的人际关系，使学生心情愉悦，有利于他们健康成长

一方面，加强对学生的人际交往教育，鼓励学生在交往活动中相互认知、相互沟通，积极主动地获取信息、沟通情感、增进了解、反省自我，这对中学生的心理健康是十分重要的。另一方面，在充分认识学生心理发展的年龄特征的基础上，作为父母，与子女的交往应在和谐、平等、理解的气氛中进行，对孩子应给予充分的爱，对他们的思想、品行、交友、身体、学习等方面都要真诚关心和正确评价，并提供合理的帮助和适当的指导，成功时肯定，失败或挫折时鼓励指导；实事求是，根据自己子女的实际情况，有针对性地提出要求，因材施教。作为教师，在师生交往活动中，形成尊重、信任、平等、鼓励的新型师生关系。

3. 家庭、学校环境是中学生生活、学习的重要条件，父母、教育者应该为未成年子女创造良好的家庭、学校环境，培养和提高学生承受挫折的能力，这是家庭和学校的共同职责。家长和教师要主动做学生生活、学习的知心朋友和引路人，教会他们调整心态，积极面对人生。

四、小结

诚然，必要的压力是中学生成长和发展的推动力，为全面发展而付出心血和汗水，正是中学生成长过程中所必须承担的压力。但同时，促进中学生的心理健康发展是实施素质教育的一个重要方面，需要教师、学校、社会联起手来，共同关注，共同努力。因此，学校有必要对学生的心理压力进行长期的研究，采取有效的措施引导学生健康地成长。

四、简报

简报，是国家机关、社会团体、企事业单位用于沟通信息、汇报工作、交流经验、反映情况的一种应用文体。

(一)简报的特点

1. 简明扼要

简报编写的原则是简明扼要、短小精悍，把情况说明即可，不必面面俱到。

2. 真实新颖

简报主要用于向上级机关反映和报告情况，机关、企事业单位、社会团体快速向

下级机关推广经验，同级机关相互沟通信息和交流情况，因此简报编发的内容必须真实可靠，不能凭空胡乱编造。同时，简报还要把人们关注的新事物、新问题及时在正文中反映出来。

3. 快速及时

简报具有时效性，编写、编发要迅速、快捷，讲求时效。

4. 内部交流

简报是在相关领域内部一定范围内交流的，是国家机关或企事业单位印发的一种定期或不定期的内部刊物，具有简短、灵活的特点。

(二)简报的种类

从不同的角度，可以把简报分为不同的种类。

1. 按简报性质，可分为综合性简报、专题简报等。

2. 按简报内容，可分为工作简报、情况简报、会议简报、经验简报等。

3. 按时间，可分为长期简报、短期简报、定期简报、不定期简报等。

4. 按发送的对象，可分为上行简报、下行简报、平行简报等。

(三)简报的格式和写作

简报由报头、正文和报尾三部分组成。

1. 报头

简报有固定的报头，报头有固定的版式，包括简报名称、期数、编写单位、印发日期、秘密等级、编号等几部分。报头与正文之间，用横隔线隔开。报头在第一页上方，占一页 1/3 的篇幅。

简报名称应排在报头中间，名称有单称“简报”的，也有的在“简报”前面加上单位名称或简报种类名称等限制词的，通常用大红字体套红印刷，如《高教简报》《四川省农村初中语文省级骨干教师培训工作简报》。

期数一般排在简报名称的正下方，标明“××期”，还可以用括号标明总期数。

编写单位位于期数的下方左侧，具体为红色分割线上，左空一格。

印发日期位于编写单位的右侧，右空一格。

如有份号，可标注在首页版心的左上角。

如有秘密等级，标注在首页版心的左上角“份号”下一行，分别用“绝密”“机密”“秘密”“内部参考，注意保存”等字样标示。

2. 正文

正文是简报的主体部分。首页红色分隔线下面写标题，如有按语，则先写按语，再写标题，然后是正文。

简报的标题要求简明、醒目，能扼要地概括正文的核心内容，尽量准确。标题可以是单行标题，也可以是多行标题。

简报正文内容的写法比较灵活，主要应做到要点明确具体、事实准确充分、思路清晰严密。简报的编写者首先应明确简报的中心思想和基本内容，在此基础上，应明确内容的要点，在编写时做到具体，给读者留下较深的印象；其次，在概括事实时，应做到材料充分、事实准确，简报一般是反映情况的，需要有具体的事实做支撑，事实的准确才能说明观点；最后，正文的层次应清晰，在编写时，要根据正文的内容确定层次的安排，条理清晰严密，逻辑性强。

3. 报尾

在正文下方的两条平行横线内，写明简报的发送范围，有的分别标明：报、送、发。在横隔线下右侧还应标明编印份数。

(四)简报的编写要求

1. 要点明确，内容真实

简报正文内容必须真实，才能体现简报的作用，事实材料要准确充分，内容要点须明确具体。

2. 思路清晰，报道新颖

简报的内容力求新颖，要注意选择报道的角度，力争反映新情况、新问题、新经验，同时，在编写时，要做到思路清晰，条理清楚。

3. 讲求时效，迅速及时

简报要抓住时机迅速及时地做出报道。讲求时效才能使简报真正体现沟通信息、交流经验的作用。

(五)简报写作范例

××简报(简报名称)

第×期总第××期(期号)

××办公室编印(编印单位)　　　　××××年×月×日(印发日期)

编者按：××××××(根据情况，可有可无)

紧扣“一个主题”强化“四个着力，六个围绕”

扎实有效推进学习实践活动

学校深入学习实践科学发展观活动开展以来，校党委根据实施方案确定的指导思想、目标要求、基本原则和方法步骤，将学习实践活动与意识形态领域反分裂、反渗透斗争集中教育活动紧密结合起来，做到一起部署、一起安排、一起推进、一起检查。同时，突出实践特色，紧扣“解放思想，科学发展，办好让人民满意的大学”学习实践主题，把学习提高贯穿始终，把查找和解决问题贯穿始终，在统一思想、提高认识上下功夫，在解决师生员工最关心、最直接、最现实的利益问题上下功夫，在解决影响和制约学校科学发展的突出问题上下功夫，在解决党的建设和干部作风建设存在的实际问题上下功夫，保证学习实践活动取得实实在在的成效，让师生员工深切感受到新变化、新气象。

校党委在充分学习吃透中央和省委有关精神，吸收借鉴中央试点单位先进经验和做法的基础上，结合我校实际，广泛调研，充分发扬民主，吸收各方意见和建议，提出了强化“四个着力，六个围绕”的工作思路，为学校试点工作扎实推进打下了坚实的基础。四个着力即：以着力推进学校又好又快发展，着力解决师生员工关心的热点难点问题，着力推进校园持续稳定，着力推进领导班子、干部队伍和基层组织建设四个方面为需要解决的重点问题。六个围绕即：一是围绕党的十七大、十七届三中全会精神，统一思想，提高认识，进一步明确学校发展思路和发展战略；二是围绕新形势下加快推进社会主义新农村建设，大力推动城乡统筹发展，推进农村改革发展的战略决策，进一步加快学科建设和专业结构调整，规划学科布局；三是围绕“以人为本”这一科学发展观的核心，以学生为重点，着力解决师生员工学习、生活迫切需要解决的现实问题，集中有限财力，兴办实事好事；四是围绕全省稳定大局，牢固树立“稳定压倒一切”的思想不动摇，在全校师生员工中集中开展意识形态领域反分裂、反渗透斗争集中教育，进一步增强反分裂、反渗透斗争工作的责任感和紧迫感，确保校园持续稳定；五是围绕落实党的教育方针，培养中国特色社会主义事业建设者和接班人的根本任务，认真落实中央16号文件，针对存在的薄弱环节，加强和改进大学生思想政治教育；六是围绕新时期党的建设伟大工程，坚持党要管党，从严治党，努力把学校各级领导班子建设成为善于领导科学发展的坚强领导集体，把学校干部队伍建设成为贯彻落实科学发展观的骨干力量，把学校基层党组织建设成为落实科学发展观的坚强堡垒，把党员队伍建设成为落实科学发展观的忠实执行者。

送：×××、×××

发：×××、×××、××× （共印×份）

第十章　日常应用文书写作

在日常工作和生活中，个人与党政机关之间、个人与企事业单位之间、个人与社会团体之间以及党政机关、企事业单位、社会团体三者之间，都会发生各种联系，办理这样或那样的事务。不管是出于何种目的，使用书面形式进行阐释、表达与沟通都很常见，如个人向企业发送求职信、企业与企业之间签订协议、外出联系工作开具介绍信等，诸如此类的应用文，都可以归为日常应用文书。

日常应用文书使用范围广泛，虽然有一定格式，但不是十分严格，写作方法灵活。由于是处理具体事务时使用的，因而写作目的明确，内容针对性较强，语言通俗简洁，很少有抽象、宏观的论述。

一、求职信

求职信指谋求工作职位的人向有关用人单位介绍自己的主观愿望和实际才干以谋求某一职位的专用书信。

(一)求职信的特点

1. 内容的真实性

求职信的内容必须真实客观，不能夸大其词，更不能胡编乱造，真实性是求职信的生命。在写求职信时，要把自己的思想品质、专业知识、特长爱好等方面如实地写出来。

2. 语言的礼节性

求职信在语言的表达上应该注意礼节性，讲究礼貌用语，如可以称对方为“贵校”“贵公司”“贵系”等。

(二)求职信的格式和写作

求职信一般由标题、称谓、正文、落款四部分组成。

1. 标题

标题是指在第一行正中写“求职信”“应聘信”等字样。

2. 称谓

称谓指第二行顶格写招聘单位或个人的姓名，并加上适当的职务称呼，如“××学校××校长”等。

3. 正文

正文一般分为引言、主体和结尾三部分。

引言主要说明求职信的目的和求职的原因；主体部分简述自己对所求工作的认识，并概述自己具备哪些才能与特长能满足所求工作职位的需要；结尾委婉提出自己的希望，并说明个人简历及相关材料已附上。

4. 落款

按一般书信格式，在信的右下方写上求职者的姓名和写信的日期。

(三)求职信的写作要求

1. 内容真实

求职信的基本要求是客观真实，对自己的情况必须做实事求是的概述介绍。

2. 针对性强，有特色

求职信的内容要针对所求工作的需要来写，例如，所求职位是中学语文教师，就要围绕教师写：学过的汉语言文学专业的课程、教育见习的经历、教育实习的情况、参加的相关社会实践等。同时，在体现针对性时，还要尽量写出特色，所写内容既能符合所求工作的性质特点，又能展现自己的特长优势。

3. 语言得体适中

文章的内容通过语言来传递，求职信要达到良好的效果，语言的推敲和斟酌是必不可少的，对求职信的语言要求主要是得体有礼貌，表情达意适中，既不能显得过分矫情，也不能太生硬，给人不好的印象。

4. 注重书写

求职信的书写也不能忽略，虽然现在电脑普及，打印便捷，但求职信也可以亲笔书写，一则显得诚恳，二则更能获取好感。

(四)求职信写作范例

求职信

尊敬的学校领导：

您好！

我叫××，是××师范学院汉语言文学专业应届本科毕业生。值此择业之际，我怀着一颗赤诚的心和对教育工作的执着追求，真诚地向您推荐自己。

大学四年里，我时刻按照“宽专业、厚基础、强能力、高素质”的标准去锻炼及发展自我。学习上，我刻苦努力，圆满完成了学校开设的语言文学、教育学等课程，每科成绩都达到优良，可以说对从事教育工作所必须掌握的相关知识有了相当程度的理解和掌握。并且在一个多月的教育实习工作中表现出色，获得了学校最高级别“双优”实习成绩，相信有能力胜任中学语文的教育工作。

“万丈高楼平地起”，我对于师范生“三字一话”的基本技能尤为重视。通过努力，我顺利通过了全国普通话等级考试，并以优异的成绩获得一级乙等证书；平时坚持勤练书法，钢笔字、粉笔字尤佳。课余，我还通过书刊网络等媒介涉猎各方面的知识，不断扩充知识面。期间，我还以优异的成绩通过了国家英语六级考试，国家计算机水平考试，且能娴熟操作多种办公软件，网络检索信息的能力也较强。

此外，我还一直担任学生干部，曾当过三年班长和社团部门负责人，有较强的班级管理能力、活动组织策划能力和人际交往能力。同时积极参加各种公共文体社会实践活动，在文艺和体育方面较有特长。因品学兼优，我多次被评为校级“三好学生”“优秀团员”。

我正处于人生中精力充沛的时期，并且热爱教育事业，决心做一名优秀的人民教师。希望贵校能提供一个让我发挥专长的平台，我定会竭尽全力地在工作中取得好的成绩。随信附上我的个人概况，以便您能更好地了解我。

此致

敬礼！

自荐人：××

××××年×月×日

二、述职报告

述职报告是各级机关、团体和企事业单位的工作人员向所在工作单位的组织人事部门或主管领导、群众以及上级机关，如实陈述本人在一定时期内，履行岗位职责的实绩、问题和设想，带有自我述评性和总结性的文体。

(一)述职报告的特点

1. 论述的确定性

述职有一个标准，那就是岗位职责及一定时期的目标、任务，不然的话，述职就无从下笔。岗位层次和种类不同，述职的内容和要求也有区别。

2. 实绩的呈现性

述职，主要写本人在工作岗位上做了哪些工作，结果如何。这包括工作的质量和效率、完成任务的情况及程度、水准等，不仅要有定性分析，而且要做出较准确的定量分析。

3. 行文的庄重性

撰写述职报告，态度必须严肃认真，内容真实无误，陈述具体简明，语言平实质朴。不允许搞“合理想象”，以偏概全、添枝加叶；也不能搞报喜不报忧，含糊其词、文过饰非。

(二)述职报告的结构和写法

述职报告的结构通常分为标题、称谓、正文和落款四个部分。

1. 标题

述职报告的标题常见的有三种写法。

(1)文种式标题。用文种名称，题下签署职务和姓名。

述职报告

×××(职务)　×××(姓名)

(2)全称式标题。由述职人、任职期限、所任职务、文种组成。

×××(姓名)在××××年任××职务期间的述职报告

(3)文章式标题。以述职报告的基本点、基本经验、教训或态度为题。

2. 称谓

向上级呈送的述职报告应写明报告的收文机关或领导人；向所属人员做口头述职，其称谓应是“同志们”；如报告的对象既有领导，又有所属人员，则称“各位领导、同志们”。称谓顶格，加冒号。

3. 正文

正文一般由开头、主体和结尾组成。

(1)开头。定述职基调，写明述职时限、范围以及对任职的总体评价。对自己的工作情况，要用简洁的语言，开宗明义地做简要回顾和概括，并表明自己述职的态度，使考核者对自己的工作有个总体的概括了解。

(2)主体。述职的主体部分内容较多，一般包括以下几个方面。

①工作取得的成绩和效果；

②工作中的经验和体会；

③工作中存在的问题；

④今后工作的设想，或建议和意见。

(3)结尾。结尾主要是真诚欢迎大家批评指正，表明今后的工作态度。

4. 落款

落款是述职人署名和成文(或报送)日期。如有附件，应一一写明附件名称。

(三)述职报告的写作要求

1. 态度要端正

述职者在撰写报告时必须端正态度，明确自己的述职基调和范围，回顾工作全过程，用心思索，总结经验教训，广泛地征求群众意见，对照有关方针政策和规定，从纵向和横向的对比联系中高标准地进行述职。

2. 要实事求是

述职时，讲成绩要恰如其分，符合实际；讲问题要抓住要害，直截了当；讲经验体会要有血有肉，有理有据。

3. 重点要突出

述职，不可能干了什么工作，办成了什么事情都一股脑儿地倒出来，必须根据工作重点，突出重心，主次分明，详略得当，条理清楚。

(四)述职报告写作范例

述职报告

×××(姓名)

各位领导、同志们：

一学年来，本人在教育教学工作中，始终坚持党的教育方针，面向全体学生，教书育人，为人师表，确立“以学生为主体”“以培养学生主动发展”为中心的教学思想，重视学生的个性发展，重视激发学生的创造能力，培养学生德、智、体、美、劳全面发展，工作责任心强，服从领导的分工，积极做好本职工作，认真备课、上课、听课、评课，及时批改作业、讲评作业，做好课后辅导工作，广泛获取各种知识，形成比较完整的知识结构，严格要求学生，尊重学生，发扬教学民主，使学生学有所得，不断提高自己的教学水平，并顺利完成教育教学任务。为今后更好地工作，现将一年的工作做如下汇报。

一、完善师德——为师之本

“德高为师，身正为范”，为人师表，以德为首。在工作中，我告诫自己，“爱岗敬业，乐于奉献，教书育人，廉洁从教，为人师表”才是崇高师德风尚的真正内涵。坚守高尚情操，知荣明耻，严于律己，以身作则。衣着得体，语言规范，举止文明。关心集体，团结协作，尊重同事，尊重家长。作风正派，廉洁奉公。保持一颗平常心，力求在工作中，不计较个人得失，吃苦在前，做事在前，业余时间不搞有偿家教，不接受家长送的礼物。

二、虚心学习——智慧之源

作为一名教师，教学中会遇到许多问题，需要依靠智慧来解决，其实，智慧来自细心的观察、勤奋的工作，来自不断反思，不断否定自我。我爱读书，再忙也没有放弃读书。一年来，我通读了苏霍姆林斯基的《给教师的100条建议》、魏书生的《教学工作漫谈》，以及《现代人智慧全书》《道德经》等书籍。同时结识很多名师和青年教学骨干，从他们身上我学到许多，也发现了自身的不足。

三、教研工作——求真务实

进行教改探索，精心制订以人为本的校本教研计划，组织新型的教学研究活动，通过学习新理念，借助网络平台，分析案例、集体备课—上课—听课—研讨，让更多的教师参与到教学研讨活动中来，增强了网络教研活动的实效性，提高教师的课堂教学水平。尤其是新调入我校的三位教师，跟踪听课一个月，每周听完一节课后及时地予以点评，肯定教学中的亮点，并指出存在的问题和解决的办法。三位教师的课堂教学能力均有不同程度的提高。本年度共听课71节，积极组织教师参加各种级别的教研活动，跨区域联动教研工作尤为突出，承担区内外多所学校观摩活动，加大与外界的合作与交流。组织教师外出学习、参观考察，开阔视野，增长见识，拓展思路。要求外出学习教师写下学习心得体会，在校园网或本组教师会上做交流，让有限的资金发挥最大的效益，让全体教师都有所获、有所感。充分挖掘校本培训资源，加大教师的培训力度，进行班主任培训、信息技术培训、精细化管理培训、教师敬业精神培训、教师礼仪培训等活动。在推广教师研究成果方面也做了大量工作，鼓励教师积极撰写教育教学论文。组织教师积极参加各级各类征文、论文竞赛。本学年教师参加的信息技术征文获奖34篇，综合实践性论文获奖1篇。本年度开展了青年教师教学比赛，王××老师取得了语文片区赛第一名的好成绩。候××老师参加了大武口区综合实践课比赛，从初赛到复赛均名列前茅，代表大武口区参加市级比赛，成绩突出。体育教师杜玉红在自治区教学技能大赛中取得第一名的好成绩。

四、合作意识——必不可缺

我知道学校工作要想做好，仅靠个人是不够的，顾全大局、融合群体的豁达胸怀，多学他人长处，择善而从，才能将精彩的个体组织起来，在管理中形成合力。在工作中难免有这样或那样的困难，大家群策群力，通力合作，共渡难关。我能设身处地地为他人着想，力争让每一位老师尽力支持学校的各项工作，在大家的配合下，科研部工作有条不紊地按照年初制订的计划全部完成。

本学期我校承办了大武口南片区思品小专题展示，以此次展示为契机，在学校开展思品教师教学大赛，选拔人才参加展示，努力将展示与研究相结合，提升活动的质量。马××老师在大家的帮助下，不负众望，取得了好成绩。科研部在承担活动中表现出色，得到了教研室领导的认可。

五、服务他人——完善自我

教育是服务，管理更是服务，我牢记服务意识。在校长的指导下制订工作计划、规章制度、检查考核制度，做好继续教育培训的各项工作，为年终考核提供依据；组织、指导、审查各年级教育活动计划，各教研组教学教研计划，组织全校教育教学研究和经验交流，通过摸底听课、调研听课、随堂听课、达标课、复核课等不同形式的听课活动，及时掌握教师课堂教学的动态和水平，帮助教师把握学科教学的标准，解决教师课堂教学中存在的问题。城乡联动工作也开展得很有实效，本学期组织三所联动学校开展了班主任远程培训、同课异构、优质课观摩、夕照工程课件制作比赛、精细化管理培训、名师讲座等活动。当然，这些成绩的取得，绝不是我个人的功劳。这是各级领导关心、全体教师共同努力的结果，如果没有大家的辛劳与付出，如果没有大家的敬业与奉献，如果没有大家的支持与帮助，这些成绩是想都不可想的！我只是在其中起了穿针引线的作用，用针线把你们奉献的一颗颗闪亮的珍珠拾缀、串联起来，让它们的光芒更加夺目，更加灿烂！在此，我向各位老师的辛勤劳作与无私奉献表示衷心的感谢！

回顾一年来的工作，有成绩也有遗憾，由于年轻，工作经验不足，在开展工作当中也出现了一些不尽人意的地方。

1. 政治、业务学习还有待加强，教学管理水平还有待进一步提高。

2. 深入课堂、深入班级不够。平时与学生的交流不多，主动性不强。

3. 为教学服务的力度还应加大，应及时搜集教育信息传达给教师达到信息共享。

进一步发展我校是领导关心、群众关注、社会期盼的一件大事。十几年的教育教学工作给我这样的启示：学无止境，没有最好，只有更好。我愿和同仁们一道，共同探讨，携手并进，勇于创新，继续努力成为一名优秀教师。

三、合同

合同又称契约、合约，是社会进行经济活动的基本法律形式。

合同属于经济文书，是平等主体的自然人、法人或其他组织之间设立、变更、终止民事权利义务关系的文书。

订立合同，是自然人、法人或其他组织之间的事，只要主体具有行为能力，他们之间依法享有自愿订立合同的权利，任何单位和个人不得非法干预。

(一)合同的种类

合同的种类很多，不同的行业、不同的部门、不同的行为或活动都有不同的合同。《中华人民共和国合同法》所列举的合同，是以合同的业务性质和内容不同为分类标准的，按照这个标准，可以把经济合同分为十五大类。

1. 买卖合同。
2. 供用电、水、气、热力合同。
3. 赠与合同。
4. 借款合同。
5. 租赁合同。
6. 融资租赁合同。
7. 承揽合同。
8. 建设工程合同。
9. 运输合同。
10. 技术合同。
11. 保管合同。
12. 仓储合同。
13. 委托合同。
14. 行纪合同。
15. 居间合同。

(二)合同签订的原则

1. 遵纪守法原则

签订合同是一种法律行为，当事人订立、履行合同，应当遵守法律、行政法规、党和政府的方针政策，应尊重社会公德，合同内容应合乎国情民情，订立合同不得扰乱社会经济秩序，不得损害社会公共利益。

依法订立的合同，受法律保护，对当事人具有法律约束力。当事人应当按照合同的约定享受自己的权利和履行自己的义务，非依法律规定或取得对方当事人同意，不得擅自变更或解除合同。

2. 平等公平原则

合同当事人不论其资产多少、地位高低，也不论其代表的组织规模大小、生产经营状况如何，其地位都是平等的，一方不得将自己的意愿强加于另一方。双方的权利和义务应该是对等的、公平的，不能趁一方有难或奇货可居，而要挟或迫使对方接受不平等条款。

3. 自愿协商原则

合同当事人依法享有自愿订立合同的权利，任何单位和个人不得非法干预。对合同的签订及条款内容，合同当事人在自愿的基础上，在不违背法律和政策的前提下，由双方协商一致确定。

4. 诚实信用原则

在订立合同前，双方应坦诚地向对方讲清楚自身的资信能力、经营权和经营能力、经营范围以及合同签订人的身份和权限，并提供必要的证明文件，不能隐瞒或夸大资信能力等，更不能欺诈。

资信能力，具体表现为是否有“四证”，即企业等级证书、产品质量等级证书、重合同守信用证书、银行信誉等级证书。验证对方的经营权和经营范围要检查其营业执照或其副本。在签订合同时验证经营能力主要是要排除两种人：一是依法被剥夺经营能力的人；二是不具备经营能力的未成年人和精神病患者。订立合同应以诚信为本。

（三）合同的格式与写法

合同作为一种具有法律效力的经济文书，其格式由标题、正文、署名、日期、公证者五部分构成。

1. 标题

写在第一行的中间，标明合同的性质、种类，字体一般应大一些。

2. 正文

正文为合同的主体，主要包括以下几点。

(1)写明订立合同双方的单位名称、代表人姓名。

(2)开头。写明订立合同的目的、依据、经过等。

(3)法定条款。这是合同的主要内容，主要包括：标的，数量，质量，价款或报酬，履行的期限、地点和方式，违约责任，有效期限，文本份额与保存，附件等。

3. 署名

正文之后，另起一行在左右两侧分别写明订立合同的单位名称和双方代表的姓名，并加盖公章、私章(或签名)。

4. 日期

在署名下边写下签订合同的日期。

5. 公证者

注明公证者(机关或个人)的名称，并盖章。

(四)合同写作范例

劳动合同

合同编号：

甲方(用工单位)：

地址：

乙方(劳动者)：　　　　　　　　　身份证号码：

住址：

××公司(以下简称甲方)，现聘用________(以下简称乙方)为甲方劳动合同制职工，甲、乙双方本着自愿、平等的原则，经协商一致，签订本合同，以便共同遵守。

第一条　合同期限

合同期限为______年，从______年____月____日至______年____月____日止。其中试用期为____个月，自______年____月____日至______年____月____日。

第二条　工作岗位

甲方安排乙方从事______________工作。

甲方有权根据经营需要及乙方的能力、表现等调整乙方的工作岗位，乙方有反映本人意见的权利，但未经甲方批准，乙方需服从甲方的管理和安排。

乙方有权提出调整岗位的要求，甲方视情况决定是否调整。

乙方应按时、按质、按量完成甲方指派的任务。

第三条　工作条件的劳动保护

甲方需为乙方提供符合国家规定的安全卫生的工作环境，保证乙方人身安全及在人体不受危害的环境条件下从事工作。

甲方根据乙方岗位实际情况，按照甲方规定向乙方提供必要的劳动防护用品。

第四条　教育培训

在乙方被聘用期间，甲方对乙方进行职业道德、业务技术、安全生产及各种规章制度的内部培训。甲方根据情况可安排一些其他专业培训。

第五条　工作时间

甲方实行每周工作5天，40小时，每天8小时工作制。上下班时间按甲方规定执行。

乙方享有国家规定的法定节假日、婚假、丧假、计划生育假等带薪假日。

甲方确因工作需要安排乙方加班时，按照××市和甲方的有关规定给予乙方一定的经济补偿或安排相应时间的补休。

第六条　劳动报酬

按甲方现行工资制度确定乙方月基本工资为________元。其余各类津贴、奖金等发放按公司规定及经营状况确定；试用期工资为：____元。

甲方实行新的工资制度或乙方的工作岗位变动时，乙方的工资待遇按甲方规定予以调整。

每月____日，甲方向乙方支付上月度的工资。

第七条　劳动保险和福利待遇

甲方按照乙方本人意愿及国家和××市的有关规定为乙方缴纳养老、医疗、失业等社会保险。

甲方在生产经营状况良好的情况下，可为乙方购买商业保险。在保险期内，甲方有权变更或撤销商业保险。

第八条　劳动纪律

乙方应遵守国家的法律、法规及甲方规定的各项规章制度。

乙方应遵守甲方规定的工作程序。

乙方对工资、薪金结构及工作中涉及的业务资源等商业机密负有保密义务。

乙方违反劳动纪律和甲方的规章制度，甲方可按奖惩规定给予批评、教育等直至解除劳动合同。

第九条　劳动合同的解除与不得解除的规定

经甲、乙双方协商一致，劳动合同可以解除。

乙方有下列情形之一的，甲方可以解除合同：

(一)在试用期内，发现不符合录用条件的；

(二)严重违反甲方的规章制度的；

(三)严重失职，营私舞弊，对甲方造成重大损害的；

(四)乙方同时与其他用人单位建立劳动关系，对完成本单位的工作任务造成严重影响，或者经甲方提出，拒不改正的；

(五)乙方以欺诈、胁迫的手段或者乘人之危，使甲方在违背真实意思的情况下订立或者变更劳动合同致使劳动合同无效的；

(六)被依法追究刑事责任的。

有下列情形之一的，甲方提前三十日以书面形式通知乙方或者额外支付乙方一个月工资后，可以解除劳动合同。

(一)乙方患病或者非因工负伤，在规定的医疗期满后不能从事原工作，也不能从事由甲方另行安排的工作的；

(二)乙方不能胜任工作，经过培训或者调整工作岗位，仍不能胜任工作的；

(三)劳动合同订立时所依据的客观情况发生重大变化，致使劳动合同无法履行，经甲方与乙方协商，未能就变更劳动合同内容达成协议的；

(四)甲方因生产经营发生严重困难，企业转产、经营方式调整等致使劳动合同无法履行，确需裁减人员的。

有下列情形之一的，乙方可以解除劳动合同。

(一)甲方未按照劳动合同约定提供劳动保护或者劳动条件的；

(二)甲方未及时足额支付劳动报酬的；

(三)甲方的规章制度违反法律、法规的规定，损害乙方权益的；

(四)因甲方以欺诈、胁迫的手段或者乘人之危，使对方在违背真实意思的情况下订立或者变更劳动合同致使劳动合同无效的；

(五)甲方以暴力、威胁或者非法限制人身自由的手段强迫乙方劳动的或者甲方违章指挥、强令冒险作业危及乙方人身安全的，乙方可以立即解除劳动合同，不需要事先告知甲方。

乙方有下列情形之一的，甲方不得随意解除劳动合同。

(一)从事接触职业病危害作业的劳动者未进行离岗前职业健康检查，或者疑似职业病病人在诊断或者医学观察期间的；

(二)在本单位患职业病或者因公负伤并被确认丧失或者部分丧失劳动能力的；

(三)患病或因工负伤，在规定的医疗期内的；

(四)女职工在孕期、产期、哺乳期的；

(五)在本单位连续工作满十五年，且距法定退休年龄不足五年的；

(六)法律、法规、规章、规定的其他情形。

劳动合同解除后的补偿或违约金的承担参照相关法律、法规、规章、司法解释及公司规章制度执行。

第十条　违反劳动合同的责任

甲、乙双方任何一方违反劳动合同，给对方造成经济损失的，应根据损失情况和责任大小，依据国家的有关法规和企业依法制定的规章制度承担一定的经济赔偿责任。

乙方违约或因乙方违约、严重违反劳动纪律致使甲方解除合同的，乙方需承担在本合同期内由甲方出资培训所产生的一切费用、商业保险费，并支付违约金。

因甲方原因无故辞退员工，需向乙方支付违约金。

违约金支付标准按照相关规定执行。

第十一条　劳动争议

甲、乙双方履行本合同过程中发生劳动争议时，可由甲、乙双方协商解决。

若双方不能协商解决的，任何一方可向有管辖权的劳动争议仲裁委员会申请仲裁。不服从仲裁裁决的一方，可在收到仲裁裁决书次日起十五天内，向有管辖权的人民法院提出诉讼。

第十二条　其他

本合同一式两份，甲、乙双方各执一份，经双方签字或盖章后生效，两份具有同等法律效力。

本合同未尽事宜，按照《中华人民共和国劳动合同法》、甲方的有关规定执行。

本合同条款如与国家法律、法规和政策相悖时，以国家法规政策为准。

甲方(盖章)：　　　　　　　　　　　乙方(签字)：
法定代表人：　　　　　　　　　　　户籍地址：
　　　　　　　　　　　　　　　　　在京地址：
　　　　　　　　　　　　　　　　　紧急情况联系人：
　　　　　　　　　　　　　　　　　电话：

年　月　日　　　　　　　　　　　　年　月　日

备注：乙方承诺当甲方未收到乙方通讯地址变更的书面材料前，上述地址为最真实有效的地址。________________________为文件接受地址，寄到视为接受。

乙方：

年　月　日

(本协议一式六页，本页为签署页无正文)

四、协议

协议就是当事人之间就某一事项协商一致达成的议定书，也叫协议书。协议的性质与合同相同，具有合同的一般特征。

(一)协议的种类

协议的种类很多，使用范围广泛。当事人之间、地区之间、单位之间就某一事项达成一致意见时，都可以签订协议，如仲裁协议、出国留学协议、联营协议等。

(二)协议写作范例

租房协议

甲方：××师范学院

乙方：×××　　　　身份证号码：　　　　　　联系电话：

甲乙双方就乙方×××租用甲方________________住房达成如下协议。

甲方承担的义务：

一、甲方根据学院现有房源与乙方的实际，提供出租的公有住房。租金执行××市的房租标准，计算房租按××市的规定以建筑面积计算。

二、甲方为乙方提供生活用水、用电等。

三、出租房因影响正常使用和房屋安全而需维修，由乙方向后勤管理处提出申请，后勤管理处根据实际情况负责组织维修。属于一般维护性和改善条件的，由住户自己负责。

四、水、电、气设施的维修由后勤管理处组织维修。租用房超过一年的其计量表及计量表之后的部分由住户自己承担维修费用。

乙方承担的义务:

一、乙方租用公有住房,按月缴纳房租。同时按学院水电管理办法之规定,每月按时将所用水、电、气用量填写在登记表上,贴在门外,按月在工资中扣缴。

二、乙方要爱护租用的公有住房,不得擅自改变房屋结构和各种现有设施。若自行进行了装修,退房时,学院不予补偿。

三、乙方承租的公有住房只限本人及直系亲属居住。若长期不住、转租或转让他人使用者,学院有权收回住房。拒不退还者加倍计收房租。

四、乙方退房时,房内设施及水、电、气仪表等必须保证完好,如有损坏,乙方负责赔偿。

附:房内设施表。凡有的设施以打√为准。

设施	日光灯	白炽灯	插座	门锁	水表	电表	气表

注:乙方必须服从学院住房的统一调整。

甲方:××师范学院(盖章)
乙方:×××　　　(签字)
××××年×月×日

五、启事

启事是一种告知性文书,是单位或个人向公众公开告知、说明某事并希望公众协助办理某事而使用的一种事务文书。启事使用范围比较广,告知方式多种多样,可以张贴,也可以借助报刊、广播、电视等传播。

(一)启事的种类

启事的种类比较多样,可以按照用途和性质来分类,主要有寻人启事、寻物启事、招领启事、遗失启事、征文启事、招聘启事、招商启事等。

(二)启事的格式和写作

启事一般由标题、正文、落款三部分组成。

1. 标题

启事的标题一般要写出内容和文种,如"寻人启事""招聘启事"等;有的直接用"启事"作为标题;有的省去文种,如"征文""招工"等。

"启事"不能写成"启示",启示是启发、开导的意思,而启事为公开陈述之事。

2. 正文

启事的正文主要由事情原因、内容事项、希望要求三部分组成。事情原因应简明扼要,交代清楚;内容事项应条理分明,具体详尽;希望要求应直接简洁,清楚明白。在语言表述上要简练得体。如征文启事,要写清楚征文的缘起、征文的目的、对象、文体要求、字数限制、参与方法等。

3. 落款

注明启事的单位名称、个人姓名以及日期。

(三)启事写作范例

[范例一]

寻物启事

本人于20××年×月××日晚在图书馆自习时，不慎将学生证、身份证、考试证遗失，有拾到者请与××学院××专业××级×班××联系，必有酬谢。

电话：×××××××××

启事人：××

20××年××月××日

[范例二]

庆祝新中国成立70周年征文启事

今年10月1日是新中国成立70周年。为庆祝这一重要节日，本刊特举办“国庆70周年征文”活动。

1. 主题要求：围绕企业党建这一中心话题，以生动感人的笔触，反映新中国成立70年来企业党建的探索创新历程，展示企业党建取得的经验成果，讴歌企业党建工作者深入研究党建理论、科学指导企业党建工作的敬业奉献精神和广大企业党员在岗位上闪光的先锋模范作用，为深入贯彻落实科学发展观，振奋广大党员职工的精神，促进企业发展鼓劲。

2. 体裁要求：散文、诗歌、回忆录、小小说、摄影作品等均可，文稿一般不超过2500字，诗歌一般不超过40行。

3. 内容要求：作品立意要新颖，思想观点要正确、鲜明，内涵要丰富、深刻，语言要清新、活泼。征文稿应是作者今年以来的作品，文责自负，严禁抄袭。一经发现抄袭之作，除不予发表外，还将在本刊及网络上通报批评。

4. 征文稿请以附件形式发送至电子信箱×××××。注明“国庆征文”字样，写清详细地址、作者单位、作者姓名、联系方式和邮编。

本刊开辟专栏陆续刊登优秀作品。征文截至10月31日。年末将评出一、二、三等奖各若干名，给予适当奖励。

《×××××》杂志编辑部

2019年4月

六、声明

声明是政府部门、社会团体、企事业单位以及个人就某些具体事情或问题向公众发表的表明立场、观点、态度或说明事件真相的一种告启文书。

声明的使用范围广泛，有国家、政府之间使用的声明，也有单位和个人使用的声明。

(一)声明的格式和写作

声明的格式一般由标题、正文、落款三部分构成。

1. 标题

一般有三种形式。

(1)只以文种为题，如“声明”或“郑重声明”。

(2)由事由和文种构成，如“遗失声明”。

(3)由单位、事由、文种构成，如“×××单位授权×××律师严正声明”。

2. 正文

简明扼要地交代发表声明的原因，讲清事实或问题，表明立场、态度。

3. 落款

包括署名和日期。在正文的右下方由声明单位或个人署名，在其下写明日期。

(二)声明的写作要求

1. 态度鲜明

声明是向社会和公众表明立场、态度的一种告启文书，在写作中态度要鲜明，观点要明确，不能模棱两可。

2. 事实确凿

声明有时要向社会和公众说明某一事件的真相，表明作者的观点，因此声明中所叙述的事实必须真实，确凿可靠。

3. 行文严谨

声明写作的语言要平实、郑重，行文要严谨周密，以体现声明内容的重要性。

(三)声明写作范例

郑重声明

“×××牌”牛肉系列是××市××食品有限公司于××××年依法申请的注册商标，该公司享有此注册商标的所有权。“×××牌”牛肉系列是最具地方特色的名优土特产品，是消费者喜爱的商品，产品深受国内外消费者的信赖。最近发现某食品公司，未经该公司许可，擅自生产销售该公司“×××牌”牛肉系列，并在同类商品上使用此商标。

此种行为是违反我国商标法的严重侵权行为。为维护该公司合法权益，本律师事务所经其特别授权郑重声明：

凡有上述商标侵权行为的单位，必须立即停止其非法行为。否则一经发现本律所将诉诸法律，依法追究侵权者的法律责任。

××市××食品有限公司
××市律师事务所
××××年××月××日

七、感谢信

感谢信是单位或个人为感谢对方的关心、支持和帮助而使用的专用书信。感谢信属于生活文书范畴，其作用在于表扬先进、答谢支持，感谢信适用于单位或个人，可以是单位给单位或个人的感谢信，也可以是个人给单位或个人的感谢信。

(一)感谢信的格式和写作

感谢信一般由标题、称谓、正文、落款四部分组成。

1. 标题

第一行正中写“感谢信”或“致×××的感谢信”等字样。

2. 称谓

写明被感谢单位名称或个人姓名，可以在个人姓名后加上一定的称谓，如“先生”或职务等，在第二行顶格书写。

3. 正文

正文主要内容为简述感谢事项，说明效果，赞扬品德。应交代人物、事件、时间、地点、原因、经过和结果，赞扬对方的思想、品德，表达感激之情，表明今后如何向对方学习的态度与决心。结尾部分写上致敬语，表达敬意、感激的话，并表达良好的祝愿。

4. 落款

落款主要是署名和日期，即在正文之后的右下方书写单位名称或个人姓名，并写上发信的年、月、日。

(二)感谢信的写作要求

1. 内容真实

感谢信的基本要求是内容真实，事迹涉及的人物、时间、地点、原因、经过等要准确可靠，重点部分要突出。

2. 感情真挚

感谢信是答谢对方的关心、支持和帮助而使用的文书。这种感谢应该是发自内心的、诚挚的，要以真挚之情来表达谢意，要以情感人。

3. 格式规范

感谢信在书写的形式上要符合一般书信的格式要求。

(三)感谢信写作范例

实习感谢信

尊敬的××中学的领导、老师：

你们好！

一学期的教育实习即将结束，我也将返校上课。借此实习结束之际，我谨向关心、教导我们的贵校领导、老师表示衷心的感谢和崇高的敬意！

在贵校领导的精心安排下，我进入×班开始实习工作。虽然我是第一次走上讲台，但我的指导老师认真负责，很乐意把他的教学经验传授给我。在教育界有句“学高为师，身正为范”的训诫，在贵校实习，我深刻体会到了老师们为人师表的高尚风貌，刻苦的工作风格，精湛的教学技艺，崇高的敬业精神，博大的爱生情怀。这促使我从实习一开始就严格要求自己，以最佳的精神状态投入工作。认真而细心地听课、备课、讲课，密切配合班主任的工作，积极深入班内了解学生状况，我在教育和教学方面得到了全方位的锻炼和提高。我参与了月考、期中考试的监考、阅卷、统计分析等工作，真实地体验了教育教学的全过程。在贵校学习到的这些经验将是我以后任教的宝贵财富，老师们的每一次友好鼓励、每一个善意微笑、每一次细心指导，学生们的每一句礼貌问候，都让我们深深感动。

一学期的教育实习过得很充实，我不仅在教学上取得了很大的进步，而且懂得了如何做人，如何去面对困难，解决困难；不仅完成了预定的教学任务，而且还在班主任工作上得到了充分的锻炼，体验了当老师所要做的各种工作。在贵校学到的这些经验将是我以后任教的一大笔财富！

××中学独特的育人理念、优良的校风学风给我留下了深刻的印象，我既然选择了教育事业，那么在以后教书育人的道路上，将会永远铭记尊师的教诲，将心中的感激化为以后工作和进取的动力！在精彩的实习生活完美地结束之际，让我再一次衷心感谢贵校领导和老师为我所提供的一切！

祝贵校全体老师身体健康，工作顺利，家庭幸福！

贵校教育事业百尺竿头，更进一步！

此致

敬礼！

实习生：×××

××××年××月××日

第十一章　新闻宣传文体写作

在传媒业日益发达的今天，新闻宣传已成为党政机关、企事业单位、社会团体的一项经常性的重要工作。新闻宣传不仅能树立机关、单位的形象，形成品牌效应，还可以促进信息流通，引导正确的舆论形成与发展，维护社会的稳定。

新闻宣传的形式是多种多样的，如召开新闻发布会、建立企业网站、刊登广告等，但最简捷、最常见的方式是通过新闻宣传报道来进行。目前，新闻宣传报道已成为各级各类机关、单位公关部门、文秘工作者较常使用的一种文体。

一、消息

消息，狭义地说又叫新闻，就是报纸上的“本报讯”。消息是以最简洁的文字和最快的速度报道新近发生的、有价值的和公众最关心的事实的文体。它在报纸上占有大量的篇幅和重要地位，是世界上发表数量最大、读者最多的一种文体。

(一)消息的特点

1. 内容真实，事实准确

真实是消息的生命，是力量的所在。事实是它的本源，也是它令人信服的基础。真实，就是事实真实，消息所写的人物、时间、地点、事情发生发展的经过不能虚构。准确，就是每个事实，包括细节在内都准确无误。

2. 内容新鲜，有价值

新闻贵在新，而且有认识、启迪和指导意义。消息只有新，才能引起读者的注意，先睹为快。新，不仅要把新人物、新事件、新经验报道给读者，而且要选择有意义、有价值，给人以启迪，有指导性的事物。

3. 迅速及时，时效性强

迅速是消息的价值，消息报道速度迟缓会降低消息的价值，“新闻”变成了“旧闻”。时效，就是速度要快，内容要新。对新人、新事、新情况、新问题，要敏锐地发现，尽快地了解，迅速及时地反映。

4. 简明扼要，篇幅短小

简短是消息区别于其他新闻文体比如通讯的主要标志。所谓简短，就是用笔简洁利落，内容集中精练。

(二)消息的分类

1. 动态消息

动态消息是迅速而准确地报道新近发生的国际、国内重大事件、重要的活动和各项建设中最新出现的新情况、新动态、新成就、新问题的一种文体。它是报纸上使用最多的一类。重大新闻的简讯都属于动态消息。

2. 典型消息

典型消息也叫经验消息，它是对一些具体部门、单位、行业的典型经验、成功做法进行集中报道的一种文体。这种消息在介绍经验、做法之后，总结经验，揭示规律，以达到以点带面、推动工作的目的。

3. 综合消息

综合消息是把发生在不同地点、不同单位、各具特色、性质相同的事实综合在一起，并体现一个主题的报道。它的特点是在综合、概括事实的基础上进行分析，提出见解，揭示规律。

4. 述评消息

述评又称记者述评或新闻述评，是一种兼有消息与评论作用的新闻。它是在陈述事实的基础上，穿插评论或抒发感慨，从而分析说明所报道事实的本质和意义。它的特点是边叙边评，要求以国家的方针政策为依据，针对事实进行评说，要观点正确，评论得当。

(三)消息的写法

1. 标题

消息的标题，分眉题(又称引题、肩题)、正题(又称主题、母题)和副题(又称辅题、子题)。其形式主要有以下三种。

(1)三行标题，即中间一行是正题，是标题的核心，用来揭示主题或提示重要事实；正题上面一行是引题，用来引出正题，说明事实，交代背景，烘托气氛，揭示含义；正题的下面一行是副标题，用来补充说明情况或说明正题或依据。如：

自主消化与引进创新相结合(引题)

我国核电接近世界先进水平(主题)

基本具备第二代百万千瓦级核电站设计能力(副题)

(2)双行题。又分引(引题)正(正题)式和正(正题)副(副题)式。如：

党中央国务院中央军委决定(引题)

评选表彰全国抗震救灾英雄集体和抗震救灾模范(主题)

中国商用飞机有限责任公司在沪成立(主题)

将研制自己的大飞机(副题)

(3)单行标题。单行标题只有正题。如：

9秒69！博尔特在飞！

标题是一门艺术。消息的标题，力求言简意明，平易亲切，准确新颖，富有吸引力。采用哪种标题，要酌情而定。

2. 导语

消息的导语，就是消息的第一段或第一句话。它是由消息中最新鲜、最主要的事实或精辟的议论组成，以吸引读者。平常所说的消息的结构是“倒金字塔”式，原因就在于此。

导语常采用以下几种写法。

(1)叙述式：简明扼要地写出主要事实、经验，或对全篇事实材料进行综合概括，揭示主要内容。

(2)提问式：把消息中要解决的问题或要介绍的经验、做法以设问的形式提出，然后再用事实作答。

(3)描写式：对富有特色的事实或有意义的一个侧面，用简练的笔墨进行形象描绘，给读者以鲜明的印象。

(4)评论式：对所报道的事实先做出评论性结论，然后再用具体事实阐明。

(5)引用式：引用消息中的人物深刻而富有意义的语言作为导语。

3. 主体

主体是消息的主要部分。它承接导语，阐述导语所揭示的主题，或回答导语中提出的问题，对消息事实做具体的叙述与展开。

(1)主体写作的注意事项。

①主干突出。消息的主体是主干，典型材料要用在主干上。要去头绪，减枝蔓，与主题无关的要舍弃，次要材料要简略。

②内容充实。回答导语中提出的问题，其内容必须具体、充实，这样才有说服力。导语提出什么问题，主体就要回答什么问题，这样才能紧扣中心，突出重点。

③结构严谨，层次分明。要恰当地划分段落，有条不紊地展开叙述。

(2)消息的内部结构

①倒金字塔结构，也称“倒三角”结构，是消息写作中最常用的一种结构方式。它以事实的重要性程度或受众关心程度依次递减的次序，先主后次地安排消息中各项事实内容，最次要的放在结尾，犹如倒置的金字塔或倒置的三角形，因而得名。它的特点是以快、新、短刺激读者的“新闻欲”，引起读者关注。它只适用于事件性新闻。倒金字塔结构起源于美国南北战争时期电报的运用。在南北战争期间，电报业务刚开始投入使用，记者的稿件通过电报传送，但由于电报技术上的不成熟和军事临时征用的原因，稿件有时不能完全传送，时常中断。后来，记者们想出一种新的发稿方法：把战况的结果写在最前面，然后按事实的重要性依次写下去，最重要的写在最前面，这种应急措施产生了新的文体结构——倒金字塔结构。

倒金字塔结构以事实的重要性程度或受众关心程度依次递减的次序，先主后次地安排消息中各项事实内容，犹如倒置的金字塔或倒置的三角形，因而得名。它多用于事件性新闻。其特征是：把最重要的写在前面，然后将各个事实按其重要性程度依次写下去；一段只写一个事实；全部陈述事实，记者不发议论。它的优点是：可以快速写作；不为结构苦思；可以快编快删，删去最后段落，不会影响全文；可以快速阅读，不用从头读到尾。这样的长处符合新闻“快”的特点，因此在美国南北战争结束后，倒金字塔结构保留下来，并得到推广。这种结构也有其缺点：缺少文采，没有生气，不能体现个性。

倒金字塔式结构消息的主体是对导语的扩展，消息的结尾可有可无，如有话补充，或预告下文，也可加一个简短的结尾。以下是一则典型的按倒金字塔结构写成的动态消息。

肯尼迪遇刺丧命　约翰逊继任美国总统

路透社1963年11月22日达拉斯急电：肯尼迪总统今天在这里遇刺客枪击身死。

总统与夫人同乘一辆车中，刺客发三发弹，命中总统头部。

总统被紧急送入医院，并经输血，但不久身死。

官方消息说，总统下午一时逝世。

副总统约翰逊将继任总统。

（引自吴晓编：《新闻写作实用手册》，76页，合肥，安徽人民出版社，1988）

②金字塔式，又称时间顺序式结构，或叫编年史式结构。它的特点是没有单独的导语，而是自然而然地按事情的发生、发展、结束的先后顺序安排层次，事件的开端就是消息的开头，事件的结束就是新闻的结束。这种写法类似讲故事，随着情节步步推进，事件高潮即在后面出现，因此，它适合故事性较强的新闻，易于读者接受，具有生动性和吸引力。故有的人称这种写法的新闻叫“新闻故事”。

其他还有双塔式、并立式、自由式、提要式等结构方式。

4. 背景

背景指事件发生的历史环境和原因。它说明事件发生的具体条件、性质和意义，是为充实内容、烘托和突出主题服务的背景，既可在主体部分出现，也可在导语或结尾部分出现，位置不固定。

背景材料一般有三类：一是对比材料，即对事物进行前后、正反的比较对照，以突出事件的重要性；二是说明性材料，即介绍政治背景、地理位置、历史演变、生产面貌、物质条件等；三是诠释性材料，即人物生平的说明、专业术语的介绍、历史典故的解释等，以帮助读者理解消息的内容。

5. 结尾

结尾是消息的最后一段或一句话，阐明消息所述事实的意义，使读者对消息的理解、感受加深，从中得到更多的启示。

消息的结尾方式有小结式、评论式、希望式等。有的消息，事实写完，文章就止住了，结尾就在事实之中。

归纳来说，写消息是这样的：标题说明新闻要点；第一段写明时间、地点、人物、起因、经过、结果勾勒出事件大致轮廓；下一段补充一些细节。这样一篇新闻稿就基本结束了。所谓“倒三角”，就是头最大，越往下越小。这样最能吸引读者注意。当然，这只是最基本的写法。新闻稿各种各样，“倒三角”结构最多见。

(四)消息写作范例

[范例一]

依托科技进步　实现变废为宝

乐山靠循环经济做强硅产业

本报乐山8月5日电(记者郑德刚)　尽管受到汶川地震的影响，但风景如画的四川乐山福华循环经济园区里，依旧客商盈门。6月底到7月初，总投资超过30亿元的深圳拓日新能光伏产业园项目、江苏华大光电有限公司投资的单晶硅项目等高技术项目，纷纷落户。近年来，乐山依托科技进步，通过发展循环经济，变废为宝，打造出一个多晶硅产量占全国1/3的高技术硅产业基地，在追求经济效益和生态效益最大化的道路上迅猛前进。

作为我国多晶硅研究开发和产业化的发祥地，乐山市在40多年里不间断从事硅材料的研发，使这一行业在全国拥有领先优势。然而生产多晶硅，其主要副产物四氯化硅等有害物质的无害化处理是一个世界级难题。乐山市在研究、规划硅产业发展走向的时候，把废物利用、变废为宝作为一个重要攻关方向，引导企业和研究机构全力攻克废物利用技术，先后成功攻克尾气回收工艺技术及装备、大型四氯化硅热氢化技术与装置等多项关键技术，使副产物的循环利用逐渐成为现实。

硅产业发展道路上的最大障碍扫清了，乐山围绕硅产业形成了完整产业链。在这个产业链条中，四氯化硅等有害物质变成了其他产品的重要原料，而且还催生出一个接一个的建设项目，使产业链越拉越长，废物利用后的产品附加值得到不断提升。福华集团这个原来年销售收入仅1000万元的小企业，在5年之内迅速发展成为年销售收入20亿元的大型企业集团。

福华集团以及福华循环经济园区里的发展模式，成为乐山市坚持走科学发展道路，大力发展循环经济的生动缩影。乐山市委书记姜晓亭说，循环经济的成功实践，使乐山的硅产业形成了完整的产业链条，而产业配套的优势，也逐渐形成了巨大的“洼地效应”。

(载《人民日报》，2008-08-06)

[范例二]

缓解就业压力　勇担社会责任

百家央企招收20万高校毕业生

本报北京5月27日电(记者白天亮)　“那家造飞机的大国企要招上万名大学生!”在清华、北航、厦大等高校的校园招聘会上，这条消息着实让毕业生们兴奋。作为我国大型国有航空企业，中航工业集团公司虽然也受到国际金融危机的冲击，但看到当前就业压力大，还是多方挖掘岗位，提出今年招收应届毕业生12000名，是去年接收数量的两倍。

“保增长，中央企业要挑大梁；促就业，中央企业同样要冲在前面!”不仅是中航工业集团，面对严峻的就业形势，广大中央企业勇于承担社会责任，千方百计扩大应届毕业生的招收数量。国资委统计的数字显示，中石油等100家中央企业2009年计划招收应届毕业生203616人，比2008年实际招收人数增长近7%。

中国石油天然气集团公司以业务专业化重组为契机，积极引进应届大学毕业生就业，2009年计划招收应届大学毕业生13986人，比上年计划增加3796人。中国商用飞机有限责任公司开展"体现国家意志、加快人才聚集"为主题的校园专项招聘活动，2009年计划招聘数由原来的436人调整为1362人，增加212%。中国铁建股份有限公司今年已接收2009年应届高校毕业生超过13000人，比去年增加4060人，"国家扩大投资给我们带来大量业务，我们也要多招大学生，为就业出把力"。中海运、中化、国航等企业虽然面临市场萎缩等经营困难，也明确不轻易压缩岗位，在稳定原有员工队伍的同时，纷纷增加了吸纳高校毕业生的数量。

要吸纳劳动力促就业，也要控制成本保增长。部分央企虽然一时间无法拿出许多新岗位，但也想办法先提供"见习岗位"，期待经营状况转好后让这些高校毕业生从"见习"变成"就业"。其中中国移动通信集团公司广东公司在全省建立100个"青年就业创业见习基地"，为近万名高校应届毕业生提供见习机会和专题辅导培训。

眼下正进入高校毕业生就业的关键时期。国资委主任李荣融表示，国资委将出台措施、加强监督，确保各中央企业2009年招生计划能够得到落实，同时探索创新扩大就业的办法，推广中央企业先进经验，利用科研项目、提供大学生见习机会等工作进一步扩大中央企业接收应届大学毕业生的规模。

(载《人民日报》，2009-05-28)

二、通讯

通讯，是运用叙述、描写、抒情、议论等多种手法，具体、生动、形象地反映新闻事件或典型人物的一种新闻报道形式。它是记叙文的一种，是报纸、广播电台、通讯社常用的文体。

(一)通讯的特点

通讯是介于消息和文学作品之间的一种文体，它与消息、文学作品既有相似之处，又有明显的区别。通讯具有以下几个特点。

1. 严格的真实性

通讯是新闻体裁之一，事实上它就是消息的延伸和拓展，因此通讯反映的内容必须真实。这也是通讯区别于文学作品的本质特征。为了达成通讯的真实性，通讯的写作者必须深入实际，深入现场，进行耐心、细致、周密的调查、采访。

2. 较强的时效性

一般来说，通讯在时效性上弱于消息。通讯因为要详细报道有关的人和事，而人的经历、成长及事情的发生、发展本身有一个时间的历程，同时，采写也需要一个过程，因此，一篇通讯的诞生，往往耗时较多。当然，这并不意味着通讯可以忽略时效性。我们必须认识到，许多的人和事，如果不及时报道，延误了最佳的报道时机，这篇通讯就会失去意义。因此通讯也要尽可能做到迅速、及时。

3. 描写的形象性

通讯相较于消息，容量大，写法灵活。它可以在叙述的基础上，综合运用描写、抒情、议论等多种表达方式，灵活使用比喻、拟人、夸张等多种修辞手法，渲染气氛，刻画细节，展现撼人心魄的艺术魅力。

(二)通讯的作用

通讯的主要作用在于为读者提供更多的新闻细节。消息把国内国外、各行各业的有价值的新闻都做成报道，保证了新闻的全面性。通讯提供更多、更详细的细节，以满足读者了解详情的要求。

(三)通讯和消息的区别

1. 通讯和消息的本质区别在于消息是对事实概括性的反映，而通讯是详细性还兼有审美化的反映。

2. 通讯是有文学性的，既具有形象性，又具有情感性。有了一定的文学性，形象感强了，感染力强了，阅读的效果就大不一样。就某些题材而言，具有艺术品格的通讯要比消息更感人。

3. 在消息不能有所作为的地方发挥作用。有一些有价值的新闻题材，不适合写成消息。消息是以新闻事件为基本内容的，而有些新闻是非事件性新闻。

(四)通讯的种类

按内容的不同，通讯一般可分为人物通讯、事件通讯、工作通讯、概貌通讯。

1. 人物通讯

所谓人物通讯，就是以报道各条战线上的先进人物为主的通讯。它着重揭示先进人物的精神境界，通过描写人物的先进事迹，反映人物的先进思想，使之成为社会的共同财富。同时，人物通讯也报道转变中的人物和某些有争议的人物。在写作时，写人叙事要力求言真意切，恰如其分。

2. 事件通讯

所谓事件通讯，就是报道典型的、有普遍教育作用的新闻事件。写事当然离不开事件有关的人，但它不像人物通讯那样着力刻画人，而是以事件为中心，在事件的总画面中，为了写好事来写人。它既可以反映现实生活中发生的重大的、振奋人心的典型事件和突出事件；也可以从某一新闻事件中截取一个或若干个片断，进行细致详尽的描述，揭示事件的深刻含义；还可以是若干事件的综述。

3. 工作通讯

所谓工作通讯，就是反映贯彻执行党的路线、方针、政策中的成绩，总结实际工作中的经验和教训，或者探讨有争议的亟待解决的问题的报道。它是报纸上经常运用来指导工作的重要报道形式。它的主要特点有：一是把介绍工作经验和分析问题作为主旨；二是凭借事实，深入分析；三是生动活泼，讲究文采；四是不拘一格，形式多样。

4. 概貌通讯

概貌通讯又称风貌通讯。它是以反映社会生活、风土人情、自然风光和日新月异的建设成就为主的报道。概貌通讯与事件通讯不同，它不是围绕一个人物或一个中心事件来写，也不要求写一件事发生、发展的完整过程，而是围绕主题集中各方面的风貌和特色。在表达方式上，概貌通讯往往运用具体事例来叙述和描写一个地区、一条战线、一个单位、一个点、一个方面的风貌变化，展现时代的步伐和人的思想观念的变化，一般采用“巡礼”“纪行”“散记”“侧记”等形式，向读者介绍。

(五)通讯的写作

1. 主题要明确。有了明确的主题，取舍材料才有标准，起笔、过渡、高潮、结尾才有依据。

2. 材料要精当。按照主题思想的要求，去掂量材料、选取材料；要把最能反映事物本质的、具有典型意义的和最有吸引力的材料写进去。

3. 写人离不开事，写事为了写人。写人物通讯固然要写人，就是写事件通讯、概貌通讯、工作通讯，也不能忘记写人。当然，写人离不开写事。离开事例、细节、情节去写人，势必空洞。

4. 角度要新颖。写作方法要灵活多样，除叙述外，还可以描写、议论，也可以穿插人物对话、自叙和作者的体会、感受；既可以用第三人称的报道形式，也可以写成第一人称的访问记、印象记或书信体、日记体等。通讯所报道的新闻事实，可以从各个不同的角度去观察，去反映，诸如正面、反面、侧面、鸟瞰、平视、仰望、远眺、近看、俯首、细察……角度不同，印象各异。若能精心选取最佳角度去写，往往能使稿件陡然增添新意，别具一格，引人入胜。

5. 结构的主要环节无非是开头、结尾；层次、段落；线索、脉络；主次、详略。所谓首尾圆合，文情畅达，是说文章首尾要呼应，中间的主体部分不得无故残缺，线索脉络设置精当，主次详略搭配完美，文气畅通，浑然一体。

(六)通讯写作范例

外资竞逐山东“绿色蛋糕”

□本报记者　王亚楠　代玲玲

夏炳军最近明显感觉到，来山东寻求节能环保领域合作的国家越来越多。夏炳军是省商务厅欧非处调研员，他所在处室主要负责推动我省与欧洲、非洲国家(地区)的经贸合作。

“今天上午，德国一个州政府驻上海办事处刚和我们联系过，希望与山东在新能源领域开展合作。”2011年12月20日，夏炳军对记者说。记者了解到，距此不到一个月的时间里，已经有欧、美、日、韩4批高层次政府代表团前来推介、商洽合作。

山东作为全国最大的环保市场，有关国家频频前来寻求节能环保领域的合作，出现在这样一个背景下：日前在北京召开的第七次全国环境保护大会，释放出国内环保市场将迎来新一轮大发展重要机遇的清晰信号。根据会议期间公布的《国家环境保护“十二五”规划》，“十二五”期间全社会环保投入将激增至3.4万亿元，较“十一五”增加1.5倍，且环境经济政策将成为“十二五”期间政策建设的重点。这都将推动相关行业需求迅速爆发，打开环保企业的市场空间。

环保市场就是政策市场

据介绍，前来山东推介的政府代表团层次都比较高，其中尤以美国新任驻华大使骆家辉率领的代表团最引人注目。在2011年11月29日举行的“山东—美国节能合作研洽会”上，这位新任驻华大使带来了Albemarle(雅宝化工)、Honeywell(霍尼韦尔)等10家著名美资清洁能源企业，亲自当起了“推销员”。他说，美国政府“看到了中国的市场潜力”，而“山东减少耗能、降低二氧化硫排放等方面的政策在全国来说都是排在前列的”。

环保业内人士认为，骆家辉的这句话点出了环保市场的关键：环保市场就是个政策市场。政府不下大决心，这个市场就无法启动。

省环保产业协会秘书长李宝林告诉记者，山东环保市场能做到全国最大，就是得益于政策。随着今年起我省取消行业标准而实行统一的区域标准，也就是取消行业排污特权，“一个新的高峰又要出现”。

世界经济持续低迷，能够进入中国的节能环保市场，在持续增长的中国经济中切一块“绿色蛋糕”，在外资看来分外诱人。

“我们自身也有环境需求。”李宝林告诉记者，从国际经验看，人均GDP超过3000美元，环境保护、节约发展就势在必行，老百姓的环境意识、环境需求会迅速觉醒，就像近期国内对PM2.5的关注和讨论，“比如说济南，大工业企业都迁出去了，能见度依然不高，还能再怎么改善呢？这或许意味着，我们对减排的观念都需要改进”。而环境治理越是深入，对技术需求的层次越高。

省环保厅厅长张波则有个判断：山东未来10年仍将保持全国最大环保产业市场。他认为，山东的环境特点一是主要污染物排放总量大，二氧化硫、工业粉尘、COD排放量较大；二是环境容量比较小，人均资源比较少，环境的自净能力比较差；三是人口密度大；四是经济总量比较大，经济发展速度比较快。这些特点决定了山东要想实现全面协调可持续发展，必然要采取全国最严格的环境管理制度，同时为山东环保产业的发展提供了良好的机遇。

中外合作空间很大

多年来一直关注环保产业发展的李宝林告诉记者，这个产业很特殊，外资进来是个“好事情”，“我们不设什么壁垒，很欢迎”。

他解释道，第一，我们要解决环境问题，尤其是新的环境问题、环境需求，很多时候我们的技术难以达到，需要借助引进外资来突破瓶颈。第二，环保产业不是直接面对公众消费，而是面对企业消费，环保产业个性化很强，光拿一套技术来是行不通的。外资进入时，由于对政府的管理要求、企业需要怎样的解决方案不了解，因此基本都是通过与本地企业合资、合作的方式。

李宝林说，从这几年的发展看，合作效果还是不错的，往往只是用外资最核心的技术，中方来配套、融合，这有利于我们的企业以较低的成本应用较好的环保技术，有利于先进技术的扩散，对我们的环保企业也是个带动。环保产业大部分是中小企业，如果仅仅依靠自身力量很难实现技术突破。以山东三融集团有限公司为例，他们通过引进德国的脱硫技术，双方合作并约定前20个工程双方分成，再往后该技术的应用就由三融集团获益，几年工夫他们就由一个小公司做到了二三十亿元的规模。

中外合作还给我省环保企业带来了走出去的机会。据介绍，现在就有我省环保企业在东南亚搞水处理，这在以前是不可能的，企业技术达不到。经过我省多年的政策倒逼及与外资积极合作，我省有一批环保企业技术已经相当成熟，尤其是对传统污染的治理方面。而东南亚现在面临的环境污染问题恰恰和我省三五年前是类似的，再加上成本优势，山东环保企业的胜出就不意外了。

李宝林告诉记者，更有一些企业打入了美、日等市场。譬如膜技术。据了解，两年前我省膜技术发展还有很多瓶颈，价格也太高。通过引进国外技术，省内一些膜生产企业在常用领域已经达到了美、日方面的要求，招金膜天有60%的产品出口日本。

“合作的空间还很大。”李宝林告诉记者，他就看好了新加坡的一项膜技术，“能把海水淡化做到3块钱一方水，比我们现在用的自来水成本还低。我们半岛地区要用上这技术，多好!”

（载《大众日报》，2012-01-05）

三、广告

广告在现代社会被广泛地运用于各种媒体中，广告所用的手段也越来越多，广告词是广告的核心部分，它用多种形式，公开、广泛地向市场传递信息，以引起人们的关注和兴趣。从文体上讲，广告是一种实用文体，它是通过一定的传播媒介，运用一定的手段，公开而广泛地向市场传递某一商品信息而使用的文书。

(一)广告的特点

1. 宣传性

广告通过文字、声音、画面等，把商品、服务、观念告知给人们，借以扩大影响、促进销售，因此广告是广告主为了获取利润而采取的一种宣传手段。

2. 真实性

真实是广告的生命。广告必须实事求是地介绍自己的商品，不能为了经济利益而做浮夸、虚假的广告。虽然广告可以借助艺术手法渲染，但这只起介绍商品、促进消费者购买的作用，绝不能使用欺骗手段。

3. 艺术性

好的广告是真善美的统一体，它利用多种艺术手法，以生动活泼的内容和形式吸引人们的注意，争取人们的好感。它可以综合运用文学、绘画、音乐、摄影等多种艺术形式，吸取各艺术门类的长处，在宣传商品的同时，给人们以美的享受和精神的愉悦。

(二)广告的分类

现代广告分类方法很多，角度不同，分类方法也不同。

1. 依据广告目的，可以分为商品广告、社会公益广告等。

2. 依据广告媒介，可以分为报刊广告、视听广告、网络广告、户外广告等。

3. 依据广告对象，可以分为消费品市场广告和工业品市场广告。

(三)广告写作的原则和要求

1. 广告写作原则

(1)独创性原则

广告的吸引力和生命力在很大程度上取决于其独创性，独创性是与众不同的首创，不仅体现在内容的新颖上，还体现在形式的独创上，即表现手法上的独创，这样，广告才能更吸引人，让人产生新奇感。

(2)针对性原则

广告总是针对一定的对象而设计的，因此在撰写广告词时，必须考虑广告涉及的特定对象，这是使广告达到最佳效果的重要原则。

(3)真实性原则

国务院发布的《广告管理条例》规定，广告内容必须真实、健康、清晰、明白，不得以任何形式欺骗用户和消费者。

2. 广告写作要求

(1)简短易记。广告的目的是要引起消费者的关注和兴趣，给消费者比较深刻的印象，并能形成比较固定的观念，因此简短易记在广告词写作中就显得很重要，要做到精练紧凑，容易形成流行语。

(2)新奇有趣。广告应做到新奇有趣，吸引顾客。在创作时应注意把握原则，使广告富有趣味性，有吸引力，通俗易懂。

(3)含蓄形象。含蓄形象的广告既能够让消费者回味难忘，又能在消费者心中留下清晰、深刻的印象，达到广告宣传的目的。

四、倡议书

倡议书是个人或集体提出倡议，以促进工作和开展某项公益活动的一种专用文书。它可以由个人发起，也可以由集体发起。

(一)倡议书的格式

倡议书一般由标题、称谓、正文、落款四部分组成。

1. 标题

倡议书首页正中的上方写“倡议书”字样。

2. 称谓

顶格写倡议对象，格式与一般书信相同。

3. 正文

正文主要写倡议的缘由、倡议的具体要求、倡议者的决心和希望，重点是倡议的具体内容和要求被倡议者应做到的具体事项。

4. 落款

倡议者的署名和写作日期。

(二)倡议书的写作要求

1. 道理要充分实在

发倡议的目的是促进工作或开展某项公益活动，因此在写作中要把倡议的道理说清楚，以理服人。

2. 方法要切实可行

倡议书提出的要求和方法要具有可行性，切实适中，有利于实施。

3. 语言要有感染力

倡议书具有鼓动性，语言表达要有感染力，才能起到倡议的目的，让更多的人来促进工作或加入某项公益活动中。

(三)倡议书写作范例

倡 议 书

各保险机构：

5月12日下午，四川汶川发生了里氏8.0级强烈地震，死亡逾万人，灾区大量房屋垮塌、基础设施被毁。党中央、国务院对四川灾情高度重视，号召广大军民团结一致，众志成城，战胜这场特别重大的地震灾害。

灾害造成大量灾民无家可归，无衣无食，安置灾民任务十分紧迫，救灾任务特别艰巨。做好抗震救灾工作是当前的一件大事。

在此，我们号召本市各保险机构，积极行动起来，组织员工做好有关募捐工作，为灾区的同胞献出一片爱心。同时，那些在地震灾区有承保项目的保险机构，希望能尽全力，及时做好有关的勘查、理赔工作，提供各项技术支持。

望各保险机构积极发动员工献爱心，把募集到的钱款、物资及时划转至机构所在地区的红十字会等慈善机构，并将捐助的钱款、物资量报同业公会秘书处。

救助灾区，义不容辞。守望相助，共渡难关！

联系人：×××　　电话：××××××　　传真：××××××

×××保监局

××市保险同业公会

××××年××月××日

第十二章　学术论文写作

一、学术论文概述

学术论文是对社会科学和自然科学领域中某些问题进行研究，由已知领域向未知领域探求的理论性文章。学术论文实际上是对科研成果的描述与反映，是科研活动的重要环节。

二、学术论文的特点

学术论文是议论文中的高级形态，除具有一般议论文的逻辑推理、议理为主、以理服人的特点而外，还有如下特点。

1. 科学性

学术论文的观点和结论，都应该以充分的理论和科学研究为依据，符合客观实际。论文中引用的各种论据资料，包括公式、定理、数据、数字、图表、符号、历史资料、经典言论和科学实验的过程、结果，都要求准确无误、确凿可靠。论证过程也要有严密的逻辑性，概念清楚，推理形式正确。

学术论文的科学性要求绝对忠于事实和材料，从实际出发，从实践出发，不欺骗，不夸张，不臆造，不抄袭。

2. 创新性

创新性是在人们尚未涉足或涉足不深的领域中，提出独到的、新鲜的、有创造性的见解和解决问题的新思路、新方案。学术论文的创造性价值较具体地表现在“填补空白”“纠正通说”“补充前说”等方面。论文有没有切实可行的新观点、新方法、新成果、新突破，是否对推进某一学科、某一领域做出了新贡献，是衡量论文价值的根本尺度。

3. 可读性

学术论文作为纪录科研成果、传达交流科研信息的载体，在表达形式上应该做到准确、明晰、深入浅出、明白晓畅，让人读懂、迅速理解其观点、内容。论文写作中，虽然会涉及大量专业性术语，但切忌生造词汇、故作高深等拙劣文风。

三、学术论文的分类

学术论文按不同标准，可以有不同的分类，依据研究的领域和对象可以分为社会科学论文和自然科学论文；依据社会功用可以分为报告论文、杂志论文和学位论文。

四、本科毕业(学士)论文撰写过程

学士论文是学位论文的一种，是为了证明本人已具备某一专业方面的基础知识和专业能力，可以获得该专业学士学位而撰写的论文。它是学生在有关学科教师的指导下，独立撰写的初级阶段的学术论文。学士论文是大学本科毕业前夕的一次综合性练习，并且带有学业的规定性。

(一)学士论文写作步骤

1. 选题

要成功完成毕业论文，首先要选择一个好的论文写作题目，选题就是提出一个具有学术意义，自己又有能力解决的论题。选题的好坏意味着学生有无提出问题的能力，是实现论文学术价值的关键环节，也是考查学生科学素养的关键环节。因此，不能完全依靠老师定题目，而应在老师的指导和启发下，独立地拟出论文题目。

本科毕业论文选题应遵循以下两个原则。

(1)科学性原则

应选择能够推进学科中某一方面发展和解决现实中某些问题的题目。毕业论文不能只是简单整理、归纳、说明已有的观点和事实，而是在运用已有的知识及实践经验的基础上，富有创见地进行探讨，提出某些新鲜而又言之成理的见解与方案。

(2)可行性原则

选题范围宜小不宜大，本科学生无论是知识的积累还是实践经验的积累，都比较薄弱，况且论文撰写有一定的时间规定，太大的题目在搜集资料、知识储备、实验设备等方面都会受到一定的条件限制，难度较大。因此，一定要考虑主客观条件，根据自己的能力和知识结构，选择自己熟悉的或感兴趣的研究对象，同时要考虑资料或实验设备、时间等条件的支撑。同时，还要与指导老师商议，征得同意后，才能够确定为毕业论文的选题。

2. 撰写开题报告

开题报告主要涉及以下几个方面的内容。

(1)论文研究的背景及选题的意义

这一项主要要求学生围绕选题，广泛地搜集材料，调查已有研究成果，并分析已有研究成果中，运用了哪些材料，已经解决了哪些问题，还有哪些问题没有解决，或者别人的观点或思路哪些与自己不同等，这样可以少走弯路，避免与别人雷同而缺少新意。同时也要说明为什么会选择这一题目，预见这一题目写作可以解决什么问题，创新点在哪里，有什么理论意义和现实意义。

(2)论文的基本内容及观点

这一项主要要求确定自己的写作基本观点，论点应从对材料的分析和与前人的研究成果相比较而获得，只有论点确定后，才能明确还需寻求哪些相关材料进行论证。论文论点应鲜明、准确，用简洁的语言进行概括。

(3)编写论文提纲

论文提纲涉及论文的基本思路和构架，总论点之下的分论点及相关论据的运用。工科论文还可能涉及实验步骤及方案设计步骤等。拟定写作提纲有助于我们整体观照科研全部过程，理顺思路、推敲观点、取舍材料，使观点和材料相结合，内容与形式相统一。

3. 正式写作

(1)本科毕业论文的基本格式

①标题。

②作者及专业、班级。

③摘要：一般200—300字，是对论文内容的高度概括和客观性陈述，摘要不应有主观性评价。

④关键词：一般3—5个名词性术语，表明论文的主要内容和范围，用于分类和检索。

⑤正文。

⑥注释及参考文献。参照国家标准《文后参考文献著录规则》。

注释：主要分为两种，一种是补充内容的注释，另一种是注明引用文献资料出处的注释。

参考文献目录：凡是对论文写作和成果的取得有帮助的文献资料目录，都应列于论文之后。提供论文所依据的参考文献和涉及的信息来源，个人成果与他人成果之间的关系，表示对他人劳动的尊重，同时也为作者和读者进一步交流提供了很好的信息线索。

⑦致谢。

(2)本科毕业论文的正文写作

本科毕业论文的正文一般由绪论、本论、结论三部分组成。

①绪论。

绪论又称前言、引论，是文章的起始部分。这部分主要包括交代研究背景，说明写作意图，说明论域、论题或论点，说明论证方法或所运用的材料的性质、特征等。

②本论。

本论是论文的主体部分，是采用某种研究方法和视角，运用各种材料，合乎逻辑性地论证观点、解决问题的具体过程。其论述的结构可以有并列式、递进式、并列和递进相结合等方式。为清晰地表达论证过程和结构形态，最好能采用小标题或分出部分。

科技论文由于研究对象和方法的不同，正文部分结构无法统一。但一般应包括实验过程、实验方法、理论分析等。

③结论。

结论是对全文的总结，注意与绪论呼应，在绪论的基础上有所深化和升华，也可以提出需要进一步讨论的问题。科技论文的结尾部分一般应有结论和讨论部分。

(二)本科毕业论文的答辩

本科毕业论文最终还需通过论文答辩，才能最后完成。论文答辩小组一般由3—4名相关专业老师组成。答辩的主要目的，是以学术规范标准审查论文的真伪、写作者对基础知识和专业知识掌握的广度和深度，以及论文的格式规范等。

在答辩前，学生可就下列问题进行准备。

1. 对选题加以说明。
2. 对文章的基本观点和立论的基本依据加以说明。可强调自己的见解及创新点。
3. 重要材料的搜集、使用和具体出处。
4. 虽然意识到但在论文中无法解决的问题。
5. 定稿交出后，自己重读审查新发现的缺陷。
6. 对论文的自我评价。

注意：要做好口头表述的准备；不要过多重复论文的基本内容。

答辩程序一般如下。

1. 学生做说明性汇报。(5—10分钟)
2. 答辩小组老师提问。
3. 学生答辩。
4. 评定成绩(答辩会后由答辩小组商定，交系、院学位委员会审定小组审定)。

(三)本科毕业论文范例

零下低温对水稻种子发芽势和发芽率的影响

环境与生命科学系　××

指导教师　×××

内容摘要：对水稻杂交种和恢复系共五个品种的同年种子，在低温冷冻箱保存一年(-20℃)，并在4℃缓慢解冻。以滤纸作为芽床，测定其发芽势、发芽率。结果表明：在低温冷冻箱保存的两个品系的五个品种发芽势、发芽率明显高于对照，低温与对照之间存在着显著性差异，而品种、品系间并无显著差异，说明零下低温保存是有效的，而温度与品系并无关联。

关键词：水稻种子；零下低温；发芽势；发芽率

Abstract: Five varieties of hybrid rice and restorer lines which had been preserved in the low temperature in the icebox for a year (-20℃), were slowly defrosted at 4℃, contrasting with room temperature. To determine their germination potential and germination percentage, the filter paper was used as a bud bed. The results indicated that germination potential of five varieties which had been preserved in the low temperature icebox had a higher germination percentage than the other rice seeds preserved in other ways and had significant difference between the low temperature and the varieties compared, but there was no remarkable diffrence among varieties and variety lines. The results suggest that the low temperature preservation is effective and there is no relation between temperature and variety lines.

Key words: Rice seed; Below-zero temperature; Germination potential; Germination percentage

水稻是世界上最重要的粮食作物之一。杂交水稻自20世纪70年代末就开始在世界上20多个国家推广，现在种植面积扩大到上亿亩。由于年际间制种面积不同、产量的高低、市场等因素的影响。供大于求、供不应求、丰歉年的情况常常出现。丰年时制种产量大大超过种植计划，造成种子大量积压，常规方法保存、贮藏易导致种子生活力严重下降，从而失去种用价值，造成经济损失；另一方面，制种失败时，如果没有后备种子及时补充，则无法完成大田生产计划，影响整个农业生产的顺利进行。因此，种子保存，特别是重要的种质资源和育种材料是科研部门、种子生产、经销单位几乎每年都要面临的一项重要工作，而种子的低温保存对保持种子活力延长寿命具有重大的指导意义。

目前，利用低温保存种子是国内外学者正在积极探索的一项技术，种子经过低温保存其新陈代谢活动基本停止，处于"生机停顿"状态[①]，因此，能很好地保持被保存材料的活力，延长种子寿命，大大降低遗传变异率，从而可以安全有效地长期保存一些稀有种质[②]。利用低温保存种子的研究资料不多，其保存温度均在0℃以上，发芽势和发芽率都有所下降[③]，为此我们用冷冻箱在-20℃条件下，保存一年的水稻杂交种和恢复系共五个品种的同年种子为材料进行研究，探讨零下低温保存对种子发芽势、发芽率的影响。

1 材料与方法

1.1 材料

水稻杂交种和恢复系共五个品种和同年种子。

杂交种：441A/6003，D23A/153，渝优11号。

恢复系：153，154。

1.2 方法

1.2.1 种子水分调节

通过摊晒将种子含水量调节到同一标准。

1.2.2 种子的储藏

将水稻种子几个品种放入-20℃低温冷冻箱，冷冻保存一年，对照种子在室温下保存。

1.2.3 解冻方法

种子取出后，在4℃下缓慢解冻。

1.2.4 种子发芽试验

水稻各品种各取300粒，浸种2天，分成三组，每组100粒置于滤纸做床的培养皿内。室温条件下发芽，三天测定发芽势，七天测定发芽率。

2　结果分析

2.1　零下低温保存对水稻种子发芽势的影响

表1　不同温度水稻品种发芽势表

处理 品种	低温(-20℃)			对照			
	Ⅰ	Ⅱ	Ⅲ	Ⅰ	Ⅱ	Ⅲ	平均值
441A/6003	80%	77%	75%	34%	37%	47%	58.33%
D23A/153	67%	84%	72%	38%	35%	26%	53.67%
渝优11号	76%	70%	78%	43%	47%	49%	60.50%
153	70%	86%	82%	48%	46%	50%	63.67%
154	84%	86%	72%	40%	43%	43%	61.33%
平均值	77.26%			41.73%			

由表1可知，低温冷冻处理，水稻5个品种的平均发芽势为77.26%，而对照为41.73%，五个品种间441A/6003为58.33%，D23A/153为53.67%，渝优11号为60.5%，153为63.67%，154为61.33%。由此可以看出：低温处理发芽势高于对照，而五个品种中以153最高，D23A/153最低。根据表1，对试验结果进行方差分析，结果列于表2。

表2　水稻品种与温度二因素试验的发芽势方差分析表

变异来源	DF	SS	MS	F	$F_{0.05}$	$F_{0.01}$
区组间	2	48.20	24.10	0.79	3.49	5.85
处理间	9	9 990.83	1 110.09	36.49	2.40	3.45
品种	4	342.67	85.67	2.82	2.87	4.43
温度	1	9 469.63	9 469.63	311.30	4.35	8.10
品种*温度	4	178.53	44.63	1.47	2.87	4.43
误差	20	608.47	30.42			
总变异	29	10 647.70				

由表2方差分析表明，区组间$F=0.79<F_{0.05}$，表明区组间的三次重复无显著差异；品种$F=2.82<F_{0.05}$，无显著差异，说明低温保存对种子品种选择性不大，不同品种类型(杂交种，恢复系)之间的差异也不显著；品种和温度的交互作用$F=1.47<F_{0.05}$，表明品种与温度的互作效益不显著。处理间存在着极显著差异($F=36.49>F_{0.05}>F_{0.01}$)，温度处理$F=311.30>F_{0.05}>F_{0.01}$，不同温度之间的差异也不显著。同时在以上五个品种的三次重复实验中，低温处理平均发芽势为72.26%，对照平均发芽势为41.73%，低温处理水稻种子发芽势平均高35.53个百分点。这表明：水稻种子在低

温(-20℃)条件下，能够较好地保持种子活力。相对照而言，有效地提高了种子的生命力。

2.2 零下低温保存对水稻发芽率的影响

表3 不同温度水稻品种发芽率表

处理/品种	低温(-20℃)			对照			
	Ⅰ	Ⅱ	Ⅲ	Ⅰ	Ⅱ	Ⅲ	平均值
441A/6003	80%	76%	75%	33%	40%	55%	59.83%
D23A/153	69%	83%	75%	52%	51%	51%	63.50%
渝优11号	78%	71%	80%	49%	38%	51%	61.17%
153	70%	82%	82%	42%	48%	46%	61.67%
154	86%	84%	68%	38%	45%	42%	60.50%
平均值	77.27%			45.40%			

由表3可知，低温冷冻，水稻5个品种的平均发芽率为77.27%，而对照为45.40%，五个品种间441A/6003为59.83%，D23A/153为63.50%，渝优11号为61.17%，153为61.67%，154为60.50%。由此可以看出：低温处理发芽率高于对照，而五个品种中以D23A/153最高，441A/6003最低。根据表3，对试验结果进行方差分析，结果列于表4。

表4 水稻品种与温度二因素试验发芽率结果的方差分析表

变异来源	DF	SS	MS	F	$F_{0.05}$	$F_{0.01}$
区组间	2	42.24	21.24	0.53	3.49	5.85
处理间	9	7 812.00	868.00	21.70	2.40	3.45
品种	4	46.67	11.67	0.29	2.87	4.43
温度	1	7 616.14	7 616.14	190.36	4.35	8.10
品种*温度	4	149.19	37.30	0.93	2.87	4.43
误差	20	800.20	40.01			
总变异	29	8 654.67				

由表4方差分析表明，区组间比较 $F=0.53<F_{0.05}$，表明区组间的三次重复无显著差异性；品种比较 $F=0.29<F_{0.05}$，无显著差异，说明低温保存对种子品种、品系选择性都不大；品种和温度的交互作用 $F=0.93<F_{0.05}$，表明没有充分根据说明数据间存在交互作用。但是处理间存在着极显著差异($F=21.70>F_{0.05}>F_{0.01}$)，低温与对照比较 $F=190.36>F_{0.05}>F_{0.01}$，两者之间存在显著差异。同时在以上五个品种的三次重复实验中，低温处理平均发芽率为72.27%，对照平均发芽率为45.40%，使水稻种子发芽率平均提高26.87个百分点。这表明：水稻种子在低温保存(-20℃)条件下，发芽率能够显著提高。发芽率反映了种子成苗的能力。它的提高也说明低温保存

能够有效地保持种子活力。

从表2和表4中发芽势和发芽率的方差分析，我们可以看出，经过零下低温处理的水稻种子在发芽率上都与对照存在极显著差异，并且发芽势和发芽率都增长20%以上，因此可以说明零下低温保存种子对种子发芽势和发芽率具有相当明显的作用，零下低温保存是有效的。在超低温保存技术发展还不成熟，我国还没有达到普遍推广的情况下，低温保存技术仍然是保持种子活力的重要手段。

3 讨论

3.1 零下低温保存有效性原因的探讨

首先，利用零下低温(-20℃)冷冻保存植物种子，种子新陈代谢活动基本停止，处于相当稳定的“生机停顿”状态。生物的生长和发育是一系列生物化学反应的结果，而生化反应以水为基质，-20℃条件下可以使细胞内液态水被除去后将处于“假死”状态，一旦恢复到常态时，便能保持正常细胞的活性、形态、发生潜能，而且不发生任何遗传变异。这也是低温保存能够保持种子活力的一个重要原因。

其次，种子体内酶的活性与温度的关系是：在最适温度时，各种酶最能协调地完成代谢活动，最利于生长；当温度低于或高于最适温度时，酶活性受到部分抑制；当温度低于最低温度，酶的活性受到强烈的抑制，但是，在种子萌发的过程中低温不破坏酶分子构象。这也是种子能进行低温保存的重要原因。同时，酶活性直接影响种子的呼吸作用，呼吸作用又影响代谢活动。即酶活性越弱，呼吸作用越弱，种子代谢活动越缓慢。在-20℃保存情况下酶活性受到强烈的抑制，使种子的呼吸作用受到抑制，体内能量得以保存，不至于在存储过程中消耗，影响萌发时能量的供给。而且，呼吸作用的抑制，使种子体内蛋白质分解等代谢活动停止，保证了萌发时的营养供给，保持了种子活力。因此，零下低温保存是有效的。

最后，本实验将影响种子发芽势、发芽率的因素尽可能调在同一标准。但在实验过程中，环境条件的变化(如温度)，人为因素(包括实验操作，发芽阶段的检测等)都会对实验造成一定误差(表2，表4)。从方差分析表看出，低温处理与对照间差异极显著，并不影响实验结果。

3.2 本实验的优点与不足

零下低温保存，可以使种质材料免受病、虫、毒的侵害；防止种子衰老；保持种子活力；延长种子寿命；长期保持遗传性的稳定；它的操作技术要求很低，设备简单，保存方便，对种子不需要像液氮保存时要求很严实的密封性，而且可以随时观察种子情况，大量保存而不至于减弱种子活性。便于推广应用。当然，本方法使用的仍然是机械设备的保存，需要电力的持续供应，也不排除因机械故障可能带来的麻烦。

3.3 零下低温保存的现状与前景

目前，国内外研究最多的是利用超低温存储技术进行种子保存。但此技术的研究较晚，技术尚不完善，应用不广泛。也有用低温冷冻保存的研究，并成为现阶段种子存储的主要手段，得到广泛运用。它的保存温度为零上低温(几度到十几度)，种子的发芽势和发芽率均有下降的现象，种子活力下降，而且寿命不长(一般在十几个月)。若能在低温冷冻库存储基础上结合零下低温保存技术，就更能发挥它的最大作用，很好地保持种子活力，延长种子寿命，提高低温冷藏库的利用效率，进行种子有效而大量的保存，从而很好地解决了种子供应、丰歉年、种子存活等问题，并能大大降低种子的遗传变异率，对改良品种，提高质量都有重要意义。

【注释】

①胡晋，徐淡，陈叶平，吴殿星，陆建荣．超低温保存对某些作物种子生活力和活力的影响．浙江农业大学学报，1994，20(4)：411～416

②王利民，于正江．超低温保存小麦谷子种子对发芽率和发芽势的影响．种子，1989(5)

③马铮，金开美，刘新宇，何盛莲，鲁伟林．杂交水稻种子隔年低温贮藏效果分析．信阳农业高等专科学校学报，2001，11(4)

【参考文献】

1. 钟志坚，陆桂耀，黄鹂．低温库出库的杂交水稻种子发芽率变化．种子科技，2005，23(1)：39～41

2. 杜式秋，林子超．杂交稻种子低温低湿贮藏技术及应用效果．杂交水稻，2003，18(3)：26～28

3. 龚志明．杂交水稻种子低温贮藏技术初探．种子世界，2002(11)：27～28

4. 赵柏松，王仁华．杂交水稻及亲本种子低温库贮藏与使用技术．种子世界，2000(9)：20～21

5. 何之常，张景昱．水稻种子零上低温贮藏的某些生理生化变化．种子，1998(4)：64～67

6. 胡惠根，张杏根．低温保贮西瓜种子对发芽势、发芽率、产量影响的研究．上海农业科技，1993(6)：40～42

7. 刘兵．用简易低温库贮藏杂交种子．种子科技，1993(4)：18

8. 马缘生主编．作物种质资源保存技术．北京：学术书刊出版社，1989：119～143

9. 浙江农业大学种子教研组．种子学．上海：上海科技出版社，1983：193～227

致 谢

本文是在×××老师的认真指导和严格要求下完成的。在论文的写作过程中，×××老师给我提出了宝贵的意见，实验时耐心指导，并对论文进行了仔细的审阅和修改，在此，特向×××老师表示衷心的感谢！同时也要感谢系领导给我们创造了论文写作的宽松环境，感谢在资料查阅过程中给予我帮助的图书管理人员。

在即将完成大学本科学业之际，对所有曾经关心、爱护、帮助和支持我的人们致以深深的谢意！

评论：

水稻研究、生产中每年都面临种质资源的保存问题，尤其是稀有珍贵品种资源的长期保存。本文研究了-20℃低温冷冻保存一年的水稻种子的发芽势、发芽率。证明-20℃低温保存对保持种子发芽能力是有效的。国内外研究最多的是利用超低温存储技术进行种子保存，但此技术成本较高，条件要求很严，应用不广泛。现阶段广泛运用的种子存储手段是零上低温(几度到十几度)，但该法保存的种子发芽势、发芽率及种子活力均有显著下降，而且种子寿命不长。本研究提出的零下低温保存技术，能较好地保持种子活力，延长种子寿命，并能大大降低种子的遗传变异率，是介于零上低温与超低温(-100℃以下)的一种新方法。研究证明零下低温细胞结冰对种子发芽能力的影响不大，为现有种子的保存和提高种子活力，尤其是对稀有资源的长期低成本保存提供了一种现实的方法。该研究的不足之处是缺少零上低温和超低温的对比，并且对零下低温保持种子发芽能力的时间和机制缺乏研究。

(指导老师：×××)

附录

附录

附录1：党政机关公文处理工作条例

第一章　总　　则

第一条　为了适应中国共产党机关和国家行政机关(以下简称党政机关)工作需要，推进党政机关公文处理工作科学化、制度化、规范化，制定本条例。

第二条　本条例适用于各级党政机关公文处理工作。

第三条　党政机关公文是党政机关实施领导、履行职能、处理公务的具有特定效力和规范体式的文书，是传达贯彻党和国家的方针政策，公布法规和规章，指导、布置和商洽工作，请示和答复问题，报告、通报和交流情况等的重要工具。

第四条　公文处理工作是指公文拟制、办理、管理等一系列相互关联、衔接有序的工作。

第五条　公文处理工作应当坚持实事求是、准确规范、精简高效、安全保密的原则。

第六条　各级党政机关应当高度重视公文处理工作，加强组织领导，强化队伍建设，设立文秘部门或者由专人负责公文处理工作。

第七条　各级党政机关办公厅(室)主管本机关的公文处理工作，并对下级机关的公文处理工作进行业务指导和督促检查。

第二章　公文种类

第八条　公文种类主要有：

(一)决议。适用于会议讨论通过的重大决策事项。

(二)决定。适用于对重要事项作出决策和部署、奖惩有关单位和人员、变更或者撤销下级机关不适当的决定事项。

(三)命令(令)。适用于公布行政法规和规章、宣布施行重大强制性措施、批准授予和晋升衔级、嘉奖有关单位和人员。

(四)公报。适用于公布重要决定或者重大事项。

(五)公告。适用于向国内外宣布重要事项或者法定事项。

(六)通告。适用于在一定范围内公布应当遵守或者周知的事项。

(七)意见。适用于对重要问题提出见解和处理办法。

(八)通知。适用于发布、传达要求下级机关执行和有关单位周知或者执行的事项，批转、转发公文。

(九)通报。适用于表彰先进、批评错误、传达重要精神和告知重要情况。

(十)报告。适用于向上级机关汇报工作、反映情况，回复上级机关的询问。

(十一)请示。适用于向上级机关请求指示、批准。

(十二)批复。适用于答复下级机关请示事项。

(十三)议案。适用于各级人民政府按照法律程序向同级人民代表大会或者人民代表大会常务委员会提请审议事项。

(十四)函。适用于不相隶属机关之间商洽工作、询问和答复问题、请求批准和答复审批事项。

(十五)纪要。适用于记载会议主要情况和议定事项。

第三章　公文格式

第九条　公文一般由份号、密级和保密期限、紧急程度、发文机关标志、发文字号、签发人、标题、主送机关、正文、附件说明、发文机关署名、成文日期、印章、附注、附件、抄送机关、印发机关和印发日期、页码等组成。

(一)份号。公文印制份数的顺序号。涉密公文应当标注份号。

(二)密级和保密期限。公文的秘密等级和保密的期限。涉密公文应当根据涉密程度分别标注"绝密""机密""秘密"和保密期限。

(三)紧急程度。公文送达和办理的时限要求。根据紧急程度，紧急公文应当分别标注"特急""加急"，电报应当分别标注"特提""特急""加急""平急"。

(四)发文机关标志。由发文机关全称或者规范化简称加"文件"二字组成，也可以使用发文机关全称或者规范化简称。联合行文时，发文机关标志可以并用联合发文机关名称，也可以单独用主办机关名称。

(五)发文字号。由发文机关代字、年份、发文顺序号组成。联合行文时，使用主办机关的发文字号。

(六)签发人。上行文应当标注签发人姓名。

(七)标题。由发文机关名称、事由和文种组成。

(八)主送机关。公文的主要受理机关，应当使用机关全称、规范化简称或者同类型机关统称。

(九)正文。公文的主体，用来表述公文的内容。

(十)附件说明。公文附件的顺序号和名称。

(十一)发文机关署名。署发文机关全称或者规范化简称。

(十二)成文日期。署会议通过或者发文机关负责人签发的日期。联合行文时，署最后签发机关负责人签发的日期。

(十三)印章。公文中有发文机关署名的，应当加盖发文机关印章，并与署名机关相符。有特定发文机关标志的普发性公文和电报可以不加盖印章。

(十四)附注。公文印发传达范围等需要说明的事项。

(十五)附件。公文正文的说明、补充或者参考资料。

(十六)抄送机关。除主送机关外需要执行或者知晓公文内容的其他机关，应当使用机关全称、规范化简称或者同类型机关统称。

（十七）印发机关和印发日期。公文的送印机关和送印日期。

（十八）页码。公文页数顺序号。

第十条 公文的版式按照《党政机关公文格式》国家标准执行。

第十一条 公文使用的汉字、数字、外文字符、计量单位和标点符号等，按照有关国家标准和规定执行。民族自治地方的公文，可以并用汉字和当地通用的少数民族文字。

第十二条 公文用纸幅面采用国际标准 A4 型。特殊形式的公文用纸幅面，根据实际需要确定。

第四章 行文规则

第十三条 行文应当确有必要，讲求实效，注重针对性和可操作性。

第十四条 行文关系根据隶属关系和职权范围确定。一般不得越级行文，特殊情况需要越级行文的，应当同时抄送被越过的机关。

第十五条 向上级机关行文，应当遵循以下规则：

（一）原则上主送一个上级机关，根据需要同时抄送相关上级机关和同级机关，不抄送下级机关。

（二）党委、政府的部门向上级主管部门请示、报告重大事项，应当经本级党委、政府同意或者授权；属于部门职权范围内的事项应当直接报送上级主管部门。

（三）下级机关的请示事项，如需以本机关名义向上级机关请示，应当提出倾向性意见后上报，不得原文转报上级机关。

（四）请示应当一文一事。不得在报告等非请示性公文中夹带请示事项。

（五）除上级机关负责人直接交办事项外，不得以本机关名义向上级机关负责人报送公文，不得以本机关负责人名义向上级机关报送公文。

（六）受双重领导的机关向一个上级机关行文，必要时抄送另一个上级机关。

第十六条 向下级机关行文，应当遵循以下规则：

（一）主送受理机关，根据需要抄送相关机关。重要行文应当同时抄送发文机关的直接上级机关。

（二）党委、政府的办公厅（室）根据本级党委、政府授权，可以向下级党委、政府行文，其他部门和单位不得向下级党委、政府发布指令性公文或者在公文中向下级党委、政府提出指令性要求。需经政府审批的具体事项，经政府同意后可以由政府职能部门行文，文中须注明已经政府同意。

（三）党委、政府的部门在各自职权范围内可以向下级党委、政府的相关部门行文。

（四）涉及多个部门职权范围内的事务，部门之间未协商一致的，不得向下行文；擅自行文的，上级机关应当责令其纠正或者撤销。

（五）上级机关向受双重领导的下级机关行文，必要时抄送该下级机关的另一个上级机关。

第十七条 同级党政机关、党政机关与其他同级机关必要时可以联合行文。属于党委、政府各自职权范围内的工作，不得联合行文。

党委、政府的部门依据职权可以相互行文。

部门内设机构除办公厅(室)外不得对外正式行文。

第五章 公文拟制

第十八条 公文拟制包括公文的起草、审核、签发等程序。

第十九条 公文起草应当做到：

(一)符合党的理论路线方针政策和国家法律法规，完整准确体现发文机关意图，并同现行有关公文相衔接。

(二)一切从实际出发，分析问题实事求是，所提政策措施和办法切实可行。

(三)内容简洁，主题突出，观点鲜明，结构严谨，表述准确，文字精练。

(四)文种正确，格式规范。

(五)深入调查研究，充分进行论证，广泛听取意见。

(六)公文涉及其他地区或者部门职权范围内的事项，起草单位必须征求相关地区或者部门意见，力求达成一致。

(七)机关负责人应当主持、指导重要公文起草工作。

第二十条 公文文稿签发前，应当由发文机关办公厅(室)进行审核。审核的重点是：

(一)行文理由是否充分，行文依据是否准确。

(二)内容是否符合党的理论路线方针政策和国家法律法规；是否完整准确体现发文机关意图；是否同现行有关公文相衔接；所提政策措施和办法是否切实可行。

(三)涉及有关地区或者部门职权范围内的事项是否经过充分协商并达成一致意见。

(四)文种是否正确，格式是否规范；人名、地名、时间、数字、段落顺序、引文等是否准确；文字、数字、计量单位和标点符号等用法是否规范。

(五)其他内容是否符合公文起草的有关要求。

需要发文机关审议的重要公文文稿，审议前由发文机关办公厅(室)进行初核。

第二十一条 经审核不宜发文的公文文稿，应当退回起草单位并说明理由；符合发文条件但内容需作进一步研究和修改的，由起草单位修改后重新报送。

第二十二条 公文应当经本机关负责人审批签发。重要公文和上行文由机关主要负责人签发。党委、政府的办公厅(室)根据党委、政府授权制发的公文，由受权机关主要负责人签发或者按照有关规定签发。签发人签发公文，应当签署意见、姓名和完整日期；圈阅或者签名的，视为同意。联合发文由所有联署机关的负责人会签。

第六章 公文办理

第二十三条 公文办理包括收文办理、发文办理和整理归档。

第二十四条 收文办理主要程序是：

（一）签收。对收到的公文应当逐件清点，核对无误后签字或者盖章，并注明签收时间。

（二）登记。对公文的主要信息和办理情况应当详细记载。

（三）初审。对收到的公文应当进行初审。初审的重点是：是否应当由本机关办理，是否符合行文规则，文种、格式是否符合要求，涉及其他地区或者部门职权范围内的事项是否已经协商、会签，是否符合公文起草的其他要求。经初审不符合规定的公文，应当及时退回来文单位并说明理由。

（四）承办。阅知性公文应当根据公文内容、要求和工作需要确定范围后分送。批办性公文应当提出拟办意见报本机关负责人批示或者转有关部门办理；需要两个以上部门办理的，应当明确主办部门。紧急公文应当明确办理时限。承办部门对交办的公文应当及时办理，有明确办理时限要求的应当在规定时限内办理完毕。

（五）传阅。根据领导批示和工作需要将公文及时送传阅对象阅知或者批示。办理公文传阅应当随时掌握公文去向，不得漏传、误传、延误。

（六）催办。及时了解掌握公文的办理进展情况，督促承办部门按期办结。紧急公文或者重要公文应当由专人负责催办。

（七）答复。公文的办理结果应当及时答复来文单位，并根据需要告知相关单位。

第二十五条 发文办理主要程序是：

（一）复核。已经发文机关负责人签批的公文，印发前应当对公文的审批手续、内容、文种、格式等进行复核；需作实质性修改的，应当报原签批人复审。

（二）登记。对复核后的公文，应当确定发文字号、分送范围和印制份数并详细记载。

（三）印制。公文印制必须确保质量和时效。涉密公文应当在符合保密要求的场所印制。

（四）核发。公文印制完毕，应当对公文的文字、格式和印刷质量进行检查后分发。

第二十六条 涉密公文应当通过机要交通、邮政机要通信、城市机要文件交换站或者收发件机关机要收发人员进行传递，通过密码电报或者符合国家保密规定的计算机信息系统进行传输。

第二十七条 需要归档的公文及有关材料，应当根据有关档案法律法规以及机关档案管理规定，及时收集齐全、整理归档。两个以上机关联合办理的公文，原件由主办机关归档，相关机关保存复制件。机关负责人兼任其他机关职务的，在履行所兼职务过程中形成的公文，由其兼职机关归档。

第七章 公文管理

第二十八条 各级党政机关应当建立健全本机关公文管理制度，确保管理严格规范，充分发挥公文效用。

第二十九条 党政机关公文由文秘部门或者专人统一管理。设立党委（党组）的县级以上单位应当建立机要保密室和机要阅文室，并按照有关保密规定配备工作人员和必要的安全保密设施设备。

第三十条 公文确定密级前，应当按照拟定的密级先行采取保密措施。确定密级后，应当按照所定密级严格管理。绝密级公文应当由专人管理。

公文的密级需要变更或者解除的，由原确定密级的机关或者其上级机关决定。

第三十一条 公文的印发传达范围应当按照发文机关的要求执行；需要变更的，应当经发文机关批准。

涉密公文公开发布前应当履行解密程序。公开发布的时间、形式和渠道，由发文机关确定。

经批准公开发布的公文，同发文机关正式印发的公文具有同等效力。

第三十二条 复制、汇编机密级、秘密级公文，应当符合有关规定并经本机关负责人批准。绝密级公文一般不得复制、汇编，确有工作需要的，应当经发文机关或者其上级机关批准。复制、汇编的公文视同原件管理。

复制件应当加盖复制机关戳记。翻印件应当注明翻印的机关名称、日期。汇编本的密级按照编入公文的最高密级标注。

第三十三条 公文的撤销和废止，由发文机关、上级机关或者权力机关根据职权范围和有关法律法规决定。公文被撤销的，视为自始无效；公文被废止的，视为自废止之日起失效。

第三十四条 涉密公文应当按照发文机关的要求和有关规定进行清退或者销毁。

第三十五条 不具备归档和保存价值的公文，经批准后可以销毁。销毁涉密公文必须严格按照有关规定履行审批登记手续，确保不丢失、不漏销。个人不得私自销毁、留存涉密公文。

第三十六条 机关合并时，全部公文应当随之合并管理；机关撤销时，需要归档的公文经整理后按照有关规定移交档案管理部门。

工作人员离岗离职时，所在机关应当督促其将暂存、借用的公文按照有关规定移交、清退。

第三十七条 新设立的机关应当向本级党委、政府的办公厅(室)提出发文立户申请。经审查符合条件的，列为发文单位，机关合并或者撤销时，相应进行调整。

第八章 附 则

第三十八条 党政机关公文含电子公文。电子公文处理工作的具体办法另行制定。

第三十九条 法规、规章方面的公文，依照有关规定处理。外事方面的公文，依照外事主管部门的有关规定处理。

第四十条 其他机关和单位的公文处理工作，可以参照本条例执行。

第四十一条 本条例由中共中央办公厅、国务院办公厅负责解释。

第四十二条 本条例自2012年7月1日起施行。1996年5月3日中共中央办公厅发布的《中国共产党机关公文处理条例》和2000年8月24日国务院发布的《国家行政机关公文处理办法》停止执行。

附录 2：党政机关公文格式(GB/T 9704—2012)

1　范围

本标准规定了党政机关公文通用的纸张要求、排版和印制装订要求、公文格式各要素的编排规则，并给出了公文的式样。

本标准适用于各级党政机关制发的公文。其他机关和单位的公文可以参照执行。

使用少数民族文字印制的公文，其用纸、幅面尺寸及版面、印制等要求按照本标准执行，其余可以参照本标准并按照有关规定执行。

2　规范性引用文件

下列文件对于本标准的应用是必不可少的。凡是注日期的引用文件，仅所注日期的版本适用于本标准。凡是不注日期的引用文件，其最新版本(包括所有的修改单)适用于本标准。

GB/T 148　印刷、书写和绘图纸幅面尺寸

GB 3100　国际单位制及其应用

GB 3101　有关量、单位和符号的一般原则

GB 3102(所有部分)　量和单位

GB/T 15834　标点符号用法

GB/T 15835　出版物上数字用法

3　术语和定义

下列术语和定义适用于本标准。

3.1　字　word

标示公文中横向距离的长度单位。在本标准中，一字指一个汉字宽度的距离。

3.2　行　line

标示公文中纵向距离的长度单位。在本标准中，一行指一个汉字的高度加 3 号汉字高度的 7/8 的距离。

4　公文用纸主要技术指标

公文用纸一般使用纸张定量为 $60g/m^2$～$80g/m^2$ 的胶版印刷纸或复印纸。纸张白度 80%～90%，横向耐折度≥15 次，不透明度≥85%，pH 值为 7.5～9.5。

5　公文用纸幅面尺寸及版面要求

5.1　幅面尺寸

公文用纸采用 GB/T 148 中规定的 A4 型纸，其成品幅面尺寸为：210mm×297mm。

5.2　版面

5.2.1　页边与版心尺寸

公文用纸天头(上白边)为 37mm±1mm，公文用纸订口(左白边)为 28mm±1mm，版心尺寸为 156mm×225mm。

5.2.2　字体和字号

如无特殊说明，公文格式各要素一般用 3 号仿宋体字。特定情况可以作适当调整。

5.2.3　行数和字数

一般每面排 22 行，每行排 28 个字，并撑满版心。特定情况可以作适当调整。

5.2.4　文字的颜色

如无特殊说明，公文中文字的颜色均为黑色。

6　印制装订要求

6.1　制版要求

版面干净无底灰，字迹清楚无断划，尺寸标准，版心不斜，误差不超过 1mm。

6.2　印刷要求

双面印刷；页码套正，两面误差不超过 2mm。黑色油墨应当达到色谱所标 BL100%，红色油墨应当达到色谱所标 Y80%、M80%。印品着墨实、均匀；字面不花、不白、无断划。

6.3　装订要求

公文应当左侧装订，不掉页，两页页码之间误差不超过 4mm，裁切后的成品尺寸允许误差±2mm，四角成 90°，无毛茬或缺损。

骑马订或平订的公文应当：

a)订位为两钉外订眼距版面上下边缘各 70mm 处，允许误差±4mm；

b)无坏钉、漏钉、重钉，钉脚平伏牢固；

c)骑马订钉锯均订在折缝线上，平订钉锯与书脊间的距离为 3mm～5mm。

包本装订公文的封皮(封面、书脊、封底)与书芯应吻合、包紧、包平、不脱落。

7　公文格式各要素编排规则

7.1　公文格式各要素的划分

本标准将版心内的公文格式各要素划分为版头、主体、版记三部分。公文首页红色分隔线以上的部分称为版头；公文首页红色分隔线(不含)以下、公文末页首条分隔线(不含)以上的部分称为主体；公文末页首条分隔线以下、末条分隔线以上的部分称为版记。

页码位于版心外。

7.2　版头

7.2.1　份号

如需标注份号，一般用 6 位 3 号阿拉伯数字，顶格编排在版心左上角第一行。

7.2.2　密级和保密期限

如需标注密级和保密期限，一般用 3 号黑体字，顶格编排在版心左上角第二行；保密期限中的数字用阿拉伯数字标注。

7.2.3　紧急程度

如需标注紧急程度，一般用 3 号黑体字，顶格编排在版心左上角；如需同时标注份号、密级和保密期限、紧急程度，按照份号、密级和保密期限、紧急程度的顺序自上而下分行排列。

7.2.4　发文机关标志

由发文机关全称或者规范化简称加“文件”二字组成，也可以使用发文机关全称或者规范化简称。

发文机关标志居中排布，上边缘至版心上边缘为 35mm，推荐使用小标宋体字，颜色为红色，以醒目、美观、庄重为原则。

联合行文时，如需同时标注联署发文机关名称，一般应当将主办机关名称排列在前；如有“文件”二字，应当置于发文机关名称右侧，以联署发文机关名称为准上下居中排布。

7.2.5　发文字号

编排在发文机关标志下空二行位置，居中排布。年份、发文顺序号用阿拉伯数字标注；年份应标全称，用六角括号“〔　〕”括入；发文顺序号不加“第”字，不编虚位(即 1 不编为 01)，在阿拉伯数字后加“号”字。

上行文的发文字号居左空一字编排，与最后一个签发人姓名处在同一行。

7.2.6　签发人

由“签发人”三字加全角冒号和签发人姓名组成，居右空一字，编排在发文机关标志下空二行位置。“签发人”三字用 3 号仿宋体字，签发人姓名用 3 号楷体字。

如有多个签发人，签发人姓名按照发文机关的排列顺序从左到右、自上而下依次均匀编排，一般每行排两个姓名，回行时与上一行第一个签发人姓名对齐。

7.2.7　版头中的分隔线

发文字号之下 4mm 处居中印一条与版心等宽的红色分隔线。

7.3　主体

7.3.1　标题

一般用 2 号小标宋体字，编排于红色分隔线下空二行位置，分一行或多行居中排布；回行时，要做到词意完整，排列对称，长短适宜，间距恰当，标题排列应当使用梯形或菱形。

7.3.2　主送机关

编排于标题下空一行位置，居左顶格，回行时仍顶格，最后一个机关名称后标全角冒号。如主送机关名称过多导致公文首页不能显示正文时，应当将主送机关名称移至版记，标注方法见 7.4.2。

7.3.3　正文

公文首页必须显示正文。一般用 3 号仿宋体字，编排于主送机关名称下一行，每个自然段左空二字，回行顶格。文中结构层次序数依次可以用“一、”“(一)”“1.”“(1)”标注；一般第一层用黑体字、第二层用楷体字、第三层和第四层用仿宋体字标注。

7.3.4 附件说明

如有附件，在正文下空一行左空二字编排“附件”二字，后标全角冒号和附件名称。如有多个附件，使用阿拉伯数字标注附件顺序号(如“附件：1.××××××”)；附件名称后不加标点符号。附件名称较长需回行时，应当与上一行附件名称的首字对齐。

7.3.5 发文机关署名、成文日期和印章

7.3.5.1 加盖印章的公文

成文日期一般右空四字编排，印章用红色，不得出现空白印章。

单一机关行文时，一般在成文日期之上、以成文日期为准居中编排发文机关署名，印章端正、居中下压发文机关署名和成文日期，使发文机关署名和成文日期居印章中心偏下位置，印章顶端应当上距正文(或附件说明)一行之内。

联合行文时，一般将各发文机关署名按照发文机关顺序整齐排列在相应位置，并将印章一一对应、端正、居中下压发文机关署名，最后一个印章端正、居中下压发文机关署名和成文日期，印章之间排列整齐、互不相交或相切，每排印章两端不得超出版心，首排印章顶端应当上距正文(或附件说明)一行之内。

7.3.5.2 不加盖印章的公文

单一机关行文时，在正文(或附件说明)下空一行右空二字编排发文机关署名，在发文机关署名下一行编排成文日期，首字比发文机关署名首字右移二字，如成文日期长于发文机关署名，应当使成文日期右空二字编排，并相应增加发文机关署名右空字数。

联合行文时，应当先编排主办机关署名，其余发文机关署名依次向下编排。

7.3.5.3 加盖签发人签名章的公文

单一机关制发的公文加盖签发人签名章时，在正文(或附件说明)下空二行右空四字加盖签发人签名章，签名章左空二字标注签发人职务，以签名章为准上下居中排布。在签发人签名章下空一行右空四字编排成文日期。

联合行文时，应当先编排主办机关签发人职务、签名章，其余机关签发人职务、签名章依次向下编排，与主办机关签发人职务、签名章上下对齐；每行只编排一个机关的签发人职务、签名章；签发人职务应当标注全称。

签名章一般用红色。

7.3.5.4 成文日期中的数字

用阿拉伯数字将年、月、日标全，年份应标全称，月、日不编虚位(即1不编为01)。

7.3.5.5 特殊情况说明

当公文排版后所剩空白处不能容下印章或签发人签名章、成文日期时，可以采取调整行距、字距的措施解决。

7.3.6 附注

如有附注，居左空二字加圆括号编排在成文日期下一行。

7.3.7 附件

附件应当另面编排，并在版记之前，与公文正文一起装订。“附件”二字及附件顺

序号用3号黑体字顶格编排在版心左上角第一行。附件标题居中编排在版心第三行。附件顺序号和附件标题应当与附件说明的表述一致。附件格式要求同正文。

如附件与正文不能一起装订，应当在附件左上角第一行顶格编排公文的发文字号并在其后标注“附件”二字及附件顺序号。

7.4 版记

7.4.1 版记中的分隔线

版记中的分隔线与版心等宽，首条分隔线和末条分隔线用粗线(推荐高度为0.35mm)，中间的分隔线用细线(推荐高度为0.25mm)。首条分隔线位于版记中第一个要素之上，末条分隔线与公文最后一面的版心下边缘重合。

7.4.2 抄送机关

如有抄送机关，一般用4号仿宋体字，在印发机关和印发日期之上一行、左右各空一字编排。“抄送”二字后加全角冒号和抄送机关名称，回行时与冒号后的首字对齐，最后一个抄送机关名称后标句号。

如需把主送机关移至版记，除将“抄送”二字改为“主送”外，编排方法同抄送机关。既有主送机关又有抄送机关时，应当将主送机关置于抄送机关之上一行，之间不加分隔线。

7.4.3 印发机关和印发日期

印发机关和印发日期一般用4号仿宋体字，编排在末条分隔线之上，印发机关左空一字，印发日期右空一字，用阿拉伯数字将年、月、日标全，年份应标全称，月、日不编虚位(即1不编为01)，后加“印发”二字。

版记中如有其他要素，应当将其与印发机关和印发日期用一条细分隔线隔开。

7.5 页码

一般用4号半角宋体阿拉伯数字，编排在公文版心下边缘之下，数字左右各放一条一字线；一字线上距版心下边缘7mm。单页码居右空一字，双页码居左空一字。公文的版记页前有空白页的，空白页和版记页均不编排页码。公文的附件与正文一起装订时，页码应当连续编排。

8 公文中的横排表格

A4纸型的表格横排时，页码位置与公文其他页码保持一致，单页码表头在订口一边，双页码表头在切口一边。

9 公文中计量单位、标点符号和数字的用法

公文中计量单位的用法应当符合GB 3100、GB 3101和GB 3102(所有部分)，标点符号的用法应当符合GB/T 15834，数字用法应当符合GB/T 15835。

10 公文的特定格式

10.1 信函格式

发文机关标志使用发文机关全称或者规范化简称，居中排布，上边缘至上页边为30mm，推荐使用红色小标宋体字。联合行文时，使用主办机关标志。

发文机关标志下4mm处印一条红色双线(上粗下细)，距下页边20mm处印一条红色双线(上细下粗)，线长均为170mm，居中排布。

如需标注份号、密级和保密期限、紧急程度，应当顶格居版心左边缘编排在第一条红色双线下，按照份号、密级和保密期限、紧急程度的顺序自上而下分行排列，第一个要素与该线的距离为3号汉字高度的7/8。

发文字号顶格居版心右边缘编排在第一条红色双线下，与该线的距离为3号汉字高度的7/8。

标题居中编排，与其上最后一个要素相距二行。

第二条红色双线上一行如有文字，与该线的距离为3号汉字高度的7/8。

首页不显示页码。

版记不加印发机关和印发日期、分隔线，位于公文最后一面版心内最下方。

10.2　命令(令)格式

发文机关标志由发文机关全称加“命令”或“令”字组成，居中排布，上边缘至版心上边缘为20mm，推荐使用红色小标宋体字。

发文机关标志下空二行居中编排令号，令号下空二行编排正文。

签发人职务、签名章和成文日期的编排见7.3.5.3。

10.3　纪要格式

纪要标志由“×××××纪要”组成，居中排布，上边缘至版心上边缘为35mm，推荐使用红色小标宋体字。

标注出席人员名单，一般用3号黑体字，在正文或附件说明下空一行左空二字编排“出席”二字，后标全角冒号，冒号后用3号仿宋体字标注出席人单位、姓名，回行时与冒号后的首字对齐。

标注请假和列席人员名单，除依次另起一行并将“出席”二字改为“请假”或“列席”外，编排方法同出席人员名单。

纪要格式可以根据实际制定。

11　式样(略)

附录3：高等学校哲学社会科学研究学术规范(试行)

（教育部社会科学委员会2004年6月22日第一次全体会议讨论通过）

一、总　则

（一）为规范高等学校(以下简称高校)哲学社会科学研究工作，加强学风建设和职业道德修养，保障学术自由，促进学术交流、学术积累与学术创新，进一步发展和繁荣高校哲学社会科学研究事业，特制订《高等学校哲学社会科学研究学术规范(试行)》(以下简称本规范)。

（二）本规范由广大专家学者广泛讨论、共同参与制订，是高校师生及相关人员在学术活动中自律的准则。

二、基本规范

（三）高校哲学社会科学研究应以马克思列宁主义、毛泽东思想、邓小平理论和"三个代表"重要思想为指导，遵循解放思想、实事求是、与时俱进的思想路线，贯彻"百花齐放、百家争鸣"的方针，不断推动学术进步。

（四）高校哲学社会科学研究工作者应以推动社会主义物质文明、政治文明和精神文明建设为己任，具有强烈的历史使命感和社会责任感，勇于学术创新，努力创造先进文化，积极弘扬科学精神、人文精神与民族精神。

（五）高校哲学社会科学研究工作者应遵守《中华人民共和国著作权法》《中华人民共和国专利法》《中华人民共和国国家通用语言文字法》等相关法律、法规。

（六）高校哲学社会科学研究工作者应模范遵守学术道德。

三、学术引文规范

（七）引文应以原始文献和第一手资料为原则。凡引用他人观点、方案、资料、数据等，无论曾否发表，无论是纸质或电子版，均应详加注释。凡转引文献资料，应如实说明。

（八）学术论著应合理使用引文。对已有学术成果的介绍、评论、引用和注释，应力求客观、公允、准确。伪注，伪造、篡改文献和数据等，均属学术不端行为。

四、学术成果规范

(九)不得以任何方式抄袭、剽窃或侵吞他人学术成果。

(十)应注重学术质量，反对粗制滥造和低水平重复，避免片面追求数量的倾向。

(十一)应充分尊重和借鉴已有的学术成果，注重调查研究，在全面掌握相关研究资料和学术信息的基础上，精心设计研究方案，讲究科学方法。力求论证缜密，表达准确。

(十二)学术成果文本应规范使用中国语言文字、标点符号、数字及外国语言文字。

(十三)学术成果不应重复发表。另有约定再次发表时，应注明出处。

(十四)学术成果的署名应实事求是。署名者应对该项成果承担相应的学术责任、道义责任和法律责任。

(十五)凡接受合法资助的研究项目，其最终成果应与资助申请和立项通知相一致；若需修改，应事先与资助方协商，并征得其同意。

(十六)研究成果发表时，应以适当方式向提供过指导、建议、帮助或资助的个人或机构致谢。

五、学术评价规范

(十七)学术评价应坚持客观、公正、公开的原则。

(十八)学术评价应以学术价值或社会效益为基本标准。对基础研究成果的评价，应以学术积累和学术创新为主要尺度；对应用研究成果的评价，应注重其社会效益或经济效益。

(十九)学术评价机构应坚持程序公正、标准合理，采用同行专家评审制，实行回避制度、民主表决制度，建立结果公示和意见反馈机制。

评审意见应措辞严谨、准确，慎用“原创”“首创”“首次”“国内领先”“国际领先”“世界水平”“填补重大空白”“重大突破”等词语。

评价机构和评审专家应对其评价意见负责，并对评议过程保密，对不当评价、虚假评价、泄密、披露不实信息或恶意中伤等造成的后果承担相应责任。

(二十)被评价者不得干扰评价过程。否则，应对其不正当行为引发的一切后果负责。

六、学术批评规范

(二十一)应大力倡导学术批评，积极推进不同学术观点之间的自由讨论、相互交流与学术争鸣。

(二十二)学术批评应该以学术为中心，以文本为依据，以理服人。批评者应正当行使学术批评的权利，并承担相应的责任。被批评者有反批评的权利，但不得对批评者压制或报复。

七、附　则

（二十三）本规范将根据哲学社会科学研究事业发展的需要不断修订和完善。

（二十四）各高校可根据本规范，结合具体情况，制订相应的学术规范及其实施办法，并对侵犯知识产权或违反学术道德的学术不端行为加以监督和惩处。

（二十五）本规范的解释权归教育部社会科学委员会。

附录 4：中华人民共和国国家通用语言文字法

（2000 年 10 月 31 日第九届全国人民代表大会常务委员会第十八次会议通过）

第一章　总则

第一条　为推动国家通用语言文字的规范化、标准化及其健康发展，使国家通用语言文字在社会生活中更好地发挥作用，促进各民族、各地区经济文化交流，根据宪法，制定本法。

第二条　本法所称的国家通用语言文字是普通话和规范汉字。

第三条　国家推广普通话，推行规范汉字。

第四条　公民有学习和使用国家通用语言文字的权利。

国家为公民学习和使用国家通用语言文字提供条件。

地方各级人民政府及其有关部门应当采取措施，推广普通话和推行规范汉字。

第五条　国家通用语言文字的使用应当有利于维护国家主权和民族尊严，有利于国家统一和民族团结，有利于社会主义物质文明建设和精神文明建设。

第六条　国家颁布国家通用语言文字的规范和标准，管理国家通用语言文字的社会应用，支持国家通用语言文字的教学和科学研究，促进国家通用语言文字的规范、丰富和发展。

第七条　国家奖励为国家通用语言文字事业做出突出贡献的组织和个人。

第八条　各民族都有使用和发展自己的语言文字的自由。

少数民族语言文字的使用依据宪法、民族区域自治法及其他法律的有关规定。

第二章　国家通用语言文字的使用

第九条　国家机关以普通话和规范汉字为公务用语用字。法律另有规定的除外。

第十条　学校及其他教育机构以普通话和规范汉字为基本的教育教学用语用字。法律另有规定的除外。

学校及其他教育机构通过汉语文课程教授普通话和规范汉字。使用的汉语文教材，应当符合国家通用语言文字的规范和标准。

第十一条　汉语文出版物应当符合国家通用语言文字的规范和标准。

汉语文出版物中需要使用外国语言文字的，应当用国家通用语言文字作必要的注释。

第十二条 广播电台、电视台以普通话为基本的播音用语。

需要使用外国语言为播音用语的，须经国务院广播电视部门批准。

第十三条 公共服务行业以规范汉字为基本的服务用字。因公共服务需要，招牌、广告、告示、标志牌等使用外国文字并同时使用中文的，应当使用规范汉字。

提倡公共服务行业以普通话为服务用语。

第十四条 下列情形，应当以国家通用语言文字为基本的用语用字：

(一)广播、电影、电视用语用字；

(二)公共场所的设施用字；

(三)招牌、广告用字；

(四)企业事业组织名称；

(五)在境内销售的商品的包装、说明。

第十五条 信息处理和信息技术产品中使用的国家通用语言文字应当符合国家的规范和标准。

第十六条 本章有关规定中，有下列情形的，可以使用方言：

(一)国家机关的工作人员执行公务时确需使用的；

(二)经国务院广播电视部门或省级广播电视部门批准的播音用语；

(三)戏曲、影视等艺术形式中需要使用的；

(四)出版、教学、研究中确需使用的。

第十七条 本章有关规定中，有下列情形的，可以保留或使用繁体字、异体字：

(一)文物古迹；

(二)姓氏中的异体字；

(三)书法、篆刻等艺术作品；

(四)题词和招牌的手书字；

(五)出版、教学、研究中需要使用的；

(六)经国务院有关部门批准的特殊情况。

第十八条 国家通用语言文字以《汉语拼音方案》作为拼写和注音工具。

《汉语拼音方案》是中国人名、地名和中文文献罗马字母拼写法的统一规范，并用于汉字不便或不能使用的领域。

初等教育应当进行汉语拼音教学。

第十九条 凡以普通话作为工作语言的岗位，其工作人员应当具备说普通话的能力。

以普通话作为工作语言的播音员、节目主持人和影视话剧演员、教师、国家机关工作人员的普通话水平，应当分别达到国家规定的等级标准；对尚未达到国家规定的普通话等级标准的，分别情况进行培训。

第二十条 对外汉语教学应当教授普通话和规范汉字。

第三章 管理和监督

第二十一条 国家通用语言文字工作由国务院语言文字工作部门负责规划指导、

管理监督。

国务院有关部门管理本系统的国家通用语言文字的使用。

第二十二条 地方语言文字工作部门和其他有关部门，管理和监督本行政区域内的国家通用语言文字的使用。

第二十三条 县级以上各级人民政府工商行政管理部门依法对企业名称、商品名称以及广告的用语用字进行管理和监督。

第二十四条 国务院语言文字工作部门颁布普通话水平测试等级标准。

第二十五条 外国人名、地名等专有名词和科学技术术语译成国家通用语言文字，由国务院语言文字工作部门或者其他有关部门组织审定。

第二十六条 违反本法第二章有关规定，不按照国家通用语言文字的规范和标准使用语言文字的，公民可以提出批评和建议。

本法第十九条第二款规定的人员用语违反本法第二章有关规定的，有关单位应当对直接责任人员进行批评教育；拒不改正的，由有关单位作出处理。

城市公共场所的设施和招牌、广告用字违反本法第二章有关规定的，由有关行政管理部门责令改正；拒不改正的，予以警告，并督促其限期改正。

第二十七条 违反本法规定，干涉他人学习和使用国家通用语言文字的，由有关行政管理部门责令限期改正，并予以警告。

第四章　附　则

第二十八条 本法自2001年1月1日起施行。

附录5：标点符号用法(GB/T 15834—2011)

1 范围

本标准规定了现代汉语标点符号的用法。本标准适用于汉语的书面语(包括汉语和外语混合排版时的汉语部分)。

2 术语和定义

下列术语和定义适用于本文件。

2.1

标点符号 punctuation

辅助文字记录语言的符号，是书面语的有机组成部分，用来表示语句的停顿、语气以及标示某些成分(主要是词语)的特定性质和作用。

注：数学符号、货币符号、校勘符号、辞书符号、注音符号等特殊领域的专门符号不属于标点符号。

2.2

句子 sentence

前后都有较大停顿、带有一定的语气和语调、表达相对完整意义的语言单位。

2.3

复句 complex sentence

由两个或多个在意义上有密切关系的分句组成的语言单位，包括简单复句(内部只有一层语义关系)和多重复句(内部包含多层语义关系)。

2.4

分句 clause

复句内两个或多个前后有停顿、表达相对完整意义、不带有句末语气和语调、有的前面可添加关联词语的语言单位。

2.5

语段 expression

指语言片段，是对各种语言单位(如词、短语、句子、复句等)不做特别区分时的统称。

3 标点符号的种类

3.1 点号

点号的作用是点断，主要表示停顿和语气。分为句末点号和句内点号。

3.1.1 句末点号

用于句末的点号，表示句末停顿和句子的语气。包括句号、问号、叹号。

3.1.2 句内点号

用于句内的点号，表示句内各种不同性质的停顿。包括逗号、顿号、分号、冒号。

3.2 标号

标号的作用是标明，主要标示某些成分(主要是词语)的特定性质和作用。包括引号、括号、破折号、省略号、着重号、连接号、间隔号、书名号、专名号、分隔号。

4 标点符号的定义、形式和用法

4.1 句号

4.1.1 定义

句末点号的一种，主要表示句子的陈述语气。

4.1.2 形式

句号的形式是“。”。

4.1.3 基本用法

4.1.3.1 用于句子末尾，表示陈述语气。使用句号主要根据语段前后有较大停顿，带有陈述语气和语调，并不取决于句子的长短。

示例1：北京是中华人民共和国的首都。

示例2：(甲：咱们走着去吧?)乙：好。

4.1.3.2 有时也可表示较缓和的祈使语气和感叹语气。

示例1：请您稍等一下。

示例2：我不由地感到，这些普普通通的劳动者也同样是很值得尊敬的。

4.2 问号

4.2.1 定义

4.2.2 形式

问号的形式是“?”。

4.2.3 基本用法

4.2.3.1 用于句子末尾，表示疑问语气(包括及问类型)。使用问号主要根据语段前后有较大停顿、带有疑问语气和语调，并不取决于句子的长短。

示例1：你怎么还不回家去呢?

示例2：难道这些普通的战士不值得歌颂吗?

示例3：(一个外国人，不远万里来到中国，帮助中国的抗日战争。)这是什么精神? 这是国际主义的精神。

4.2.3.2 选择问句中，通常只在最后一个选项的末尾用问号，各个选项之间一般用逗号隔开。当选项较短且选项之间几乎没有停顿时，选项之间可不用逗号。当选项较多或较长，或有意突出每个选项的独立性时，也可每个选项之后都用问号。

示例1：诗中记述的这场战争究竟是真实的历史描述，还是诗人的虚构?

示例2：这是巧合还是有意安排?

示例3：要一个什么样的结尾：现实主义的? 传统的? 大团圆的? 荒诞的? 民族

形式的？有象征意义的？

示例4：(他看着我的作品称赞了我。)但到底是称赞我什么：是有几处画得好？还是什么都敢画？抑或只是一种对于失败者的无可奈何的安慰？我不得而知。

示例5：这一切都是由客观的条件造成的？还是由行为的惯性造成的？

4.2.3.3 在多个问句连用或表达疑问语气加重时，可叠用问号。通常应先单用，再叠用，最多叠用三个问号。在没有异常强烈的情感表达需要时不宜叠用问号。

示例：这就是你的做法吗？你这个总经理是怎么当的??你怎么竟敢这样欺骗消费者???

4.2.3.4 问号也有标号的用法，即用于句内，表示存疑或不详。

示例1：马致远(1250？—1321)，大都人，元代戏曲家、散曲家。

示例2：钟嵘(？—518)，颍川长社人，南朝梁代文学批评家。

示例3：出现这样的文字错误，说明作者(编者？校者?)很不认真。

4.3 叹号

4.3.1 定义

句末点号的一种，主要表示句子的感叹语气。

4.3.2 形式

叹号的形式是“!”。

4.3.3 基本用法

4.3.3.1 用于句子末尾，主要表示感叹语气，有时也可表示强烈的祈使语气、反问语气等。使用叹号主要根据语段前后有较大停顿、带有感叹语气和语调或带有强烈的祈使、反问语气和语调，并不取决于句子的长短。

示例1：才一年不见，这孩子都长这么高啦!

示例2：你给我住嘴!

示例3：谁知道他今天是怎么搞的!

4.3.3.2 用于拟声词后，表示声音短促或突然。

示例1：咔嚓！一道闪电划破了夜空。

示例2：咚！咚咚！突然传来一阵急促的敲门声。

4.3.3.3 表示声音巨大或声音不断加大时，可叠用叹号；表达强烈语气时，也可叠用叹号，最多叠用三个叹号。在没有异常强烈的情感表达需要时不宜叠用叹号。

示例1：轰!! 在这天崩地塌的声音中，女娲猛然醒来。

示例2：我要揭露！我要控诉!! 我要以死抗争!!!

4.3.3.4 当句子包含疑问、感叹两种语气且都比较强烈时(如带有强烈感情的反问句和带有惊愕语气的疑问句)，可在问号后再加叹号(问号、叹号各一)。

示例1：这么点困难就能把我们吓倒吗?!

示例2：他连这些最起码的常识都不懂，还敢说自己是高科技人才?!

4.4 逗号

4.4.1 定义

句内点号的一种，表示句子或语段内部的一般性停顿。

4.4.2 形式

逗号的形式是“,”。

4.4.3 基本用法

4.4.3.1 复句内各分句之间的停顿，除了有时用分号(见4.6.3.1)，一般都用逗号。

示例1：不是人们的意识决定人们的存在，而是人们的社会存在决定人们的意识。

示例2：学历史使人更明智，学文学使人更聪慧，学数学使人更精细，学考古使人更深沉。

示例3：要是不相信我们的理论能反映现实，要是不相信我们的世界有内在和谐，那就不可能有科学。

4.4.3.2 用于下列各种语法位置：

a)较长的主语之后。

示例1：苏州园林建筑各种门窗的精美设计和雕镂功夫，都令人叹为观止。

b)句首的状语之后。

示例2：在苍茫的大海上，狂风卷集着乌云。

c)较长的宾语之前。

示例3：有的考古工作者认为，南方古猿生存于上新世至更新世的初期和中期。

d)带句内语气词的主语(或其他成分)之后，或带句内语气词的并列成分之间。

示例4：他呢，倒是很乐意、全神贯注地干起来了。

示例5：(那是个没有月亮的晚上。)可是整个村子——白房子顶啦，白树木啦，雪堆啦，全看得见。

e)较长的主语中间、谓语中间或宾语中间。

示例6：母亲沉痛的诉说，以及亲眼见到的事实，都启发了我幼年时期追求真理的思想。

示例7：那姑娘头戴顶草帽，身穿一条绿色的裙子，腰间还系着一根橙色的腰带。

示例8：必须懂得，对于文化传统，既不能不分青红皂白统统抛弃，也不能不管精华糟粕全盘继承。

f)前置的谓语之后或后置的状语、定语之前。

示例9：真美啊，这条蜿蜒的林间小路。

示例10：她吃力地站了起来，慢慢地。

示例11：我只是一个人，孤孤单单的。

4.4.3.3 用于各种停顿之处：

a)复指成分或插说成分前后。

示例1：老张，就是原来的办公室主任，上星期已经调走了。

示例2：车，不用说，当然是头等。

b)语气缓和的感叹语、称谓语或呼唤语之后。

示例3：哎哟，这儿，快给我揉揉。

示例 4：大娘，您到哪儿去啊？

示例 5：喂，你是哪个单位的？

c)某些序次语("第"字头、"其"字头及"首先"类序次语)之后。

示例 6：为什么许多人都有长不大的感觉呢？原因有三：第一，父母总认为自己比孩子成熟；第二，父母总要以自己的标准来衡量孩子；第三，父母出于爱心而总不想让孩子在成长的过程中走弯路。

示例 7：《玄秘塔碑》所以成为书法的范本，不外乎以下几方面的因素：其一，具有楷书点画、构体的典范性；其二，承上启下，成为唐楷的极致；其三，字如其人，爱人及字，柳公权高尚的书品、人品为后人所崇仰。

示例 8：下面从三个方面讲讲语言的污染问题：首先，是特殊语言环境中的语言污染问题；其次，是滥用缩略语引起的语言污染问题；再次，是空话和废话引起的语言污染问题。

4.5 顿号

4.5.1 定义

句内点号的一种，表示语段中并列词语之间或某些序次语之后的停顿。

4.5.2 形式

顿号的形式是"、"。

4.5.3 基本用法

4.5.3.1 用于并列词语之间。

示例 1：这里有自由、民主、平等、开放的风气和氛围。

示例 2：造型科学、技艺精湛、气韵生动，是盛唐石雕的特色。

4.5.3.2 用于需要停顿的重复词语之间。

示例：他几次三番、几次三番地辩解着。

4.5.3.3 用于某些序次语(不带括号的汉字数字或"天干地支"类序次语)之后。

示例 1：我准备讲两个问题：一、逻辑学是什么？二、怎样学好逻辑学？

示例 2：风格的具体内容主要有以下四点：甲、题材；乙、用字；丙、表达；丁、色彩。

4.5.3.4 相邻或相近两数字连用表示概数通常不用顿号。若相邻两数字连用为缩略形式，宜用顿号。

示例 1：飞机在 6000 米高空水平飞行时，只能看到两侧八九公里和前方一二十公里范围内的地面。

示例 2：这种凶猛的动物常常三五成群地外出觅食和活动。

示例 3：农业是国民经济的基础，也是二、三产业的基础。

4.5.3.5 标有引号的并列成分之间、标有书名号的并列成分之间通常不用顿号。若有其他成分插在并列的引号之间或并列的书名号之间(如引语或书名号之后还有括注)，宜用顿号。

示例 1："日月"构成"明"字。

示例 2：店里挂着"顾客就是上帝""质量就是生命"等横幅。

示例3:《红楼梦》《三国演义》《西游记》《水浒传》,是我国长篇小说的四大名著。

示例4:李白的"白发三千丈"(《秋浦歌》)、"朝如青丝暮成雪"(《将进酒》)都是脍炙人口的诗句。

示例5:办公室里订有《人民日报》(海外版)、《光明日报》和《时代周刊》等报刊。

4.6 分号

4.6.1 定义

句内点号的一种,表示复句内部并列关系分句之间的停顿,以及非并列关系的多重复句中第一层分句之间的停顿。

4.6.2 形式

分号的形式是";"。

4.6.3 基本用法

4.6.3.1 表示复句内部并列关系的分句(尤其当分句内部还有逗号时)之间的停顿。

示例1:语言文字的学习,就理解方面说,是得到一种知识;就运用方面说,是养成一种习惯。

示例2:内容有分量,尽管文章短小,也是有分量的;内容没有分量,即使写得再长也没有用。

4.6.3.2 表示非并列关系的多重复句中第一层分句(主要是选择、转折等关系)之间的停顿。

示例1:人还没看见,已经先听见歌声了;或者人已经转过山头望不见了,歌声还余音袅袅。

示例2:尽管人民革命的力量在开始时总是弱小的,所以总是受压的;但是由于革命的力量代表历史发展的方向,因此本质上又是不可战胜的。

示例3:不管一个人如何伟大,也总是生活在一定的环境和条件下;因此,个人的见解总难免带有某种局限性。

示例4:昨天夜里下了一场雨,以为可以凉快些;谁知没有凉快下来,反而更热了。

4.6.3.3 用于分项列举的各项之间。

示例:特聘教授的岗位职责为:一、讲授本学科的主干基础课程;二、主持本学科的重大科研项目;三、领导本学科的学术队伍建设;四、带领本学科赶超或保持世界先进水平。

4.7 冒号

4.7.1 定义

句内点号的一种,表示语段中提示下文或总结上文的停顿。

4.7.2 形式

冒号的形式是":"。

4.7.3 基本用法

4.7.3.1 用于总说性或提示性词语(如"说""例如""证明"等)之后,表示提示下文。

示例1:北京紫禁城有四座城门:午门、神武门、东华门和西华门。

示例 2：她高兴地说："咱们去好好庆祝一下吧!"

示例 3：小王笑着点了点头："我就是这么想的。"

示例 4：这一事实证明：人能创造环境，环境同样也能创造人。

4.7.3.2 表示总结上文。

示例：张华上了大学，李萍进了技校，我当了工人：我们都有美好的前途。

4.7.3.3 用在需要说明的词语之后，表示注释和说明。

示例 1：(本市将举办首届大型书市。)主办单位：市文化局；承办单位：市图书进出口公司；时间：8 月 15—20 日；地点：市体育馆观众休息厅。

示例 2：(做阅读理解题有两个办法。)办法之一：先读题干，再读原文，带着问题有针对性地读课文。办法之二：直接读原文，读完再做题，减少先入为主的干扰。

4.7.3.4 用于书信、讲话稿中称谓语或称呼语之后。

示例 1：广平先生：……

示例 2：同志们、朋友们：

4.7.3.5 一个句子内部一般不应套用冒号。在列举式或条文式表述中，如不得不套用冒号时，宜另起段落来显示各个层次。

示例：第十条遗产按照下列顺序继承：

第一顺序：配偶、子女、父母。

第二顺序：兄弟姐妹、祖父母、外祖父母。

4.8 引号

4.8.1 定义

标号的一种，标示语段中直接引用的内容或需要特别指出的成分。

4.8.2 形式

引号的形式有双引号""和单引号''两种。左侧的为前引号，右侧的为后引号。

4.8.3 基本用法

4.8.3.1 标示语段中直接引用的内容。

示例：李白诗中就有"白发三千丈"这样极尽夸张的语句。

4.8.3.2 标示需要着重论述或强调的内容。

示例：这里所谓的"文"，并不是指文字，而是指文采。

4.8.3.3 标示语段中具有特殊含义而需要特别指出的成分，如别称、简称、反语等。

示例 1：电视被称作"第九艺术"。

示例 2：人类学上常把古人化石统称为尼安德特人，简称"尼人"。

示例 3：有几个"慈祥"的老板把捡来的菜叶用盐浸浸就算作工友的菜肴。

4.8.3.4 当引号中还需要使用引号时，外面一层用双引号，里面一层用单引号。

示例：他问："老师，'七月流火'是什么意思?"

4.8.3.5 独立成段的引文如果只有一段，段首和段尾都用引号；不止一段时，每段开头仅用前引号，只在最后一段末尾用后引号。

示例：我曾在报纸上看到有人这样谈幸福：

"幸福是知道自己喜欢什么和不喜欢什么。……

"幸福是知道自己擅长什么和不擅长什么。……

"幸福是在正确的时间做了正确的选择。……"

4.8.3.6 在书写带月、日的事件、节日或其他特定意义的短语(含简称)时，通常只标引其中的月和日；需要突出和强调该事件或节日本身时，也可连同事件或节日一起标引。

示例1："5·12"汶川大地震

示例2："五四"以来的话剧，是我国戏剧中的新形式。

示例3：纪念"五四运动"90周年

4.9 括号

4.9.1 定义

标号的一种，标示语段中的注释内容、补充说明或其他特定意义的语句。

4.9.2 形式

括号的主要形式是圆括号"()"，其他形式还有方括号"[]"、六角括号"〔〕"和方头括号"【】"等。

4.9.3 基本用法

4.9.3.1 标示下列各种情况，均用圆括号：

a)标示注释内容或补充说明。

示例1：我校拥有特级教师(含已退休的)17人。

示例2：我们不但善于破坏一个旧世界，我们还将善于建设一个新世界!(热烈鼓掌)

b)标示订正或补加的文字。

示例3：信纸上用稚嫩的字体写着："阿夷(姨)，你好!"

示例4：该建筑公司负责的建设工程全部达到优良工程(的标准)。

c)标示序次语。

示例5：语言有三个要素：(1)声音；(2)结构；(3)意义。

示例6：思想有三个条件：(一)事理；(二)心理；(三)伦理。

d)标示引语的出处。

示例7：他说得好："未画之前，不立一格；既画之后，不留一格。"(《板桥集·题画》)

e)标示汉语拼音注音。

示例8："的(de)"这个字在现代汉语中最常用。

4.9.3.2 标示作者国籍或所属朝代时，可用方括号或六角括号。

示例1：[英]赫胥黎《进化论与伦理学》

示例2：〔唐〕杜甫著

4.9.3.3 报刊标示电讯、报道的开头，可用方头括号。

示例：【新华社南京消息】

4.9.3.4 标示公文发文字号中的发文年份时，可用六角括号。

示例：国发〔2011〕3号文件

4.9.3.5 标示被注释的词语时，可用六角括号或方头括号。

示例1：〔奇观〕奇伟的景象。

示例2：【爱因斯坦】物理学家。生于德国，1933年因受纳粹政权迫害，移居美国。

4.9.3.6 除科技书刊中的数学、逻辑公式外，所有括号(特别是同一形式的括号)应尽量避免套用。必须套用括号时，宜采用不同的括号形式配合使用。

示例：[茸(róng)毛：很细很细的毛。]

4.10 破折号

4.10.1 定义

标号的一种，标示语段中某些成分的注释、补充说明或语音、意义的变化。

4.10.2 形式

破折号的形式是“——”。

4.10.3 基本用法

4.10.3.1 标示注释内容或补充说明(也可用括号，见4.9.3.1；二者的区别另见B.1.7)。

示例1：一个矮小而结实的日本中年人——内山老板走了过来。

示例2：我一直坚持读书，想借此唤起弟妹对生活的希望——无论环境多么困难。

4.10.3.2 标示插入语(也可用逗号，见4.4.3.3)。

示例：这简直就是——说得不客气点——无耻的勾当！

4.10.3.3 标示总结上文或提示下文(也可用冒号，见4.7.3.13.7.3.2)。

示例1：坚强，纯洁，严于律己，客观公正——这一切都难得地集中在一个人身上。

示例2：画家开始娓娓道来——

数年前的一个寒冬，——

4.10.3.4 标示话题的转换。

示例：“好香的干菜，——听到风声了吗?”赵七爷低声说道。

4.10.3.5 标示声音的延长。

示例：“嘎——”传过来一声水禽被惊动的鸣叫。

4.10.3.6 标示话语的中断或间隔。

示例1：“班长他牺——”小马话没说完就大哭起来。

示例2：“亲爱的妈妈，你不知道我多爱您。——还有你，我的孩子！”

4.10.3.7 标示引出对话。

示例：——你长大后想成为科学家吗?

——当然想了！

4.10.3.8 标示事项列举分承。

示例：根据研究对象的不同，环境物理学分为以下五个分支学科：

——环境声学；

——环境光学；

——环境热学；

——环境电磁学；

——环境空气动力学。

4.10.3.9 用于副标题之前。

示例：飞向太平洋

——我国新型号运载火箭发射目击记

4.10.3.10 用于引文、注文后，标示作者、出处或注释者。

示例1：先天下之忧而忧，后天下之乐而乐。

——范仲淹

示例2：乐浪海中有倭人，分为百余国。

——《汉书》

示例3：很多人写好信后把信笺折成方胜形，我看大可不必。(方胜，指古代妇女戴的方形首饰，用彩绸等制作，由两个斜方部分叠合而成。——编者注)

4.11 省略号

4.11.1 定义

标号的一种，标示语段中某些内容的省略及意义的断续等。

4.11.2 形式

省略号的形式是“……”。

4.11.3 基本用法

4.11.3.1 标示引文的省略。

示例：我们齐声朗诵起来：“……俱往矣，数风流人物，还看今朝。”

4.11.3.2 标示列举或重复词语的省略。

示例1：对政治的敏感，对生活的敏感，对性格的敏感，……这都是作家必须要有的素质。

示例2：他气得连声说：“好，好……算我没说。”

4.11.3.3 标示语意未尽。

示例1：在人迹罕至的深山密林里，假如突然看见一缕炊烟，……

示例2：你这样干，未免太……！

4.11.3.4 标示说话时断断续续。

示例：她磕磕巴巴地说：“可是……太太……我不知道……你一定是认错了。”

4.11.3.5 标示对话中的沉默不语。

示例：“还没结婚吧？”

“……”他飞红了脸，更加忸怩起来。

4.11.3.6 标示特定的成分虚缺。

示例：只要……就……

4.11.3.7 在标示诗行、段落的省略时，可连用两个省略号(即相当于十二连点)。

示例1：从隔壁房间传来缓缓而抑扬顿挫的吟咏声…………

床前明月光，疑是地上霜。

示例 2：该刊根据工作质量、上稿数量、参与程度等方面的表现，评选出了高校十佳记者站。还根据发稿数量、提供新闻线索情况以及对刊物的关注度等，评选出了十佳通讯员…………

4.12　着重号

4.12.1　定义

标号的一种，标示语段中某些重要的或需要指明的文字。

4.12.2　形式

着重号的形式是“.”，标注在相应文字的下方。

4.12.3　基本用法

4.12.3.1　标示语段中重要的文字。

示例：诗人需要表现，而不是证明。

4.12.3.2　标示语段中需要指明的文字。

示例：下边加点的字，除了在本词的读法外，还有哪些读法？

着急　子弹　强调

4.13　连接号

4.13.1　定义

标号的一种，标示某些相关联成分之间的连接。

4.13.2　形式

连接号的形式有连字符“-”、“-”、一字线“—”和浪纹线“～”三种。

4.13.3　基本用法

4.13.3.1　标示下列各种情洗，均用连字符。

a)化合物的名称或表格编号。

示例 1：3-戊酮为无色液体，对眼及皮肤有强烈刺激性。

示例 2：参见下页表 2-8、表 2-9。

b)连接号码，包括门牌号码、电话号码，以及用阿拉伯数字表示年月日等。

示例 3：安宁里东路 26 号院 3-2-11 室

示例 4：联系电话：010-88842603

示例 5：2011-02-15

c)在复合名词中起连接作用。

示例 6：吐鲁番-哈密盆地

d)某些产品的名称和型号。

示例 7：WZ-10 直升机具有复杂天气和夜间作战的能力。

e)汉语拼音、外来语内部的分合。

示例 8：shuōshuō - xiàoxiào(说说笑笑)

示例 9：盎格鲁-撒克逊人

示例 10：让-雅克・卢梭(“让-雅克”为双名)

示例 11：皮埃尔・孟戴斯-弗朗斯(“孟戴斯-弗朗斯”为复姓)

4.13.3.2 标示下列各种情况，一般用一字线，有时也可用浪纹线：

a)标示相关项目(如时间、地域等)的起止。

示例1：沈括(1031—1095)，宋朝人。

示例2：2011年2月3日—10日

示例3：北京—上海特别旅客快车

b)标示数值范围(由阿拉伯数字或汉字数字构成)的起止。

示例4：25～30g

示例5：第五～八课

4.14 间隔号

4.14.1 定义

标号的一种，标示某些相关联成分之间的分界。

4.14.2 形式

间隔号的形式是"·"。

4.14.3 基本用法

4.14.3.1 标示外国人名或少数民族人名内部的分界。

示例1：克里斯蒂娜·罗塞蒂

示例2：阿依古丽·买买提

4.14.3.2 标示书名与篇(章、卷)名的分界。

示例：《淮南子·本经训》

4.14.3.3 标示词牌、曲牌、诗体名等和题名之间的分界。

示例1：《沁园春·雪》

示例2：《天净沙·秋思》

示例3：《七律·冬云》

4.14.3.4 用在构成标题或栏目名称的并列词语之间。

示例：《天·地·人》

4.14.3.5 以月、日为标志的事件或节日，用汉字数字表示时，只在一、十一和十二月后用间隔号；当直接用阿拉伯数字表示时，月、日之间均用间隔号(半角字符)。

示例1："九一八"事变 "五四"运动

示例2："一·二八"事变 "一二·九"运动

示例3："3·15"消费者权益日 "9·11"恐怖袭击事件

4.15 书名号

4.15.1 定义

标号的一种，标示语段中出现的各种作品的名称。

4.15.2 形式

书名号的形式有双书名号"《》"和单书名号"〈〉"两种。

4.15.3 基本用法

4.15.3.1 标示书名、卷名、篇名、刊物名、报纸名、文件名等。

示例1：《红楼梦》(书名)

示例 2：《史记·项羽本记》(卷名)

示例 3：《论雷峰塔的倒掉》(篇名)

示例 4：《每周关注》(刊物名)

示例 5：《人民日报》(报纸名)

示例 6：《全国农村工作会议纪要》(文件名)

4.15.3.2 标示电影、电视、音乐、诗歌、雕塑等各类用文字、声音、图像等表现的作品的名称。

示例 1：《渔光曲》(电影名)

示例 2：《追梦录》(电视剧名)

示例 3：《勿忘我》(歌曲名)

示例 4：《沁园春·雪》(诗词名)

示例 5：《东方欲晓》(雕塑名)

示例 6：《光与影》(电视节目名)

示例 7：《社会广角镜》(栏目名)

示例 8：《庄子研究文献数据库》(光盘名)

示例 9：《植物生理学系列挂图》(图片名)

4.15.3.3 标示全中文或中文在名称中占主导地位的软件名。

示例：科研人员正在研制《电脑卫士》杀毒软件。

4.15.3.4 标示作品名的简称。

示例：我读了《念青唐古拉山脉纪行》一文(以下简称《念》)，收获很大。

4.15.3.5 当书名号中还需要书名号时，里面一层用单书名号，外面一层用双书名号。

示例：《教育部关于提请审议〈高等教育自学考试试行办法〉的报告》

4.16 专名号

4.16.1 定义

标号的一种，标示古籍和某些文史类著作中出现的特定类专有名词。

4.16.2 形式

专名号的形式是一条直线，标注在相应文字的下方。

4.16.3 基本用法

4.16.3.1 标示古籍、古籍引文或某些文史类著作中出现的专有名词，主要包括人名、地名、国名、民族名、朝代名、年号、宗教名、官署名、组织名等。

示例 1：<u>孙坚</u>人马被<u>刘表</u>率军围得水泄不通。(人名)

示例 2：于是聚集<u>冀</u>、<u>青</u>、<u>幽</u>、<u>并</u>四州兵马七十多万准备决一死战。(地名)

示例 3：当时<u>乌孙</u>及西域各国都向<u>汉</u>派遣了使节。(国名、朝代名)

示例 4：从<u>咸宁</u>二年到<u>太康</u>十年，<u>匈奴</u>、<u>鲜卑</u>、<u>乌桓</u>等族人徙居塞内。(年号、民族名)

4.16.3.2 现代汉语文本中的上述专有名词，以及古籍和现代文本中的单位名、官职名、事件名、会议名、书名等不应使用专名号。必须使用标号标示时，宜使用其他相应标号(如引号、书名号等)。

4.17 分隔号

4.17.1 定义

标号的一种，标示诗行、节拍及某些相关文字的分隔。

4.17.2 形式

分隔号的形式是“/”。

4.17.3 基本用法

4.17.3.1 诗歌接排时分隔诗行(也可使用逗号和分号，见4.4.3.1/4.6.3.1)。

示例：春眠不觉晓/处处闻啼鸟/夜来风雨声/花落知多少。

4.17.3.2 标示诗文中的音节节拍。

示例：横眉/冷对/千夫指，俯首/甘为/孺子牛。

4.17.3.3 分隔供选择或可转换的两项，表示“或”。

示例：动词短语中除了作为主体成分的述语动词之外，还包括述语动词所带的宾语和/或补语。

4.17.3.4 分隔组成一对的两项，表示“和”。

示例1：13/14次特别快车

示例2：羽毛球女双决赛中国组合杜婧/于洋两局完胜韩国名将李孝贞/李敬元。

4.17.3.5 分隔层级或类别。

示例：我国的行政区划分为：省(直辖市、自治区)/省辖市(地级市)/县(县级市、区、自治州)/乡(镇)/村(居委会)。

5 标点符号的位置和书写形式

5.1 横排文稿标点符号的位置和书写形式

5.1.1 句号、逗号、顿号、分号、冒号均置于相应文字之后，占一个字位置，居左下，不出现在一行之首。

5.1.2 问号、叹号均置于相应文字之后，占一个字位置，居左，不出现在一行之首。两个问号(或叹号)叠用时，占一个字位置；三个问号(或叹号)叠用时，占两个字位置；问号和叹号连用时，占一个字位置。

5.1.3 引号、括号、书名号中的两部分标在相应项目的两端，各占一个字位置。其中前一半不出现在一行之末，后一半不出现在一行之首。

5.1.4 破折号标在相应项目之间，占两个字位置，上下居中，不能中间断开分处上行之末和下行之首。

5.1.5 省略号占两个字位置，两个省略号连用时占四个字位置并须单独占一行。省略号不能中间断开分处上行之末和下行之首。

5.1.6 连接号中的连字符比汉字“一”略短，占半个字位置，或占1/4个字位置；一字线比汉字“一”略长，占一个字位置；浪纹线占一个字位置。连接号上下居中，不出现在一行之首。

5.1.7 间隔号标在需要隔开的项目之间，占半个字位置，上下居中，不出现在一行之首。

5.1.8 着重号和专名号标在相应文字的下边。

5.1.9 分隔号占半个字位置，不出现在一行之首或一行之末。

5.1.10 标点符号排在一行末尾时，若为全角字符则应占半角字符的宽度(即半个字位置)，以使视觉效果更美观。

5.1.11 在实际编辑出版工作中，为排版美观、方便阅读等需要，或为避免某一小节最后一个汉字转行或出现在另外一页开头等情况(浪费版面及视觉效果差)，可适当压缩标点符号所占用的空间。

5.2 竖排文稿标点符号的位置和书写形式

5.2.1 句号、问号、叹号、逗号、顿号、分号和冒号均置于相应文字之下偏右。

5.2.2 破折号、省略号、连接号、间隔号和分隔号置于相应文字之下居中，上下方向排列。

5.2.3 引号改用双引号“『”“』”和单引号“﹁”“﹂”，括号改用“︵”“︶”，标在相应文字的上下。

5.2.4 竖排文稿中使用浪线式书名号标在相应文字的左侧。

5.2.5 着重号标在相应文字的右侧，专名号标在相应文字的左侧。

5.2.6 横排文稿中关于某些标点不能居行首或行末的要求，同样适用于竖排文稿。

后 记

经过多年的使用，本书得到了广大读者的喜爱。他们同时也提出了修改的意见。编者吸收了“大学语文”课程发展的新信息，及广大读者的建议，结合大学语文课程教学团队对教材使用情况的反馈意见，对本教材进行了修订。

本书分为文学部分和应用文部分。具体分工是：诗词、散文、小说、戏剧的古代部分由杨胜宽、熊泽文、何晓苇负责；诗词、散文、小说、戏剧的现当代部分及电影、科学小品和科幻文学、网络文学部分由陈晓春、陈俐、邓芳、于立得负责；应用文写作部分由宋亮、周洪林、杨宏负责。熊泽文负责统稿，杨胜宽、陈晓春完成最后的审定工作。

本书在多方面进行了新的尝试，但难免在一些地方还有不足之处，敬请各位专家和广大读者对本教材加以批评指正。

编　者